Klettern in Gröden
Band 3

UMSCHLAGFOTO

Der exponierte Quergang der »Guglia della Libertà« (Grohmannspitze)

BENUTZERHINWEIS

Alle Angaben in diesem Kletterführer wurden vom Autor sorgfältig recherchiert. Sollten Ihnen bei Ihren Touren dennoch Unstimmigkeiten auffallen, nimmt der Verlag Ihre Hinweise gerne entgegen (buchverlag@athesia.it). Die Benutzung dieses Kletterführers erfolgt auf eigenes Risiko. Eine Haftung für etwaige Unfälle und Schäden wird weder vom Autor noch vom Verlag übernommen.

BIBLIOGRAFISCHE INFORMATION DER DEUTSCHEN NATIONALBIBLIOTHEK

Die Deutsche Nationalbibliothek verzeichnet diese Publikation in der Deutschen Nationalbibliografie; detaillierte bibliografische Daten sind im Internet abrufbar: http://dnb.d-nb.de

DER AUTOR

Mauro Bernardi
Wolkenstein/Gröden
Telefon/Fax +39 0471 79 42 32
Handy +39 340 24 29 752
E-Mail: mauro.bernardi@gardena.net
www.val-gardena.com/maurobernardi

IMPRESSUM

2015

Übersichtskarte Umschlag: Barbara Häring, D-Gröbenzell
Design & Layout: Athesia-Tappeiner Verlag
Druck: Athesia Druck, Bozen

ISBN 978-88-6839-064-8

www.athesiabuch.it
buchverlag@athesia.it

Mauro Bernardi

KLETTERN IN GRÖDEN UND UMGEBUNG DOLOMITEN

111 alpine, wiederentdeckte und gut eingerichtete Routen

Band 3

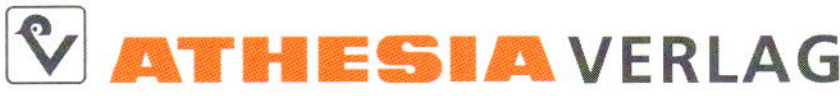

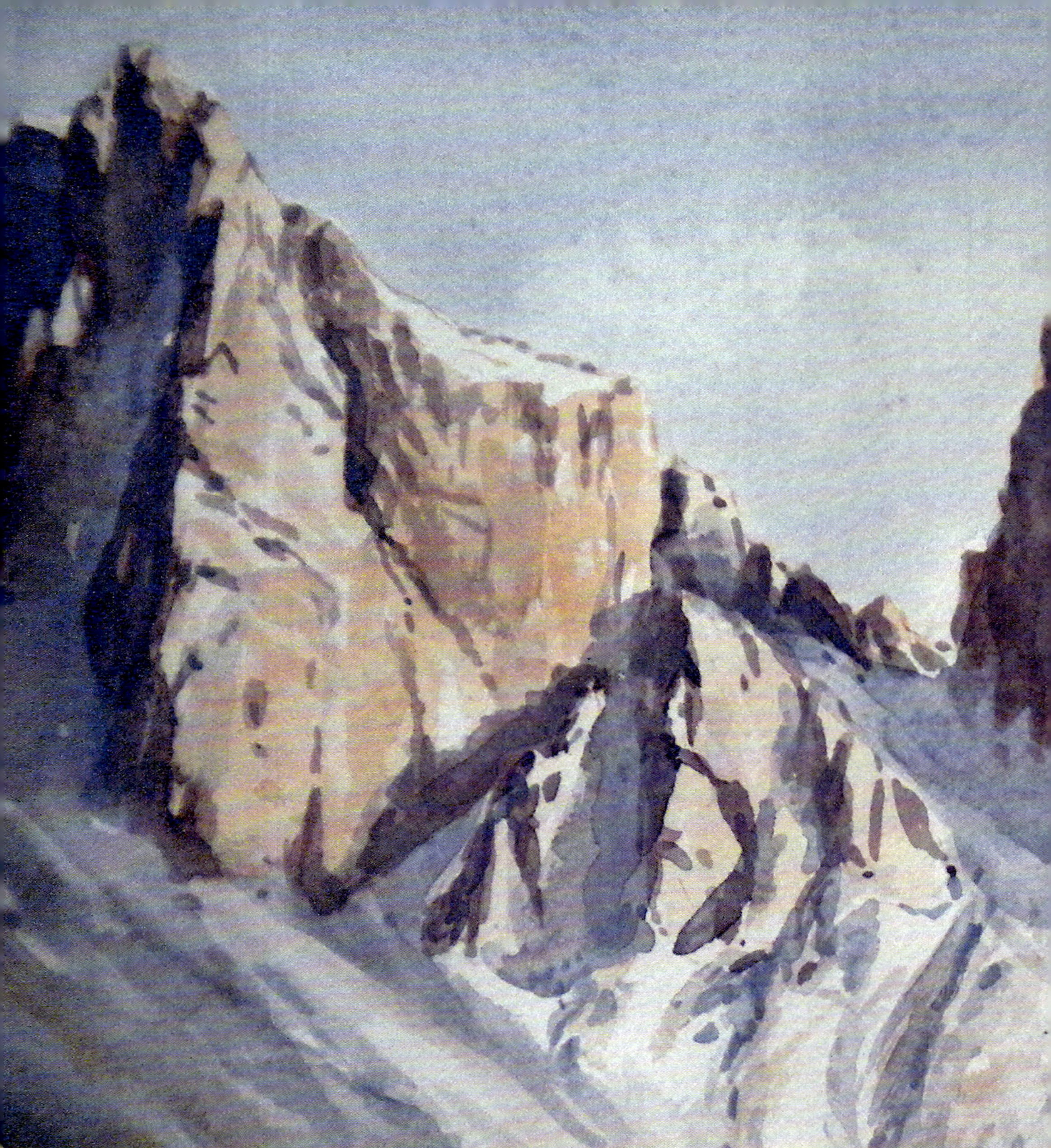
Die »Pulpiti-Türme« in der Geislergruppe, Aquarell von Ivo Demetz da »Ruacia«, 2014

Erhabene Kletterei im bizarren Ambiente
als höchste Form der Jugend
nicht vergleichbar, ohne Ende
in die Dolomiten ewig verliebt.

Georges Als (1925–2014)

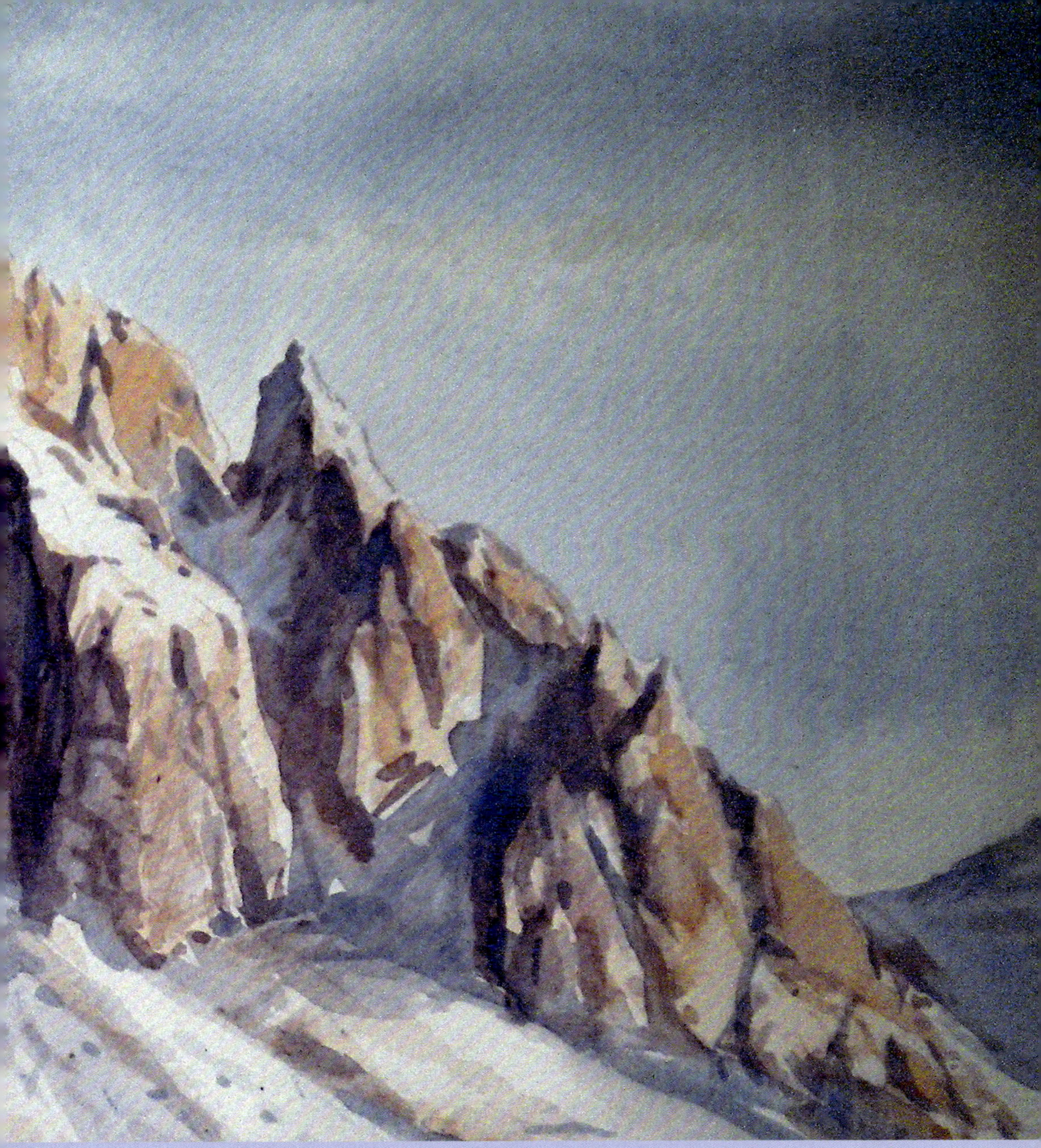

Erzählungen

Dank der Berge hat der Mensch den Alpinismus erfunden. Ohne die Berge würde es diesen gar nicht geben. Und was wäre mit uns Alpinisten? Dieser Gedanke hat mich oft beschäftigt und in mir eine gewisse Ehrfurcht geweckt. Es erklärt auch, warum ich auf die Titelbilder meiner Publikationen stets die Berge gesetzt habe – sie sind das Grundelement unserer Tätigkeit. Die Wände, Pfeiler, Überhänge, Grate und Risse stellen die wahre Bühne unserer Aktionen und allgemein der Geschichte des Alpinismus dar. Seit den ersten historischen Alpinbegehungen sollte der Mensch nicht als Hauptdarsteller, sondern als einfacher Nutznießer der Schöpfung gelten. Die Berge sollten im Vordergrund stehen, denn sie beflügeln unsere Phantasie und das menschliche Schaffen. Der mutige Mensch, der die Berge herausfordert, erzählt seine persönlichen Geschichten – die Geschichten seiner Kämpfe und Eroberungen, jene seiner Risikobereitschaft. Und er beschreibt die Motivation, die ihn antreibt. Im Mittelpunkt bleiben aber sie, die majestätischen Berge. Pioniere, Eroberer, Helden, Bergsteiger, Klettersteiggeher und Sportkletterer haben sich auf den Bergen ausgetobt. Und auch in Zukunft wird es wohl so bleiben. Der Alpinismus entwickelt sich weiter, und die Zukunft wird uns zeigen, ob es der richtige oder der falsche Weg war. Der Schauplatz für die Vorführung ist jedenfalls gegeben, da sind sich alle einig. Klassische Alpinisten, Sportkletterer und die neuen Wegbereiter moderner Kletterrouten können sich frei entfalten, ohne sich gegenseitig die Bühne zu stehlen. Dieser neue Kletterführer hat nicht den Anspruch, etwas Neues aufzuzeigen, versteht sich aber als Hilfe für ein »erleichtertes Klettererlebnis«. Denn nicht alle sind von Natur aus gute Kletterer, können es aber mit etwas Übung durchaus werden. In den Dolomiten wächst das Interesse für besser ausgerüstete und verständlichere Kletterrouten. Diese Publikation versteht sich als Hilfe, diesem Wunsch und dieser Nachfrage nachzukommen. Es wurden gut abgesicherte neue Routen geschaffen sowie alte, in Vergessenheit geratene oder verbesserungswürdige Routen wiederentdeckt und technisch erneuert. Das Projekt wurde größtenteils vom Autor finanziert, wobei ein heimischer Schmied eigens für das Vorhaben angefertigte Haken lieferte. Für den Rest kamen einige lokale Tourismusbetreiber auf, die sowohl die klassische als auch die moderne Variante des Kletterns befürworten. Das Vorhaben, einige Routen teilweise mit Haken neu zu versehen, bedeutete einen enormen Zeit- und Energieaufwand, belohnte aber mit der Freude und Genugtuung, alte Routen und in Vergessenheit geratene Wände aufgewertet zu haben.
In der Publikation »Klettern in Gröden und Umgebung – Dolomiten, Band 3« finden sich sowohl die klassischen Alpinrouten wie auch die Sportkletterrouten und die sogenannten »erleichterten« Alpinrouten. Und gerade Letztere haben für großes Interesse gesorgt, wie die zahlreichen Begehungen beweisen, obwohl der neue Führer noch gar nicht im Handel ist. Mit diesem Projekt hoffe ich, meinen persönlichen Beitrag zur Förderung des Kletterns geliefert zu haben. Ich fühle mich diesem sehr verbunden und weiß um

die Glücksgefühle, die diese Tätigkeit auch heutzutage noch zu vermitteln vermag. Und Ihnen wünsche ich wie immer eine schöne Zeit in den Dolomiten.

Dem Athesia-Tappeiner Verlag möchte ich für das in mich gesetzte Vertrauen danken: den Verantwortlichen für die Kletterführer Ingrid Marmsoler und Sigrid Runggaldier, für die grafische Gestaltung Manuela Schwitzer, für die Produktion Bernhard Thaler. Und für die deutsche Übersetzung der Erzählungen bin ich Leo Senoner und Magda Moroder zu Dank verpflichtet.
Ein besonderer Dank an Monika Bareth für die deutsche und Ludovica Pineider für die italienische Textkorrektur. Den Forstämtern Wolkenstein und Alta Badia verdanke ich diverse Mobilitätserleichterungen.
Ein außerordentlicher Dank für die Routensuche und für die Einrichtungsarbeiten gebührt Edy Rabanser, Dietmar Insam, Mara Nogler, Manfred Runggaldier (Mambo), Ivo Demetz (Ruacia), Vinzenz Runggaldier, Gregor Demetz, Ludovica Pineider, Monika Bareth, Genni Berardi, Luca Turri, Stefania Meletani, Lukas Runggaldier, Ugo Demetz, Regine Heimann, Christian Denicolò, Georges Als.
Ein herzlicher Dank geht an Ivo Demetz da »Ruacia« für die Aquarellbilder.
Zuletzt auch ein Dank an meine Partner und Sponsoren: Activ Sport, Sport Amplatz, Sport Schmalzl, Sport Riffeser, Mammut, Gröden Marketing, Col-Raiser-Seilbahnen, Dantercepies-Seilbahnen, Seceda-Ciampinoi-Seilbahnen und der Toni-Demetz-Hütte.

Mauro Bernardi
Juni 2015

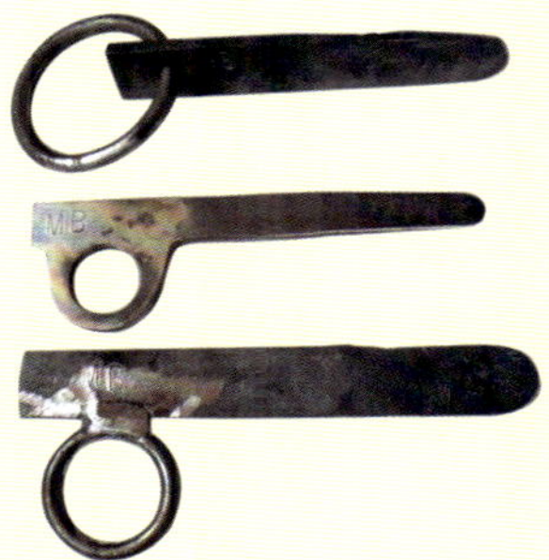

Vom Schmiec speziell in Handarbeit gefertigte Felshaken, welche für die alpinen Kletterrouten des Kletterführers verwendet wurden

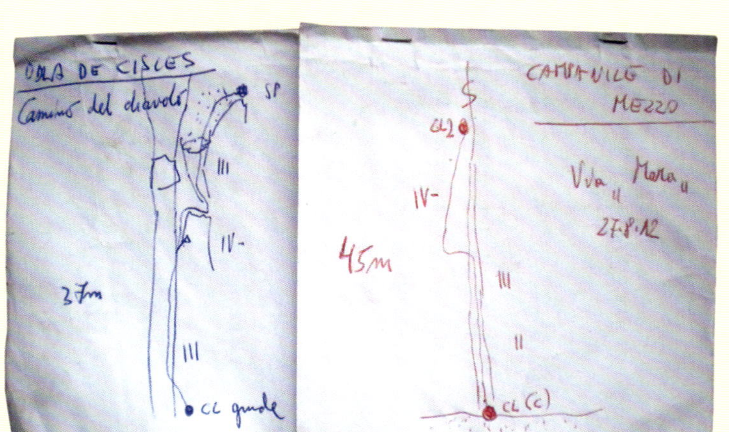

Während der Kletterroute wurden nach jeder Seillänge die notwendigen Angaben notiert, um später eine saubere, handgefertigte technische Skizze zeichnen zu können.

Vorwort

Es ist für unsere »Lia da Mont Gherdëina« (Vereinigung der Mitglieder des AVS und CAI) eine Ehre, einen so berühmten Bergführer in unserem kleinen Grödner Tal zu haben. Mauro war in den Jahren 1982/83 Ausschussmitglied, wo er als begeisterter Bergsteiger die Inspiration und Unterstützung in unserer Vereinigung fand. Nun ist Mauro durch seine guten und beliebten Kletterführer bekannt geworden. Mit diesem neuen Werk, das fünfte dieser Art, »Klettern in Gröden und Umgebung – Dolomiten, Band 3«, hat er unser Tal mit weiteren Klettermöglichkeiten bereichert, wobei seine Fähigkeit und Leidenschaft hervorragen.

Unserem Freund Mauro wünschen wir den verdienten Erfolg und weitere Berginitiative für unser Motto »ji samont« (vom Ladinischen ins Deutsche übersetzt: »in die Berge gehen«).

Der Präsident der »Lia da Mont Gherdëina«,
Tullio Mussner

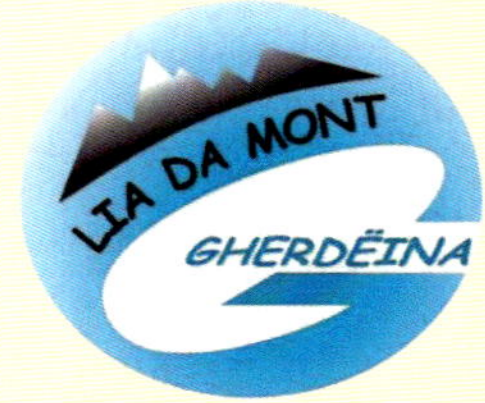

Empfehlungen

Damit Sie mit Leichtigkeit und Sicherheit die Kletterrouten finden, empfehlen wir eine GPS-kompatible, topografische Karte mit einem spektakulären 3D-Panorama der gesamten Region. Maßstab 1:25.000

- GRÖDEN–SEISERALM
  VAL GARDENA–ALPE DI SIUSI

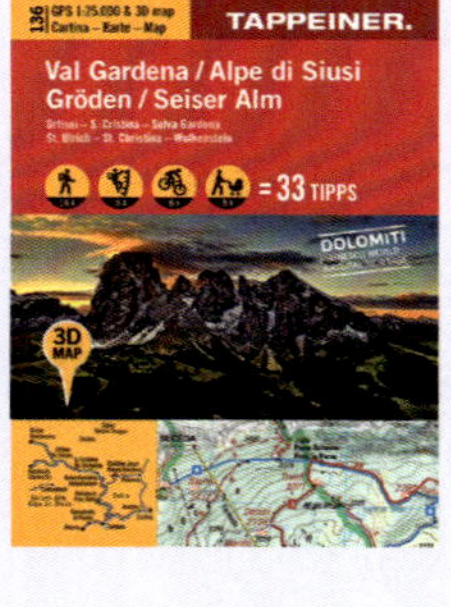

Des Weiteren empfehlen wir zur Vervollständigung:

- Klettern in Gröden und Umgebung, Band 1
- Klettern in Gröden und Umgebung, Band 2

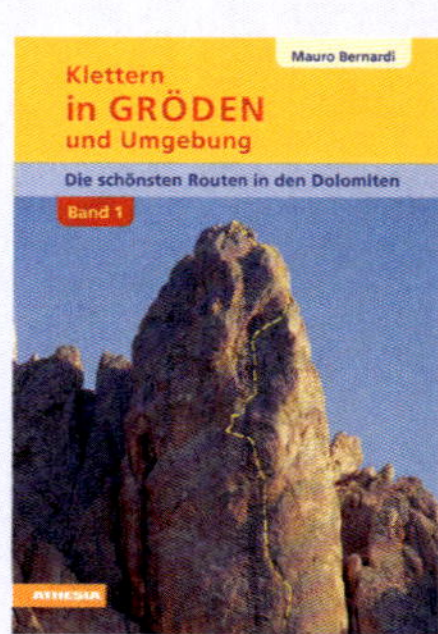

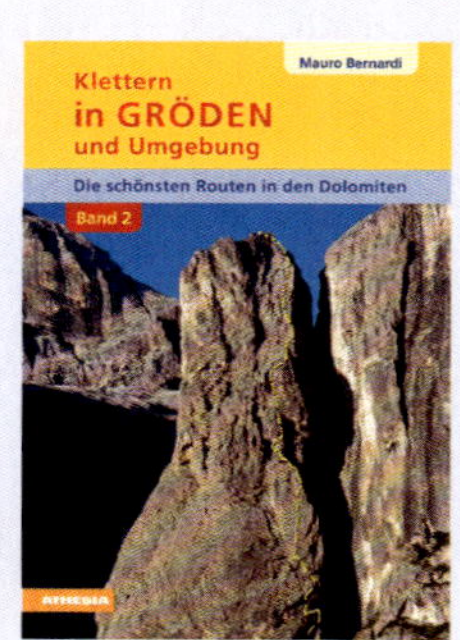

Legende

Schwierigkeit

Der Schwierigkeitsgrad beim Klettern bezieht sich auf die technische Schwierigkeit, um die einzelnen Stellen beim Klettern zu überwinden. Diese wird nach der traditionellen UIAA-Skala in römischen Ziffern angegeben. Mit der Abkürzung A0 werden die Stellen angezeigt, die man mithilfe von Haken überwindet. Die »gezwungene« Schwierigkeit einer Route wird ohne Klammern angegeben, während die »maximale« Schwierigkeit mit Klammer beschrieben wird.
Ein Beispiel: V+ A0 (VII-) heißt gezwungenes Klettern des Grades V+ mit Verwendung von örtlichen Haken und mit maximalem Schwierigkeitsgrad VII-. Unter Schwierigkeit einer Route ist die maximale, aber nicht durchgehende Schwierigkeit (dieser Route) zu verstehen.

Höhenunterschied

Man versteht hier die senkrechte Distanz zwischen Einstieg und Ausstieg derselben Route. Der Zugang wird nicht berücksichtigt.

Kletterstrecke

Unter Kletterstrecke versteht man die zu begehende Strecke längs der Route.

Seillänge

Eine Seillänge ist die zu begehende Strecke zwischen den Standplätzen.

Klettern am »kurzen Seil«

Die Seilschaft bewegt sich gemeinsam. Dies ist nach eigener Erfahrung anzuwenden.

Stunden

Aufstiegsstunden, gemessen an einer Seilschaft von zwei Personen mit guter sportlicher Vorbereitung und alpinistischen Kenntnissen.

Fels

Bewertet mit: ausgezeichnet, gut und mäßig.

Die Bezeichnung »rechts« oder »links«

Dies gilt sowohl beim Aufstieg als auch beim Abstieg – immer von der Marschrichtung aus. Wird im Fall von Abseilmanövern die Bezeichnung »Rechts« oder »Links« verwendet, versteht man unter Körperstellung des Kletterers »Gesicht zum Berg«.

Ausrüstung

Notwendiges alpinistisches Sicherungsmaterial.
Unter **NAA** (Normale Alpine Ausrüstung) für eine Seilschaft von zwei Personen versteht man: Rucksack, 50-m-Seil zu 9/10 mm, Klettergürtel, geeignete Schuhe, Helm, 2 Standschlingen 3,5 m – 9/10 mm, 4 Schlingen 1,8 m – 9 mm, 2 Kevlar-Schlingen 1,8 m – 6 mm, 2 HMS-Karabiner, 6 lose Karabiner, 6 Expressschlingen, Abseilachter, einige Friends mittlerer Größe, einige Stopper, eventuell Hammer und Haken. Die angegebene Größe der Friends und Stopper, die bei einigen Kletterrouten empfehlenswert sind, beziehen sich auf die Wild-Country- oder Salewa-Modelle. Der Friend Nr. 3 stimmt mit dem Camalot C4 Nr. 2 überein. Falls zusätzlich zur NAA weiteres Ausrüstungsmaterial erforderlich ist, wird dies genau angegeben.

Unter **NSA** (Normale Sportkletter-Ausrüstung) versteht man: Rucksack, 60-m-Seil zu 9/10 mm, Klettergürtel, geeignete Schuhe, 12 Expressschlingen, 2 HMS-Karabiner oder verschiedene Sicherungsapparate (Achter, Gri-Gri usw.), einige lose Karabiner, Abseilachter, Helm, Magnesium.

Inhaltsverzeichnis

Inhaltsverzeichnis nach Schwierigkeit und Höhenunterschied

BIS IV (23)

BIS IV+ (27)

V BIS V+ (38)

VI- BIS VII (14)

SPORTKLETTERROUTEN (9)

SPORTKLETTERGEBIETE (3)

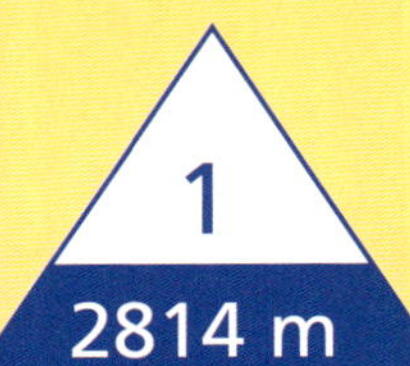

VORGIPFEL DER KLEINEN FERMEDA

ERSTBEGEHER
Manuel Santifaller und Michael Hofer 18.8.2007

GEISLERGRUPPE

»Malù«-Führe (Südwand)

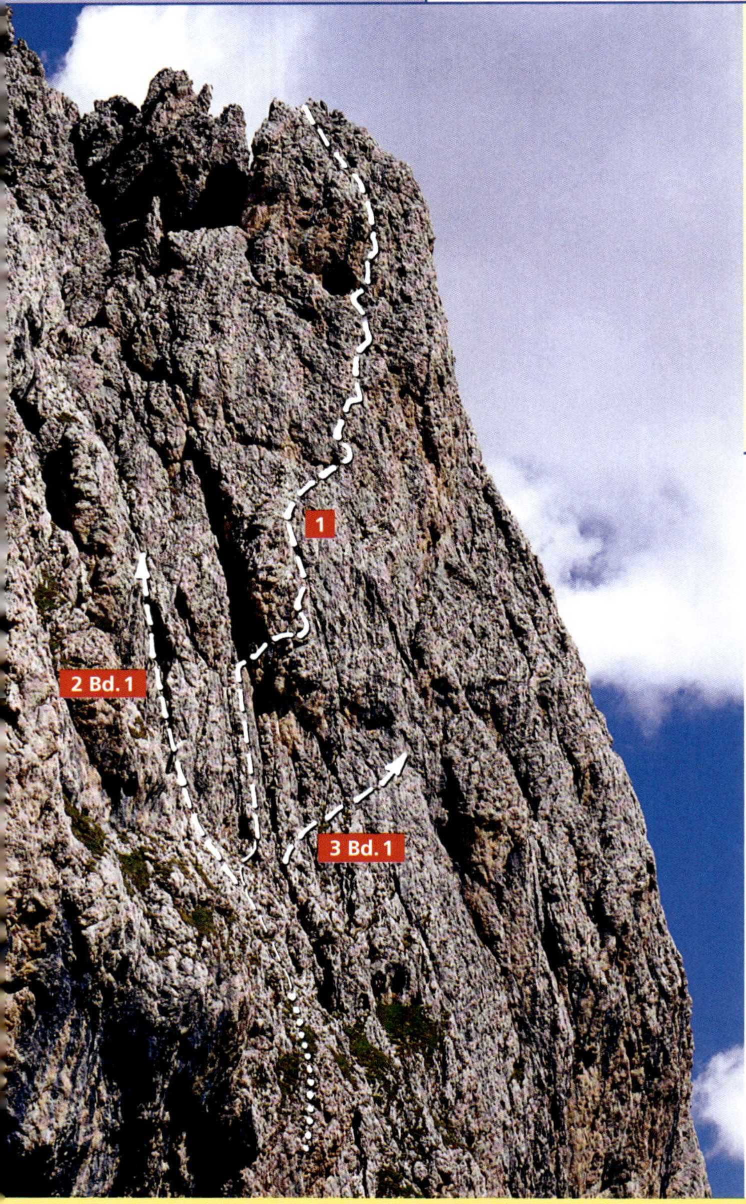

Schwierigkeit: V+ A0 (VI)
Höhenunterschied: 150 m + 60 m zum Einstieg
Kletterstrecke: 182 m + 80 m zum Einstieg + 150 m vom Vorgipfel zum Gipfel
Seillängen: 6 + 2 zum Einstieg + vom Vorgipfel zum Gipfel am »kurzen Seil«, gelegentlich sichern
Stunden: 3
Fels: gut, bei den 3 Haken der zweiten Seillänge etwas zu säubern
Ausrüstung: NAA; Friends Nr. 2|2,5

EIGENSCHAFTEN

Schöne Platten auf rauem Fels. Die Schlüsselstelle ist gut abgesichert.

ZUGANG

Von St. Ulrich mit der Gondel zur Seceda-Alm, 2480 m. Den Weg zur Panascharte nehmen, diese überschreiten und einem aufsteigenden Pfad bis zu einer Felssperrung folgen. Diese an der oberen linken Stelle überwinden (III) und entlang eines noch schmaleren Pfades bis zur Kreuzung mit einem breiteren Weg, der von der Col-Raiser-Hütte heraufkommt, folgen. Von hier bergauf, über eine Felsplatte (I) hinweg, dann einige Meter leicht absteigen Richtung Villnößtal. Beim Erreichen des Felskamms wiederum zu einer **terrassen-**

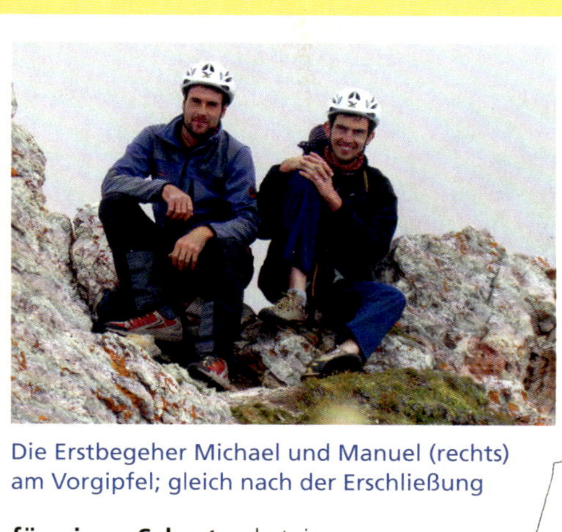

Die Erstbegeher Michael und Manuel (rechts) am Vorgipfel; gleich nach der Erschließung

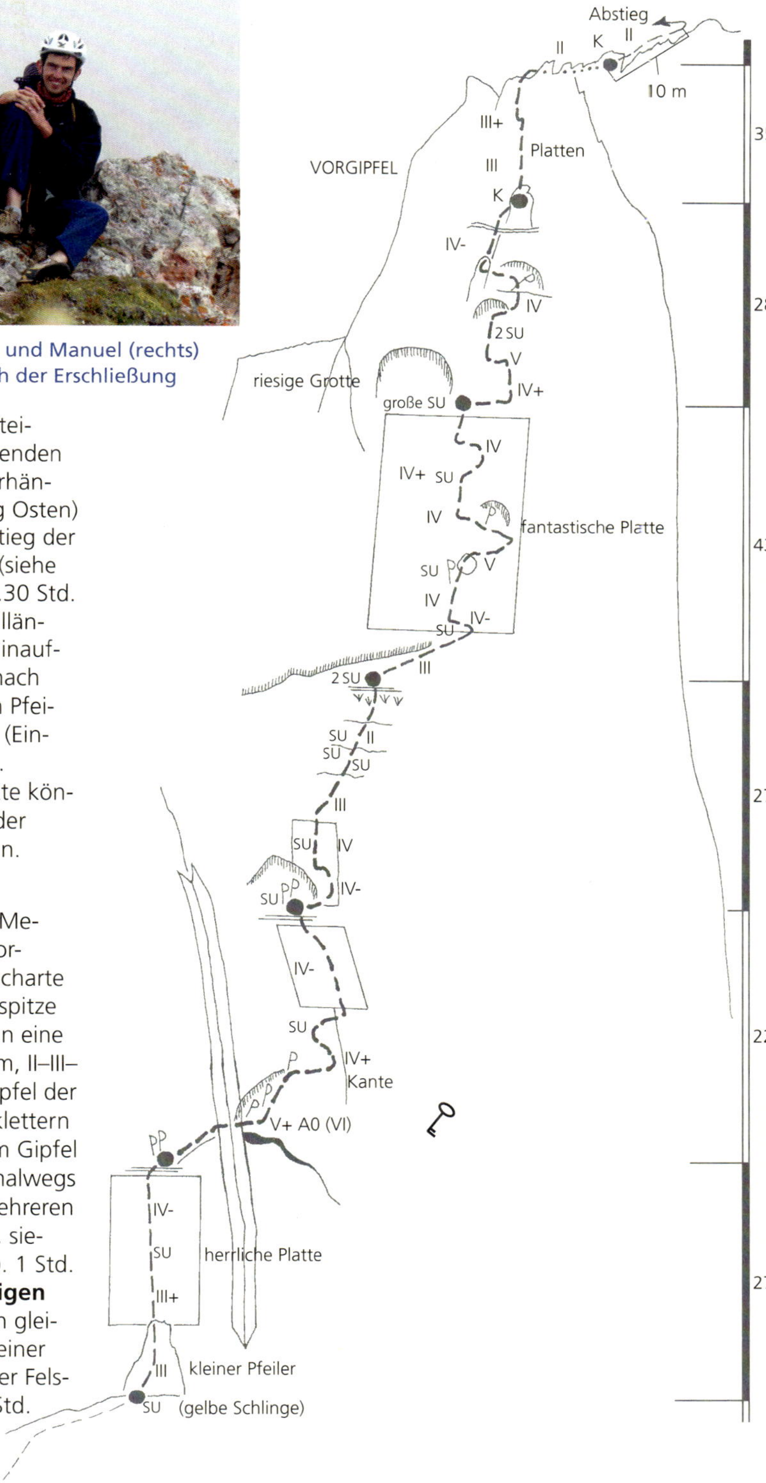

förmigen Scharte absteigen. Hier einen absteigenden kleinen Pfad unter Überhängen und Gras (Richtung Osten) ca. 100 m bis zum Einstieg der »Kamin«-Führe folgen (siehe Route Nr. 2, Band 1). 1.30 Std. Nun die ersten zwei Seillängen (20 m III, 40 m II) hinaufklettern und ca. 20 m nach rechts zu einem kleinen Pfeiler mit Sanduhr queren (Einstieg, Sanduhrschlinge). 25 Min. Ausgangspunkte können auch Col-Raiser- oder Regensburger Hütte sein.

ABSTIEG

Vom Vorgipfel eine 25-Meter-Rampe (Richtung Norden II) zu einer ersten Scharte abklettern. Vor der Felsspitze nach rechts erreicht man eine zweite Scharte (ca. 50 m, II–III–III+). Hier direkt zum Gipfel der Kleine Fermeda hinaufklettern (50 m I–II). 30 Min. Vom Gipfel den Westgrat des Normalwegs über einen Grat und mehreren Rinnen abklettern (II–III, siehe Route Nr. 1, Band 1). 1 Std. An der **terrassenförmigen Scharte** angelangt, den gleichen Zugangsweg mit einer 20-Meter-Abseilstelle der Felssperrung folgen. 1.30 Std.

Abstieg
II K II
10 m
III+
Platten
VORGIPFEL
III
K
IV-
IV
2 SU
V
riesige Grotte
IV+
große SU
IV
IV+ SU
IV
fantastische Platte
SU V
IV
IV-
SU
III
2 SU
SU II
SU
SU
III
SU IV
SU
IV-
IV-
SU
IV+
Kante
V+ A0 (VI)
IV-
SU
herrliche Platte
III+
III
kleiner Pfeiler
SU (gelbe Schlinge)
35 m
28 m
43 m
27 m
22 m
27 m

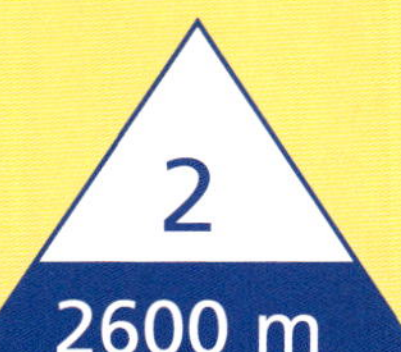

VORBAU DER GROSSEN FERMEDA

ERSTBEGEHER
M. Bernardi und Mara Nogler 30.6.2013, einige Abschnitte wurden im oberen Teil bereits von unbekannten Kletterern begangen

GEISLERGRUPPE

»Mara«-Führe (Südostpfeiler)

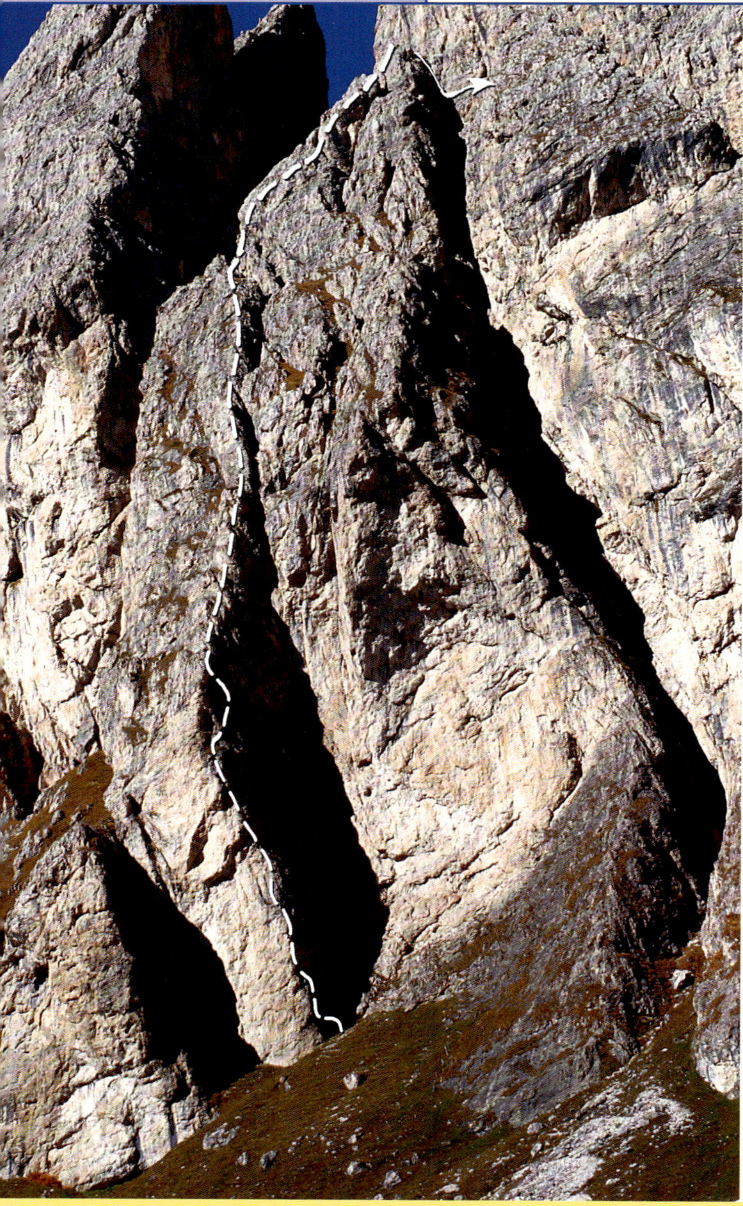

Schwierigkeit: VI- A0 (VI)
Höhenunterschied: 270 m
Kletterstrecke: 296 m
Seillängen: 9
Stunden: 3
Fels: gut, etwas zu säubern
Ausrüstung: NAA;
6 Expressschlingen; Friend Nr. 2,5; einige Haken

EIGENSCHAFTEN

Die Schwierigkeiten befinden sich in den ersten drei Seillängen mit problemlosen kurzen Grasabschnitten. Die übrige Strecke verläuft über porösem Fels. Eigenartiger Abstieg.

ZUGANG

Col-Raiser-Gondelbahn, 2107 m, zwischen den Ortschaften St. Christina und Wolkenstein. Den Hinweisen zum Sas-Rigais-Klettersteig folgen. Nach drei Wegkreuzungen erreicht man den auffälligen frei stehenden Piera-Longia-Felsturm. Nun drei Zäune überschreiten und nach links über Wiesen zum Einstieg. 45 Min.
Als Ausgangspunkt eignet sich auch die Regensburger Hütte.

ABSTIEG

Vom Gipfel der Grasrampe Richtung Osten folgen, dann durch einen Durchschlupf und nach links auf ein schmales waagerechtes Band kriechen. Nun den Grassporn Richtung

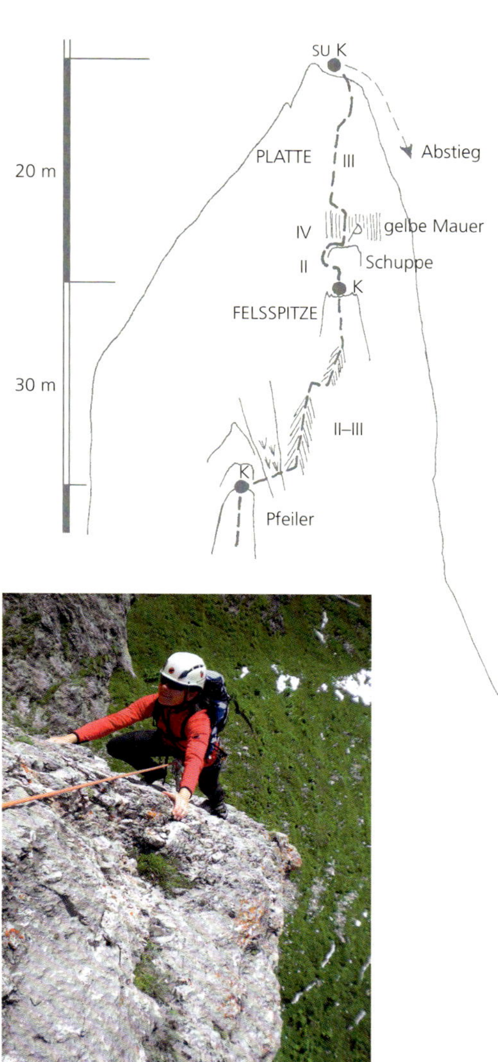

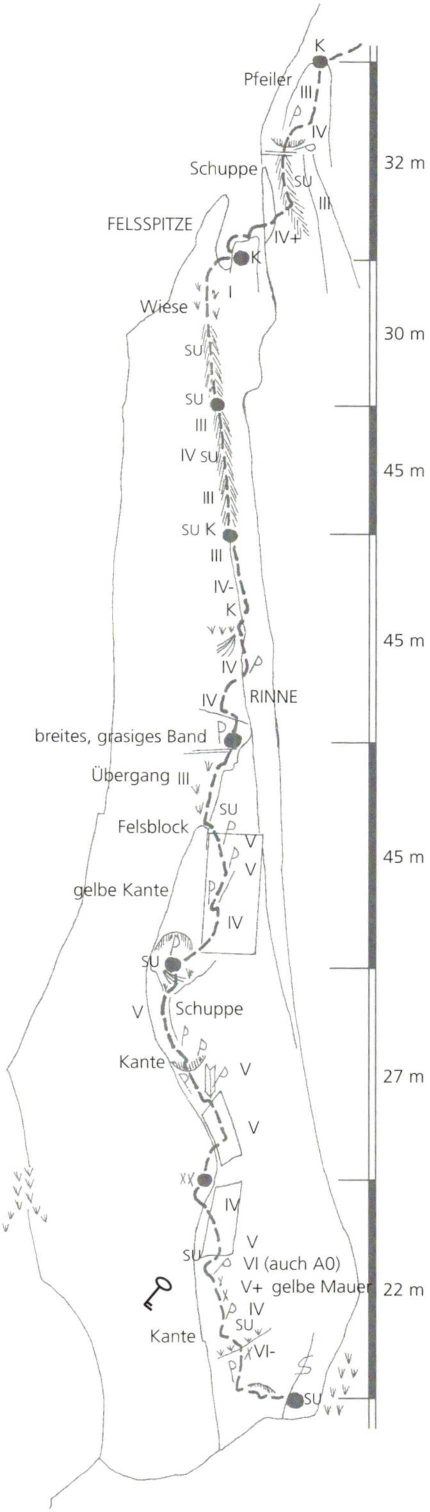

Einige Meter in der zweiten Seillänge (Mara Nogler)

Osten ca. 100 m (I–II) zu einem Absatz absteigen. Hier 20 m (an zwei normalen Haken) zur Rinne des Normalwegs der Großen Fermeda abseilen. Entlang der Rinne kurz 12 m abseilen und eine Stelle (IV-) abklettern. Über Pfad bald auf die Wiese (I–II). 1 Std.

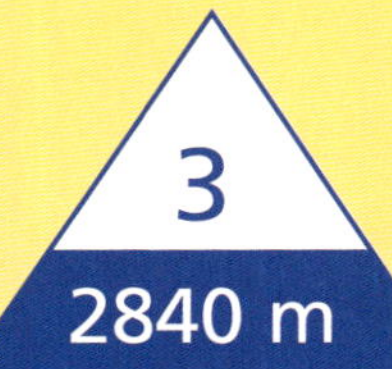

VILLNÖSSER TURM

ERSTBEGEHER
Gustav Jahn und Karl Huter
4.6.1917

GEISLERGRUPPE

»Jahn«-Führe (Südwestwand)

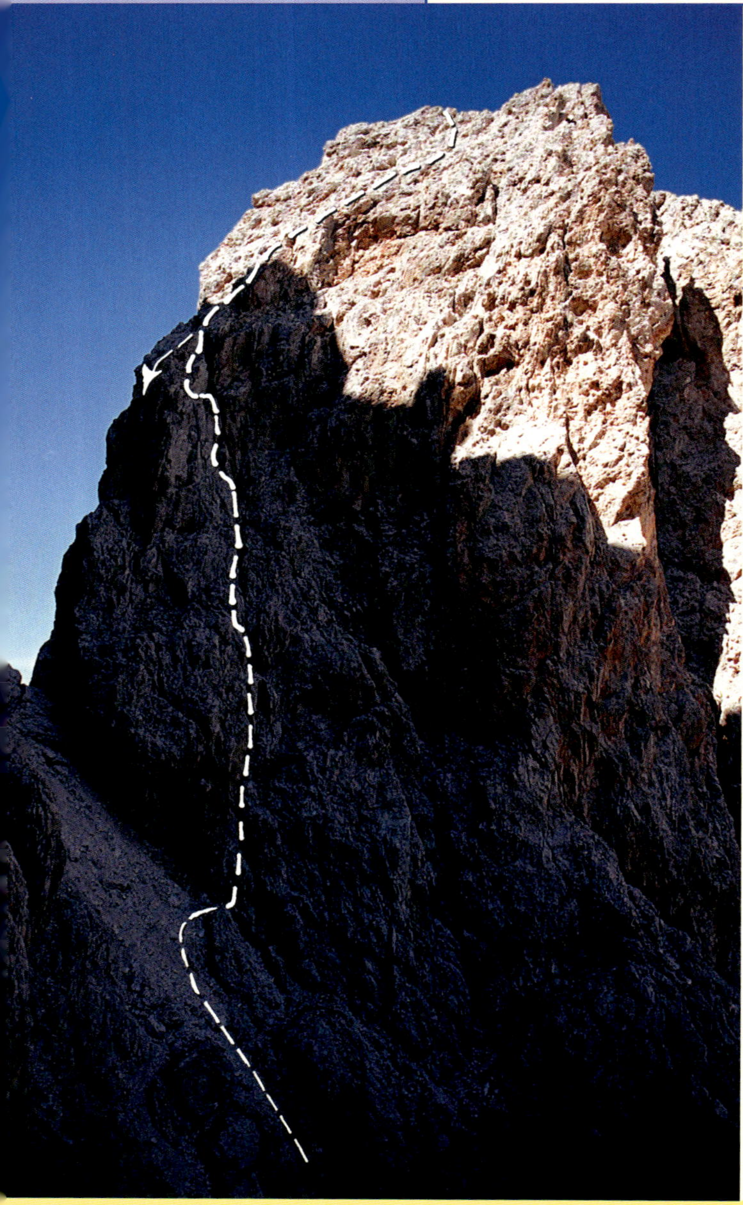

Schwierigkeit: IV, eine Stelle IV+ (auch A0)
Höhenunterschied: 200 m
Kletterstrecke: 213 m
Seillängen: 7
Stunden: 2.5
Fels: gut, zu säubern
Ausrüstung: NAA; Friends Nr. 2|2,5; einige Haken

EIGENSCHAFTEN

Die ersten vier Seillängen überwinden eine steile Wand. Danach folgen geneigte und angenehme Felsabschnitte. Für das grandiose Gipfelpanorama lohnt sich der lange Zustieg.

ZUGANG

Col-Raiser-Gondelbahn, 2107 m, zwischen den Ortschaften St. Christina und Wolkenstein. Den Hinweisen zum Sas-Rigais-Klettersteig folgen. Nach drei Wegkreuzungen erreicht man den auffälligen frei stehenden Piera-Longia-Felsturm. Nun drei Zäune überschreiten und ca. 200 m über einen Pfad durch die Wiesenhänge bis zur östlichen Schlucht der Großen Fermeda wandern (rechts der Großen Fermeda). 1.15 Std. Die Schlucht zur ersten Felssperrung hinaufsteigen (Einstieg der Südostkanten-Führe der Großen Fermeda; im Fels links der Rinne befindet sich ein befestigter Holz-

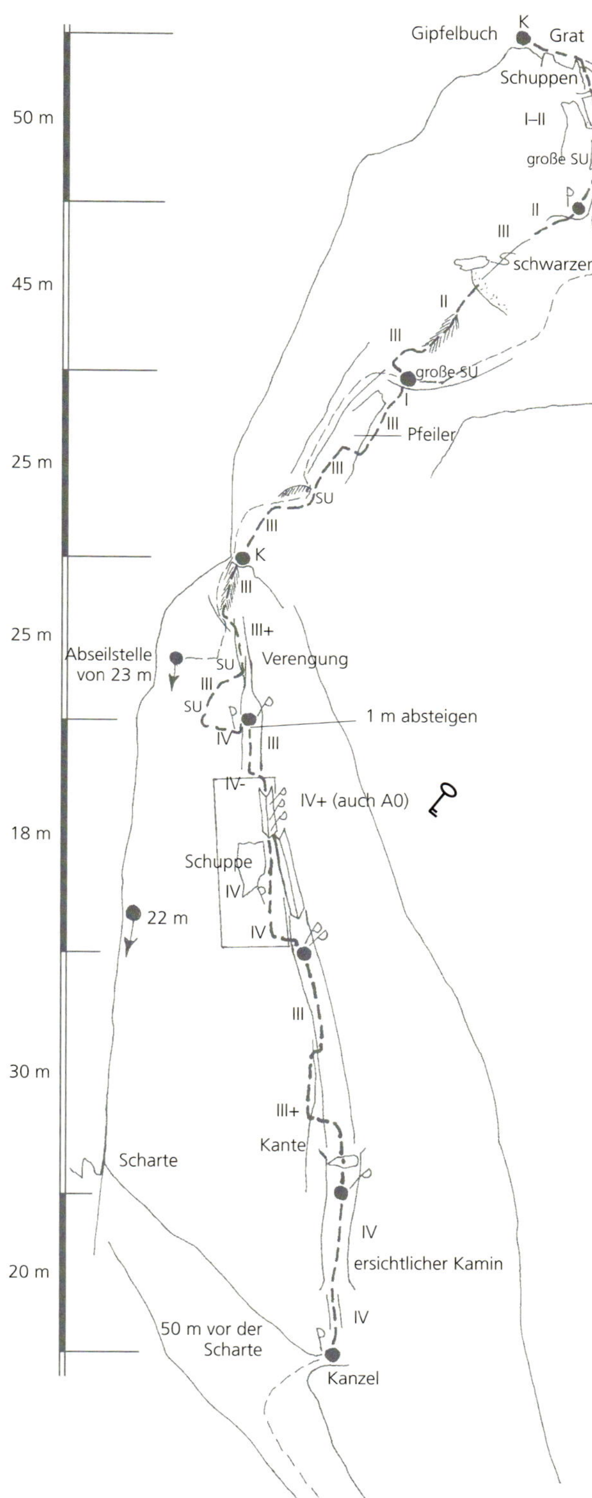

stiel; siehe Route Nr. 6, Band 1). Dann in der Schlucht weitere 90/100 m hinaufsteigen und nach links ein sichtbares Band (am Beginn III, danach Gras, Wiese) queren. Über die Wiese und durch die einfachsten Kletterstellen zu einem Gamspfad hinaufsteigen, der zur Hauptschlucht nach rechts zurückführt. Jetzt der links abbiegenden Geröllrinne zum Einstieg folgen (kurz unterhalb der Scharte I–II). 1 Std. Als Ausgangspunkt eignet sich auch die Regensburger Hütte.

ABSTIEG

Vom Gipfel dem Grat in Richtung Osten folgen, dann die erste Rinne rechts und einige Rampen nach rechts abklettern (Südwesten, I–II). Man überkreuzt die Aufstiegsroute und folgt dieser, mehr oder weniger, bis zum Ausstieg aus dem schwierigeren Abschnitt (Standplatz der vierten Seillänge II–III, siehe technische Skizze). Nun über eine ausgesetzte Platte 8 m (III) abklettern und einige Meter nach rechts zur Verankerung 2-mal zur Scharte abseilen: 23 m, 22 m. 50 Min. Jetzt die Rinne des Zugangsweges zur Schlucht absteigen. In der tiefen Schlucht wird über den eingerichteten Abstieg der Großen Fermeda abgeseilt: **1.** 10 m, **2.** 20 m, **3.** 15 m, **4.** 25 m). Bald zum Schluchtende. 1 Std.

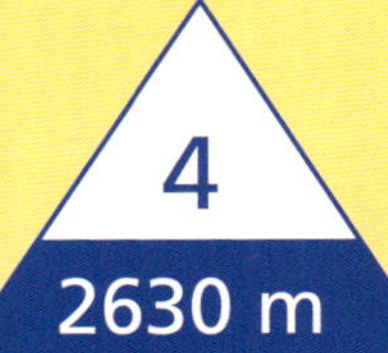

KLEINE ODLA DE CISLES

ERSTBEGEHER
M. Bernardi und Manfred Runggaldier (Mambo) 6.5.2014

GEISLERGRUPPE

»Mambo«-Führe (Südwand)

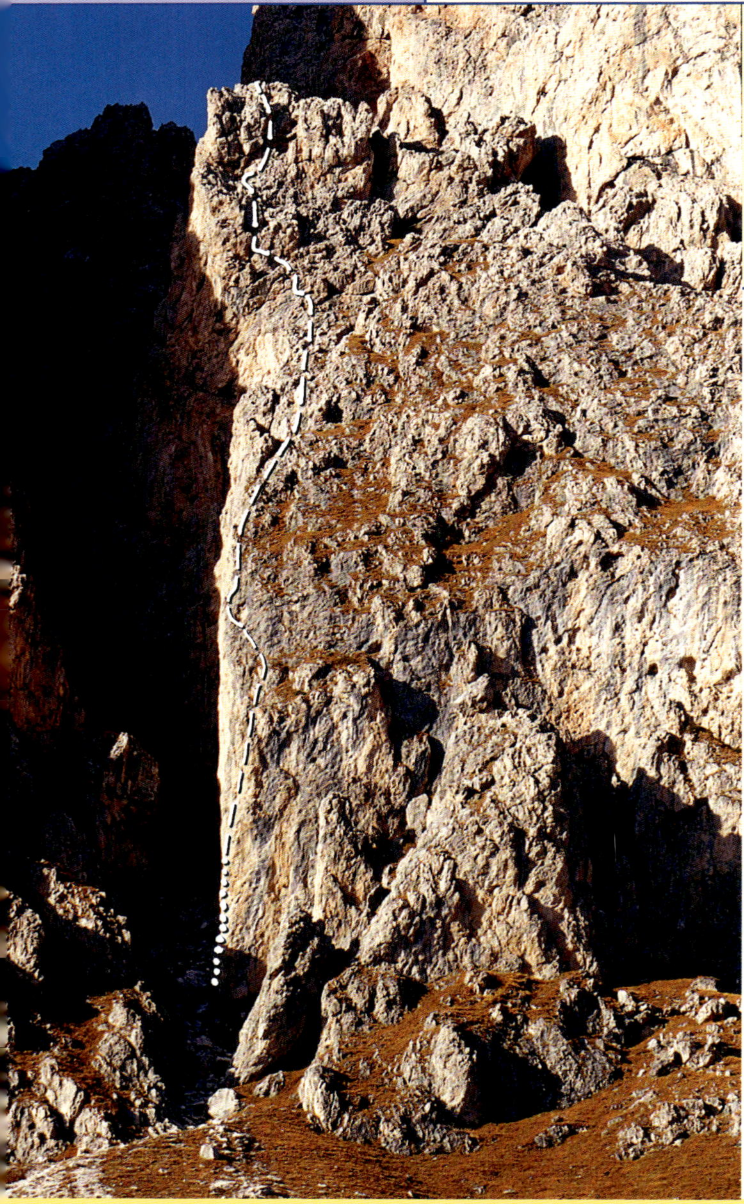

Schwierigkeit: V+ A0 (VI+)
Höhenunterschied: 270 m
Kletterstrecke: 283 m
Seillängen: 9
Stunden: 3
Fels: gut
Ausrüstung: NAA; 8 Expressschlingen; Friends Nr. 2|3|3,5

EIGENSCHAFTEN

Ist im Auf- und auch im Abstieg eine alpine Route. Die gut eingerichtete Schlüsselstelle läuft über einen eindrucksvollen Riss. In den mittleren Abschnitten kommen unterbrochene Schwierigkeiten vor. Schöner Gipfel.

ZUGANG

Col-Raiser-Gondelbahn, 2107 m, zwischen den Ortschaften St. Christina und Wolkenstein. Den Hinweisen zum Sas-Rigais-Klettersteig folgen. Nach drei Wegkreuzungen erreicht man den auffälligen frei stehenden Piera-Longia-Felsturm. Nun drei Zäune überschreiten und nach ca. 200 m über einen Pfad durch die Wiesenhänge bis zur östlichen Schlucht der Großen Fermeda wandern (rechts der Großen Fermeda). 1.15 Std. Die Schlucht zur ersten Felssperrung hinaufsteigen (Einstieg der Südostkanten-Führe der Großen Fermeda, im

Fels links der Rinne befindet sich ein befestigter Holzstiel; siehe Route Nr. 6, Band 1), dann nach rechts zum großen Felsblock und zum sichtbaren Einstiegsriss. 1.20 Std. Als Ausgangspunkt eignet sich auch die Regensburger Hütte.

ABSTIEG

Vom Gipfel Richtung Osten über einen Grat ca. 40 m (I–II) klettern. Einige Meter unterhalb einer Felsspitze Richtung Südosten 25 m abseilen. Ein breites Grasband, eine Rinne und einen Grasgrat zur zweiten Abseilstelle absteigen und abschließend 20 m abseilen. Nun die linke Rinne zu einer markanten Felsspitze mit Schlingen abklettern. An der Felsspitze 10 m (dritte Abseilstelle) zur breiten Rinne abseilen. Von der breiten Rinne nach links in Richtung der Wände aussteigen und entlang einer Rampe (II) zur Wiese abklettern. 1 Std.

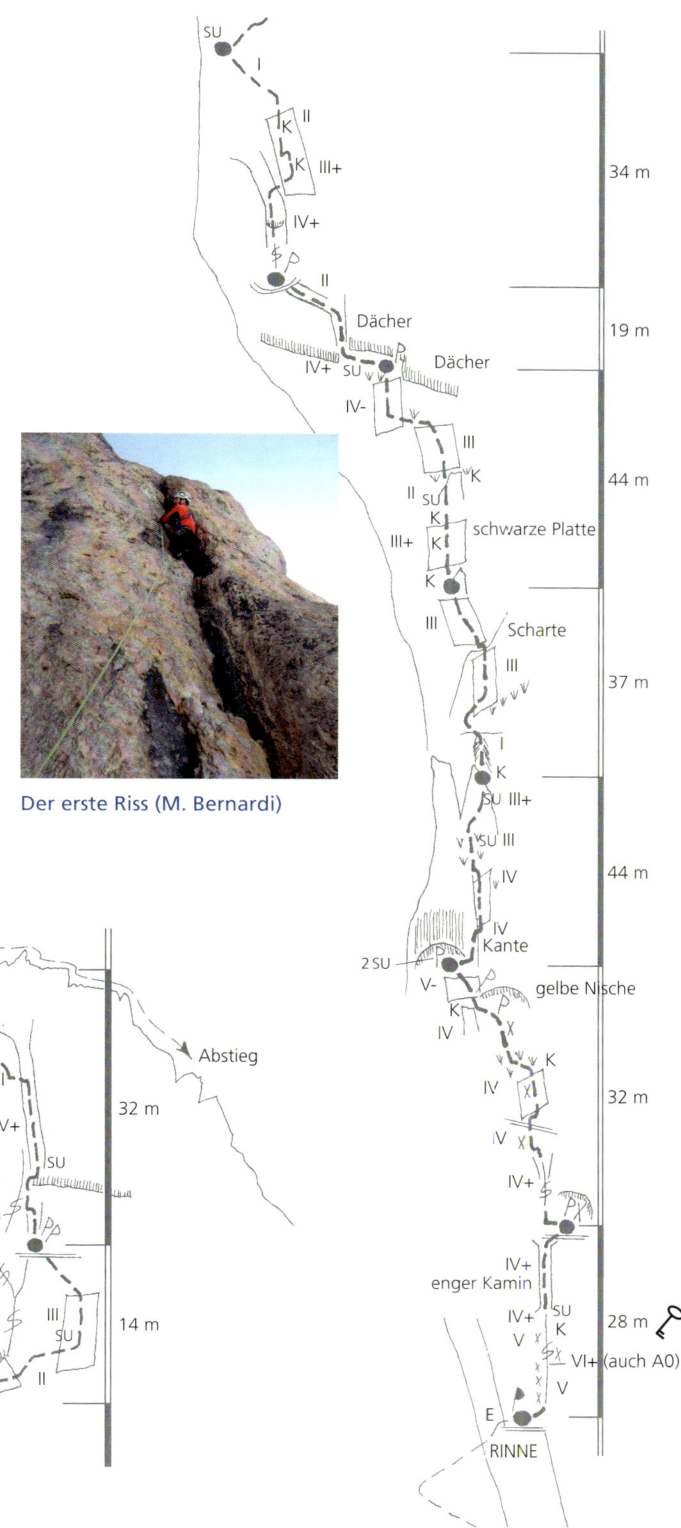

Der erste Riss (M. Bernardi)

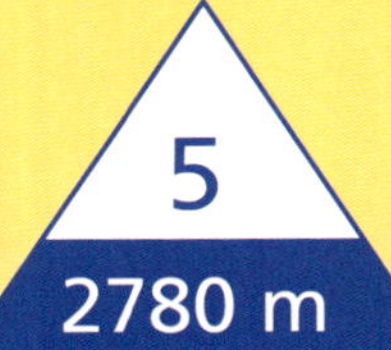

ODLA DE CISLES

ERSTBEGEHER
Ferdinand Glück, Matteo Demetz (Moz) und Hulda Tutino Steel 13.6.1929

GEISLERGRUPPE

»Teufelskamin« (Südwand)

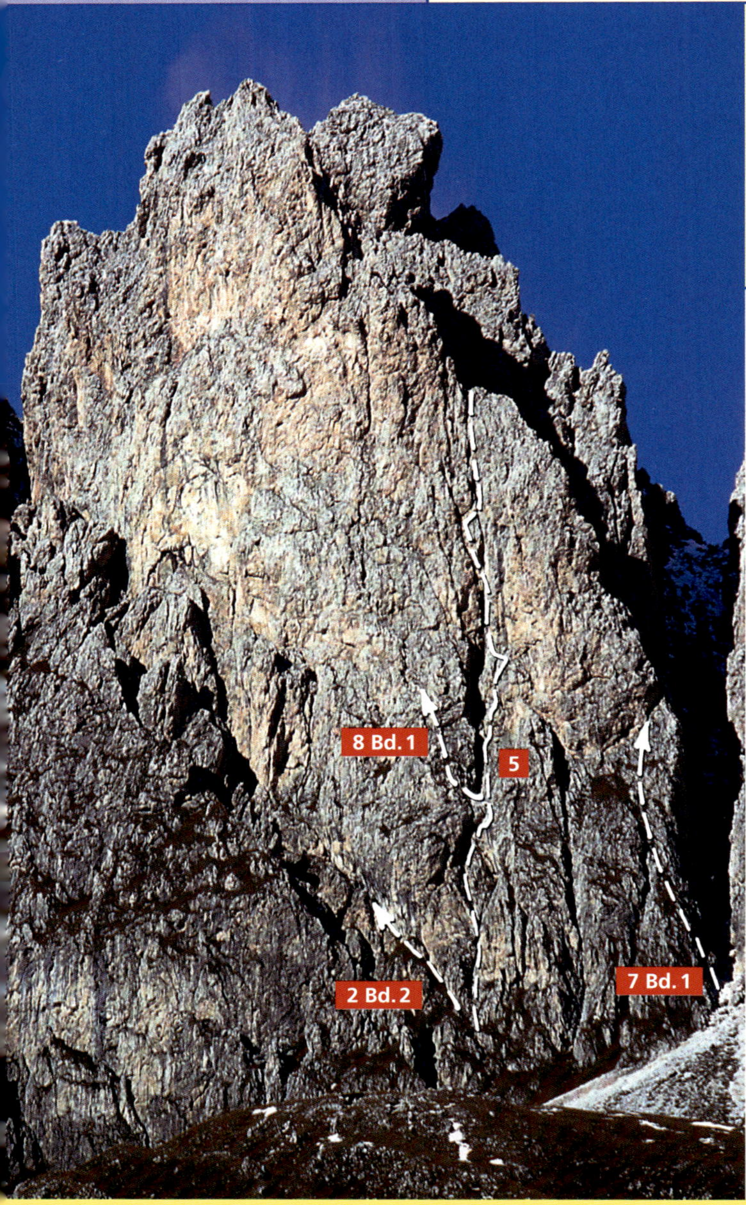

Schwierigkeit: V+
Höhenunterschied: 210 m
Kletterstrecke: 232 m
Seillängen: 8
Stunden: 3
Fels: gut, etwas zu säubern
Ausrüstung: NAA; Friends Nr. 2|3; Stopper Nr. 5|8|9; einige Haken

EIGENSCHAFTEN

Abwechslungsreiche Route. Die Schlüsselstelle ist sehr ausgesetzt, aber jetzt gut abgesichert. Wegen der Breite des Kamins in der Schlüsselseillänge könnten Kletterer unter 1,60 Meter Körpergröße Probleme beim Spreizen haben!

ZUGANG

Col-Raiser-Gondelbahn, 2107 m, zwischen den Ortschaften St. Christina und Wolkenstein. Den Hinweisen zum Sas-Rigais-Klettersteig folgen. Nach drei Wegkreuzungen erreicht man den auffälligen frei stehenden Piera-Longia-Felsturm. Nun drei Zäune überschreiten und nach ca. 200 m über einen Pfad über die Wiesenhänge bis unterhalb der Großen Fermeda wandern. Hier nach rechts queren, bis unterhalb der Südwand der Odla de Cisles. Über die Wiese und eine Rinne bald zum Einstieg. 1.15 Std. Die ersten zwei Seillängen stimmen mit der

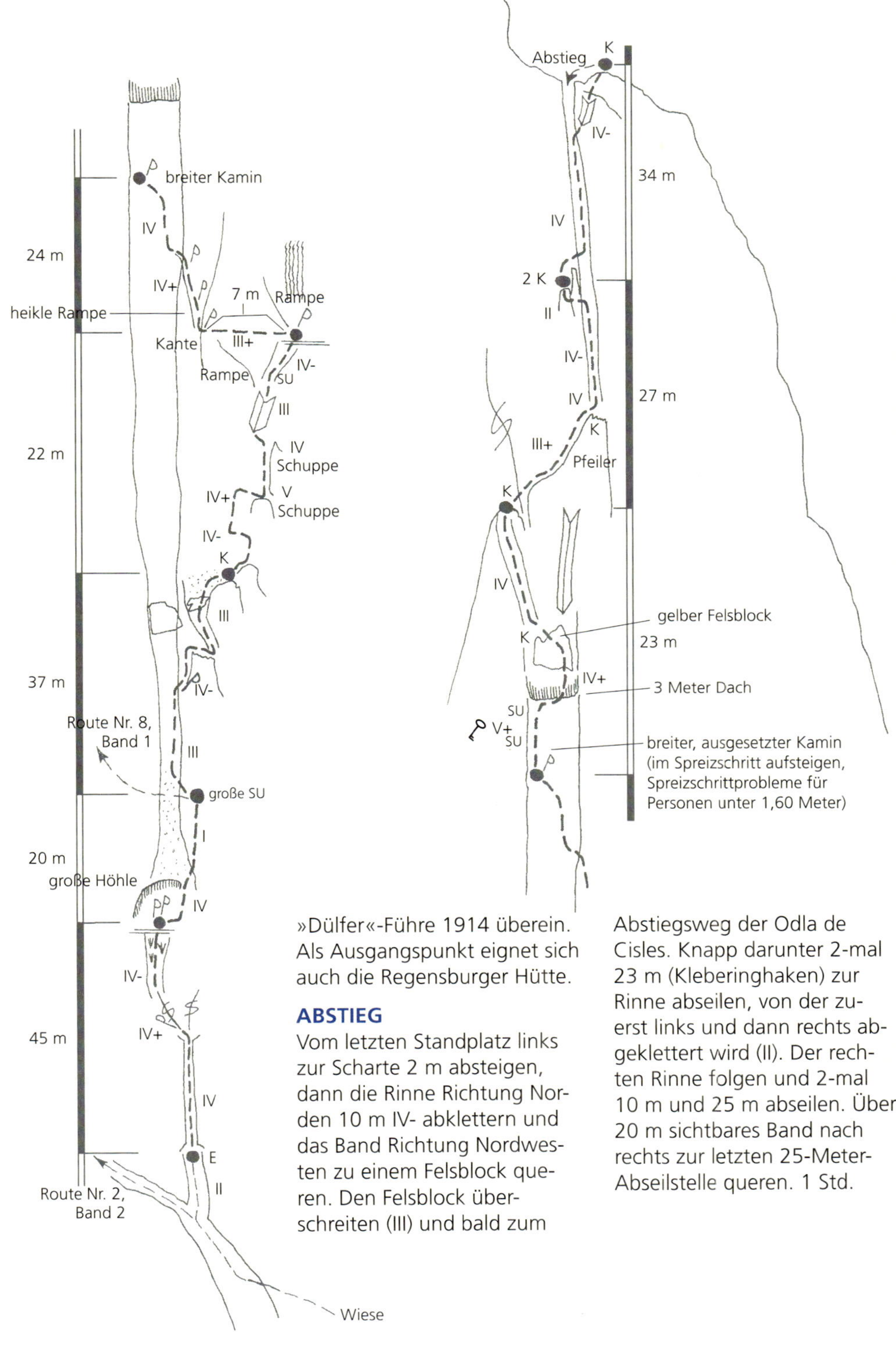

»Dülfer«-Führe 1914 überein. Als Ausgangspunkt eignet sich auch die Regensburger Hütte.

ABSTIEG

Vom letzten Standplatz links zur Scharte 2 m absteigen, dann die Rinne Richtung Norden 10 m IV- abklettern und das Band Richtung Nordwesten zu einem Felsblock queren. Den Felsblock überschreiten (III) und bald zum Abstiegsweg der Odla de Cisles. Knapp darunter 2-mal 23 m (Kleberinghaken) zur Rinne abseilen, von der zuerst links und dann rechts abgeklettert wird (II). Der rechten Rinne folgen und 2-mal 10 m und 25 m abseilen. Über 20 m sichtbares Band nach rechts zur letzten 25-Meter-Abseilstelle queren. 1 Std.

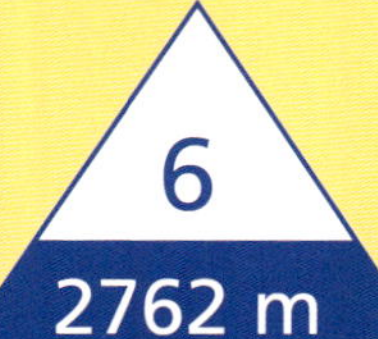

SAS DE MESDÌ

ERSTBEGEHER
Emil Solleder 21.7.1925 die ersten vier Seillängen; M. Bernardi und Edy Rabanser 22.10.2012 die folgenden vier Seillängen; Gustav Jahn, Karl Huter und Erwin Merlet 20.6.1927 die letzten zwei Seillängen

GEISLERGRUPPE

»Edma«-Führe (Routen-Kombination, Westwand)

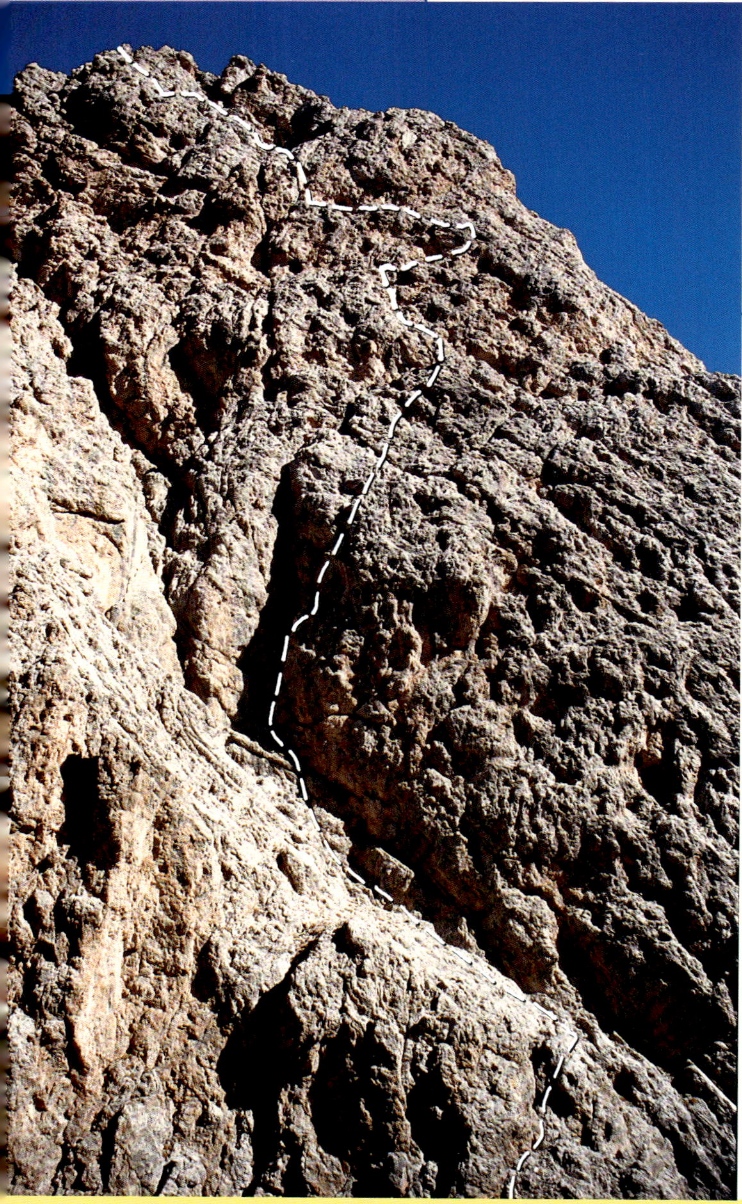

Schwierigkeit: V+ A0 (VI)
Höhenunterschied: 260 m
Kletterstrecke: 304 m
Seillängen: 10
Stunden: 3.5
Fels: gut, die letzten zwei Seillängen zu säubern
Ausrüstung: NAA; Friends Nr. 0,5|2,5|3|3,5; Stopper Nr. 9; einige Haken

EIGENSCHAFTEN
Interessante und logische Route. Die Wand ist in Vergessenheit geraten, es lohnt sich, sie wieder in Erinnerung zu rufen.

ZUGANG
Siehe Route Nr. 5, aber unterhalb der Südwand der Odla de Cisles zur Schlucht zwischen Odla de Cisles und Sas de Mesdì queren. 1.20 Std. Die Schlucht durch drei Verengungen (**1.** 3 m IV, **2.** 2 m IV-, **3.** 3 m IV-) hochklettern und zur Rinne der ersten Seillänge hinaufsteigen (ca. 200 m Kletterstrecke, Haken mit Schlingen). 15 Min. Als Ausgangspunkt eignet sich auch die Regensburger Hütte.

ABSTIEG
Richtung Norden zur Rinne absteigen, dann den Steigspuren und den Steinmännern folgen (I–II). Den letzten Abschnitt rechts haltend und über Rampen abklettern, welche auf die Wiesen führen. Letztendlich den Pfad nach rechts wandern. 1 Std.

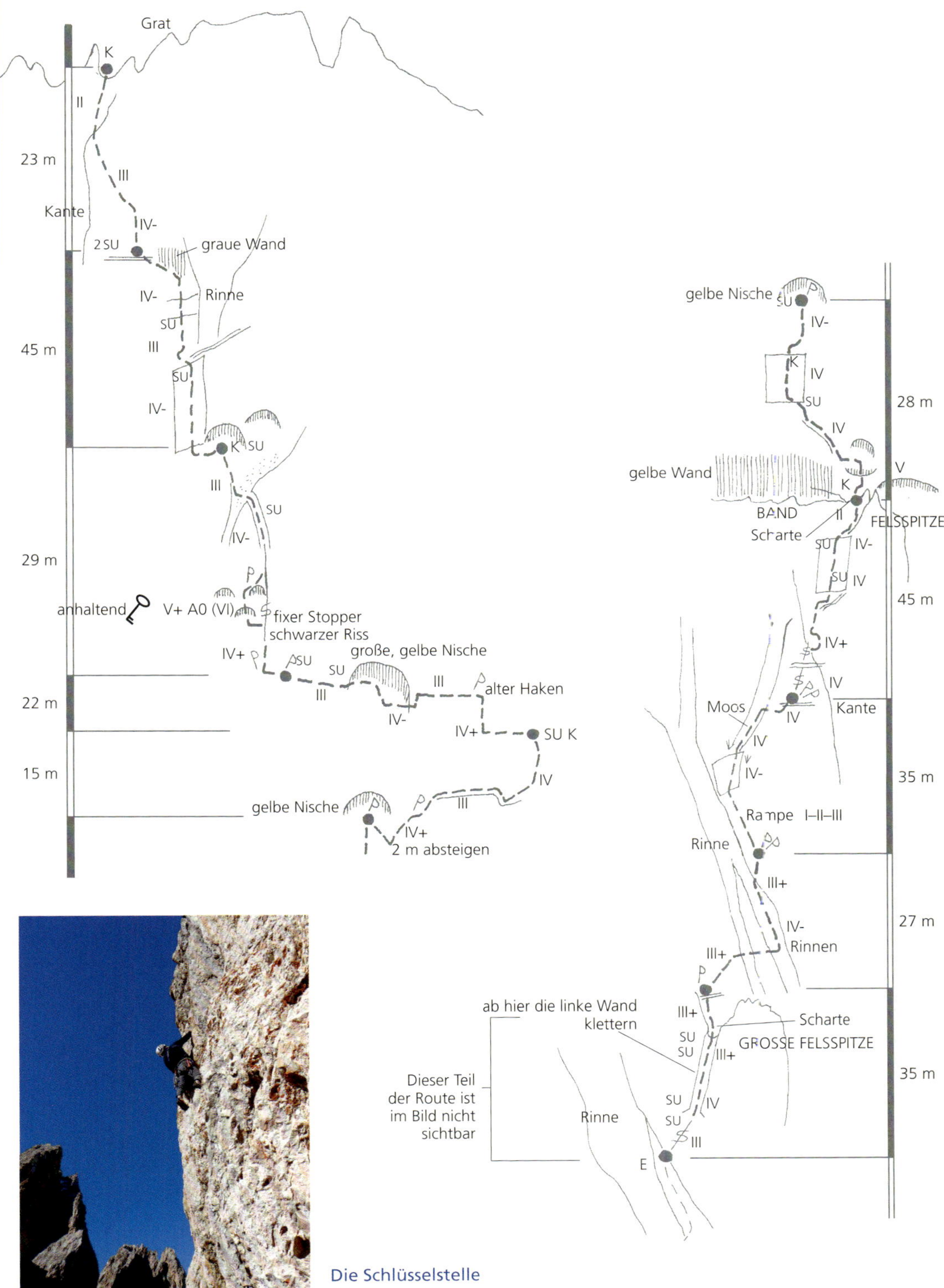

Die Schlüsselstelle (M. Bernardi)

»Edma« 2012

von Edy und Mauro

Wenn man Kletterrouten publiziert, dann ist die Suche nach denselben der schönste und konstruktivste Teil bei der Erstellung eines Führers. Ein Beispiel: Eines Tages, während des Abseilens von der Odla de Cisles, fällt mein Blick auf das graue Gestein mit gelben Flecken der Westwand des Sas de Mesdì … ich erkenne die klassische Dibona-Route, welche die Westwand mit einer Kehre streift, um dann wieder Richtung Süden zu führen.

Die historische italienische Buchreihe Guida dei monti d'Italia (Herausgeber: CAI und TCI), auch die »Bibel der Alpinisten« genannt, erwähnt drei Routen an der Westwand. Die Erste wurde 1916 von L. Victoris und Co. eröffnet. Laut Beschreibung führt sie quer von rechts nach links über Rampen und Kamine bis zum ersten Drittel der Wand. Die zweite Route von 1917, eröffnet von G. Jahn, K. Huter und E. Merlet, fängt sogar in der Wandmitte an und führt entlang eines langen Felsbandes nach links, nachdem sie im ersten Abschnitt der Route Dibona folgt; somit wurde schon zu Zeiten des Ersten Weltkrieges eine wahrhaftige Routenkombination erstellt. Wo das Felsband aufhört, führt sie weiter über einen gelben Kamin und erreicht, wahrscheinlich über eine Rinne, den Gipfelgrat. Zu guter Letzt, die dritte Route, die direkte Einstiegsvariante: die rätselhafteste laut den bisherigen Publikationen oder, besser gesagt, aufgrund der fehlenden Details. Sie wurde 1925 von Emil Solleder im Alleingang eröffnet. Sie müsste in der tiefen Rinne zwischen der Odla de Cisles und dem Sas de Mesdì beginnen und über Platten das Felsband erreichen, von dem aus die Jahn-Route von 1917 startet. An dieser Stelle ist nicht bekannt, ob Solleder umgekehrt oder über die Jahn- oder die Dibona-Route weitergeklettert ist. Ich vermute, dass er den Gipfel erreicht hat und damit auch eine Routen-Kombination ins Leben gerufen hat.

Obwohl die schöne Wand mit ihrem guten Gestein von vielen Persönlichkeiten des heroischen Alpinismus bestiegen wurde, wird auf ihr heutzutage nicht geklettert; ich wage, sogar zu behaupten, dass sie komplett in Vergessenheit geraten ist. Angesichts dieses Sachverhalts nimmt die Idee, eine vollständige Route an der Westseite auszuklügeln, Form an. Doch wie soll man in diesem Labyrinth von direkter Variante, hoher Variante und einer Route, die quer über die Wand verläuft und die erste schneidet, vorgehen? Mein Kletterpartner Edy und ich wollen im Oktober 2012 »jì a udei« (Ladinisch für »schauen gehen«). Wir sind beide der Meinung, dass wir auf die Suche nach einer logischen Reihenfolge der natürlichsten und elegantesten Passagen gehen müssen, um eine Route zu finden, die es wert ist, von vielen anderen Bergbegeisterten wiederholt zu werden. Und so kommt es, dass wir nach fünf Stunden zum Gipfelgrat kommen. Doch weder die Anhaltspunkte noch die fehlenden Spuren der vorhergehenden Aufstiege, denen wir auf unserem Weg nach oben begegnet sind, helfen uns zu verstehen, welche Strecke wir definitiv geklettert sind. Diese Geschichte, soll verdeutlichen, wie schwierig es ist, anhand von nebulöser oder fehlender, ungenauer und schwer zu deutender Dokumentation vergangene

Begebenheiten ans Licht zu bringen und eine Karte der existierenden Routen zu erstellen.
Im unteren Teil, auf der vermeintlichen Direktvariante von Solleder, fanden wir keine plausiblen Anzeichen eines Aufstiegs. Man hinterlässt beim Soloklettern bekannterweise auch keine Spuren.
Dann endlich die Gewissheit, dass wir die Querroute von 1916 gekreuzt haben. Allerdings wurde diese schon 1925 von Solleder gekreuzt. In der Mitte der Westwand riet uns die Logik, rechts vom gelben Kamin der Jahn-Route zu bleiben, wo wir auf zwei alte Haken stießen. Den ersten davon hätte niemals jemand für einen Aufstieg oder für einen Standplatz gesetzt, deshalb ist sicher, dass er für einen Rückzug verwendet worden war; eine angemessene Annahme, da es zu beschwerlich gewesen wäre, unterhalb des Hakens abzuklettern. Der zweite Haken befindet sich am Beginn des schwarzen Risses, kurz vor der Schlüsselstelle, während wir auf der schwierigsten Passage kein Anzeichen von künstlichen oder natürlichen Sicherungen fanden. Man kann also vermuten, dass jemand – man weiß nicht wer – bis zum Anfang des schwarzen Risses geklettert ist, dann aber kehrtgemacht und den ersten alten Haken zum Abseilen angebracht hat. Nach der Schlüsselseillänge, die alles andere als banal und für damals vielleicht etwas zu riskant war, setzten wir unseren Aufstieg nach links entlang einer Rampe fort, die zum Gipfelgrat führt und vielleicht teilweise mit der Route von Jahn und Co. von 1917 übereinstimmt. Nun, angesichts der Alpingeschichte der »zur Verfügung stehenden« Wand und angesichts unserer Variante ist es nicht einfach, die Route zu definieren, ihr einen Namen zu geben oder zu beurteilen, ob die veröffentlichte Route überhaupt als solche existieren darf. Wurde eine teilweise neue Kletterroute eröffnet, oder handelt es sich um eine Kombination unterschiedlicher Routen? Eine Routenkombination ist oft nichts anderes als die bestmögliche Verbindung von mehreren Routen oder Seillängen, bei denen verschiedene Faktoren wie die Gesteinsqualität, die Eleganz der Passagen und die Logik der Strecke eine Rolle spielen. Manchmal geht es auch darum, wie bequem der Einstieg und der Ausstieg sind.
In der Alpingeschichte gab es, notgedrungen, immer schon Routenkombinationen. Wäre es besser gewesen, die Westwand so zu belassen, wie sie war, oder eine logische Route vorzuschlagen, wie wir es versucht haben? Angesichts einiger Polemiken erwartet man eigentlich konkrete Vorschläge und etwas weniger Überheblichkeit. Mit diesem Vorschlag wird die Alpingeschichte der Wand nicht ausgelöscht. Ganz im Gegenteil, sie wird hervorgehoben, wie dieser Artikel beweist. Man könnte, wenn man wollte, die Praktikabilität der Vorhaben der Vorgänger wegen ihrer mangelnden Sorgfalt anzweifeln, doch angesichts der Umstände der damaligen Zeit sind sie entschuldigt. Tatsache ist, dass die Westwand, so wie sie sich präsentierte, nicht interessant war und tatsächlich auch keine Wiederholungen oder Versuche bekannt sind. Schlussendlich ist es das, was wir feststellen konnten. Unser Vorschlag soll auf keinen Fall den Meinungen und Ideen anderer, die vielleicht innovativer sind als die unseren, einen Abbruch tun. Das Wichtigste ist und bleibt für uns die Freude am Klettern und die Faszination für den Alpinismus. Deshalb wollen wir all unser Wissen zur Verfügung stellen, welches dem Berufsgeheimnis eigentlich gar nicht ähnlich sieht.

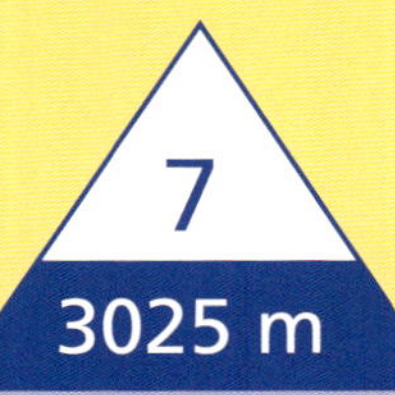

FURCHETTA

ERSTBEGEHER
Johann Santner 3.9.1880

GEISLERGRUPPE

Normalweg (Südflanke und Westgrat)

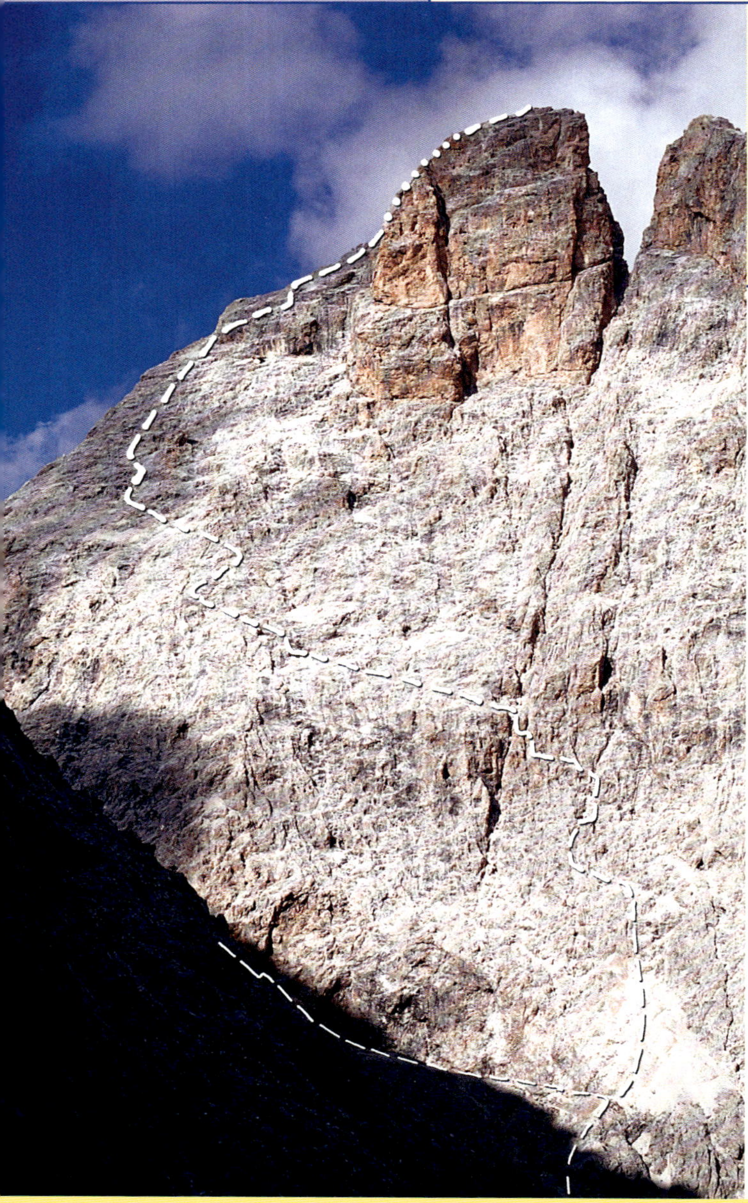

Schwierigkeit: III
Höhenunterschied: 430 m
Kletterstrecke: ca. 700 m
Seillängen: 3 empfohlen, den Rest am »kurzen Seil«, gelegentlich sichern
Stunden: 2
Fels: gut, zu säubern
Ausrüstung: NAA

EIGENSCHAFTEN

Die Route läuft, nach einem steilen Wandabschnitt, über schöne logische Schuttbänder zu einer ausgesetzten Gipfelwand. Die Route wurde mit vielen Steinmännern markiert. Eindrucksvoller Gipfel.

ZUGANG

Col-Raiser-Gondelbahn, 2107 m, zwischen den Ortschaften St. Christina und Wolkenstein. Den Hinweisen zum Sas-Rigais-Klettersteig folgen. Bei der Wegkreuzung unterhalb des Sas Rigais (Plan Cianter/Cianter-Ebene) den Weg zum Salierestal (rechts vom Sas Rigais) wandern. Den langen und mühsamen Weg zum sichtbaren Sattel mit Blick ins Villnößtal hinaufsteigen (Einstieg). 1.45 Std. Als Ausgangspunkt eignet sich auch die Regensburger Hütte.

ABSTIEG

Den gleichen Aufstiegsweg mit zwei empfohlenen Abseilstellen. 2 Std.

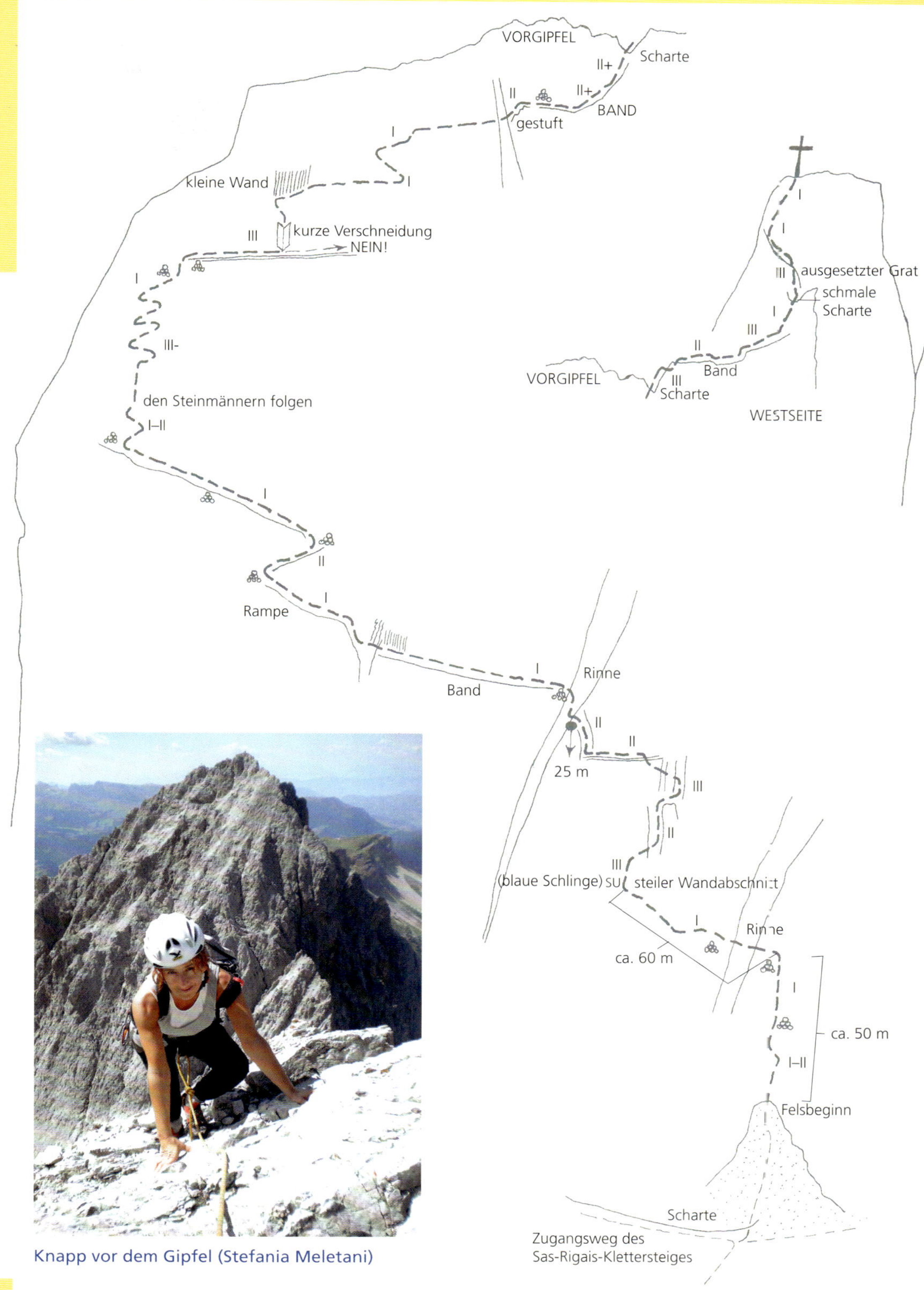

Knapp vor dem Gipfel (Stefania Meletani)

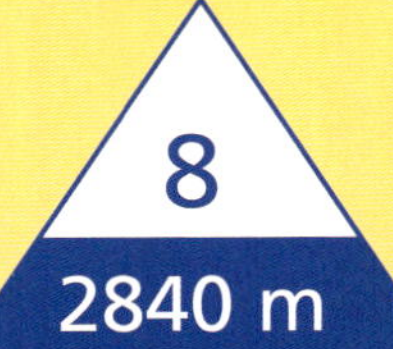

SÜD. VORGIPFEL DES TORKOFELS

ERSTBEGEHER
M. Bernardi und Dietmar Insam 19.7.2013, die ersten zwei Seillängen wurden bereits von unbekannten Kletterern begangen

GEISLERGRUPPE

»Dima«-Führe (Westwand)

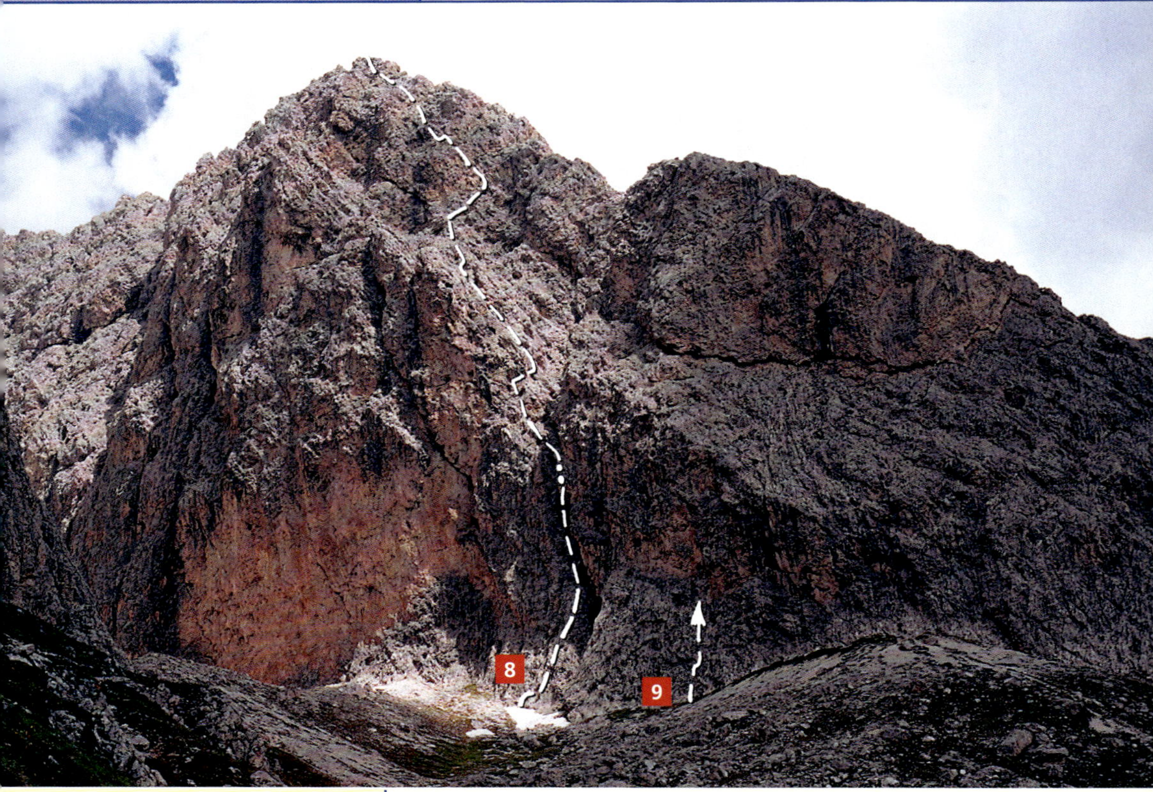

Schwierigkeit: III–IV
Höhenunterschied: 400 m
Kletterstrecke: 451 m
Seillängen: 13
Stunden: 4
Fels: ausgezeichnet, zu säubern
Ausrüstung: NAA; Friends Nr. 2|3

EIGENSCHAFTEN

Mittelschwere Route mit eindrucksvollem Ambiente. Die Kletterstrecke wurde mit Sanduhrschlingen markiert.

ZUGANG

Col-Raiser-Gondelbahn, 2107 m, zwischen den Ortschaften St. Christina und Wolkenstein. Hinweisen zum Sas-Rigais-Klettersteig folgen. Bei der Wegkreuzung unterhalb des Sas Rigais (Plan Cianter/Cianter-Ebene), den Weg zum Salierestal (rechts von Sas Rigais) wandern. Im Salierestal rechts und bald zum Einstieg queren. 1.45 Std. Als Ausgangspunkt eignet sich auch die Regensburger Hütte. 1.15 Std.

ABSTIEG

Vom Gipfel Richtung Osten ca. 30 m waagerecht queren, dann die rechte Rinne absteigen (Süden, I). Weiter, sich rechts am Grat haltend, zu einer 8 m hohen eigenartigen kleinen Felsspitze und die rechte Rinne (II–III) ins Salierestal abklettern. 1 Std.

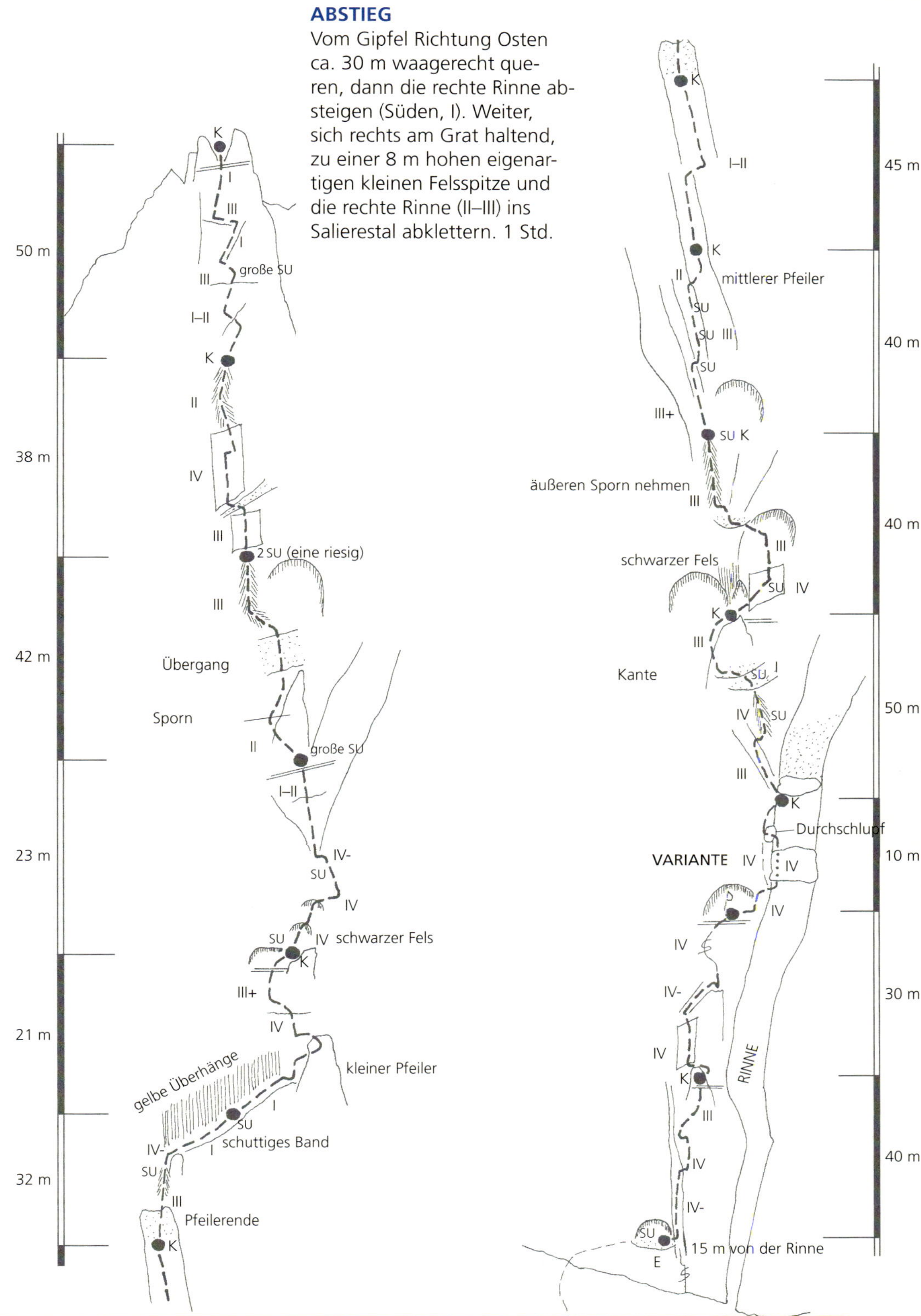

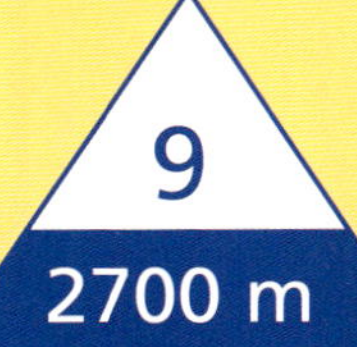

PALA DEMETZ
(TORKOFEL)

ERSTBEGEHER
M. Bernardi und
Ivo Demetz 10.8.2013

GEISLERGRUPPE

»12 ani deberieda«-Führe (Westwand)

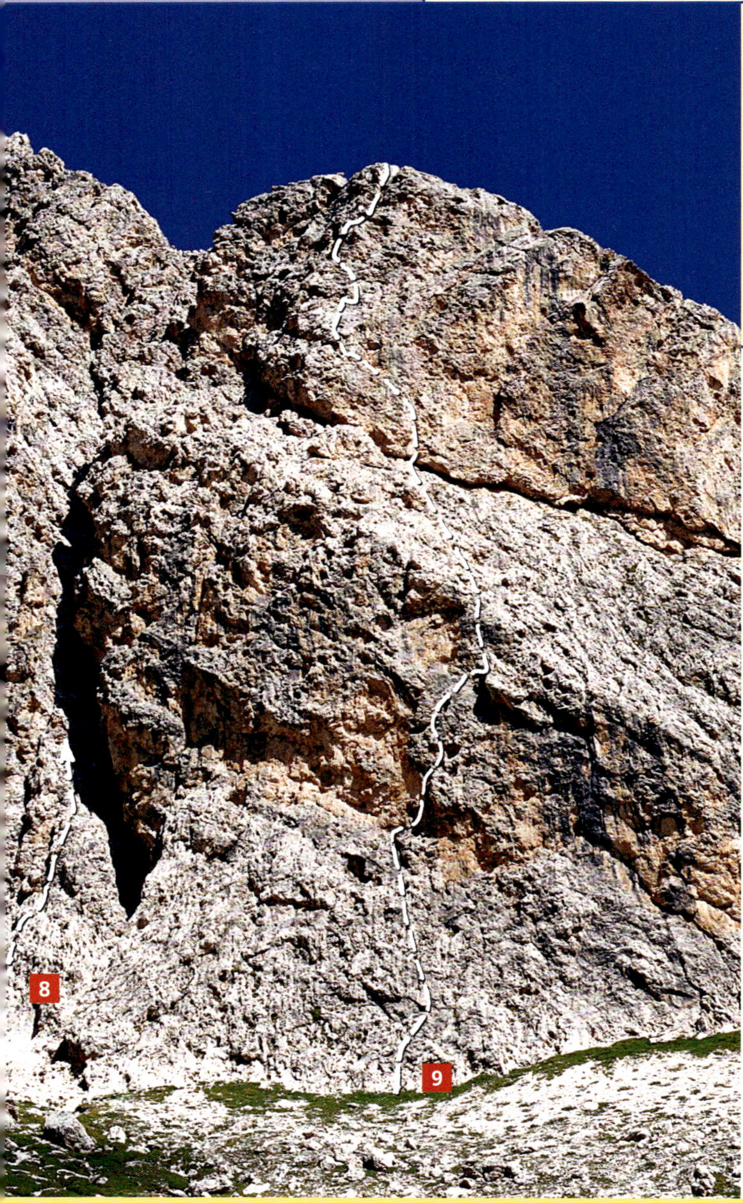

Schwierigkeit: V, eine Stelle V+
Höhenunterschied: 200 m
Kletterstrecke: 232 m
Seillängen: 7
Stunden: 2.5–3
Fels: ausgezeichnet/gut, zu säubern
Ausrüstung: NAA; 6 Expressschlingen; Friends Nr. 0,5|2|3,5; einige Haken für Standplätze

EIGENSCHAFTEN
Interessante Kletterroute über Platten und eine Gipfelverschneidung. Bequemer Abstieg.

ZUGANG
Siehe Route Nr. 8.

ABSTIEG
Rechts des Grates Richtung Süden zu einer 8 m hohen eigenartigen kleinen Felsspitze absteigen und die rechte Rinne (II–III) ins Salierestal abklettern. 30 Min.

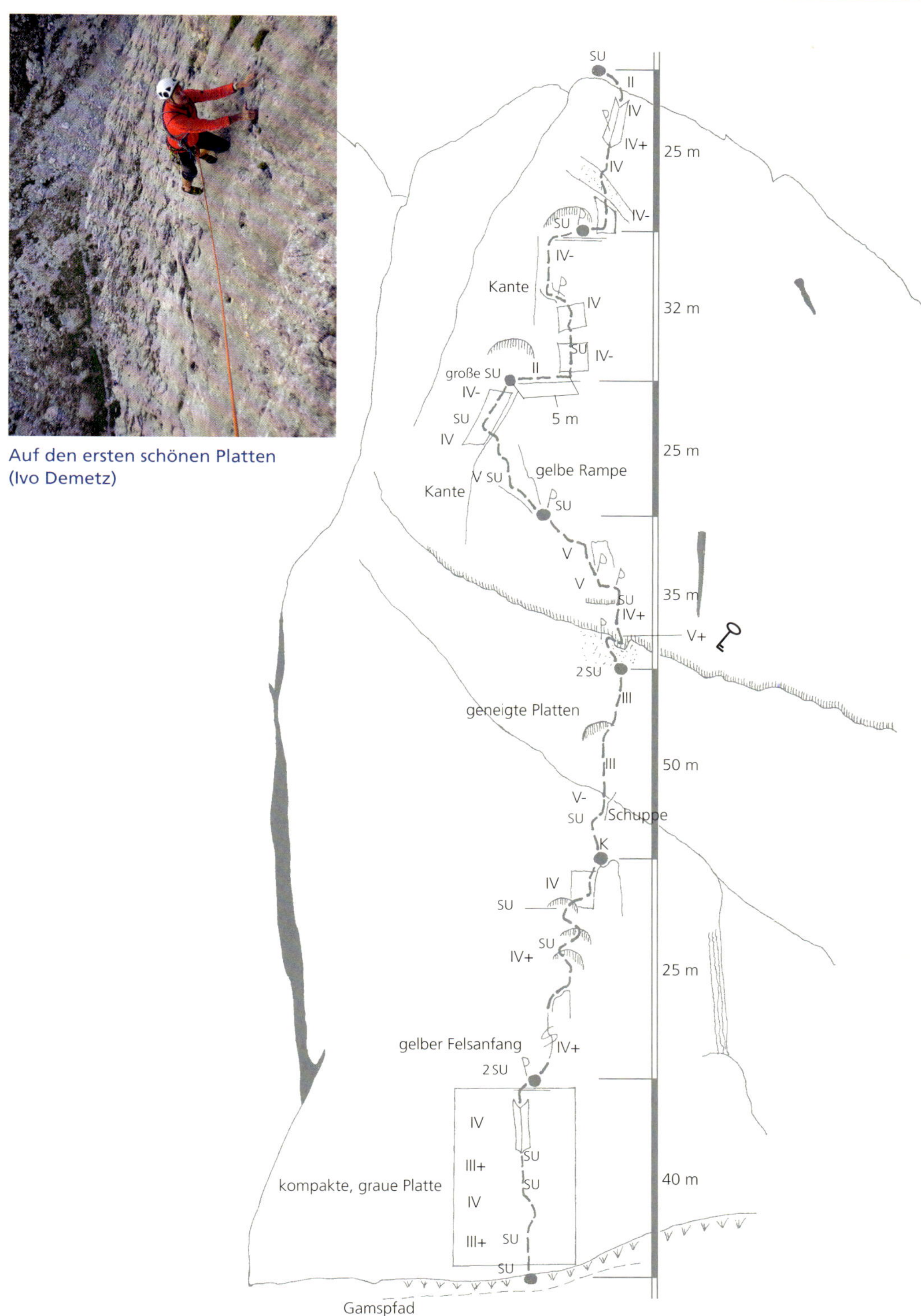

Auf den ersten schönen Platten
(Ivo Demetz)

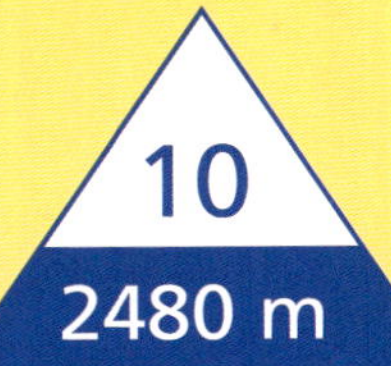

PIZA DA LA CREUSC

ERSTBEGEHER
M. Bernardi und Edy Rabanser
18.6.2013

GEISLERGRUPPE

»Elena«-Führe (Südwand)

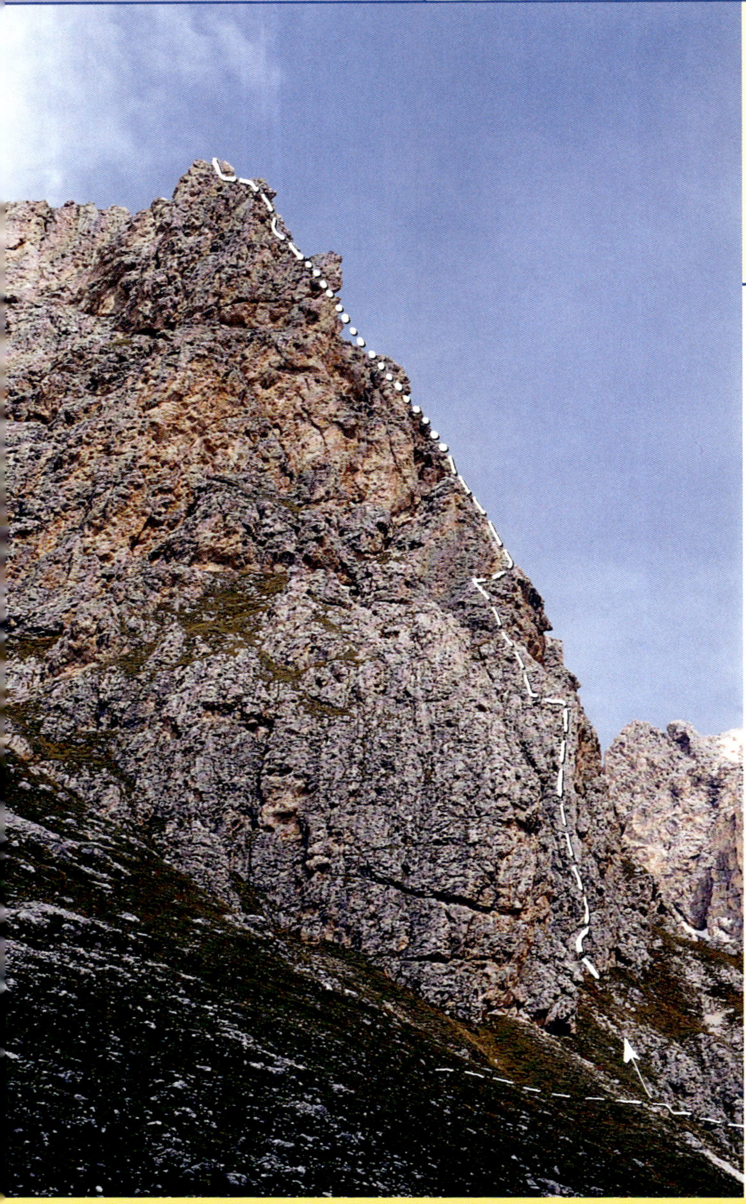

Schwierigkeit: III–IV, eine Stelle IV+
Höhenunterschied: 200 m
Kletterstrecke: 215 m
Seillängen: 7
Stunden: 2.5
Fels: ausgezeichnet, am letzten Abschnitt gut
Ausrüstung: NAA; Friend Nr. 2

EIGENSCHAFTEN

Genussreiche Route ohne anhaltende Schwierigkeiten, schöner Gipfel. Großartige Gegend.

ZUGANG

Col-Raiser-Gondelbahn, 2107 m, zwischen den Ortschaften St. Christina und Wolkenstein. Hinweisen zum Sas-Rigais-Klettersteig folgen. Bei der Wegkreuzung unterhalb des Sas Rigais (Plan Cianter/Cianter-Ebene) den Weg Nr. 13 zum Wassertal wandern. Unterhalb der ersten Wände eine 40-Meter-Grasrampe zum Einstieg hinaufsteigen (Sanduhrschlinge). 1.30 Std. Als Ausgangspunkt eignet sich auch die Regensburger Hütte. 1 Std.

ABSTIEG

Vom Gipfel den Nordgrat (II) bis zur Scharte abklettern. Unter einem großen Felsblock Richtung Südosten die Rinne abklettern (II). Die Rinne über Schutt weiter abklet-

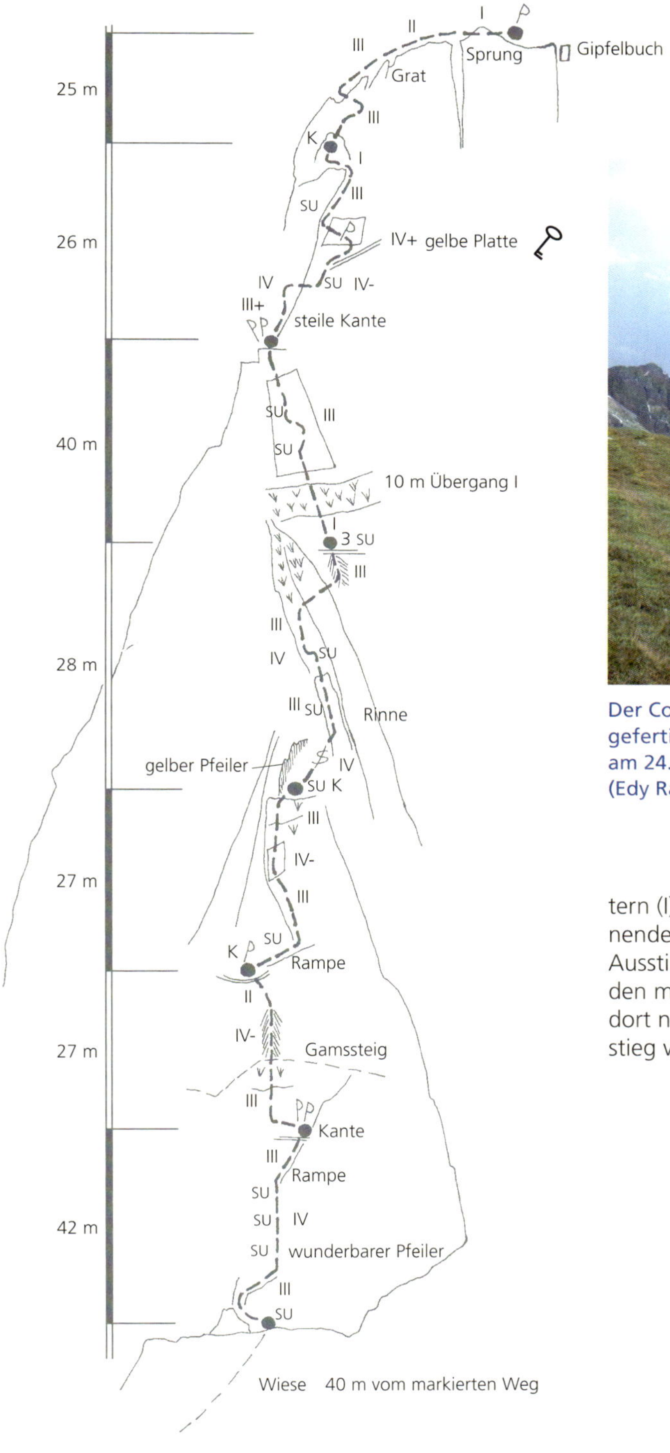

I
II
III
Sprung
Gipfelbuch
Grat
25 m
III
K
I
III
SU
26 m
IV+ gelbe Platte
IV
SU IV-
III+
steile Kante
SU
III
40 m
SU
10 m Übergang I
I
3 SU
III
III
28 m
IV
SU
III SU
Rinne
gelber Pfeiler
IV
SU K
III
27 m
IV-
III
K
SU
Rampe
II
IV-
27 m
Gamssteig
III
Kante
III
Rampe
SU
42 m
SU IV
SU wunderbarer Pfeiler
III
SU
Wiese 40 m vom markierten Weg

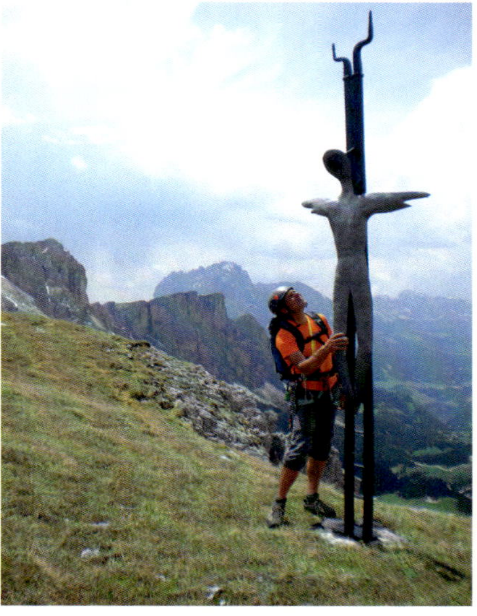

Der Col-dala-Creusc-Jesus, gefertigt von Hubert Comploj; am 24.9.2011 errichtet (Edy Rabanser)

tern (I) und vor dem Rinnenende 6 m abseilen. An der Ausstiegsrinne nach links auf den markierten Weg und von dort nach rechts zum Einstieg wandern. 45 Min.

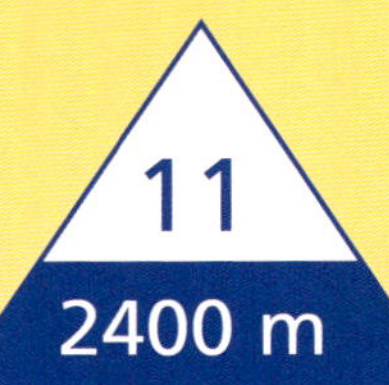

PITLA CANSLA
(PULPITITÜRME)

ERSTBEGEHER
M. Bernardi 9.9.2013

GEISLERGRUPPE

»Sayonara«-Führe (Westwand)

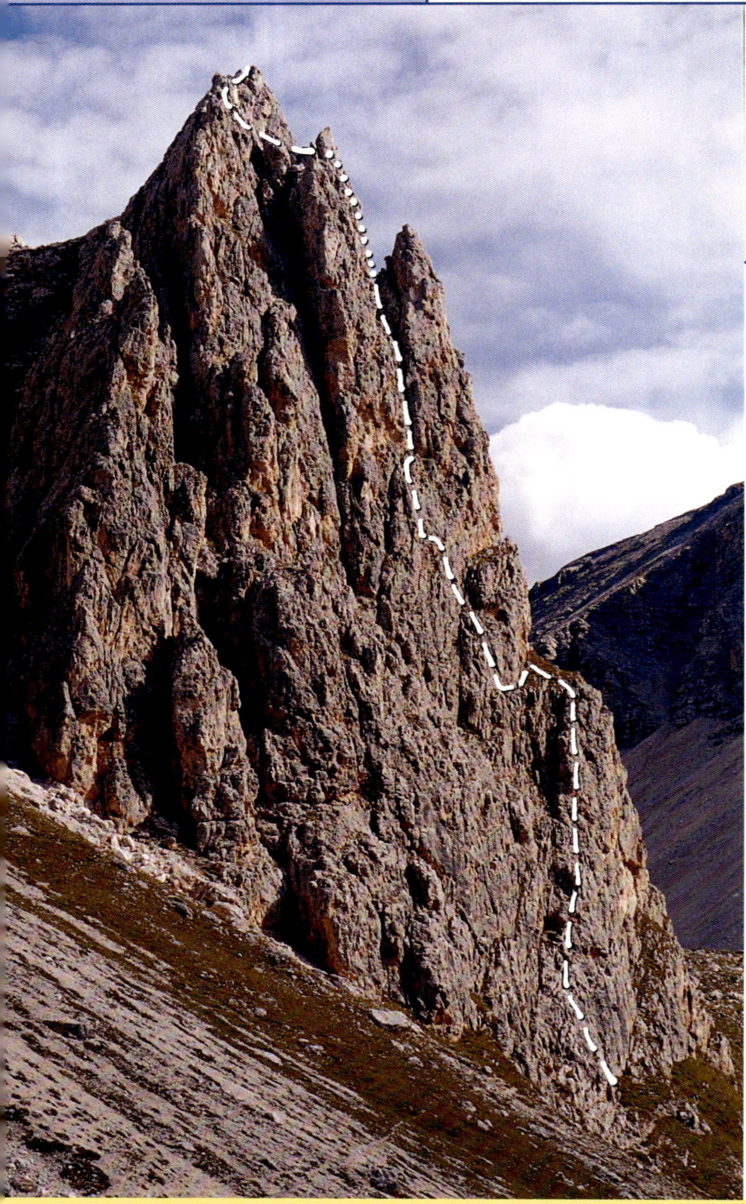

Schwierigkeit: IV
Höhenunterschied: 150 m
Kletterstrecke: 190 m
Seillängen: 7
Stunden: 2.5
Fels: gut, etwas zu säubern
Ausrüstung: NAA;
5 Expressschlingen

EIGENSCHAFTEN
Abwechslungsreiche Route. Der Schlüsselabschnitt ist die dritte Seillänge. Bequemer Abstieg.

ZUGANG
Siehe Route Nr. 10, aber unterhalb der Piza da la Creusc den markierten Weg noch ein Stück weiter wandern. Dann den Weg verlassen und waagerecht nach rechts zum Einstieg queren. 1.50 Std. Als Ausgangspunkt eignet sich auch die Regensburger Hütte. 1.20 Std.

ABSTIEG
Vom Gipfel entlang des Aufstiegsweges 8 m abseilen (ein Felsköpfl ausnützen). Dann 2 m hinaufsteigen und dem östlichen Grat (kurze Stelle III) zur breiten Scharte folgen. Jetzt kann man die Rinne, entweder nach links (Norden) oder rechts (Süden, am Anfang III, später Wiese und Pfad), absteigen. 30 Min.

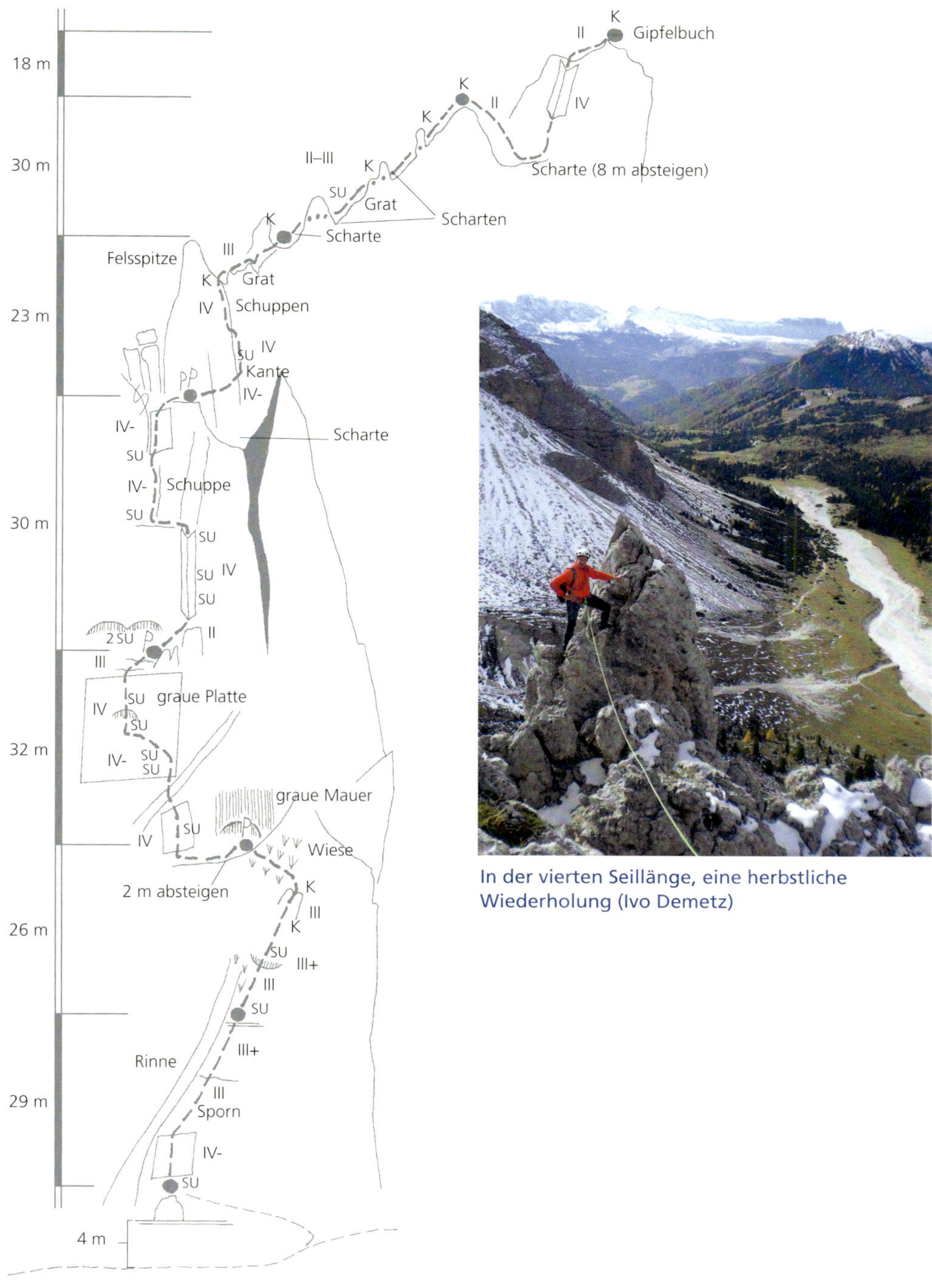

In der vierten Seillänge, eine herbstliche Wiederholung (Ivo Demetz)

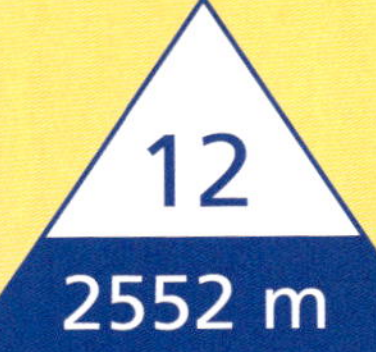

STEVIA

ERSTBEGEHER
Karl Unterkircher und Silke Perathoner »Auf der Olm gibt's koa Sind«-Führe Juli 1998 die ersten neun Seillängen, Matteo Demetz (Moz) und Emilio Boyer Juli 1933 den oberen Abschnitt

»Unterkircher + Boyer«-Führe (Routen-Kombination, Nordwand)

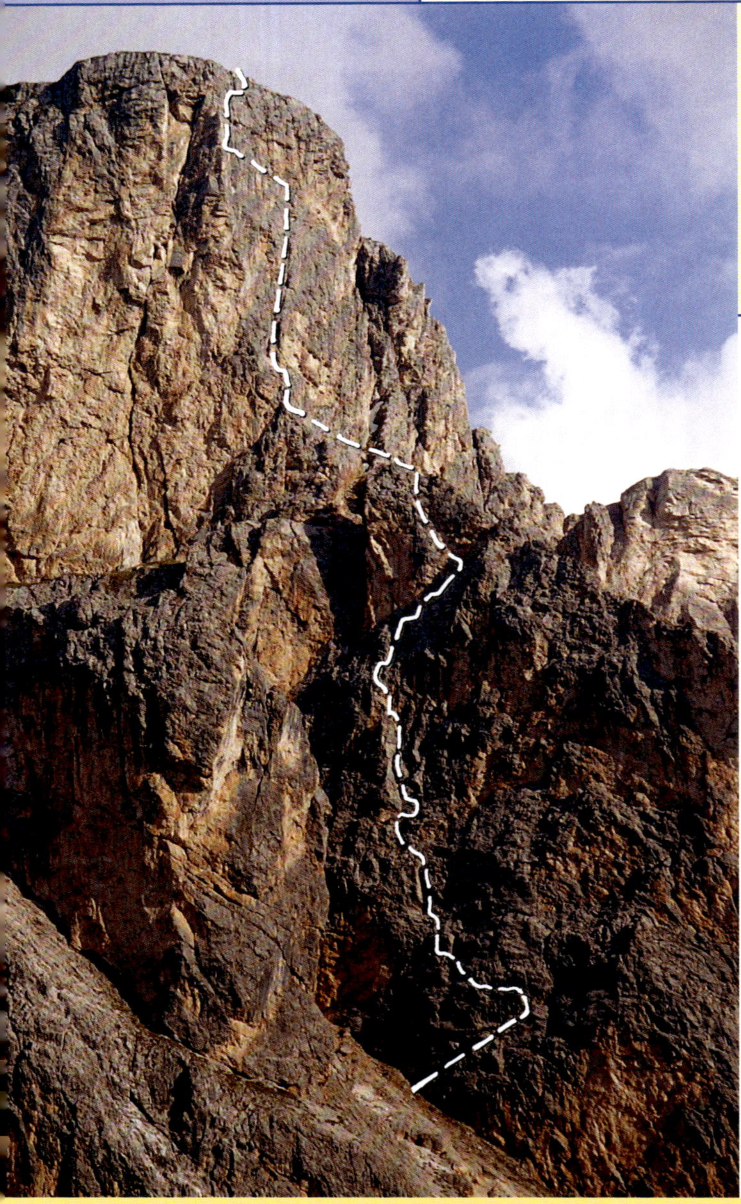

Schwierigkeit: V, eine Stelle V+
Höhenunterschied: 330 m
Kletterstrecke: 384 m
Seillängen: 13
Stunden: 4–5
Fels: ausgezeichnet, etwas zu säubern
Ausrüstung: NAA; Friends Nr. 0,5|2|2,5|3; Stopper Nr. 8|9; einige Haken

EIGENSCHAFTEN
Schöne Routenkombination, welche die ganze Nordwand mit einem bequemen Übergang überwindet. Platten-, Verschneidungs- und Risskletterei. Sehr bequemer Abstieg.

ZUGANG
Col-Raiser-Gondelbahn, 2107 m, zwischen den Ortschaften St. Christina und Wolkenstein. Von der Col-Raiser-Hütte den Weg zur Regensburger Hütte wandern. Dann den markierten Weg Nr. 17b Richtung Pizascharte hinaufwandern. An der Waldgrenze einem Pfad nach rechts folgen und über Schutthang zum Einstieg hinaufsteigen. 1.30 Std. Als Ausgangspunkt eignet sich auch die Regensburger Hütte. 1 Std.

ABSTIEG
Auf der Wiese Richtung Osten zur Piza-Scharte wandern und den Weg Nr. 17b zur Regensburger Hütte absteigen. 1 Std.

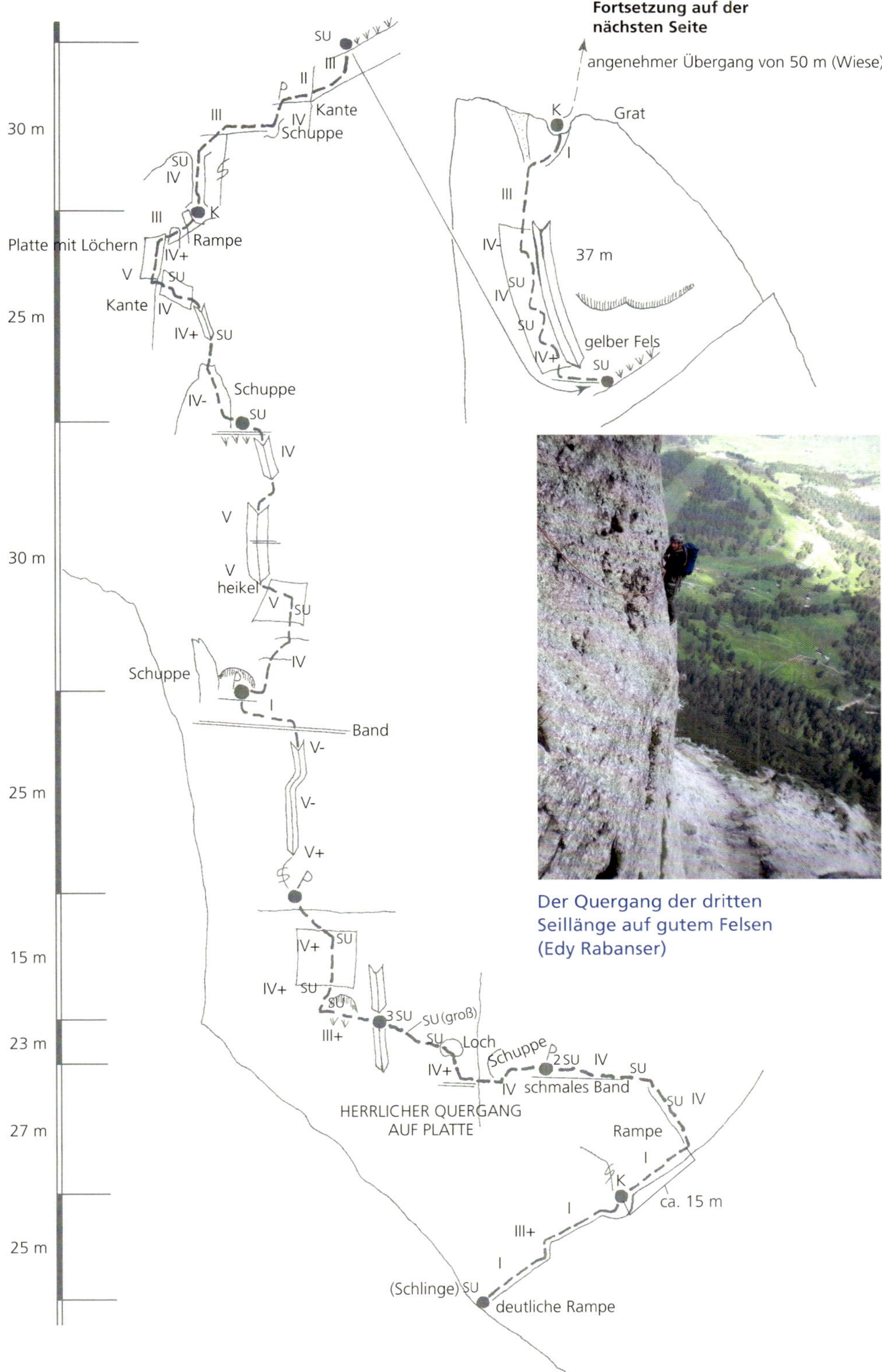

Der Quergang der dritten Seillänge auf gutem Felsen (Edy Rabanser)

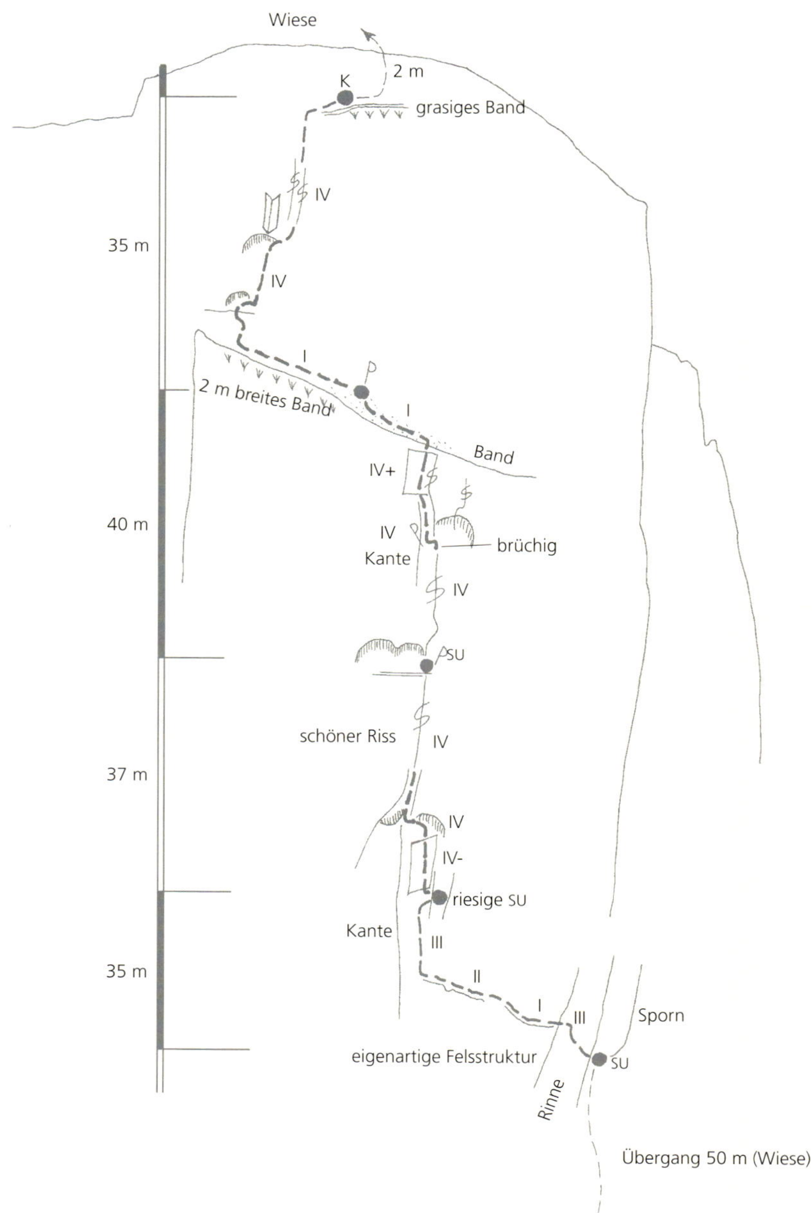

Der Routeneinstieg befindet sich auf der vorhergehenden Seite

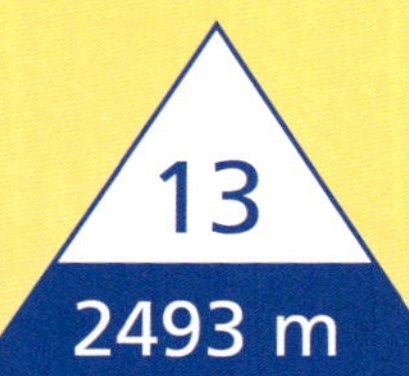

GLÜCKTURM

(TORRE FIRENZE)

ERSTBEGEHER
M. Bernardi und Edy Rabanser 22.6.2013, die letzten zwei Seillängen wurden bereits von unbekannten Kletterern begangen

»Edy«-Führe (Nordwand)

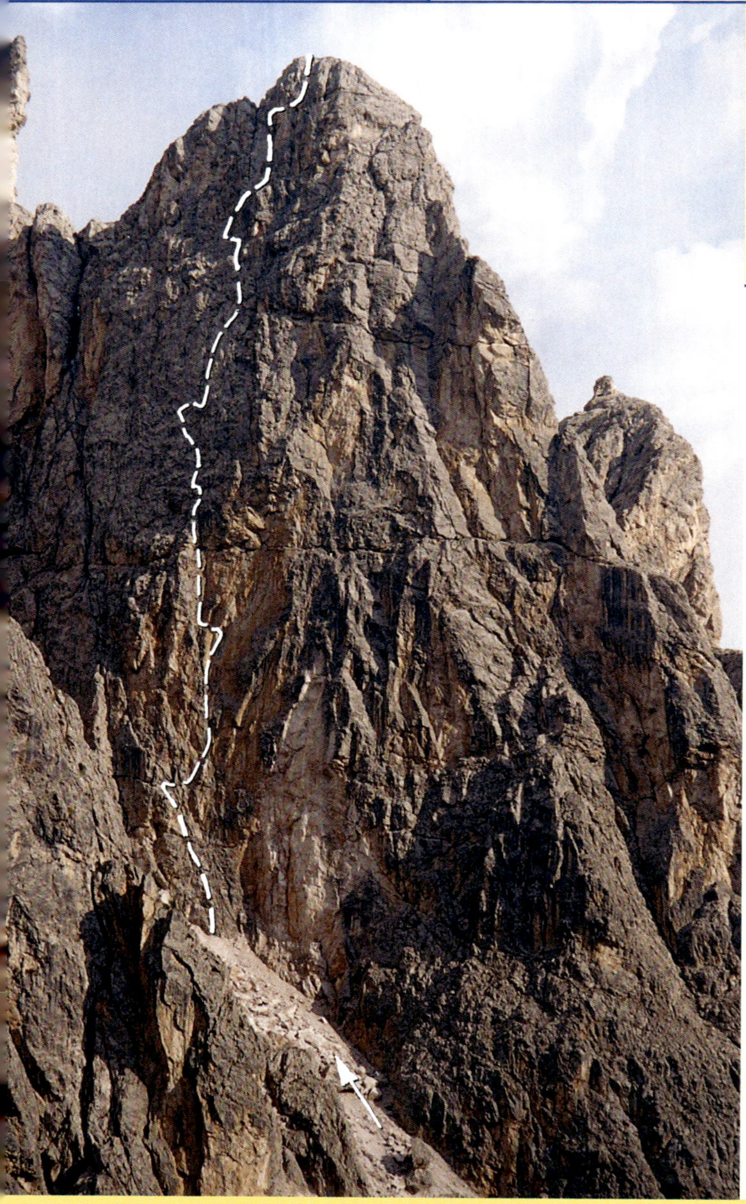

Schwierigkeit: VI- A0 (VI)
Höhenunterschied: 250 m
Kletterstrecke: 267 m
Seillängen: 8
Stunden: 3
Fels: gut
Ausrüstung: NAA; Friends Nr. 0,5|2|2,5|3; Stopper Nr. 7|8; einige Haken

EIGENSCHAFTEN

Alpine Route. Die ersten drei Seillängen fordern athletische Kletterei. Schöner Routenverlauf.

ZUGANG

Von Wolkenstein mit dem Auto zum Ortsteil Daunëi-Lech da Schutz, 1758 m, (Nordseite Wolkenstein, Parkplatz) fahren. Den Wanderweg zur Juachütte, 1905 m, nehmen und Richtung Steviahütte weiterwandern. Nach etwa 400 m links einen Pfad, erst über Wiesen, dann durch den Wald, hinaufsteigen. Dem Pfad unterhalb der Felswände folgen und schließlich mühsame Geröllhalden zum Einstieg hinaufsteigen. 1.15 Std. Als Ausgangspunkt eignet sich auch die Regensburger Hütte. 1 Std.

ABSTIEG

Vom Gipfel Richtung Osten zur Scharte absteigen, dann die Rinne zur Stevia-Hochfläche hinaufsteigen und die wunderbaren Wiesen zur Steviahütte, welche etwas linksseitig liegt, absteigen. 30 Min. An der Steviahütte den Hinweisen nach Wolkenstein bis zum Parkplatz folgen. 1.15 Std.

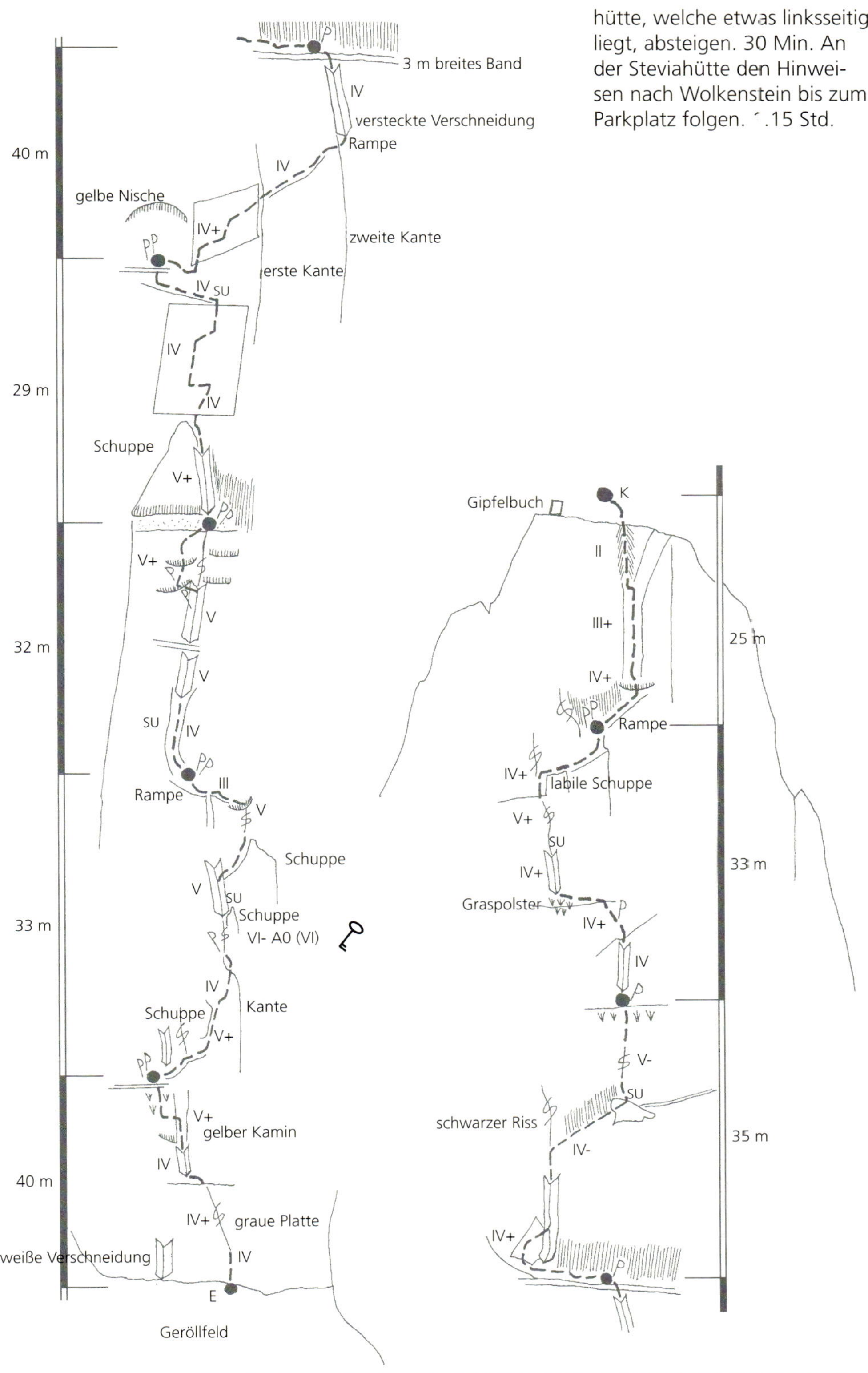

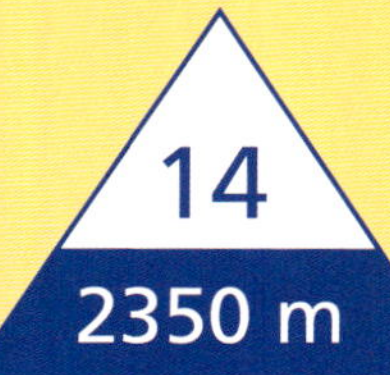

JUACTURM

ERSTBEGEHER
unbekannt

STEVIA

»Hütten«-Führe (Nordwestpfeiler)

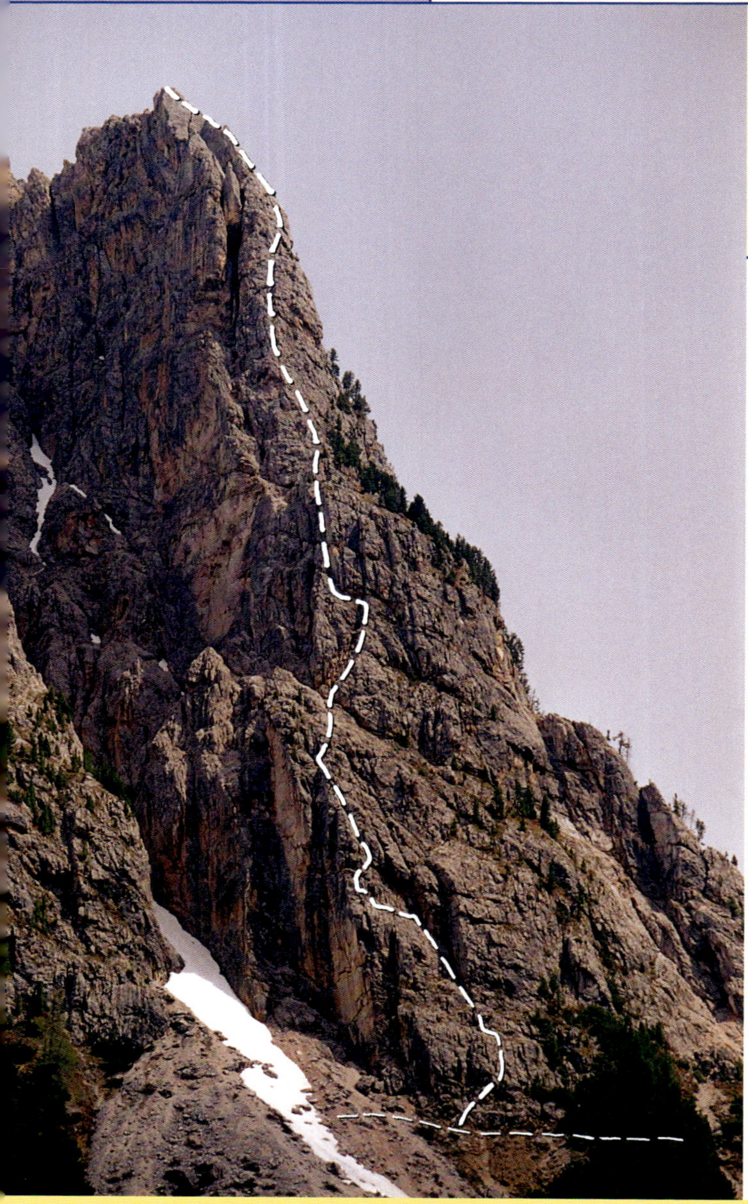

Schwierigkeit: III–IV
Höhenunterschied: 350 m
Kletterstrecke: 442 m
Seillängen: 13
Stunden: 3–4
Fels: gut, im oberen Abschnitt ausgezeichnet
Ausrüstung: 5 Expressschlingen

EIGENSCHAFTEN

Mittelschwere Route mit einer im oberen Abschnitt ausgesetzten Kante. Genussreiche Kletterstrecke mit nicht anhaltenden Schwierigkeiten. Der Routenverlauf wurde optimiert und mit Bohrhaken, Sanduhrschlingen und einzementierten Standhaken am 17. November 2012 von M. Bernardi eingerichtet.

ZUGANG

Von Wolkenstein mit dem Auto zum Ortsteil Daunëi-Lech da Schutz, 1758 m, (Nordhang Wolkenstein, Parkplatz) fahren. Den Wanderweg zur Juachütte, 1905 m, nehmen und Richtung Steviahütte weiterwandern. Nach etwa 400 m links einen Pfad, erst über Wiesen, dann durch den Wald, hinaufsteigen. Am Ende des Latschenwaldes befindet sich der Einstieg. 50 Min.

ABSTIEG

Vom Gipfelbuch Richtung Osten 3 m (III) abklettern und dem Grat zu den Wiesen folgen. Zuerst die Wiese (Süden), dann links unterhalb der Wände auf dem Gamspfad absteigen. Die folgende Rinne und Wiese zum markierten Weg St. Silvester Nr. 17 absteigen, der zur Juachütte führt. 1 Std.

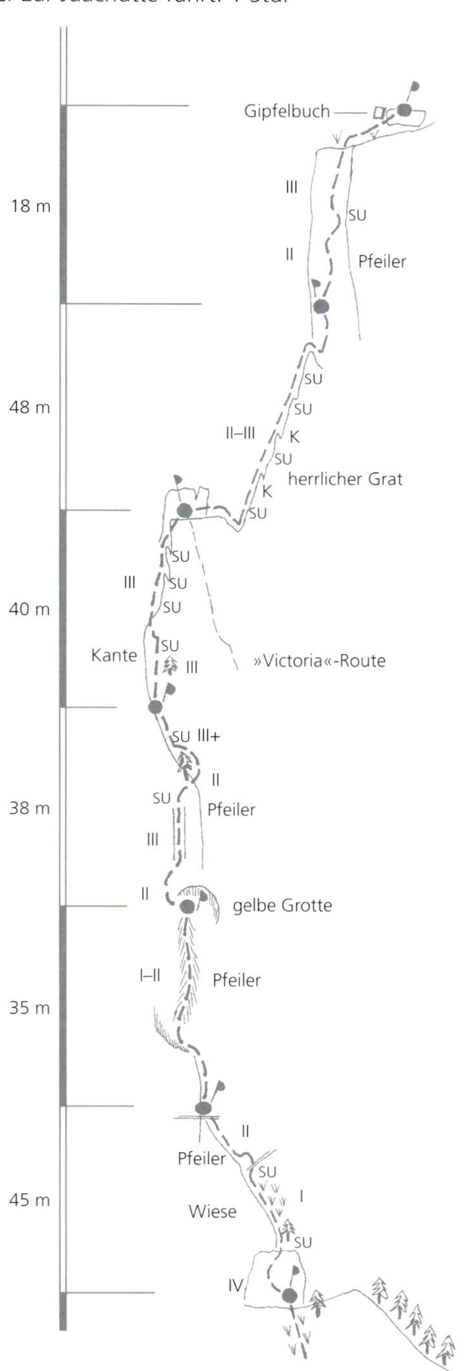

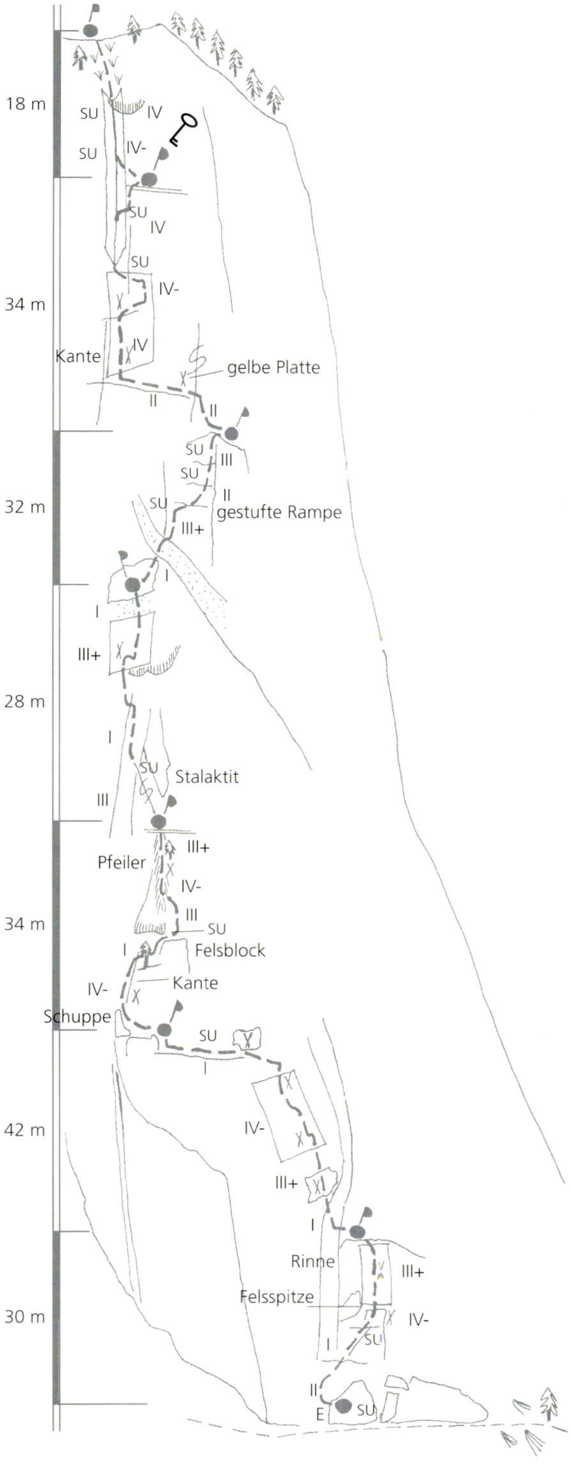

Der »vergessene« Pfeiler

von Ludovica Pineider

Rechts des Torre Firenze, auf dem idyllischen grünen Plateau mit der Juachütte, ragt ein weiterer Felsturm oder, besser gesagt, ein Pfeiler in den Himmel. Seine Spitze ist über die Südseite, auf der sich Wiesen und Geröllfelder ausbreiten, einfach zu erreichen. Deshalb war sie wohl auch in vergangenen Zeiten ein beliebtes Ziel von Jägern und Hirten. Sie hatten dank des grasbewachsenen Ausläufers einen leichten Zugang. Natürlich tummeln sich hier auch gerne Gämsen, die noch heute ihre gut sichtbaren Spuren hinterlassen. Die Erstbesteiger der steilen Nordwestwand dieses Pfeilers sind nicht bekannt, doch sind sie wahrscheinlich in den 1920er Jahren hochgeklettert.

Nach der Erstbegehung dieser Route gab es sicherlich Wiederholungen. Doch, nachdem es damals nicht immer Usus war, Tagebuch zu führen oder Aufzeichnungen zu machen, wurden der Pfeiler und die Route mit der Zeit vergessen. Zudem schien er nicht für das Klettern geeignet, da der Felsen etwas brüchig und voller Geröll war. Einige Jahrzehnte später, in den 1980er Jahren, haben einige Seilschaften den Pfeiler bezwungen. Dem Bergführer Mauro Bernardi kam somit die Idee, diese schöne Wand wieder aufleben zu lassen. Auf der einen Seite, um den Alpinismus in Gröden zusätzlich aufzuwerten, auf der anderen, um dem neuen Führer eine »Neuheit« hinzufügen zu können. Bernardi hatte diese Spitze schon 1986 bestiegen und wusste, dass der Felsen vor allem auf dem letzten Stück Richtung Gipfel gut war, während er sich weiter unten etwas brüchiger und »schmutziger« zeigte. Doch nach einer gründlichen »Säuberung« würde auch dieser Teil gut zum Klettern sein. Die Geschichte dieser Route wurde durch einen glücklichen Umstand an einem wunderschönen Morgen im August 2012 geboren, als ein Kunde von Mauro seinen Termin absagen musste. Nachdem Mauro nun einen unverhofften freien Tag mit traumhaftem Wetter zur Verfügung hatte, entschloss er sich für die Besteigung des Pfeilers im Alleingang. Er wollte herausfinden, ob es eine sichere Route auf gutem Untergrund gab und dabei Schotterrinnen vermieden werden konnten. Und tatsächlich entdeckte er genau an jenem Tag eine Route, die er vorschlagen wollte. Sie werde aber nur mit einzementierten Standhaken, Bohrhaken sowie Sanduhrschlingen ausgerüstet begehbar sein, die als Wegweiser dienen sollten. Und so kam es, dass noch im Herbst desselben Jahres, nach zwei weiteren Tagen Arbeit, die Route komplett gesichert und gesäubert war. Mauro Bernardi ist die Route geklettert und hat viele schöne Platten vorgefunden, eine faszinierende Verschneidung, die gleichzeitig die Schlüsselstelle darstellt, einige Quergänge und als großes Finale einen spannenden luftigen Grat über drei Seillängen, die zum Gipfel führen, einer Loge mit einem fantastischen Panorama. Fast 360° schönste Aussicht, von der Sellagruppe bis zu den Geislerspitzen. Das alles gekrönt von einer überwältigenden Stille. Der Abstieg ist übrigens leicht und kurz. Er verläuft über Wiesen und Geröllfelder des Südhangs bis zum Weg, der von der Silvesterscharte hinunterführt. Somit wurde der »vergessene« Pfeiler wieder auferweckt! Er hat einen neuen Stellenwert erhalten und die Anerkennung erlangt, die ihm zusteht. Nun steht er da, wie neugeboren, und wartet auf vielzählige Eintragungen in seinem schönen Gipfelbuch.

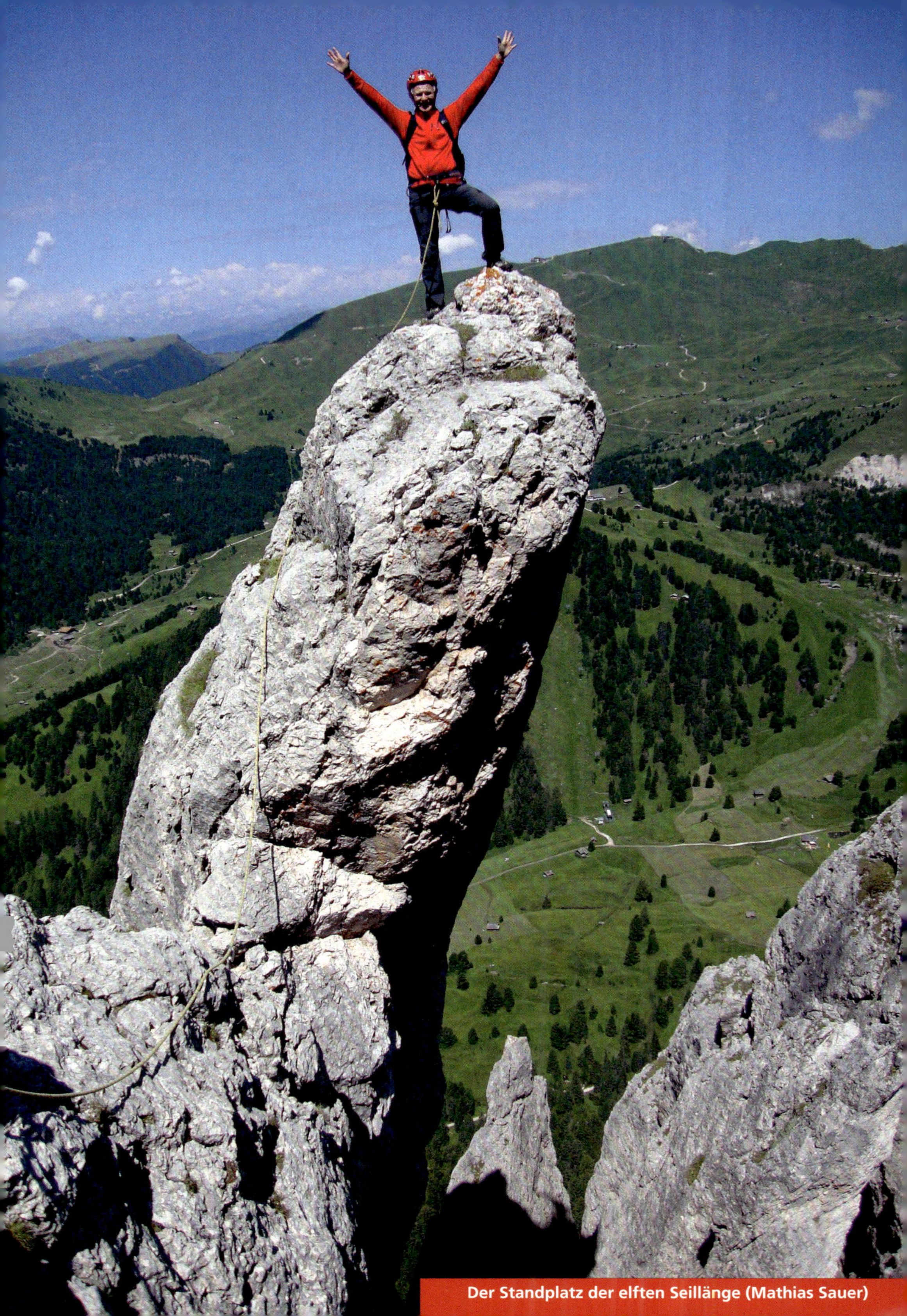

Der Standplatz der elften Seillänge (Mathias Sauer)

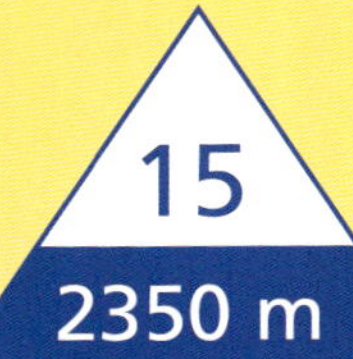

JUACTURM

ERSTBEGEHER
M. Bernardi 7.10.2013

STEVIA

»Victoria«-Führe (Südwestwand)

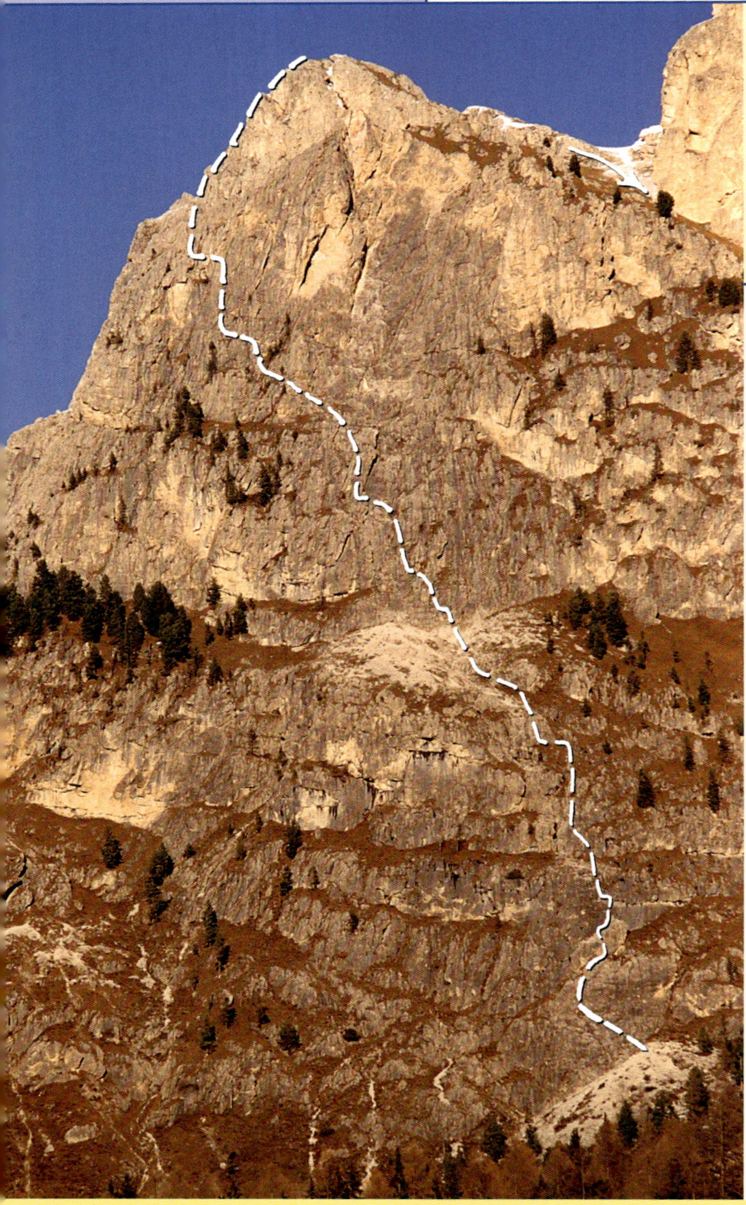

Schwierigkeit: IV, zwei Stellen IV+
Höhenunterschied: 350 m
Kletterstrecke: 321 m + 66 m zum Gipfel
Seillängen: 9 + 2 zum Gipfel
Stunden: 3–3.5
Fels: ausgezeichnet
Ausrüstung: 6 Expressschlingen

EIGENSCHAFTEN

Genussvolle Kletterroute überwiegend auf Platten.

ZUGANG

Von Wolkenstein mit dem Auto zum Ortsteil Daunëi-Lech da Schutz, 1758 m, (Nordseite Wolkenstein, Parkplatz) fahren. Den Wanderweg zur Juachütte, 1905 m, nehmen und Richtung Steviahütte weiterwandern. Vor der ersten Kehre links ca. 120 m über Wiesen zu den Felsplatten hinaufsteigen (Einstieg mit Sanduhrschlinge gekennzeichnet). 40 Min.

ABSTIEG

Siehe Route Nr. 14.

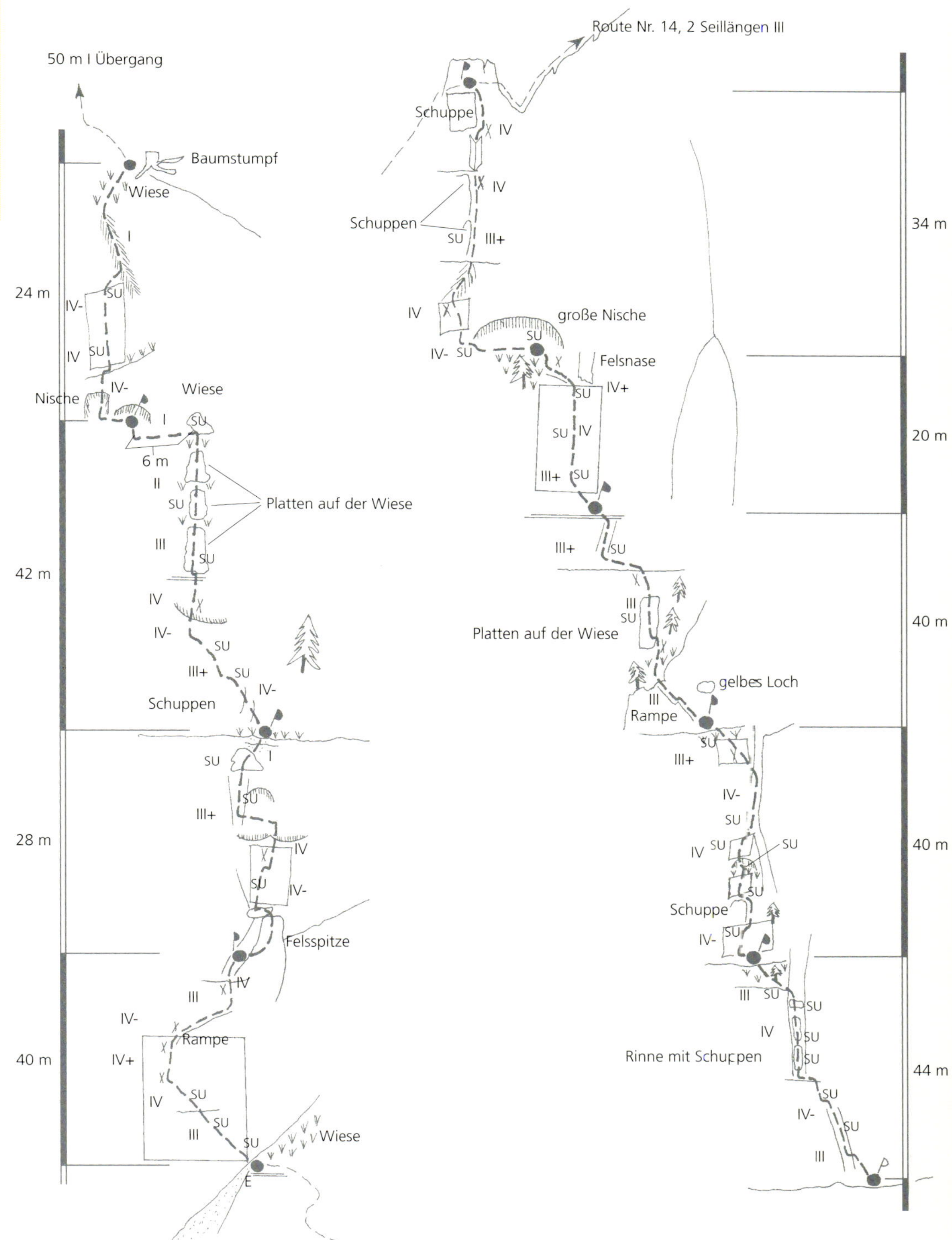
50 m I Übergang
Baumstumpf
Wiese
I
24 m
IV-
SU
IV
SU
Nische
IV-
Wiese
I
SU
6 m
II
SU
Platten auf der Wiese
III
SU
42 m
IV
IV-
SU
III+
SU
IV-
Schuppen
SU
I
III+
SU
28 m
IV
SU
IV-
Felsspitze
IV
III
IV-
Rampe
40 m
IV+
IV
SU
III
SU
SU
Wiese
E
Route Nr. 14, 2 Seillängen III
Schuppe
IV
IV
Schuppen
SU
III+
34 m
IV
große Nische
IV-
SU
SU
Felsnase
IV+
SU
SU
IV
20 m
III+
SU
III+
SU
III
SU
Platten auf der Wiese
40 m
gelbes Loch
III
Rampe
SU
III+
IV-
SU
IV
SU
SU
40 m
SU
Schuppe
IV-
SU
III
SU
SU
IV
SU
Rinne mit Schuppen
SU
44 m
SU
IV-
SU
III

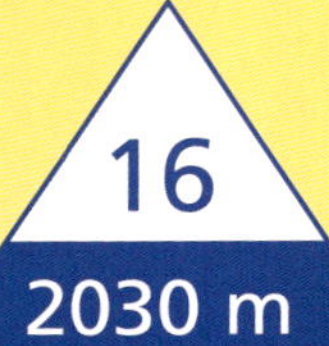

STEVIOLA

ERSTBEGEHER
M. Bernardi und Richard Insam 2.9.1987 (unterer Teil)

STEVIA

»Hansi L'Ampezzan«-Führe (Südwestwand)

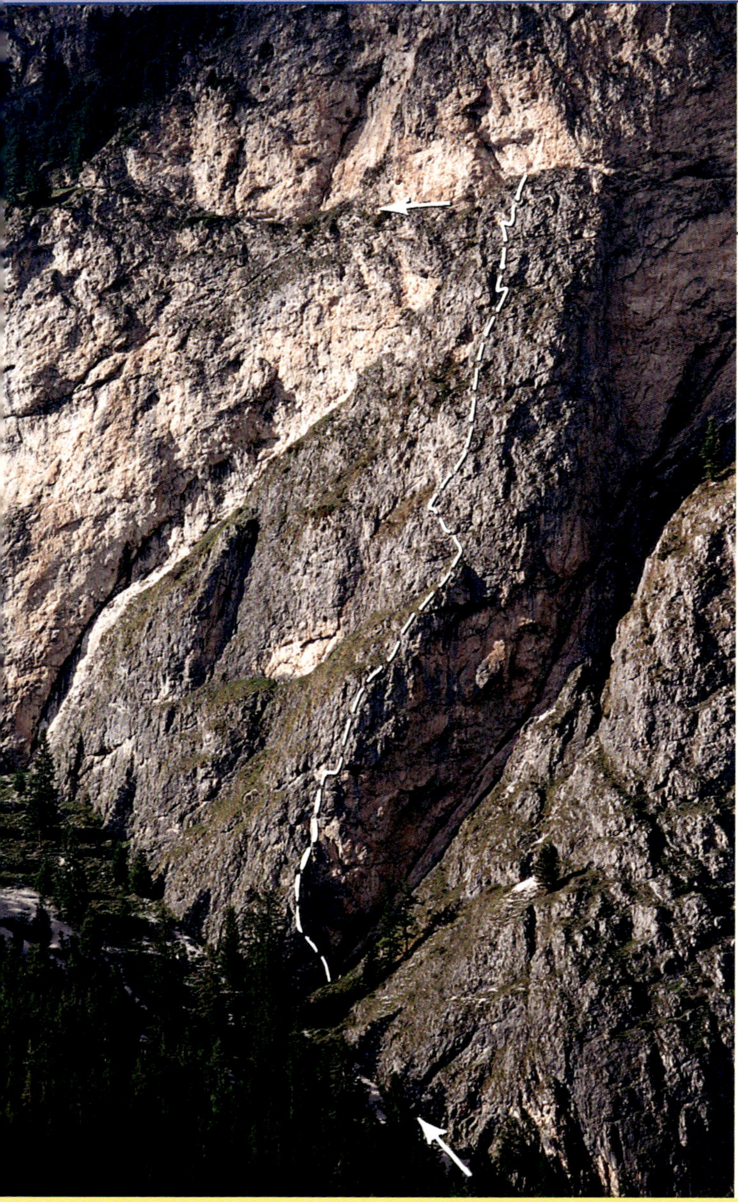

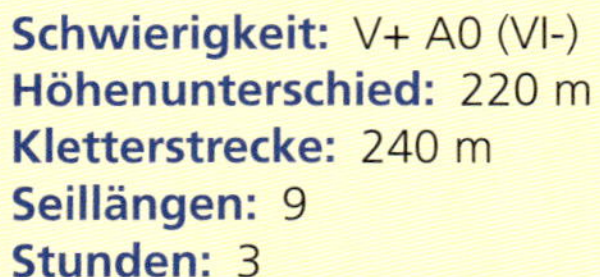

Schwierigkeit: V+ A0 (VI-)
Höhenunterschied: 220 m
Kletterstrecke: 240 m
Seillängen: 9
Stunden: 3
Fels: gut, etwas zu säubern
Ausrüstung: 6 Expressschlingen

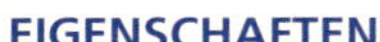

EIGENSCHAFTEN

Alpine Route in eigenartigem Ambiente. Vor kurzer Zeit mit gut abgesicherten Seillängen und einzementierten Standhaken wieder in Erinnerung gerufen. Schöne Plattenkletterei mit einigen Grasstellen. Origineller Abstieg längs eines teilweise eingerichteten exponierten Bandes.

ZUGANG

Vom Langental-Parkplatz (Wolkenstein, Eingang Naturpark Puez-Geisler) dem Pfad links der La-Ciajota-Hütte folgen. Am Kreuzweg nach links und den Weg zur Schlossruine Langental hinaufwandern. Links vom Schloss die steile Wiese zum Einstieg hinaufsteigen. 30 Min.

ABSTIEG

Dem aufsteigenden exponierten Band Richtung Westen folgen. Der exponierte Schlussabschnitt wurde mit einem Fixseil versehen (nachprüfen, ob das Seil noch benützbar ist!). Nun 20 m zu den letzten Grotten hinaufsteigen, dann links (Westen) waagerecht im Wald queren und einem absteigenden Gamspfad am steilen Grashang folgen. Nun durch Wald und Wiese bald zum Einstieg. 1 Std.

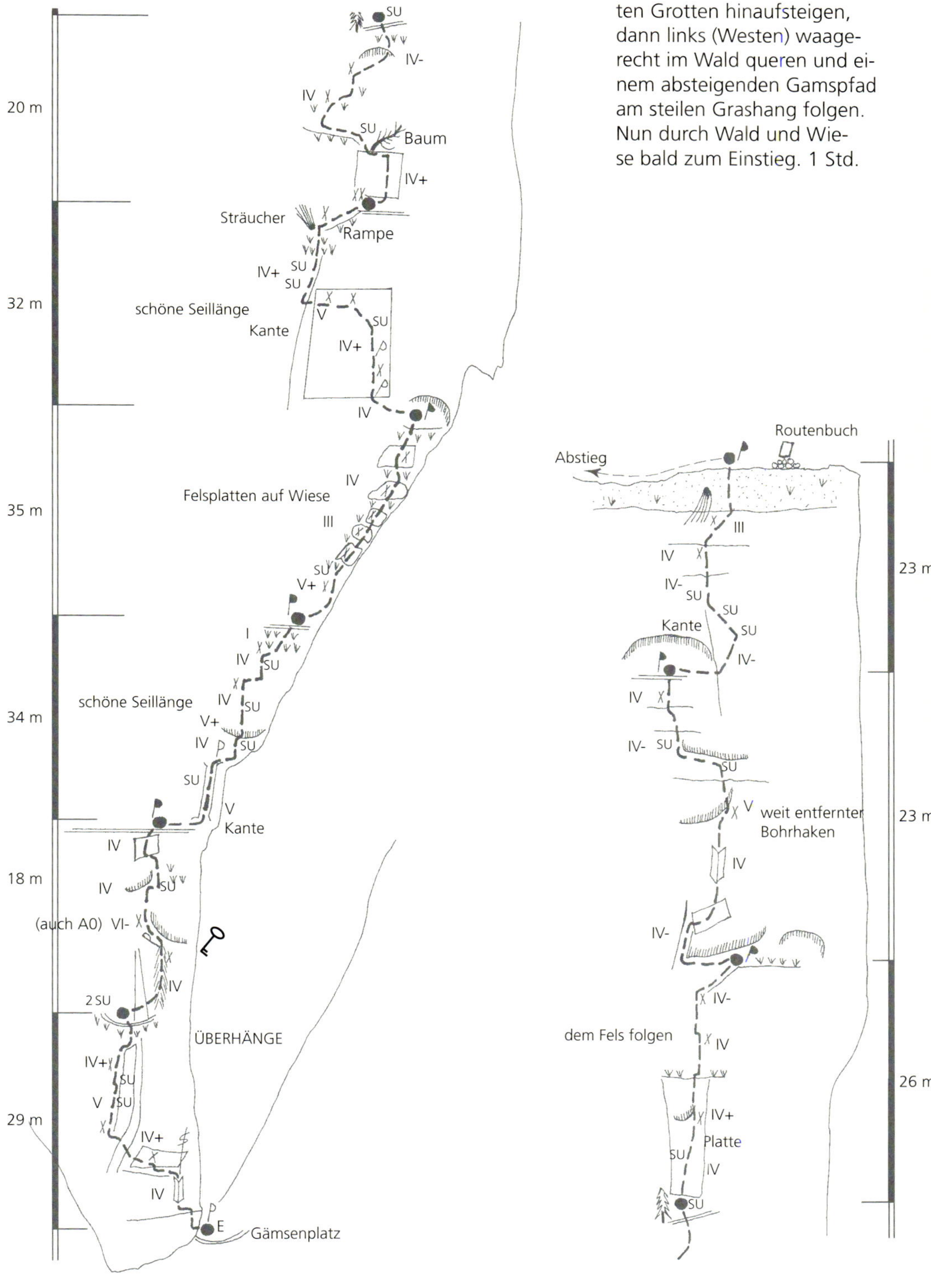

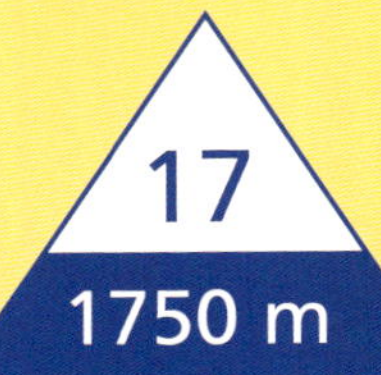

PARËI DL CIASTEL

ERSCHLIESSER
M. Bernardi 3.11.2012

STEVIA

»Gran jnever«-Führe (Südostwand)

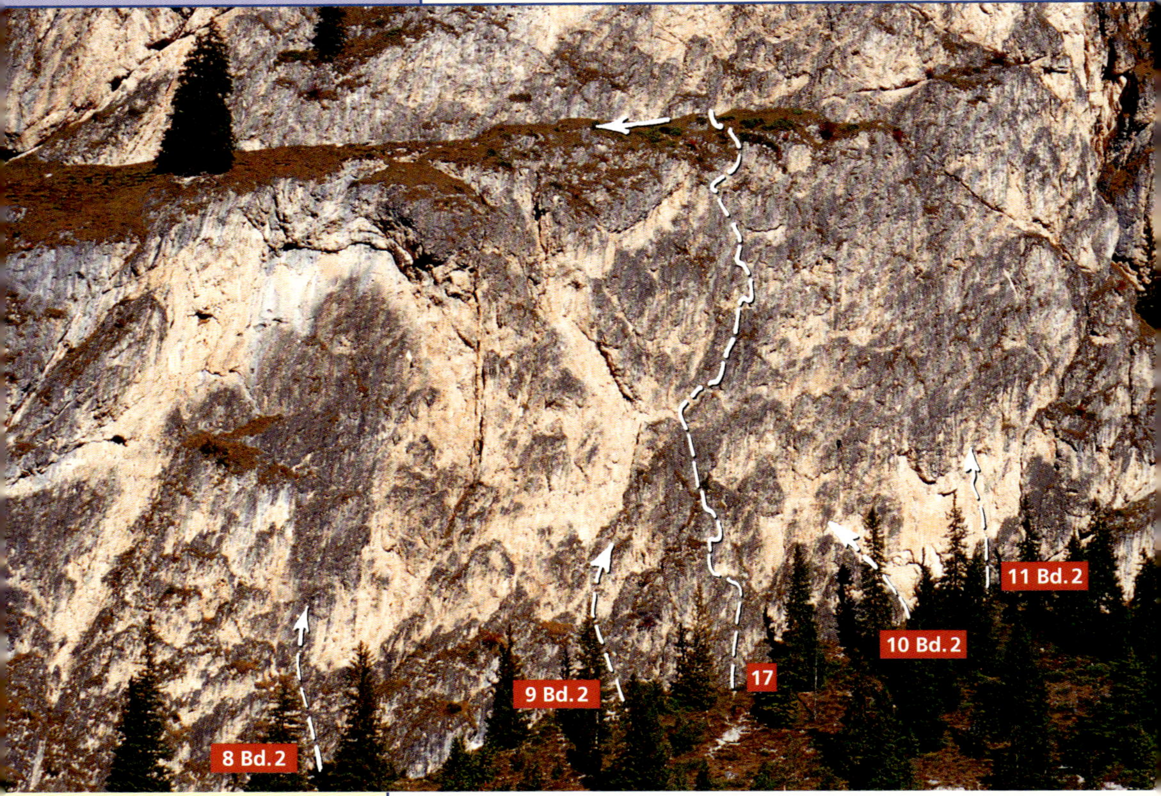

Schwierigkeit: VI- (5c)
Höhenunterschied: 100 m
Kletterstrecke: 112 m
Seillängen: 5
Stunden: 2.5
Fels: gut
Ausrüstung:
7 Expressschlingen

EIGENSCHAFTEN

Die »Parei dl Ciastel« wird als Übungswand betrachtet, sehr geeignet an Schlechtwettertagen, bei niedrigen Temperaturen und am Beginn/Ende der Saison. Technische Kletterei über Platten mit zwei Schlüsselabschnitten. Die Route wurde von oben eröffnet und fast wie eine Sportkletterroute mit Bohrhaken und Sanduhrschlingen abgesichert.

ZUGANG

Vom Langental-Parkplatz (Wolkenstein, Eingang Naturpark Puez-Geisler) dem Pfad links der La-Ciajota-Hütte folgen. Am Kreuzweg über einen weiteren Pfad bis zum Klettergarten »Ta Udera« hinaufsteigen. Nun nach links über Wiesen

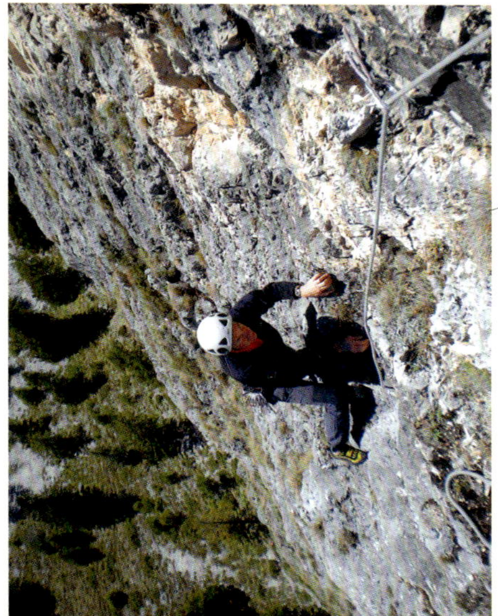

Die kompakten Platten der zweiten Seillänge (Ivo Demetz)

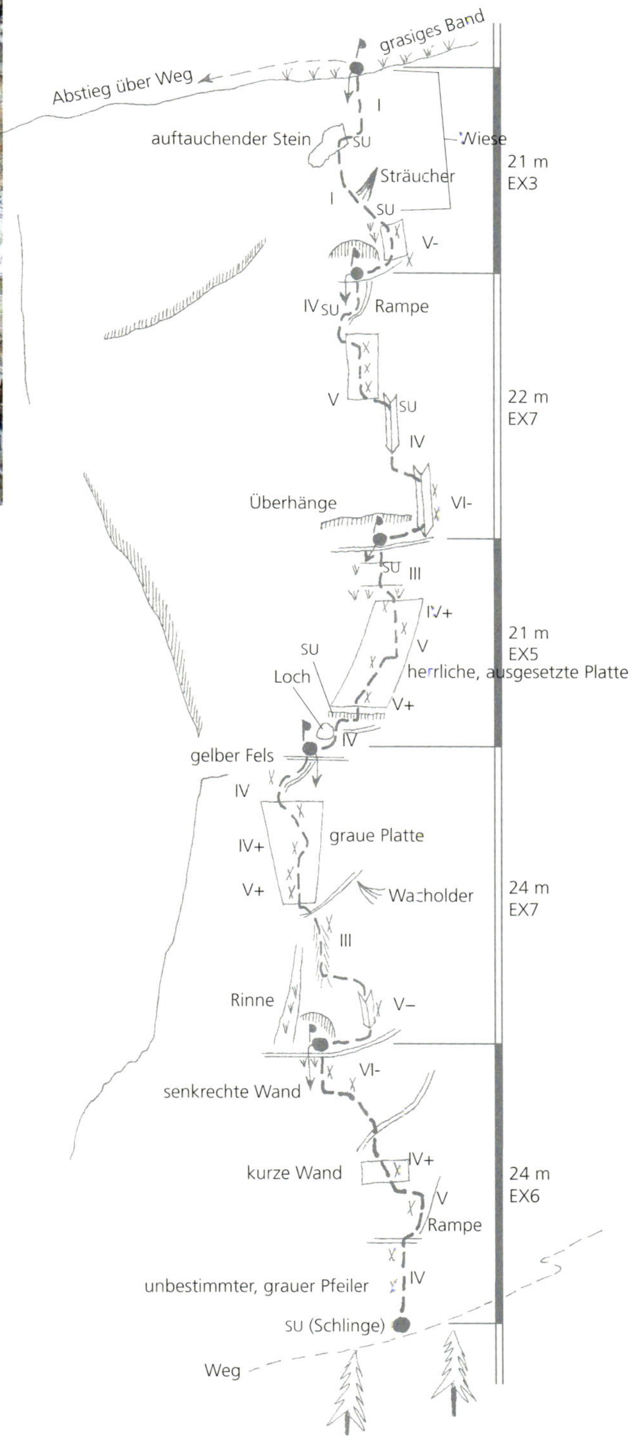

und Wald zum Einstieg queren. 20 Min.

ABSTIEG

Dem Grasband nach links Richtung Westen über einen Pfad, danach gesicherten Steig zur Schlossruine Langental folgen. Nun zum Kreuzweg absteigen, der nach links zur La-Ciajota-Hütte zurückführt. 30 Min. Vom letzten einzementierten Standplatz kann man entlang der Aufstiegsroute mit einem 50-Meter-Seil 5-mal abseilen (siehe technische Skizze).

grasiges Band
Abstieg über Weg
I
auftauchender Stein
SU
Wiese
21 m
EX3
Sträucher
I
SU
V-
IV SU
Rampe
V
SU
22 m
EX7
IV
Überhänge
VI-
SU
III
IV+
21 m
EX5
SU
V
Loch
herrliche, ausgesetzte Platte
V+
IV
gelber Fels
IV
graue Platte
IV+
V+
Wacholder
24 m
EX7
III
Rinne
V–
VI-
senkrechte Wand
IV+
kurze Wand
24 m
EX6
V
Rampe
unbestimmter, grauer Pfeiler
IV
SU (Schlinge)
Weg

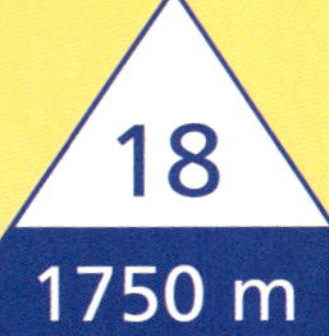

PIZ DAI SCHIC

ERSCHLIESSER
M. Bernardi 5.4.2014

STEVIA

»Rita«-Führe (Südostwand)

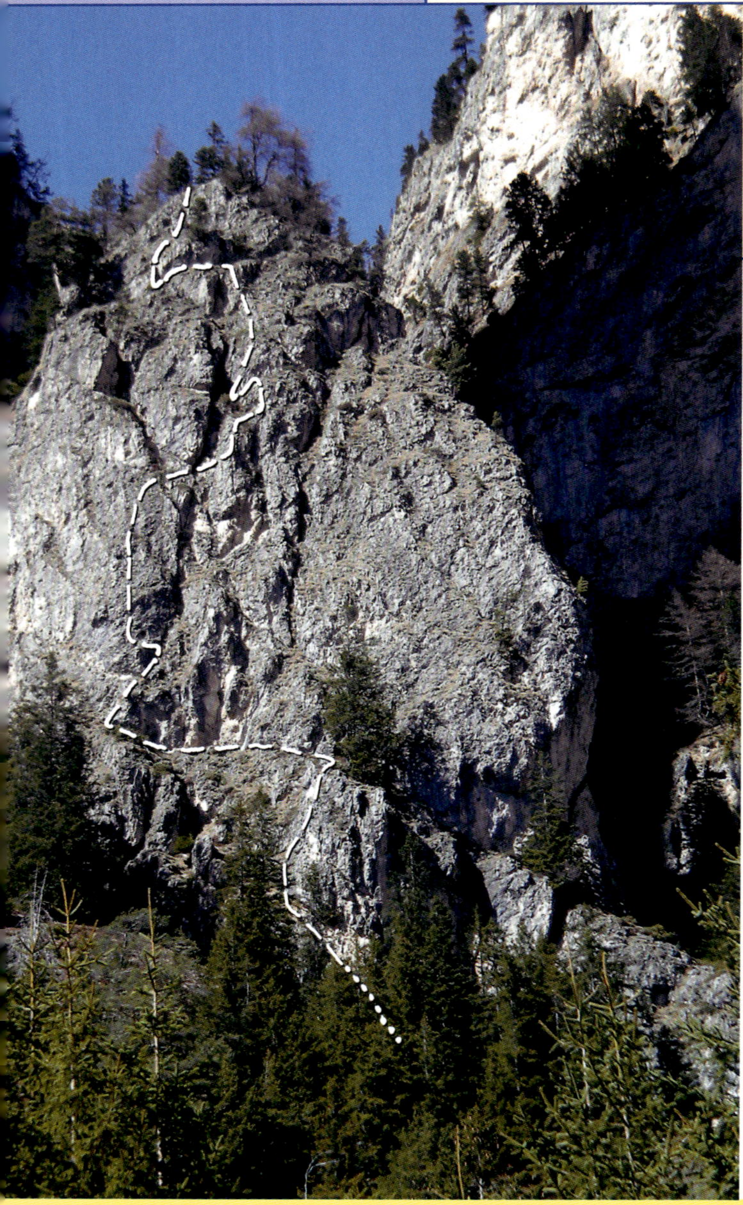

Schwierigkeit: IV
Höhenunterschied: 140 m
Kletterstrecke: 164 m
Seillängen: 6
Stunden: 2
Fels: gut, abschnittsweise nicht störendes Gras
Ausrüstung: 8 Expressschlingen

EIGENSCHAFTEN

Abwechslungsreiche Kletterstrecke mit einem einfachen Übergang. Von oben mit Bohrhaken, Sanduhrschlingen und einzementierten Standhaken eingerichtet.

ZUGANG

Siehe Route Nr. 17, aber von dem Klettergarten nach links ca. 25 m über eine steile Wiese zum Einstieg hinaufsteigen (Haken). 20 Min.

ABSTIEG

Vom letzten Standplatz Richtung Südwesten ca. 20 m zu einer Rinne über Wiese und Gamspfad absteigen. Hier 25 m (Sanduhr) abseilen und durch Wald und Wiese absteigen, bald zum Einstieg. 30 Min. Oder 4-mal abseilen: vom letzten Standplatz ca. 10 m Richtung Osten über die Wiese queren (der Ringhaken der Abseilpiste ist am Osthang versteckt). **1.** 18 m, **2.** 19 m, **3.** 20 m, **4.** 20 m. Nun den Pfad zum Piz-dai-Schic-Wandfuß absteigen. 30 Min.

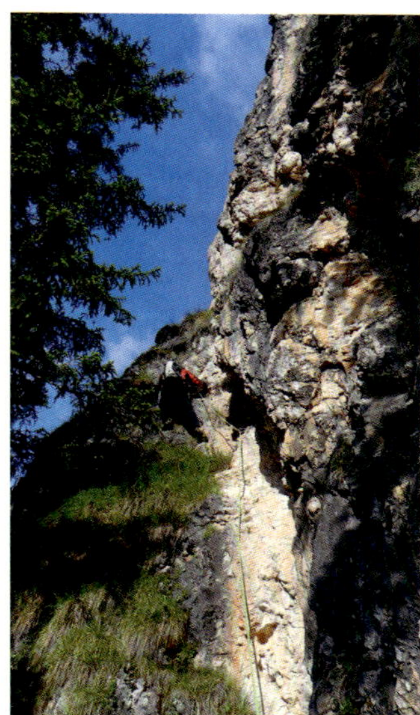

Der Rampenbeginn der ersten Seillänge (M. Bernardi)

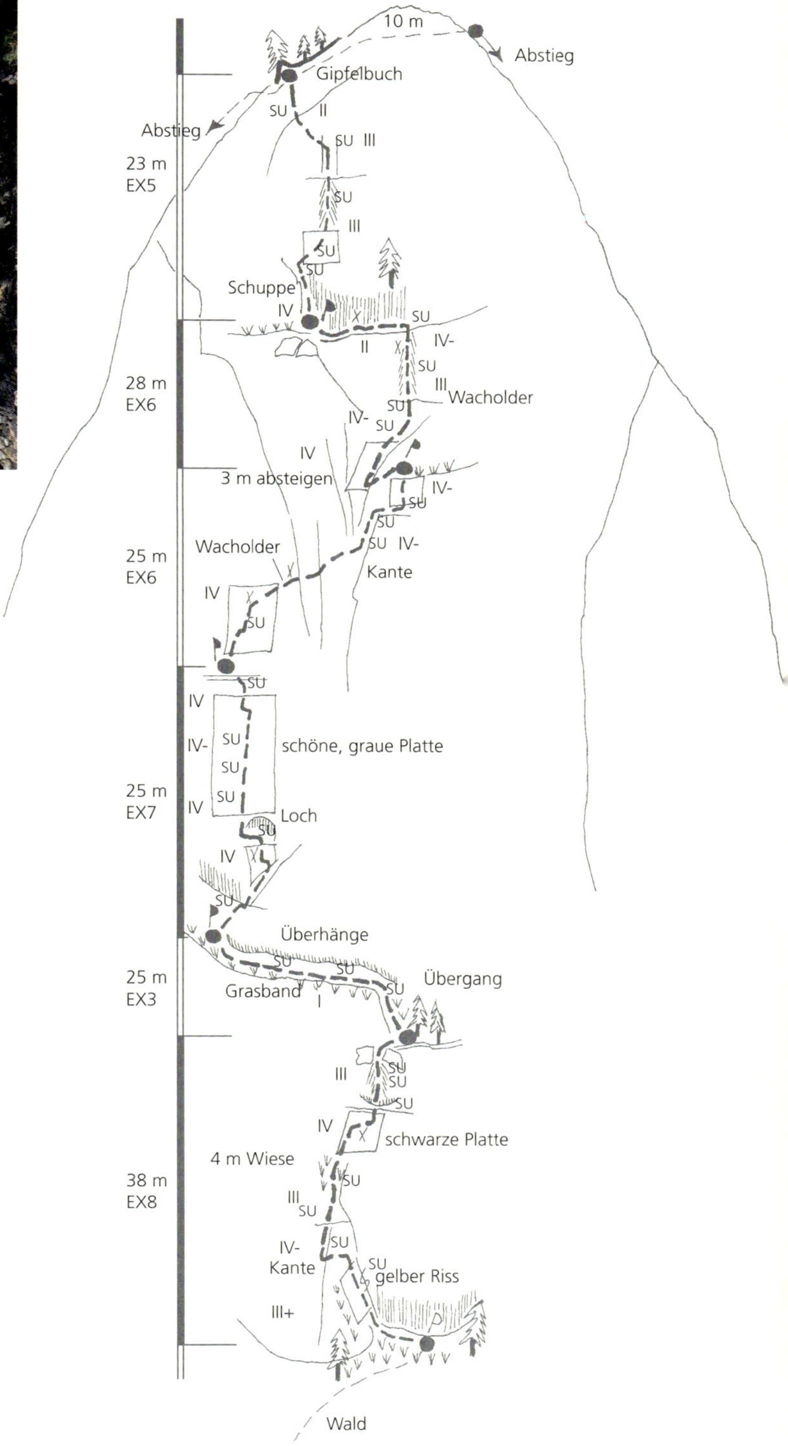

10 m
Abstieg
Gipfelbuch
SU II
Abstieg
SU III
23 m
EX5
SU
III
SU
SU
Schuppe
IV
SU
IV-
II
SU
III
Wacholder
28 m
EX6
IV-
SU
SU
IV
3 m absteigen
IV-
SU
SU
SU IV-
Wacholder
Kante
25 m
EX6
IV
SU
SU
IV
IV-
SU
schöne, graue Platte
SU
25 m
EX7
IV
SU
Loch
SU
IV
SU
Überhänge
SU
SU
25 m
EX3
SU
Übergang
Grasband
I
SU
III
SU
SU
IV
schwarze Platte
4 m Wiese
38 m
EX8
SU
III
SU
SU
IV-
Kante
SU
gelber Riss
III+
Wald

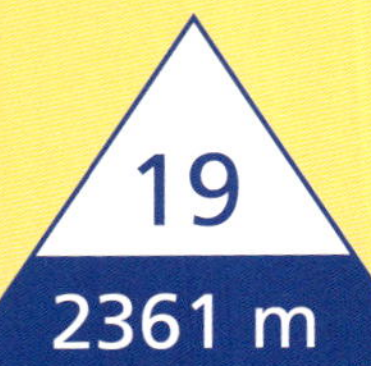

CREP DE L'ORA

ERSTBEGEHER
Eugenio Cipriani und Gianni Rodeghiero 17.9.1987 die ersten drei Seillängen; M. Bernardi und Georges Als 3.9.2000 die letzten zwei Seillängen

PUEZGRUPPE

»Cipriani + Bernardi«-Führe (Routen-Kombination, Westwand)

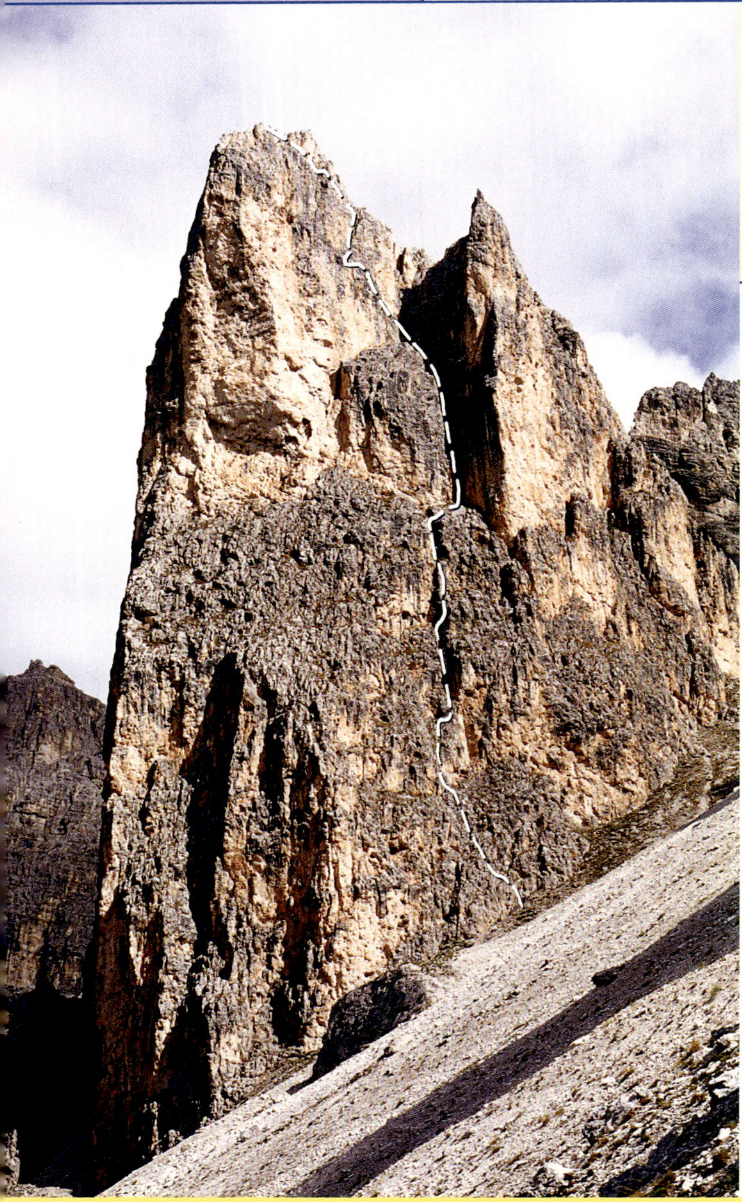

Schwierigkeit: V
Höhenunterschied: 150 m
Kletterstrecke: 166 m
Seillängen: 5
Stunden: 2
Fels: gut/ausgezeichnet, etwas zu säubern
Ausrüstung: NAA; Friends Nr. 0,5|2

EIGENSCHAFTEN
Schöne Route auf gutem Gestein in eindrucksvoller Gegend. Die dritte Seillänge folgt einer 26 m hohen Verschneidung mit anhaltenden Kletterschwierigkeiten.

ZUGANG
Von Pedratsches (Gadertal) Richtung Bruneck die Straße zur Ortschaft Pescol links hinauffahren. Von Pescol gleich zum Juèljoch, 1725 m, weiterfahren (parken) und die Hinweise zum Antersasctal (markierter Weg und Schotterstraße) folgen. Am Ende der Schotterstraße (Holzzaun) dem Saumpfad folgen und am Anfang der Ebene durch Latschenwald links queren (Tierholztränke). Nun den langen Schutthang zum Einstieg hinaufsteigen. 1.30 Std.

ABSTIEG
Vom Gipfel die Aufstiegsroute zum ersten Haken abklettern, dann dem Südgrat folgen. An der Stelle, an welcher

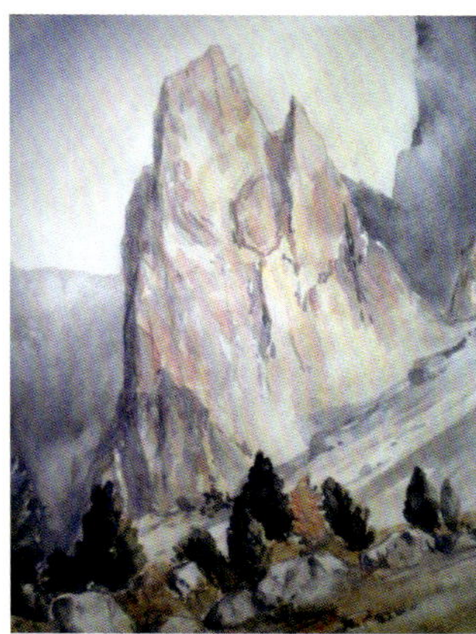

Gemälde von Ivo Demetz da »Ruacia«, 2014

der Grat schmal wird, eine ca. 7-m-Rinne links abklettern (IV- Osten) und rechts die vor einem liegende Scharte hinaufsteigen (Süden). Noch zwei andere kleine Scharten überschreiten und links einen exponierten Grat Richtung Süden zur Abseilstelle von 23 m abklettern (2 normale Haken). Dann den darunter liegenden Grassporn (I–II) ohne Schwierigkeiten zu den letzten zwei Abseilstellen absteigen: 20 m und 15 m. 45 Min.

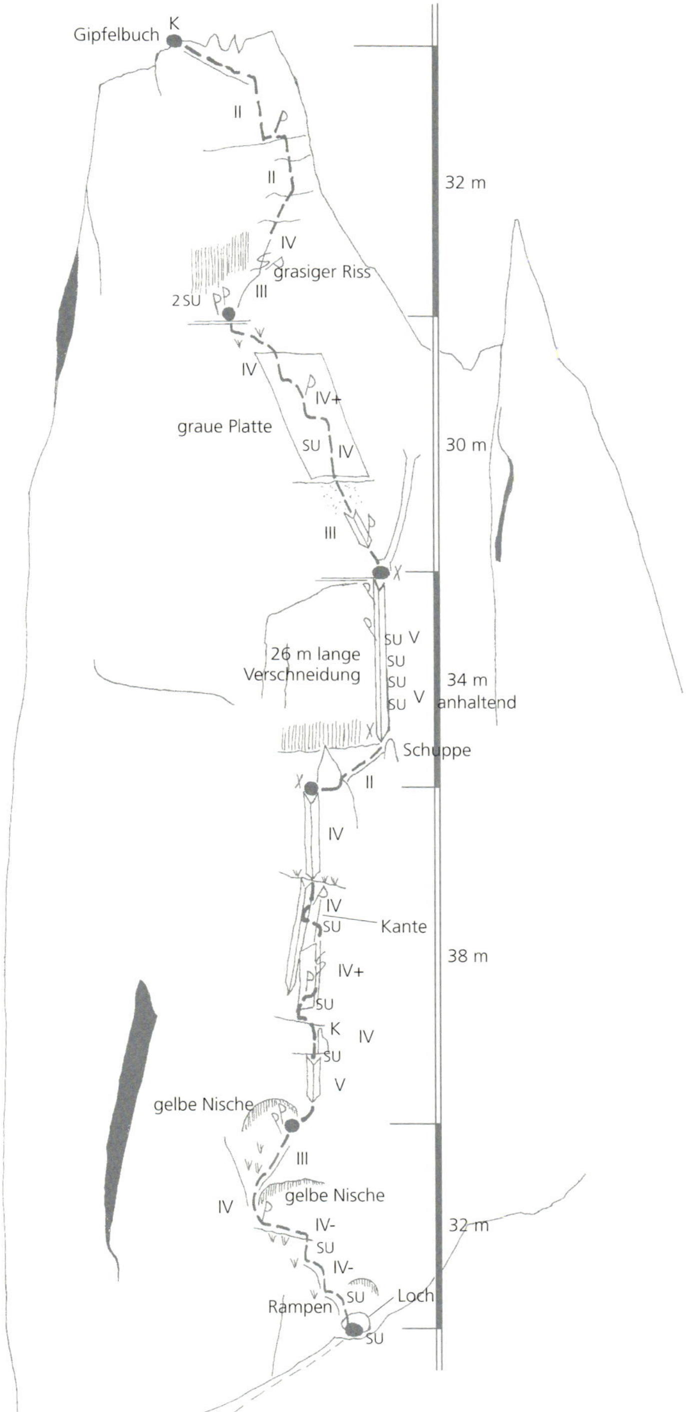

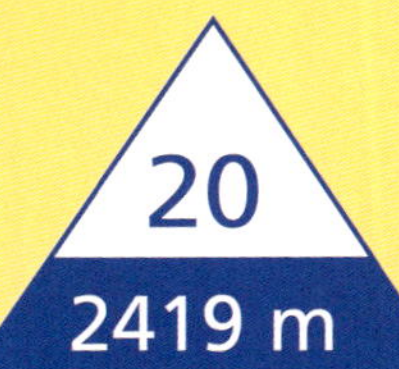

COL TURONT
(LANGENTAL)

ERSTBEGEHER
M. Bernardi und Manfred Runggaldier (Mambo) 16.7.2014, ein Teil der dritten und die vierte Seillänge stimmen mit der Gerold-Moroder/Markus-Kostner-Route 1993 überein.

PUEZGRUPPE

»Parëi fosch«-Führe (Nordwestwand)

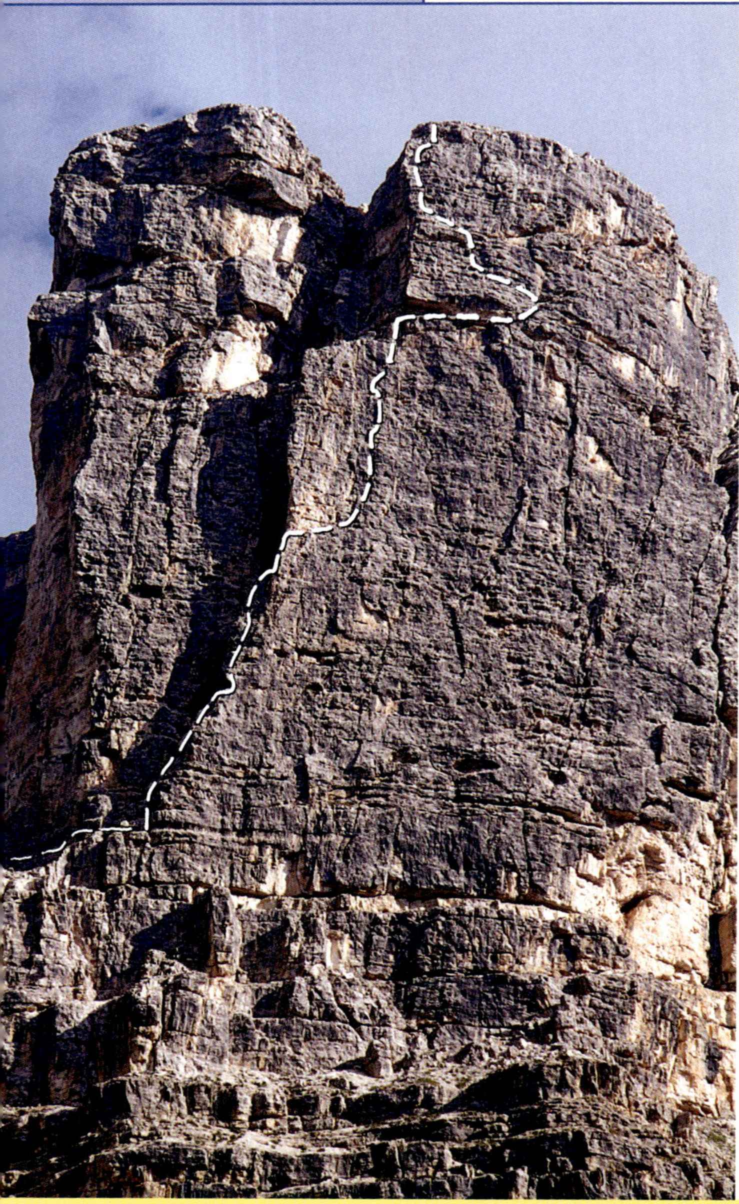

Schwierigkeit: V, eine Stelle V+
Höhenunterschied: 170 m
Kletterstrecke: 208 m
Seillängen: 7
Stunden: 3
Fels: ausgezeichnet, etwas zu säubern
Ausrüstung: NAA; Friends Nr. 0,5|1,5|2|3; Stopper Nr. 3|8,

EIGENSCHAFTEN
Logisch eleganter Routenverlauf auf rauem Fels in großartigem Ambiente. Eine Wiederholung lohnt sich. Bei der Schlüsselstelle kann man sich gut mit Friends und Stoppern sichern. Die Standplätze sind eingerichtet. Langer Zugang, der aber wegen der Schönheit der Gegend gerne gemacht wird. Langer, aber bequemer Abstieg.

ZUGANG
Vom Langental-Parkplatz (Wolkenstein, Eingang Naturpark Puez-Geisler), dem Wegweiser Nr. 14 ins Langental (Schotterstraße) folgen. Durch das ganze Langental und über die Pra-da-Ri-Ebene wandern. An zwei kleinen Felsblöcken, wo der Weg zum Aufsteigen beginnt, das Bächlein nach rechts queren und die davor stehende Schotterrinne zu den ersten Wänden hinaufsteigen. Die Wände links zwischen Fels und Latschen umgehen und bald

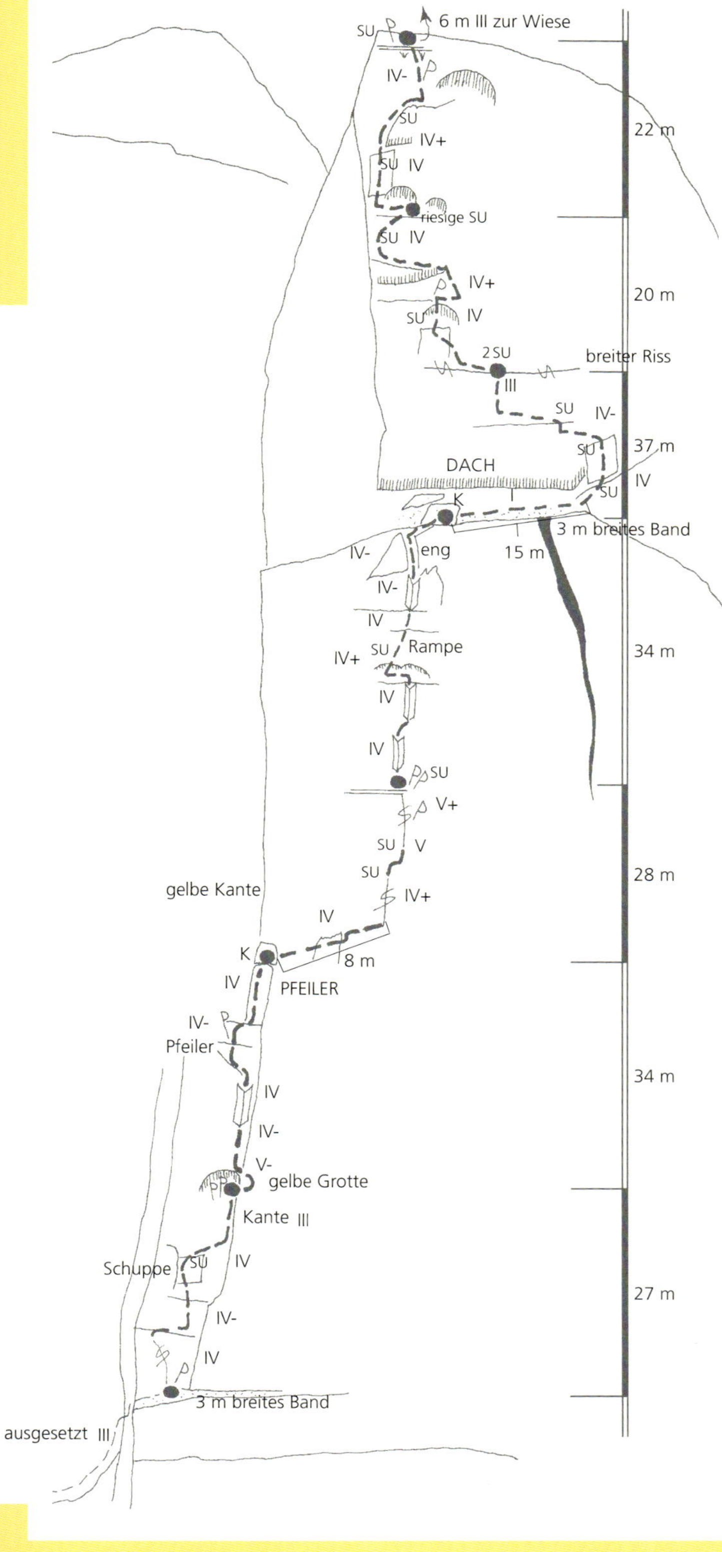

rechts durch Latschenwald zu einem großen Felsblock queren. Nun gerade hoch den Schutthang zu den Wiesen hinaufsteigen. Die Wiesen nach rechts queren und bald zum Einstieg. 2.30 Std.

ABSTIEG

Auf der Wiese Richtung Osten zu einer sichtbaren Rinne wandern (ca. 15 Min., Busc-Gialina-Rinne), die ins Langental führt, und bald zum Zugangsweg. 2.30 Std. bis zum Langental-Parkplatz.

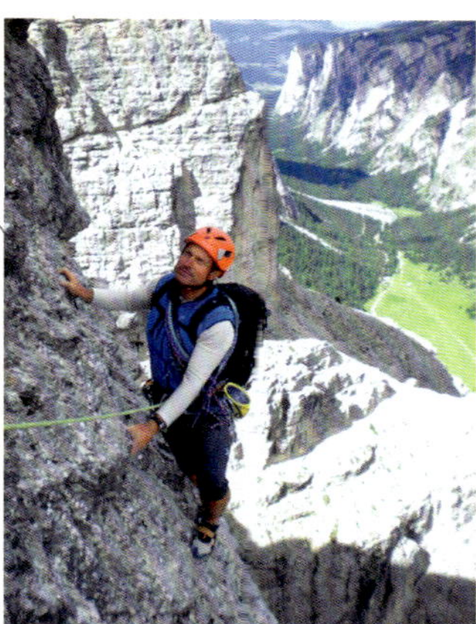

Die letzten Platten im oberen Teil (Manfred Runggaldier, Mambo)

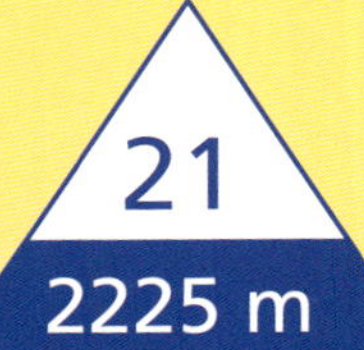

CIASTEL DE CHEDUL

ERSTBEGEHER
Battista Vinatzer und Vinzenz Peristi 4.9.1933

PUEZGRUPPE

»Vinatzer«-Führe (Nordwand)

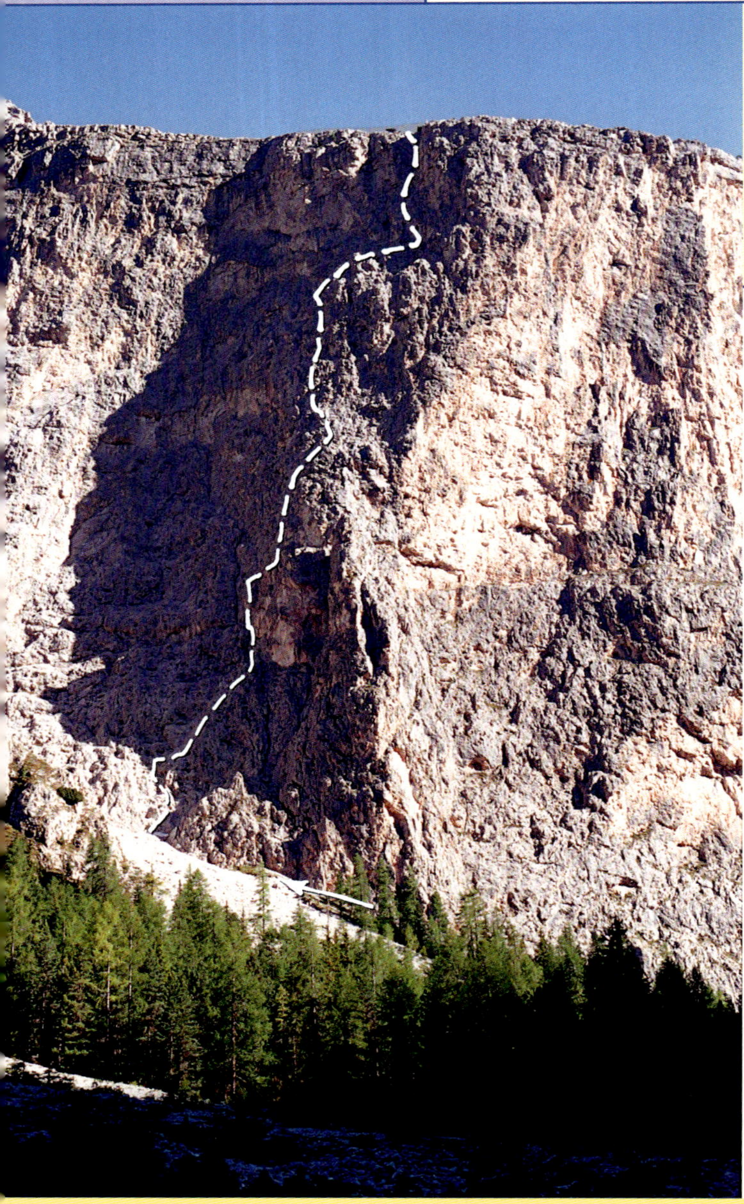

Schwierigkeit: IV+
Höhenunterschied: 370 m
Kletterstrecke: 398 m
Seillängen: 10
Stunden: 3.5–4
Fels: gut, zu säubern
Ausrüstung: NAA; Friends Nr. 0,5|2|3; Stopper Nr. 8|9; einige Haken

EIGENSCHAFTEN

Historische wiederentdeckte Route des berühmten »Vinatzer«. Alpine Route. Eigenartige Gipfelverschneidung und interessante Plattenkletterei im mittleren Bereich zwischen kurzen Schuttabschnitten.

ZUGANG

Vom Langental-Parkplatz (Wolkenstein, Eingang Naturpark Puez-Geisler) dem Wegweiser Nr. 14 ins Langental (Schotterstraße) folgen. Nach ca. 25 Minuten bei einer verdeckten Bank vor einem alten Kalkofen der sichtbaren Pfadspur nach rechts durch den Wald folgen, welche zu einer Schneise führt (im Winter Langlaufloipe, grasige Straße). Nun Richtung Wald bei einer Schleife (Süden) einen Pfad, der gerade hoch zum Wandfuß der Ciastel de Chedul führt, hinaufsteigen. Außerhalb des Waldes und links unterhalb der Wände den Schutthang zum Einstieg hinaufsteigen. 1 Std.

ABSTIEG

Vom letzten Standplatz Richtung Süden die Wiese leicht aufsteigen und waagerecht zur breiten Rinne queren. In der Rinne der linken Gabelung folgen (Kletterstelle III+) und weiter ins Langental absteigen. 1 Std.

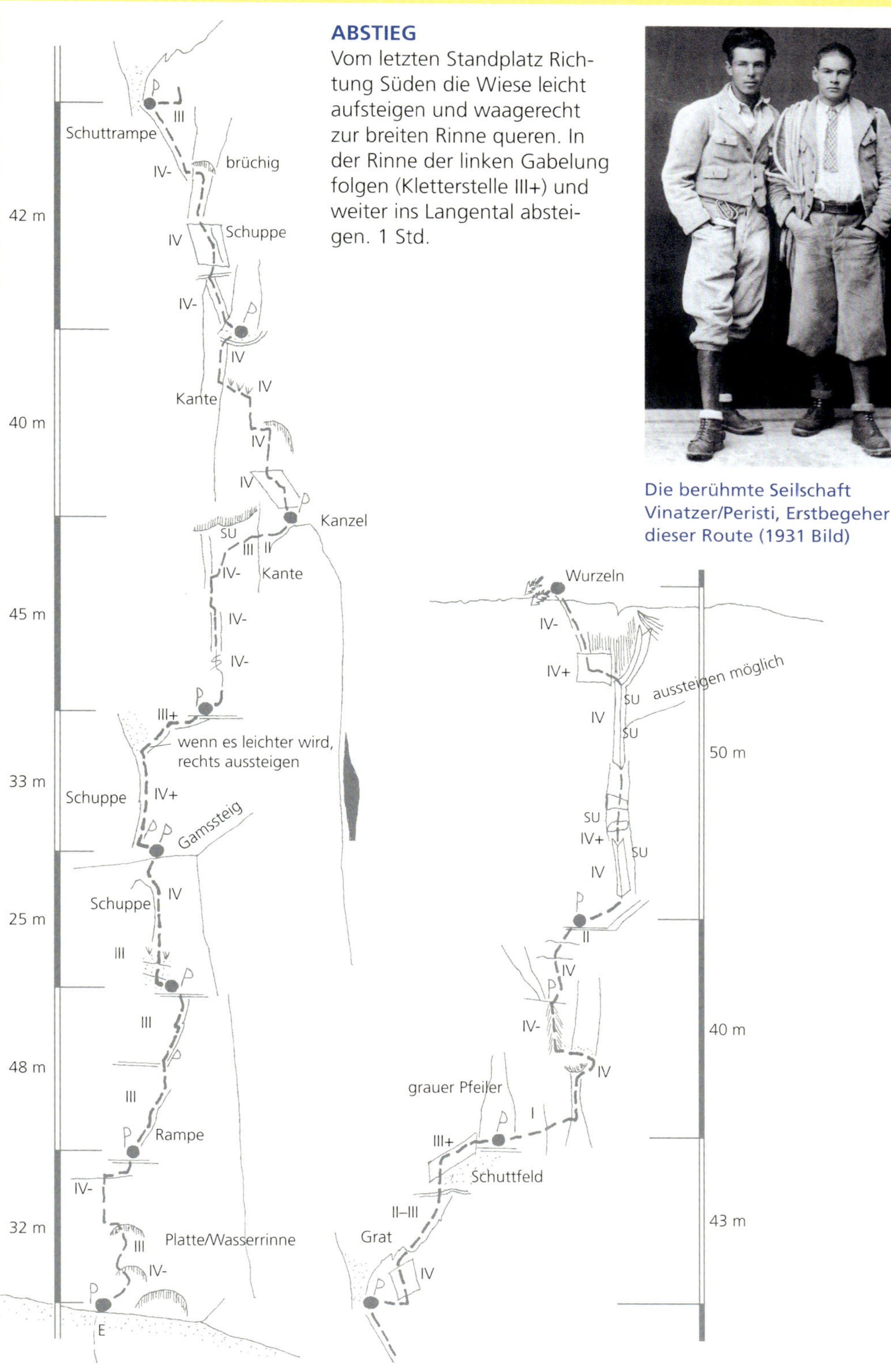

Die berühmte Seilschaft Vinatzer/Peristi, Erstbegeher dieser Route (1931 Bild)

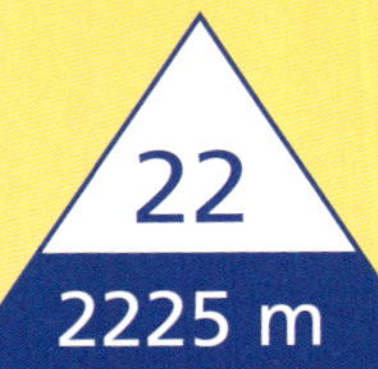

CIASTEL DE CHEDUL

ERSTBEGEHER
Piergiorgio Adami und Lorenzo Carrara 27.8.1977

PUEZGRUPPE

»Egon da Aldos«-Führe (Südwestwand)

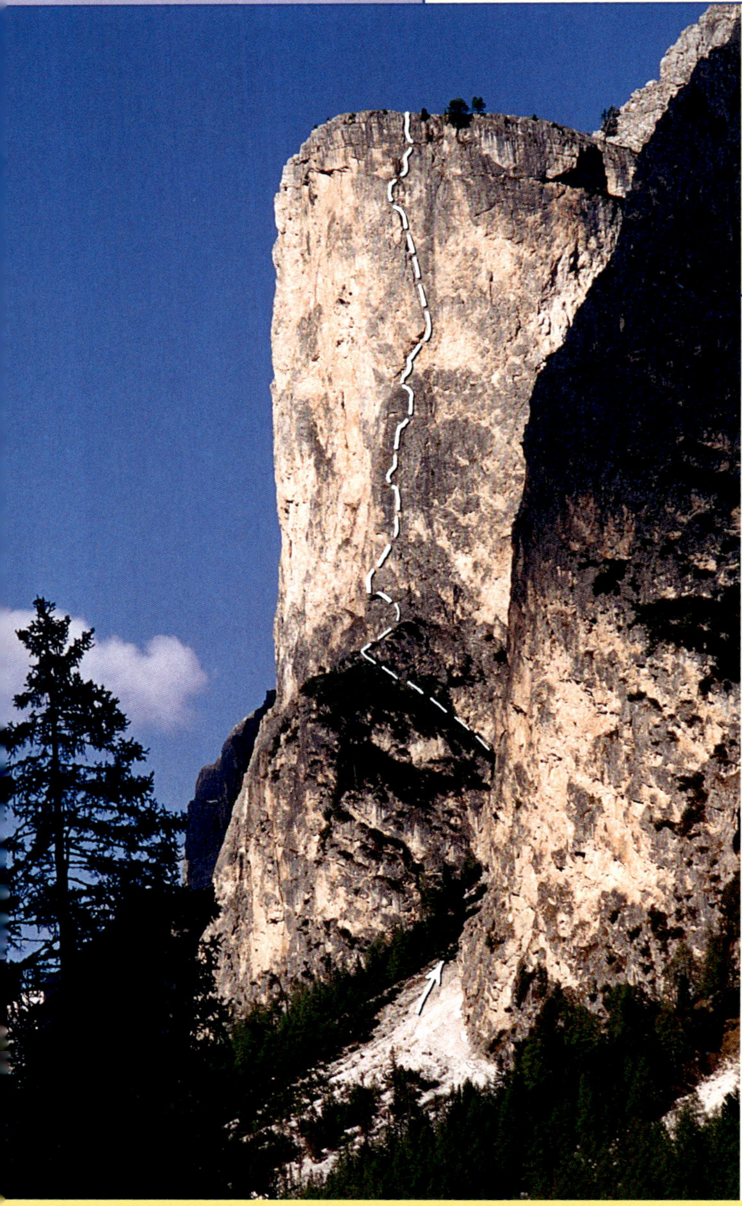

Schwierigkeit: VI- A0 (VI)
Höhenunterschied: 200 m
Kletterstrecke: 223 m
Seillängen: 8
Stunden: 3–4
Fels: gut
Ausrüstung: NAA;
8 Expressschlingen; Friends Nr. 0,5|2,5|3; Stopper Nr. 5|6

EIGENSCHAFTEN
Abwechslungsreiche technische Kletterei. Die Kletterstrecke ist gut abgesichert, Standplätze inbegriffen.

ZUGANG
Vom Langental-Parkplatz (Wolkenstein, Eingang Naturpark Puez-Geisler) dem Wegweiser Nr. 14 ins Langental (Schotterstraße) folgen. An der ersten breiten Wiese, ca. 400 m nach der St.-Silvester-Kapelle, nach rechts durch Latschenwald über Schneisen (Winter Langlaufloipe). Dann rechts über Geröllfelder zur breiten Rinne zwischen Ciastel de Chedul und rechtsseitig liegenden Zirmeiwänden hinaufgehen. Bei dem linksseitigen Wiesenende links eine breite, mit Bäumen und Latschen bedeckte Rampe queren (nicht die oberste Rampe nehmen). Am Rampenende (dichte Latschen) die Kante und das gestufte Gelände zum Latschenende hinaufklettern (Einstieg). 1.15 Std.

ABSTIEG
Siehe Route Nr. 21.

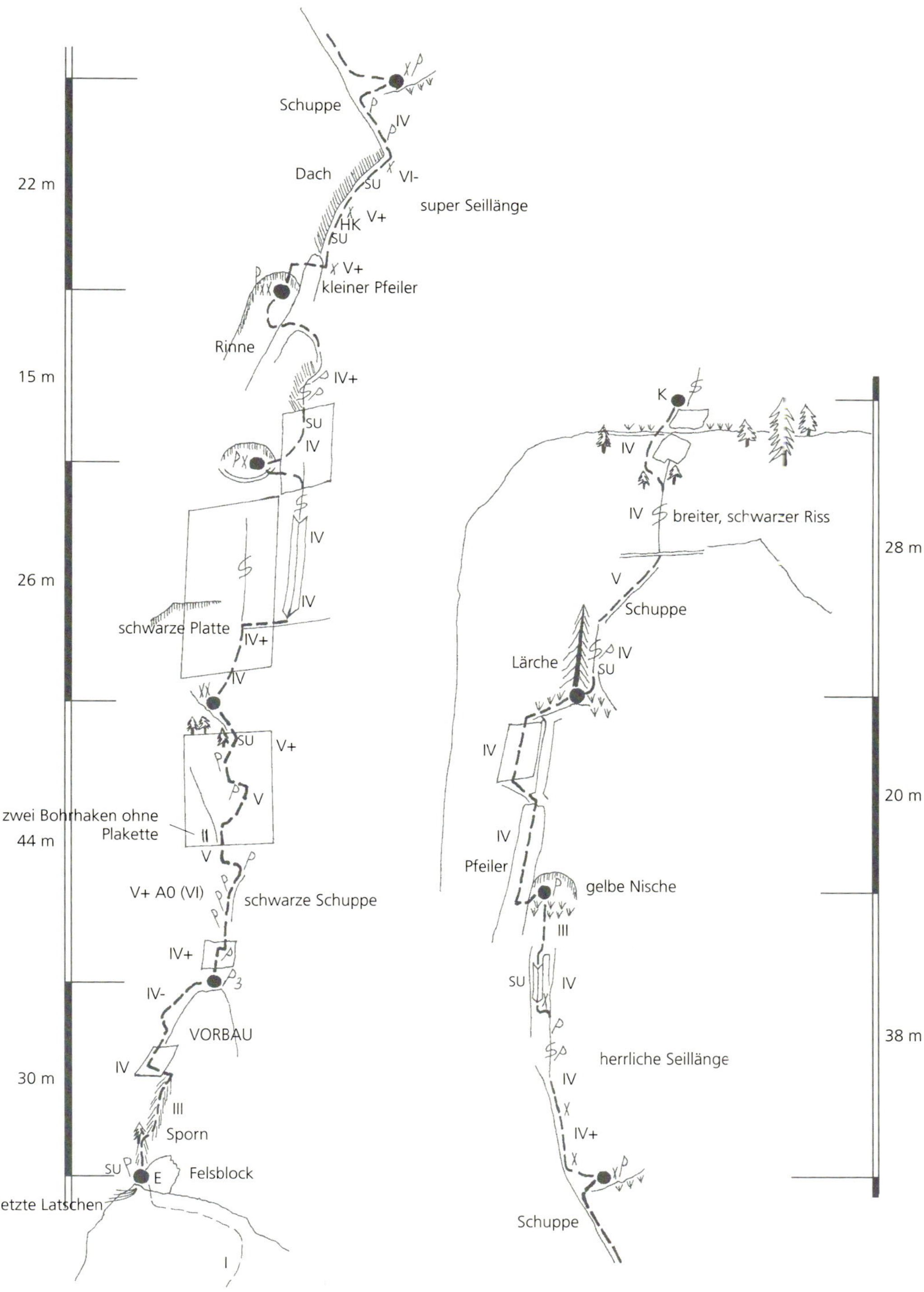
Schuppe
IV
Dach
SU
VI-
super Seillänge
HK
V+
SU
V+
kleiner Pfeiler
Rinne
IV+
SU
IV
IV
IV
schwarze Platte
IV+
IV
SU
V+
V
zwei Bohrhaken ohne Plakette
V
V+ A0 (VI)
schwarze Schuppe
IV+
IV-
VORBAU
IV
III
Sporn
SU
E
Felsblock
letzte Latschen
I
22 m
15 m
26 m
44 m
30 m
K
IV
IV
breiter, schwarzer Riss
V
Schuppe
Lärche
IV
SU
IV
IV
Pfeiler
gelbe Nische
III
SU
IV
herrliche Seillänge
IV
IV+
Schuppe
28 m
20 m
38 m

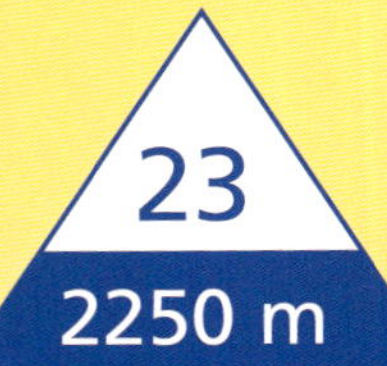

II. PIZA CUECENA

ERSTBEGEHER
M. Bernardi 13.10.2013

CIRGRUPPE

»Jëuna eguia«-Führe (Südwand)

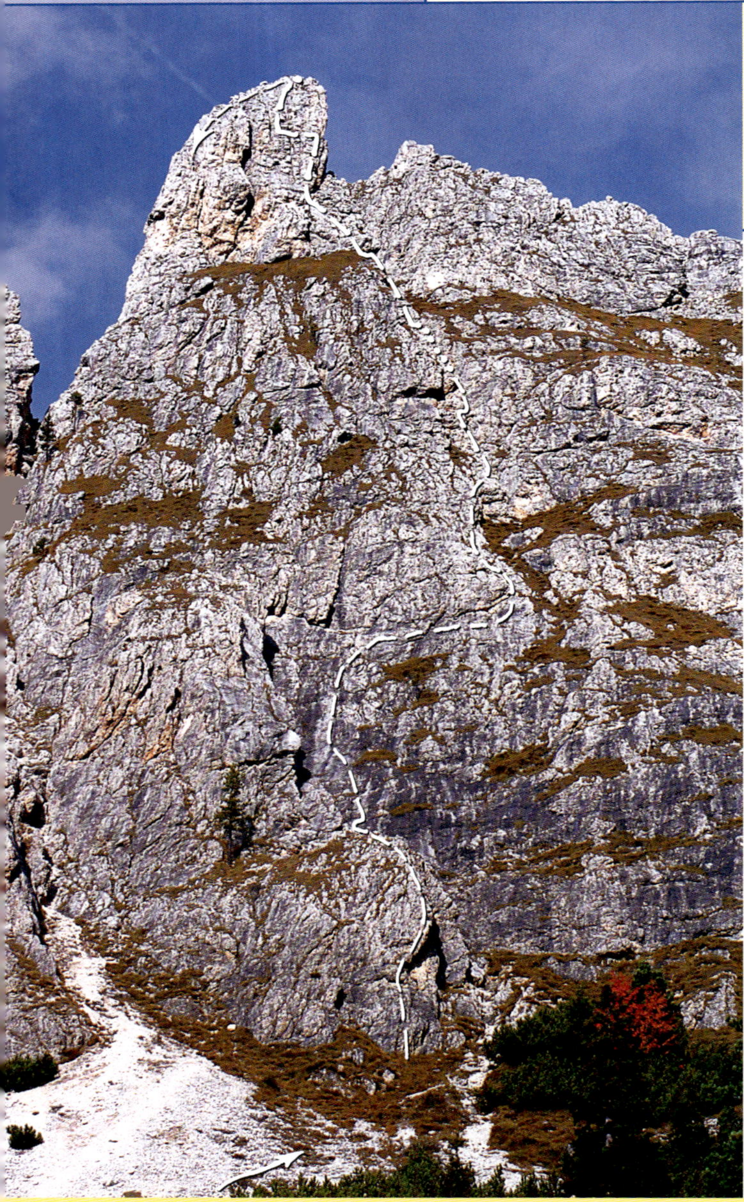

Schwierigkeit: IV
Höhenunterschied: 170 m
Kletterstrecke: 201 m
Seillängen: 7
Stunden: 2.5
Fels: gut
Ausrüstung: 8 Expressschlingen

EIGENSCHAFTEN

Abwechslungsreiche Route mit einzementierten Standhaken. Genussvolle Kletterei auf rauem Fels. Nach der Erschließung der Route im Alleingang wurde sie gesäubert und der günstigste Abstieg gefunden.

ZUGANG

Von Wolkenstein mit der Dantercepies-Gondelbahn, 2291 m, bergauf fahren. Dann die Cirpiste (Richtung Wolkenstein) bis nach der großen Schutzmauer unterhalb der II. Piza Cuecena absteigen. Hier nach einem großen Felsblock im Latschenwald Ausschau halten und rechts von ihm über große Felsblöcke und Geröll hinaufsteigen. Nun rechts zum Einstieg. 35 Min.

ABSTIEG

Vom Gipfel Richtung Westen ca. 15 m die Wiese (I) zum Ringhaken der Abseilpiste absteigen: **1.** 24 m, **2.** 24 m und etwas rechts, **3.** 24 m bei Tannen vorbei, **4.** 25 m abseilen. Nun über mehrere Rinnen (I–II) zum Einstieg absteigen. 40 Min.

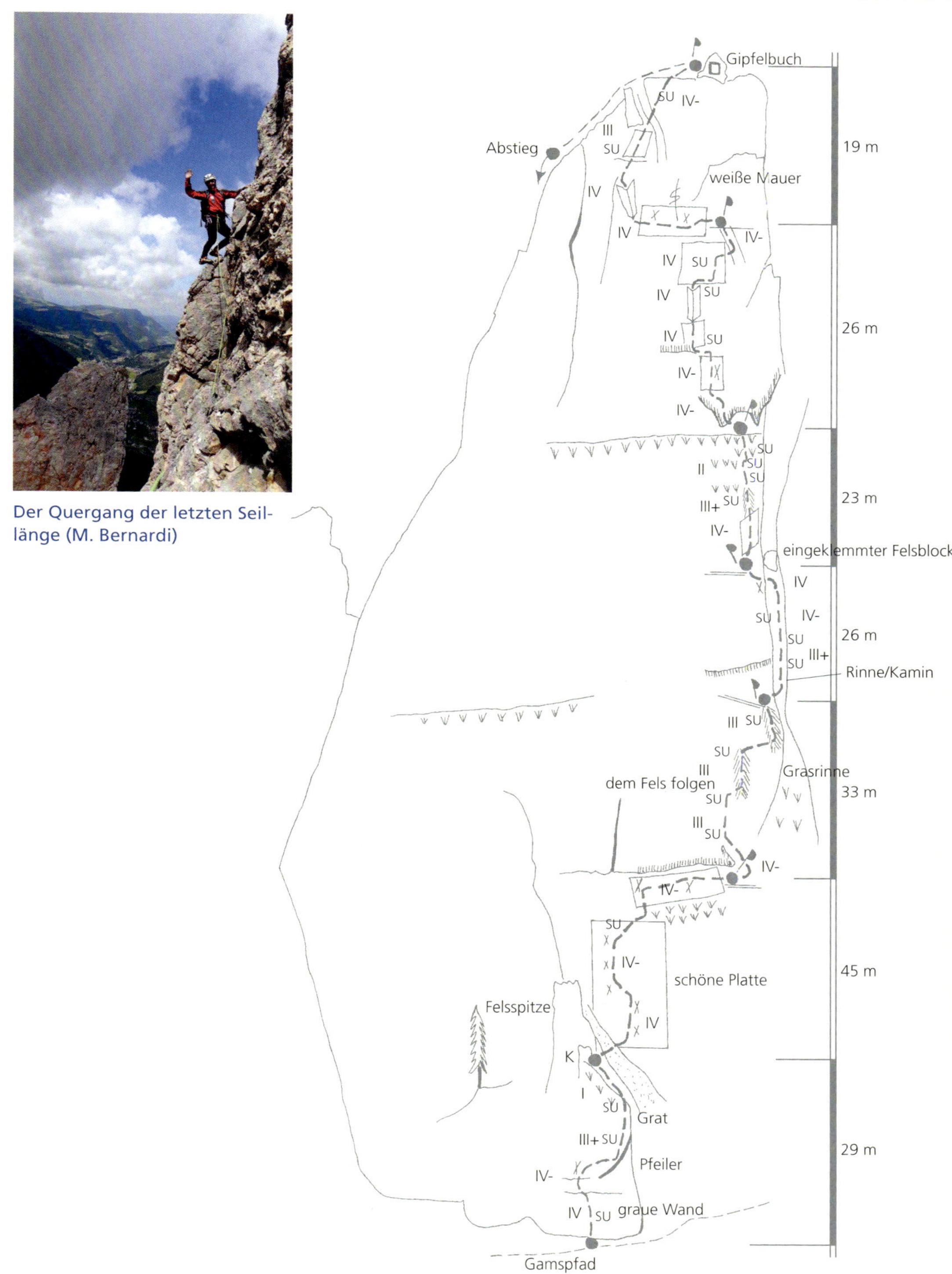

Der Quergang der letzten Seillänge (M. Bernardi)

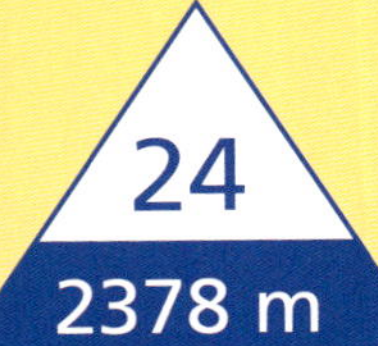

V. PIZA CUECENA

ERSTBEGEHER
M. Bernardi 1987

CIRGRUPPE

»Dami«-Führe (Südpfeiler)

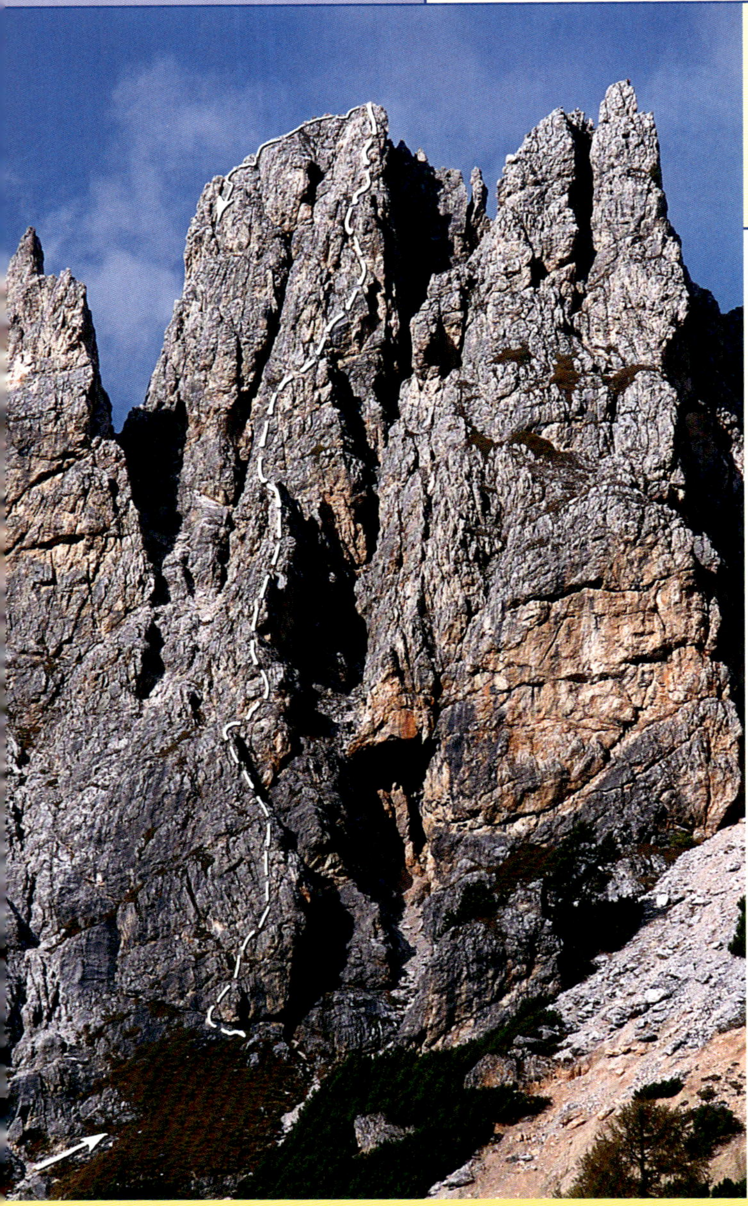

Schwierigkeit: IV
Höhenunterschied: 170 m
Kletterstrecke: 199 m
Seillängen: 7
Stunden: 2.5
Fels: gut, zu säubern
Ausrüstung: 7 Expressschlingen

EIGENSCHAFTEN
Eine alpine, abwechslungsreiche Klettertour. Standplätze und Abseilpiste gut eingerichtet.

ZUGANG
Von Wolkenstein mit der Dantercepies-Gondelbahn, 2291 m, bergauf fahren. Dann die Cirpiste (Richtung Wolkenstein) bis zur großen Rückhaltesperre hinab. Rechts an dieser vorbei und Richtung zweier astarmer Zirbelkiefern am Waldbeginn gehen. Nun gerade hoch durch den Latschenwald. Bald nach links queren (Steinmann) und weiter, bis man aus dem Latschenwald aussteigt. Jetzt nach rechts über Wiesen zum Einstieg. 35 Min.

ABSTIEG
Vom Gipfel Richtung Westen ca. 10 m den Grat klettern (II), dann links 4 m (III, Süden) die Rinne abklettern. Nun ein bisschen rechts und gleich links zur Abseilpiste abklettern: **1.** 23 m und etwas rechts, **2.** 23 m und et-

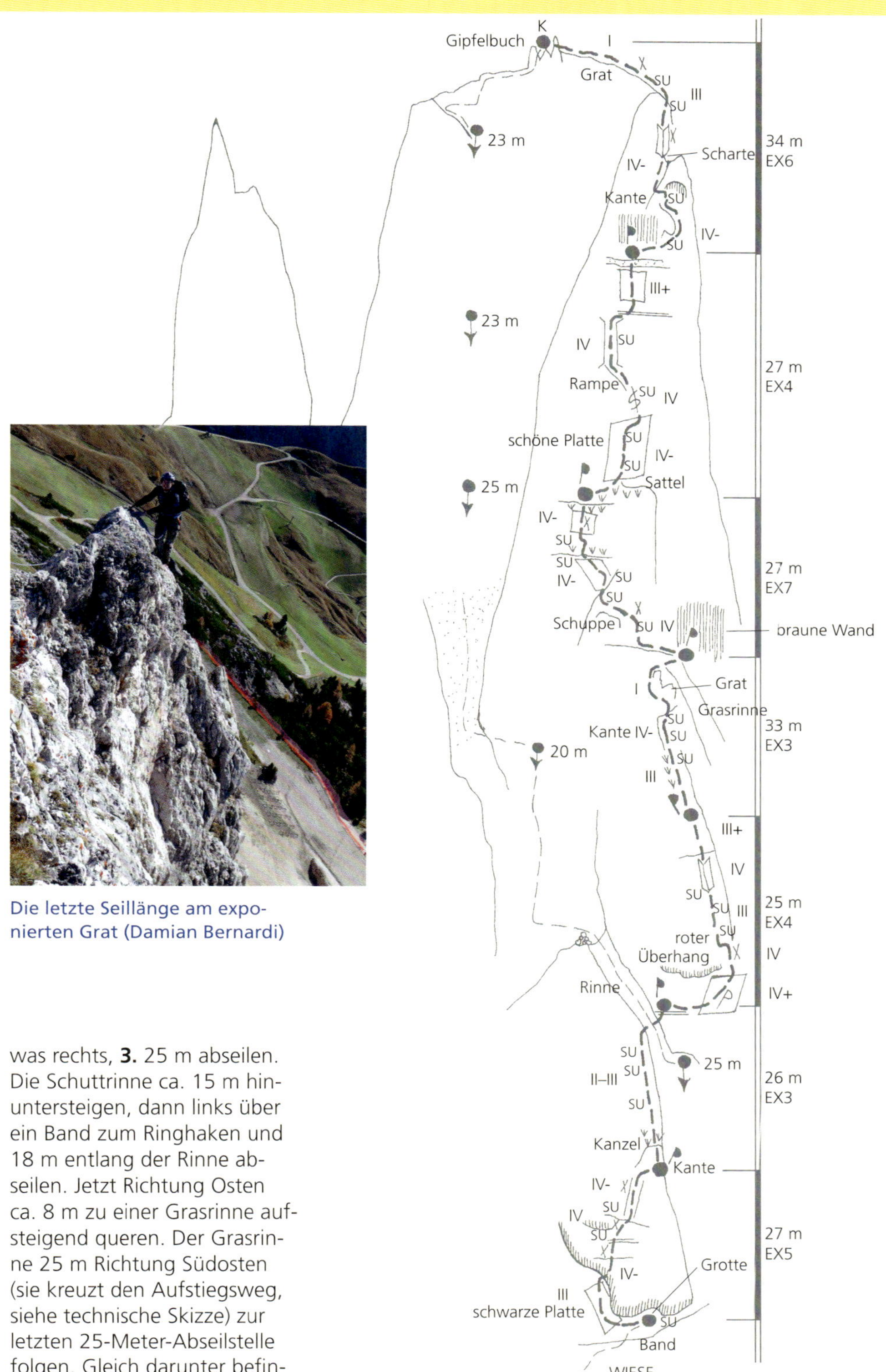

Die letzte Seillänge am exponierten Grat (Damian Bernardi)

was rechts, **3.** 25 m abseilen. Die Schuttrinne ca. 15 m hinuntersteigen, dann links über ein Band zum Ringhaken und 18 m entlang der Rinne abseilen. Jetzt Richtung Osten ca. 8 m zu einer Grasrinne aufsteigend queren. Der Grasrinne 25 m Richtung Südosten (sie kreuzt den Aufstiegsweg, siehe technische Skizze) zur letzten 25-Meter-Abseilstelle folgen. Gleich darunter befindet sich der Einstieg. 1 Std.

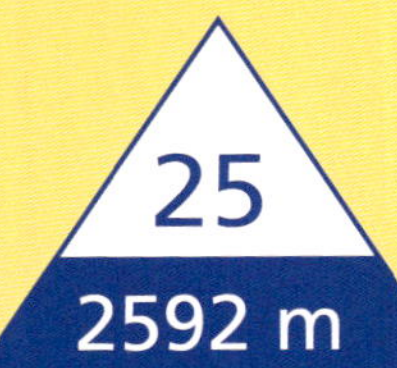

GROSSE CIRSPITZE

ERSTBEGEHER
Ivo und Antonio Rabanser
14.10.1984

CIRGRUPPE

»Rabanser«-Führe (West- und Nordwand)

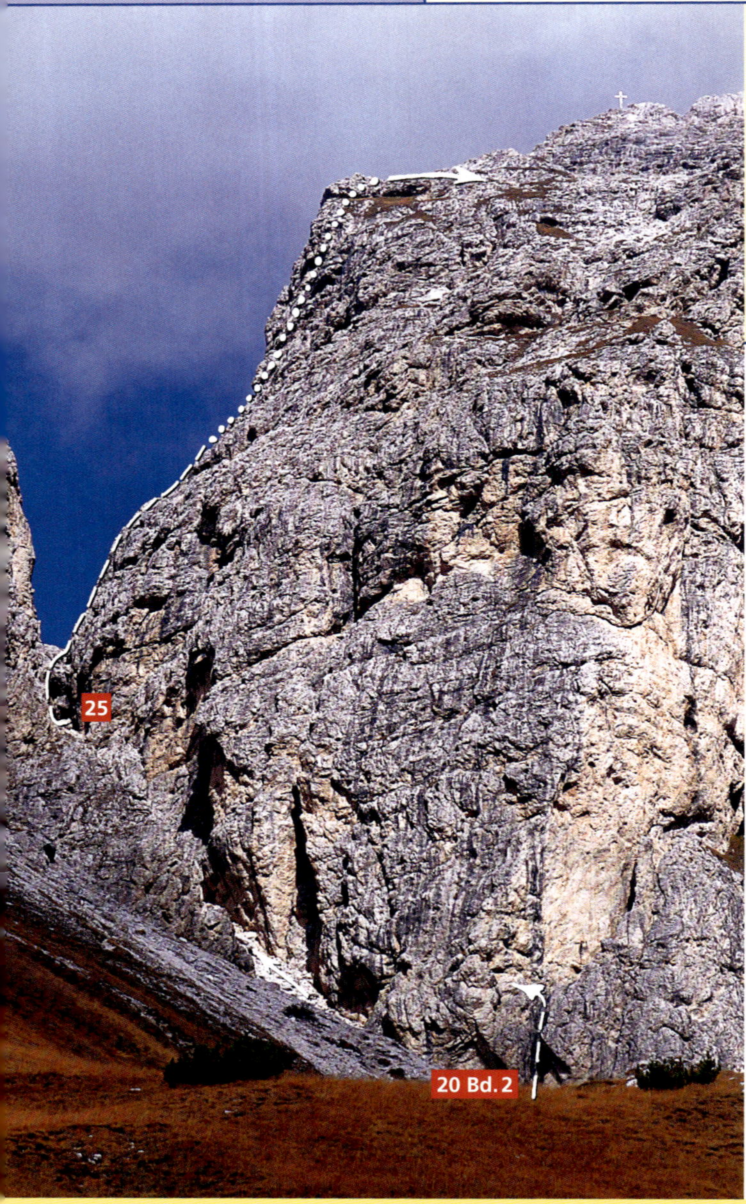

Schwierigkeit: III–IV, zum Gipfel V A0 (V+)
Höhenunterschied: 170 m + 60 m zum Gipfel
Kletterstrecke: 190 m + 70 m Übergang + 65 m zum Gipfel
Seillängen: 8 + 3 zum Gipfel
Stunden: 2.5–3 + 1 zum Gipfel
Fels: gut, zu säubern
Ausrüstung: NAA;
3 Expressschlingen

EIGENSCHAFTEN

Nach den ersten 8 Seillängen (Schwierigkeitgrade III–IV), kann man die Route auf der Schulter beenden. Ein 70-Meter-Übergang über ein Schuttband nach der siebten Seillänge ① ermöglicht es, mit drei weiteren Seillängen den Gipfel zu erreichen, allerdings mit erhöhten Schwierigkeiten. Genussreiche Kletterstrecke. Die Stand- und Normalhaken der Zwischensicherungen sind mit Mörtel befestigt worden.

ZUGANG

Von Wolkenstein mit der Dantercepies-Gondelbahn, 2291 m, bergauf fahren. Nun links der Sesselliftstation und gleich dahinter auf dem Weg Richtung Osten (rechts) zum Wandfuß der Großen Cirspitze wandern. Nun links über den markierten Weg die breite Schuttrinne (Normalweg zur Großen Cirspitze) zum Beginn der Stahlseile hinaufsteigen.

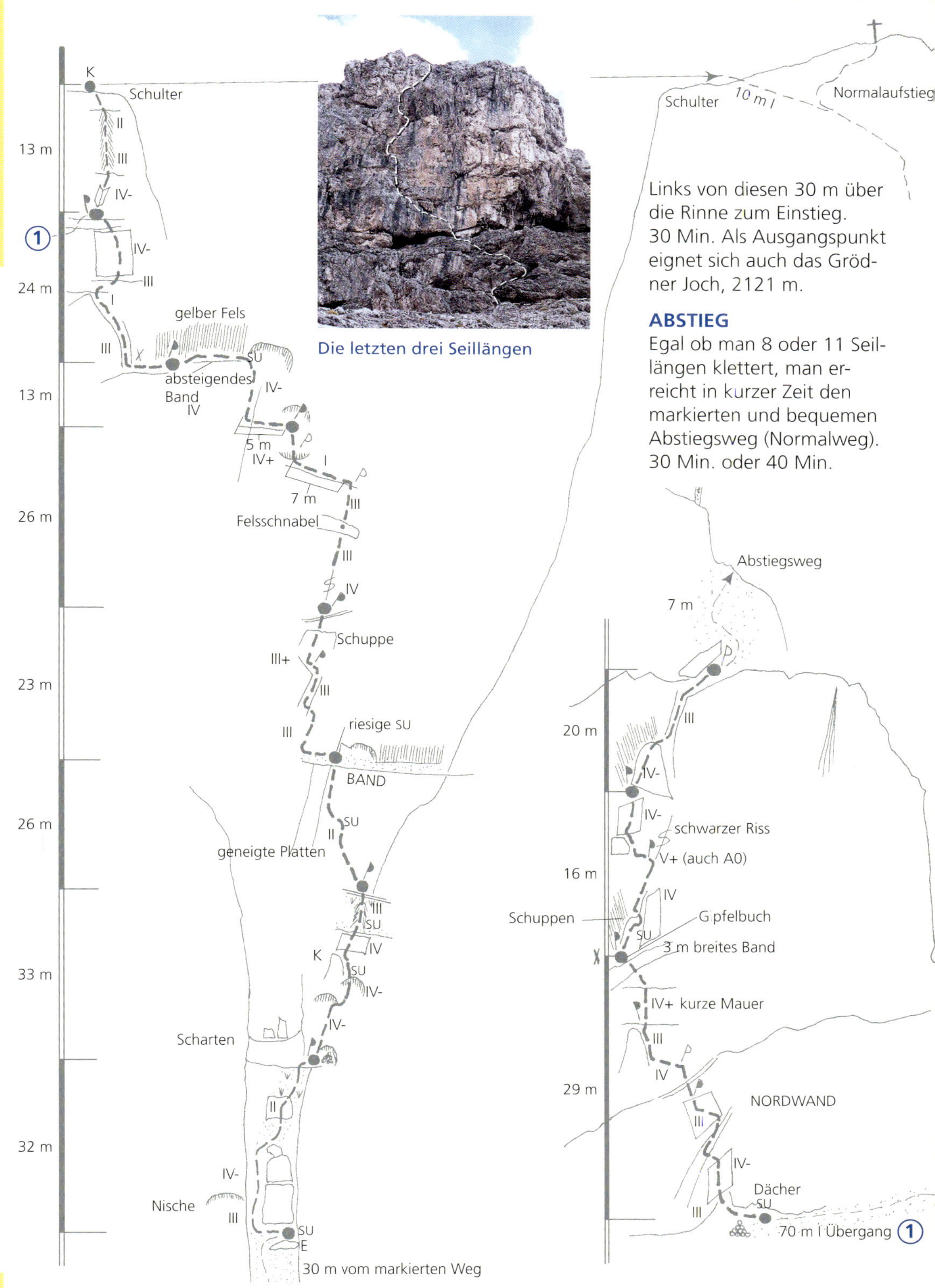

Die letzten drei Seillängen

Links von diesen 30 m über die Rinne zum Einstieg. 30 Min. Als Ausgangspunkt eignet sich auch das Grödner Joch, 2121 m.

ABSTIEG

Egal ob man 8 oder 11 Seillängen klettert, man erreicht in kurzer Zeit den markierten und bequemen Abstiegsweg (Normalweg). 30 Min. oder 40 Min.

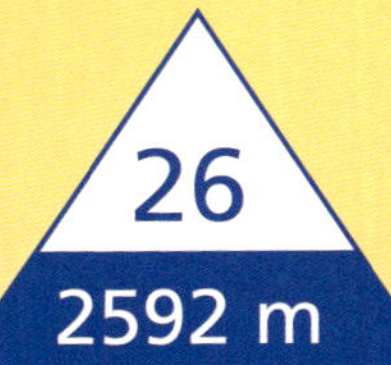

GROSSE CIRSPITZE

ERSTBEGEHER
M. Bernardi und Manfred Runggaldier (Mambo) 7.8.2014

CIRGRUPPE

»Mama«-Führe (Nordostwand)

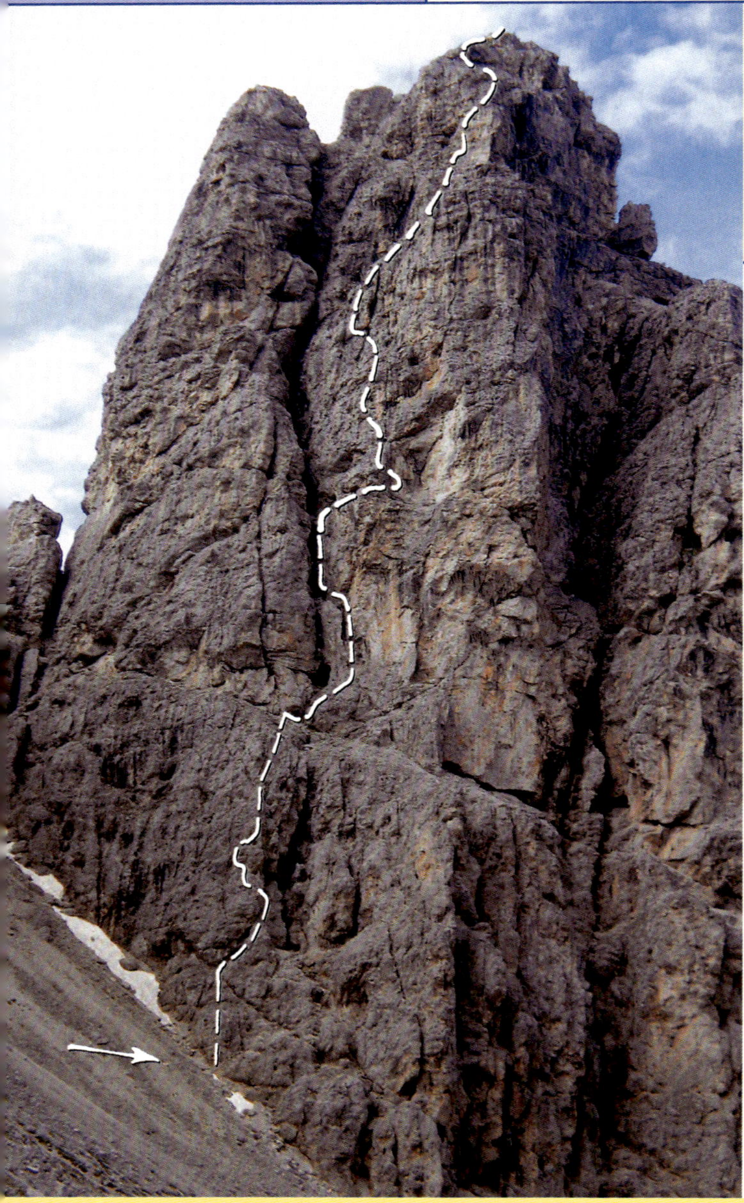

Schwierigkeit: IV, eine Stelle IV+
Höhenunterschied: 200 m
Kletterstrecke: 244 m
Seillängen: 7
Stunden: 2.5–3
Fels: gut, im oberen Abschnitt ausgezeichnet
Ausrüstung: 7 Expressschlingen

EIGENSCHAFTEN
Abwechslungsreiche und gut abgesicherte Route. Nur bei trockenen Bedingungen. Zu Saisonbeginn nicht ratsam.

ZUGANG
Von Wolkenstein mit der Dantercepies-Gondelbahn, 2291 m, bergauf fahren. Dem Wanderweg Richtung Osten (erst Schotterstraße) zur Jimmyhütte folgen. Vor der Jimmyhütte den Pfad zur Scharte zwischen Clarkspitze und Östlicher Cirspitze links hinaufsteigen. Den Holzzaun überschreiten und links unterhalb der Wände absteigen. Abschließend waagerecht über Schuttfelder direkt zum Einstieg. 1 Std. Als Ausgangspunkt eignet sich auch das Grödner Joch, 2121 m.

ABSTIEG
Vom letzten Standplatz ca. 30 m (I) zum großen Gipfelkreuz hinaufsteigen. Über einen bequemen Weg (Normalweg) steigt man ab. 40 Min.

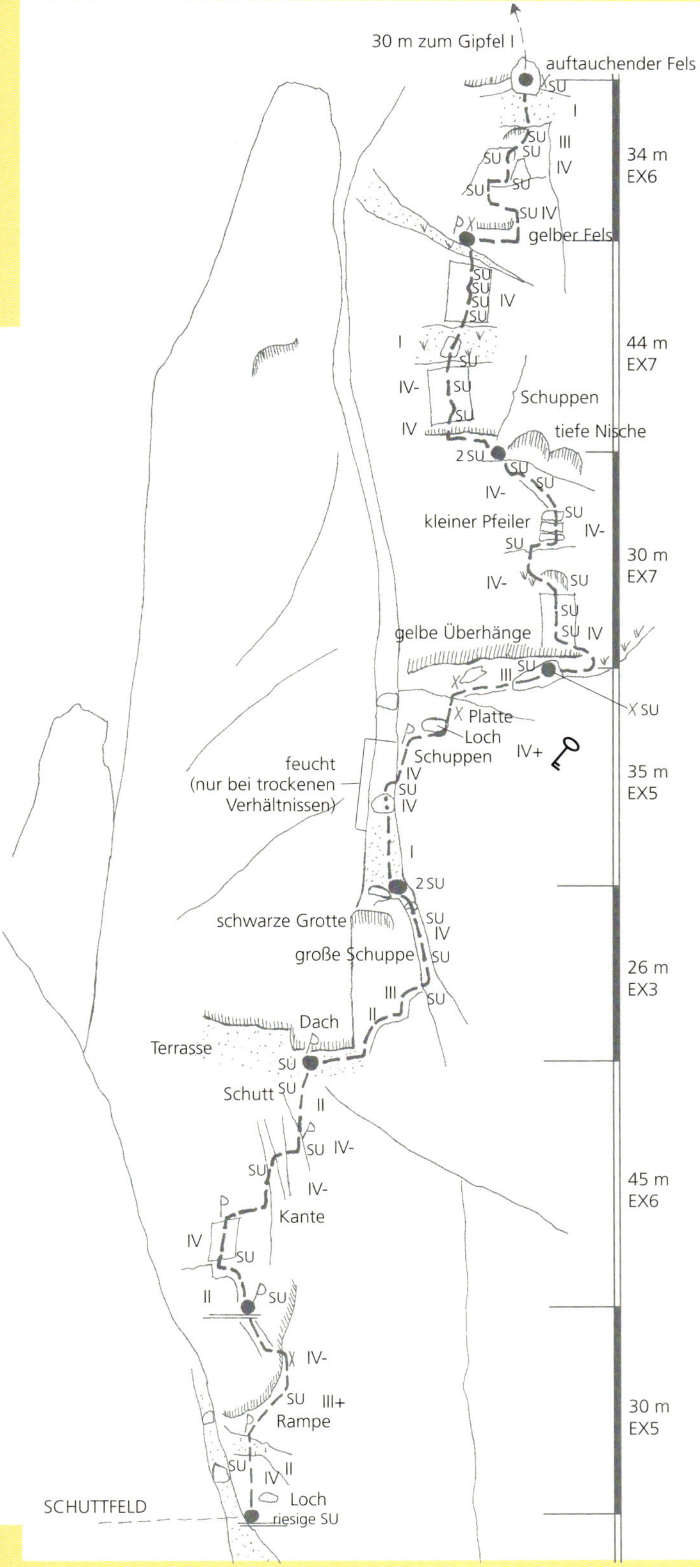

30 m zum Gipfel I

auftauchender Fels

SU

I

SU III

SU SU

IV

SU SU

SU IV

gelber Fels

34 m
EX6

SU
SU
SU IV
SU

I

SU

IV- SU

Schuppen

SU

IV

tiefe Nische

44 m
EX7

2 SU

SU

SU

IV-

kleiner Pfeiler

SU

IV-

SU

IV-

SU

SU

gelbe Überhänge

SU IV

30 m
EX7

III

SU

X SU

Platte

Loch

Schuppen

IV+

feucht
(nur bei trockenen
Verhältnissen)

IV
SU
IV

I

35 m
EX5

2 SU

schwarze Grotte

SU
IV

große Schuppe

SU

III

SU

II

Dach

Terrasse

SU

26 m
EX3

Schutt SU

II

SU IV-

SU

IV-

Kante

IV

SU

II

SU

45 m
EX6

IV-

SU III+

Rampe

SU

IV II

Loch

SCHUTTFELD

riesige SU

30 m
EX5

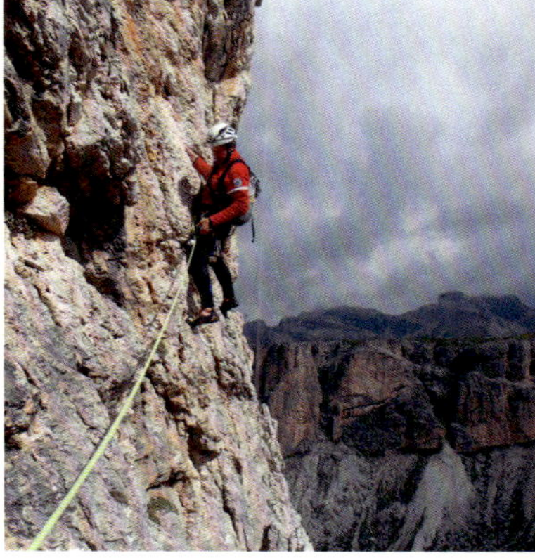

Steiler Pfeiler in der letzten Seillänge (M. Bernardi)

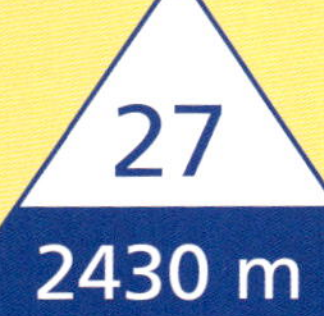

PINEIDERSPITZE

ERSTBEGEHER
M. Bernardi 21.11.2012

CIRGRUPPE

»Muntaniola«-Führe (Südwand)

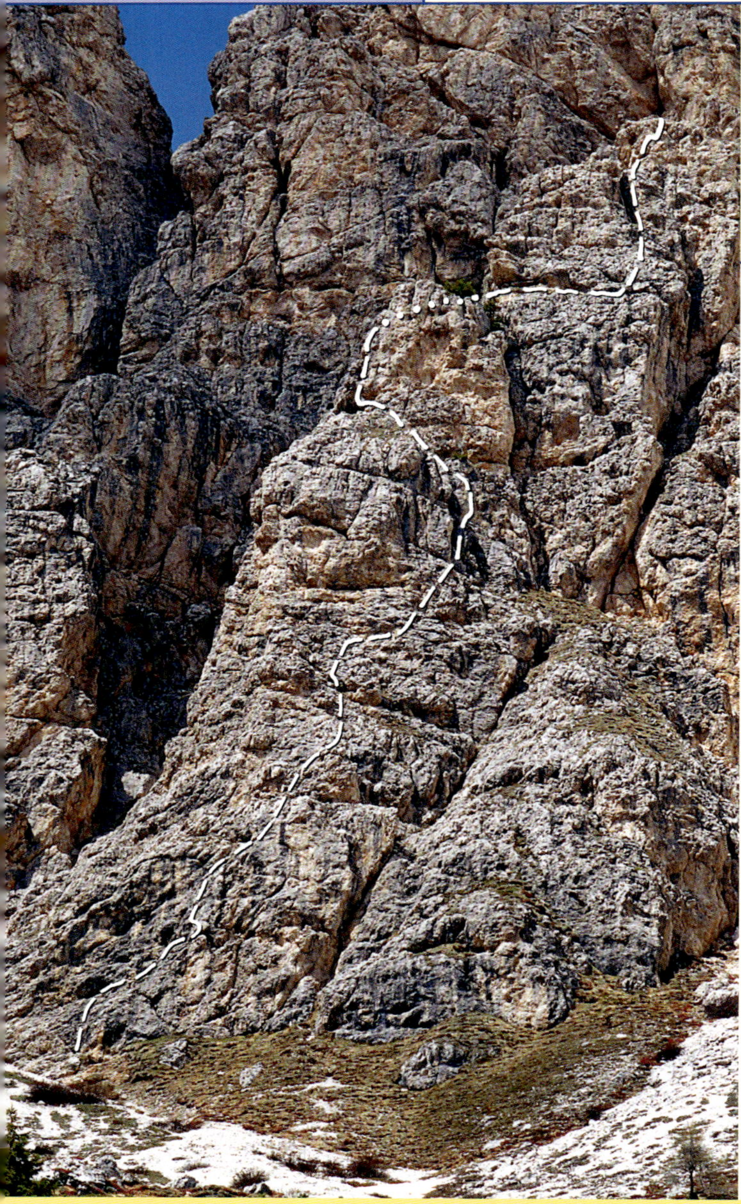

Schwierigkeit: IV+, ein Abschnitt V
Höhenunterschied: 120 m
Kletterstrecke: 144 m
Seillängen: 5
Stunden: 2
Fels: gut
Ausrüstung: 6 Expressschlingen

EIGENSCHAFTEN

Platten-, Verschneidungs- und Kaminkletterei. Standhaken und Zwischensicherungen vorhanden. Geeignet für Saisonanfang/-ende.

ZUGANG

Von Wolkenstein mit der Dantercepies-Gondelbahn, 2291 m, bergauf fahren. Dem Wanderweg Richtung Osten (erst Schotterstraße) zur Jimmyhütte folgen. Vor der Jimmyhütte links über die Wiese zum Einstieg. 30 Min. Als Ausgangspunkt eignet sich auch das Grödner Joch, 2121 m.

ABSTIEG

Vom Gipfel 7 m (III+, Nordwesten) zu einer Scharte abklettern. Nun 5 m nach Süden absteigen und rechts über ein Band zur 25-Meter-Abseilstelle queren. Die schuttige Rinne erst links, dann rechts abklettern (Stellen III) und bald zum Einstieg. 30 Min.

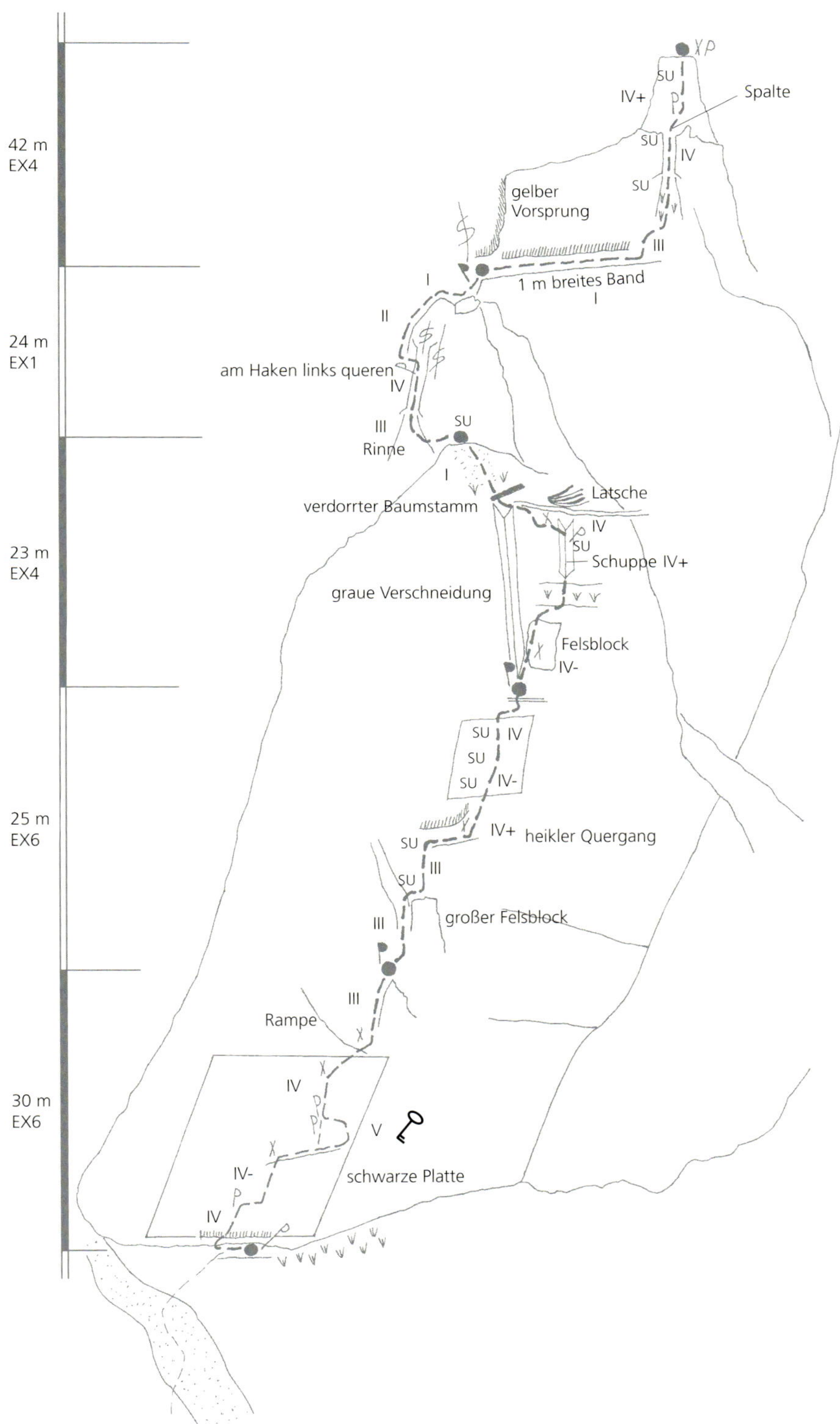
42 m
EX4
24 m
EX1
23 m
EX4
25 m
EX6
30 m
EX6
SU
IV+
Spalte
SU
IV
SU
gelber
Vorsprung
III
I
1 m breites Band
I
II
am Haken links queren
IV
III
SU
Rinne
I
Latsche
verdorrter Baumstamm
IV
SU
Schuppe IV+
graue Verschneidung
Felsblock
IV-
SU
IV
SU
SU
IV-
IV+
heikler Quergang
SU
III
SU
großer Felsblock
III
III
Rampe
IV
V
IV-
schwarze Platte
IV

JIMMYSPITZE

ERSTBEGEHER
M. Bernardi und Vinzenz Runggaldier 5.6.2013

CIRGRUPPE

»Bolp«-Führe (Südwand)

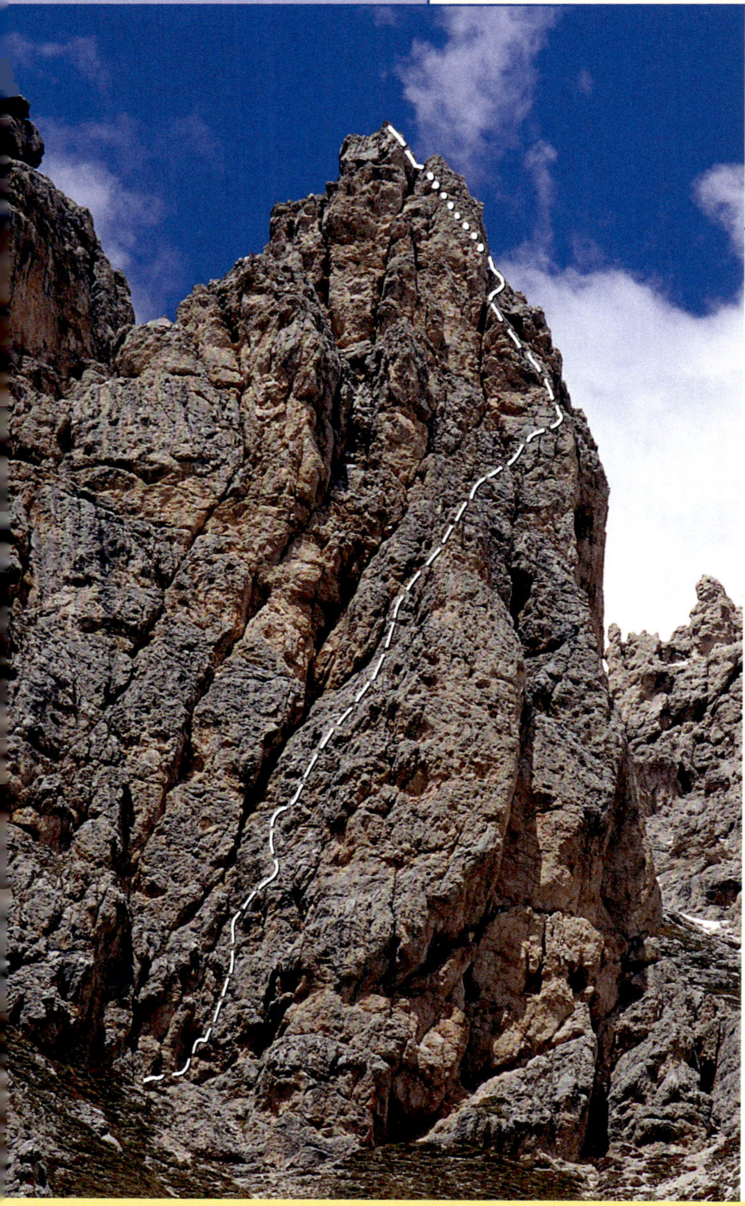

Schwierigkeit: IV, eine Stelle IV+
Höhenunterschied: 100 m
Kletterstrecke: 119 m
Seillängen: 4
Stunden: 2
Fels: gut, etwas zu säubern
Ausrüstung: 7 Expressschlingen

EIGENSCHAFTEN
Schöne Kletterstrecke mit technischen Stellen. Einzementierte Standhaken.

ZUGANG
Siehe Route Nr. 27.

ABSTIEG
Vom einzementierten Haken 17 m Richtung Westen abseilen, dann Richtung Norden ca. 30 m über ein Band (Wiese) queren. Mit einer Linkskehre erreicht man die Scharte zwischen Jimmyspitze und Clarkspitze. Aus der Scharte die rechte Rinne (Osten) absteigen und links dem ersten Band zur breiten Rinne queren, bald zum Einstieg. 40 Min.

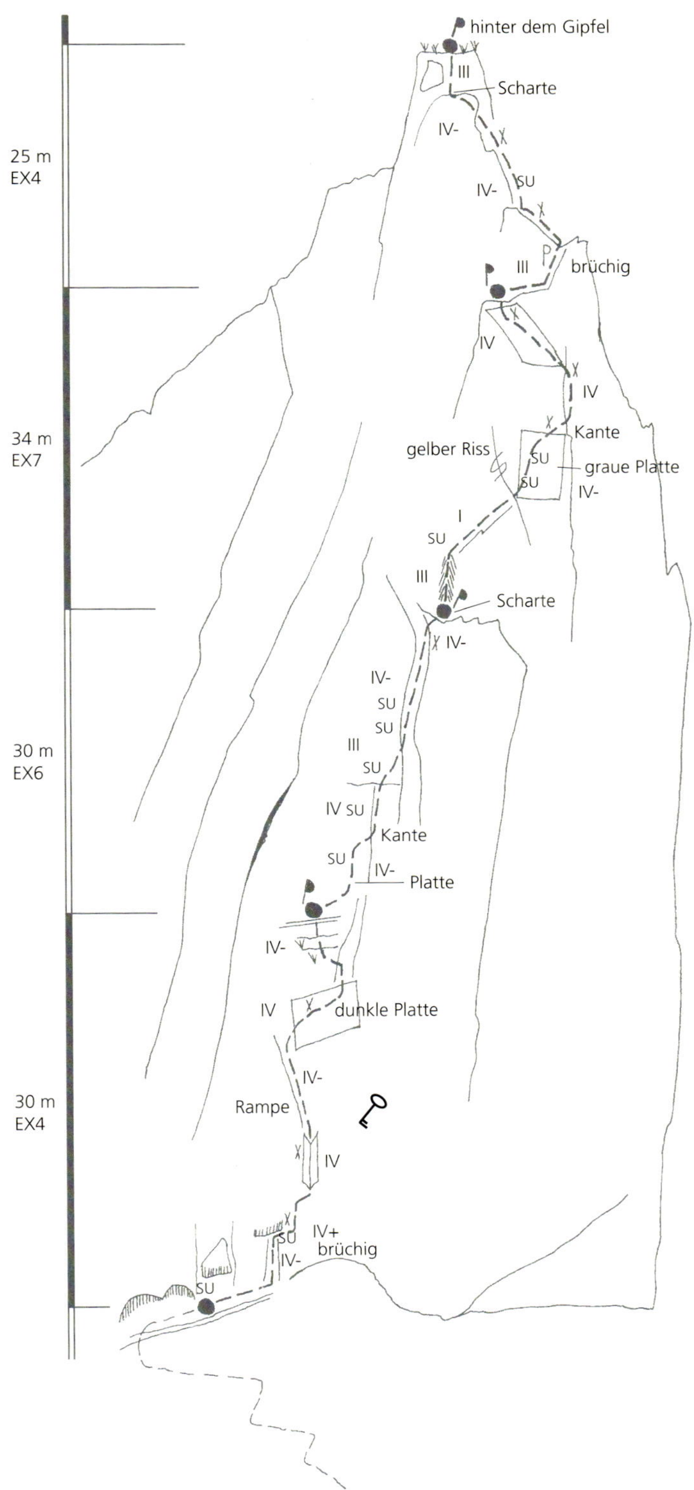
hinter dem Gipfel
III
Scharte
IV-
25 m
EX4
IV-
SU
brüchig
III
IV
IV
34 m
EX7
Kante
gelber Riss
SU
SU
graue Platte
IV-
I
SU
III
Scharte
IV-
IV-
SU
SU
III
30 m
EX6
SU
IV SU
Kante
SU
IV-
Platte
IV-
IV
dunkle Platte
IV-
30 m
EX4
Rampe
IV
SU
IV+
brüchig
IV-
SU

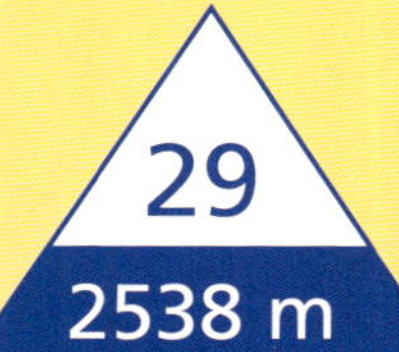

ÖSTLICHE CIRSPITZE

ERSTBEGEHER
Josef Nogler, Matthias Runggaldier, Matthias Perathoner, C. Inglis und Mabel Clark 29.7.1913

CIRGRUPPE

Südostkante (Südwand)

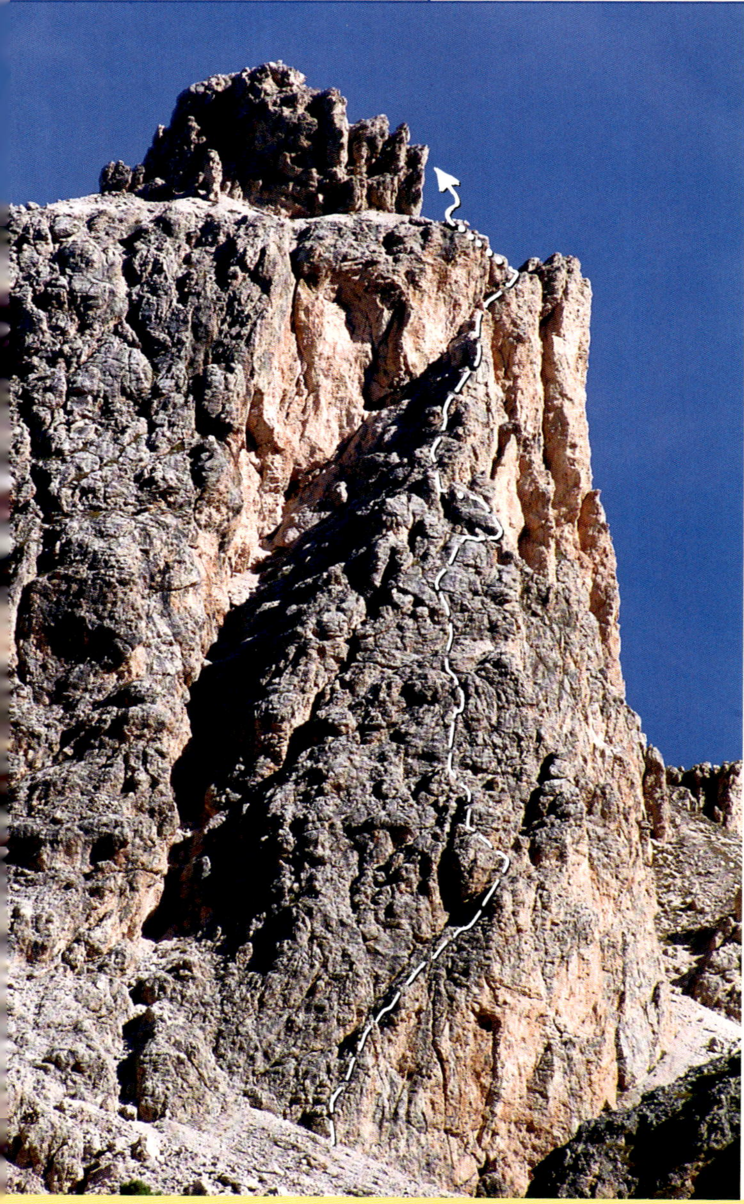

Schwierigkeit: III–IV
Höhenunterschied: 180 m
Kletterstrecke: 213 m
Seillängen: 7
Stunden: 2–2.5
Fels: gut, zu säubern
Ausrüstung: 5 Expressschlingen

EIGENSCHAFTEN
Genussreiche Kletterei über Platten und ausgesetzte Stellen. Schönes Gipfelpanorama. Erst wurde die ideale Kletterstrecke gefunden, danach wurde diese abgesichert. Relativ bequemer Abstieg.

ZUGANG
Von Wolkenstein mit der Dantercepies-Gondelbahn, 2291 m, bergauf fahren. Dem Wanderweg Richtung Osten (erst Schotterstraße) zur Jimmyhütte folgen. Nun dem Wanderweg zur Puezhütte folgen, aber nach ca. 5 Minuten links über einen Pfad direkt zum Einstieg hinaufsteigen. 50 Min. Als Ausgangspunkt eignet sich auch das Grödner Joch, 2121 m.

ABSTIEG
Vom Gipfel den Aufstiegsweg zum Ringband abklettern. Nun Richtung Osten zu einem Sattel und links 7 m (Nordosten) absteigen. Jetzt rechts am Sporn eine ca. 10 m (III) exponierte kleine Rinne abklettern.

Hier drei einzementierte Abseilstellen: **1.** 23 m, **2.** 20 m, **3.** 20 m. Über steilem Schuttfeld unter den Wänden zum Einstieg absteigen. 40 Min.

① ZUM GIPFEL

Vom letzten Standplatz rechts über Schuttfeld Richtung Gipfel und die Nordseite hinaufsteigen (Ringband). Nun der linken schmalen Rampe folgen (II) und rechts zum Gipfel empor. 10 Min.

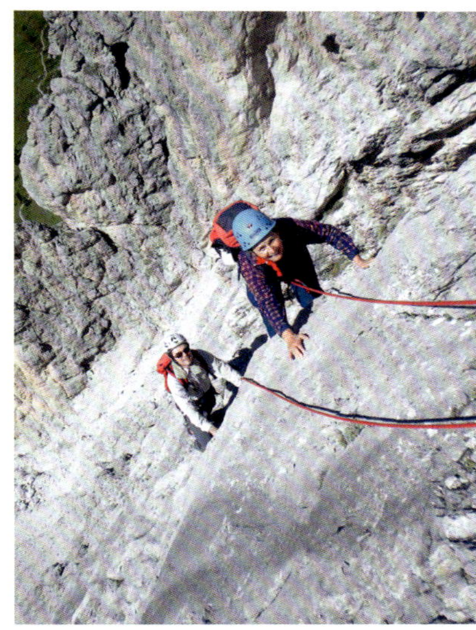

Die schönen mittleren Platten (Franziska und Antonio Tiberini)

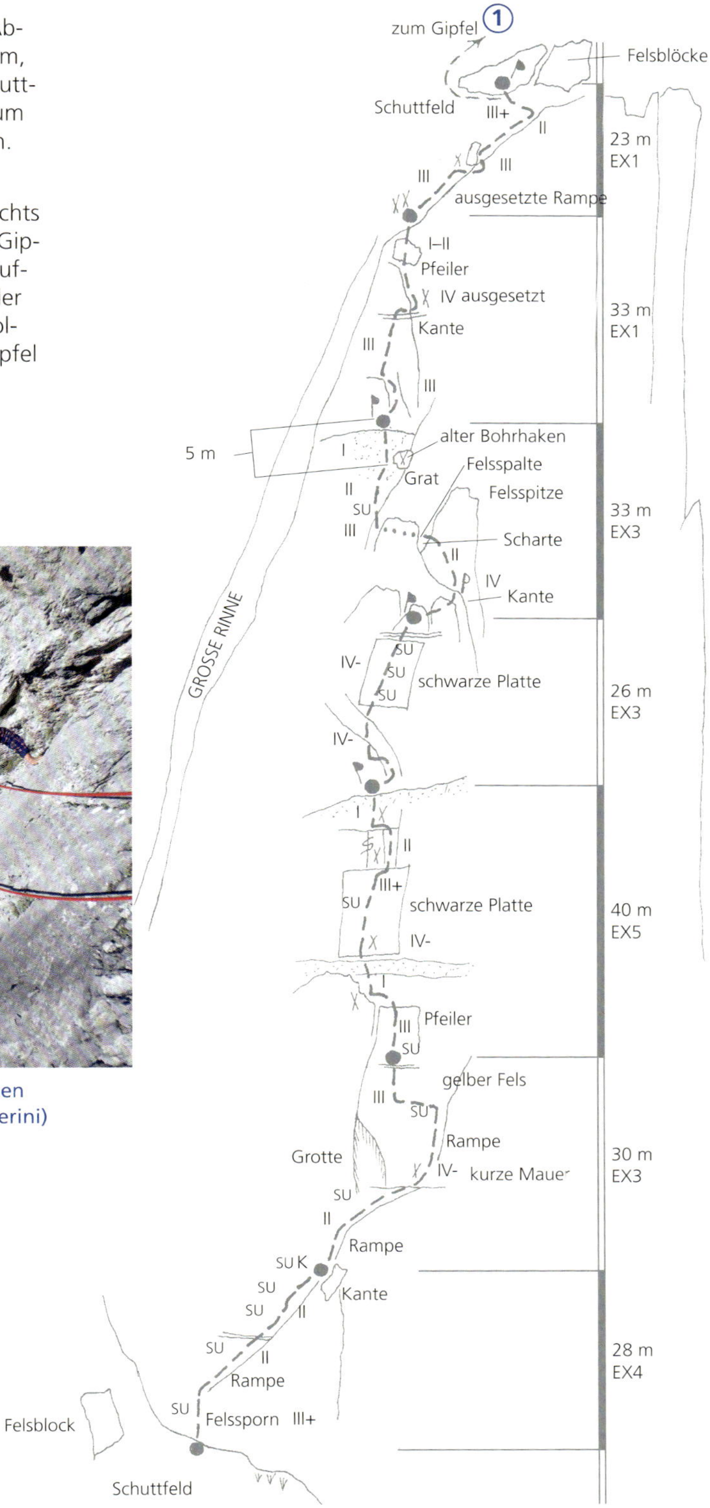

zum Gipfel ①
Felsblöcke
Schuttfeld III+
II
23 m EX1
III
III
ausgesetzte Rampe
I–II
Pfeiler
IV ausgesetzt
Kante
33 m EX1
III
III
5 m
alter Bohrhaken
I
Felsspalte
Grat
II
Felsspitze
SU
III
33 m EX3
Scharte
II
IV
Kante
GROSSE RINNE
SU
IV-
SU
schwarze Platte
SU
26 m EX3
IV-
I
II
III+
SU
schwarze Platte
40 m EX5
IV-
I
Pfeiler
III
SU
gelber Fels
III
SU
Rampe
Grotte
IV- kurze Mauer
30 m EX3
SU
II
Rampe
SU K
Kante
SU
SU
II
SU
II
28 m EX4
Rampe
SU
Felssporn III+
Felsblock
Schuttfeld

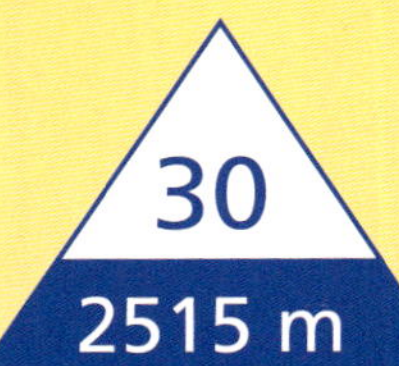

CONTESSINA-TURM

ERSTBEGEHER
unbekannt

CIRGRUPPE

»Riss«-Führe (Südwestwand)

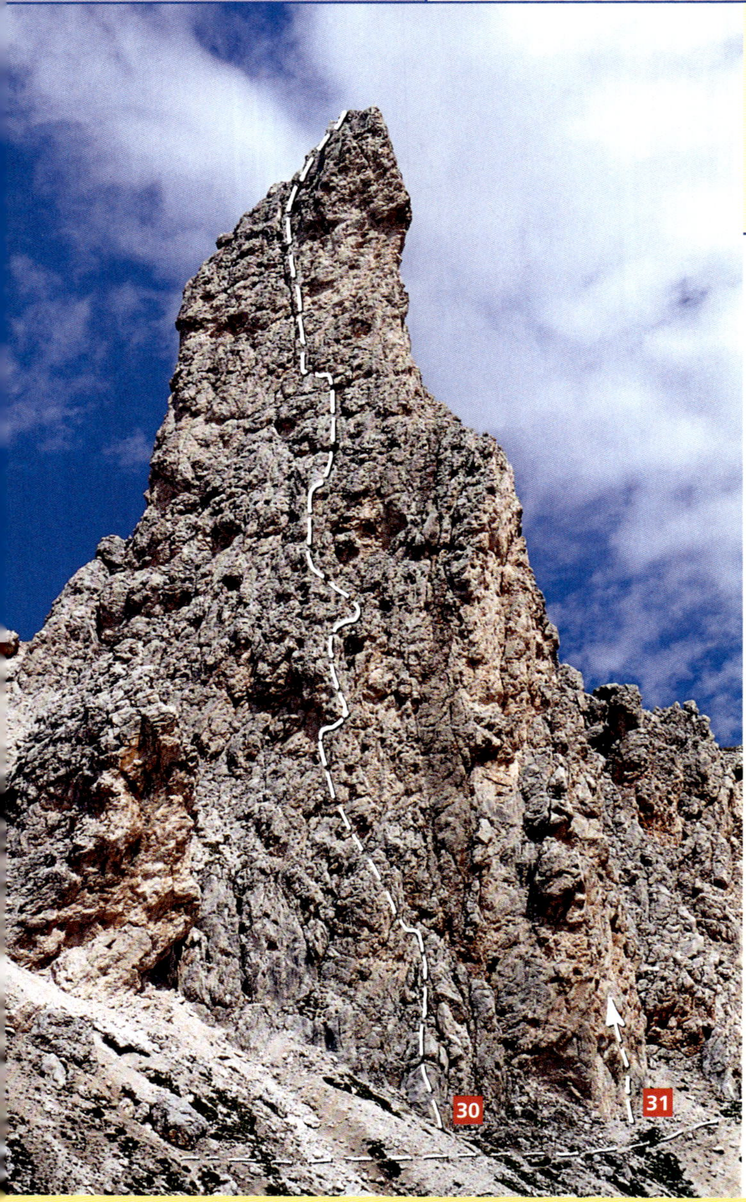

Schwierigkeit: IV+
Höhenunterschied: 90 m
Kletterstrecke: 98 m
Seillängen: 4
Stunden: 1
Fels: gut, zu säubern
Ausrüstung: 4 Expressschlingen

EIGENSCHAFTEN

Alpine Kletterroute mit originellen Stellen und abgesicherten Standplätzen. In den 1930er Jahren wurden der Contessina- und Geltrudeturm auch die »englischen Türme« genannt, weil sie zum ersten Mal von englischen Alpinisten bestiegen wurden.

ZUGANG

Von Wolkenstein mit der Dantercepies-Gondelbahn, 2291 m, bergauf fahren. Den Wanderweg Richtung Osten (erst Schotterstraße) zur Jimmyhütte folgen. Nun dem Wanderweg zur Puezhütte folgen und vor dem Cirjoch, 2466 m, auf einer kurzen Ebene, nach links zum Einstieg queren. 50 Min. Als Ausgangspunkt eignet sich auch das Grödner Joch, 2121 m.

ABSTIEG

Vom Gipfel Richtung Norden und rechts einige Meter Richtung Nordosten abklettern. Hier 25 m abseilen (etwas nach rechts) zur Terrasse und die kleine Rinne (II, Richtung Cirjoch) abklettern. 15 Min.

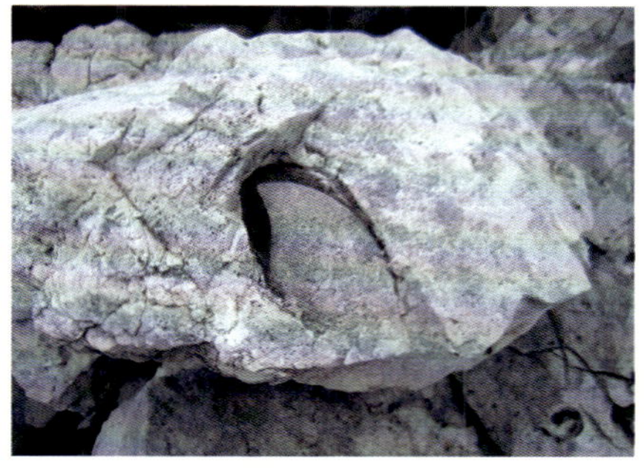

Teil einer Megalodon-Versteinerung, am Wandfuß gefunden

Gipfelbuch
K
III+
SU
Rampe
30 m
EX4
IV-
SU
SU
IV+
»Piaz«-Stelle
gelber Fels
IV
IV-
SU
III+
28 m
EX3
SU
IV
SU
Kante
II
K
Felsspitze
SU
IV
15 m
EX4
Schuppen
IV+
gelbe Nische
SU
IV
Schuppe
Schuppe
schmaler Kamin
IV-
SU
I
SU
III
25 m
EX3
Grat
Route Nr. 31
SU
II
III
SU
3 m
schmaler Pfad

NORMALWEG ZUM CONTESSINATURM (Nordostwand)

Kurze Kletterroute über gutem Fels und am Riss der zweiten Seillänge interessante »Piaz«-Stelle.

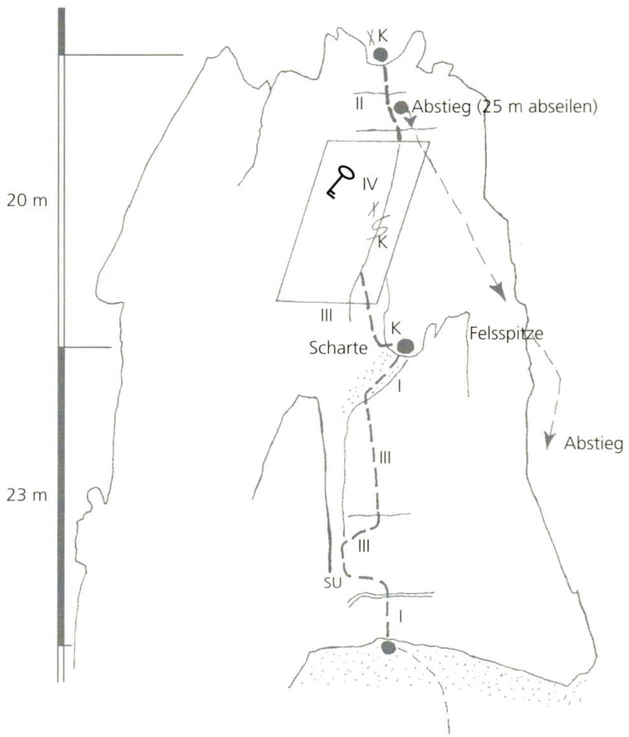

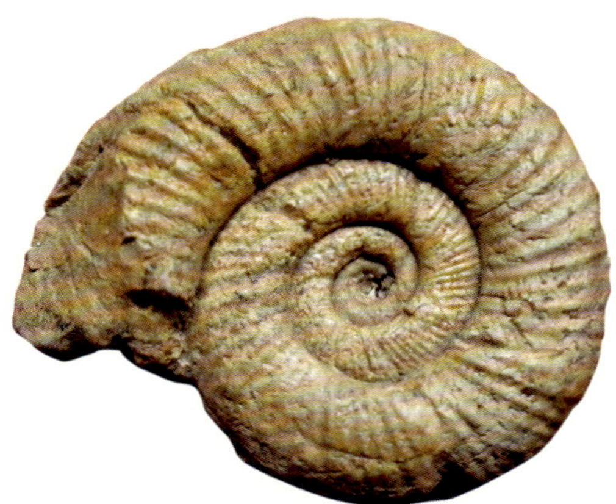

Ein Ammonit, der in der Nähe der Puezhütte gefunden wurde.

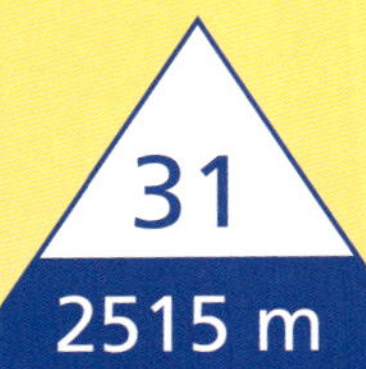

CONTESSINA-TURM

ERSCHLIESSER
M. Bernardi 20.11.2012

CIRGRUPPE

»Gialina blancia«-Führe (Südkante)

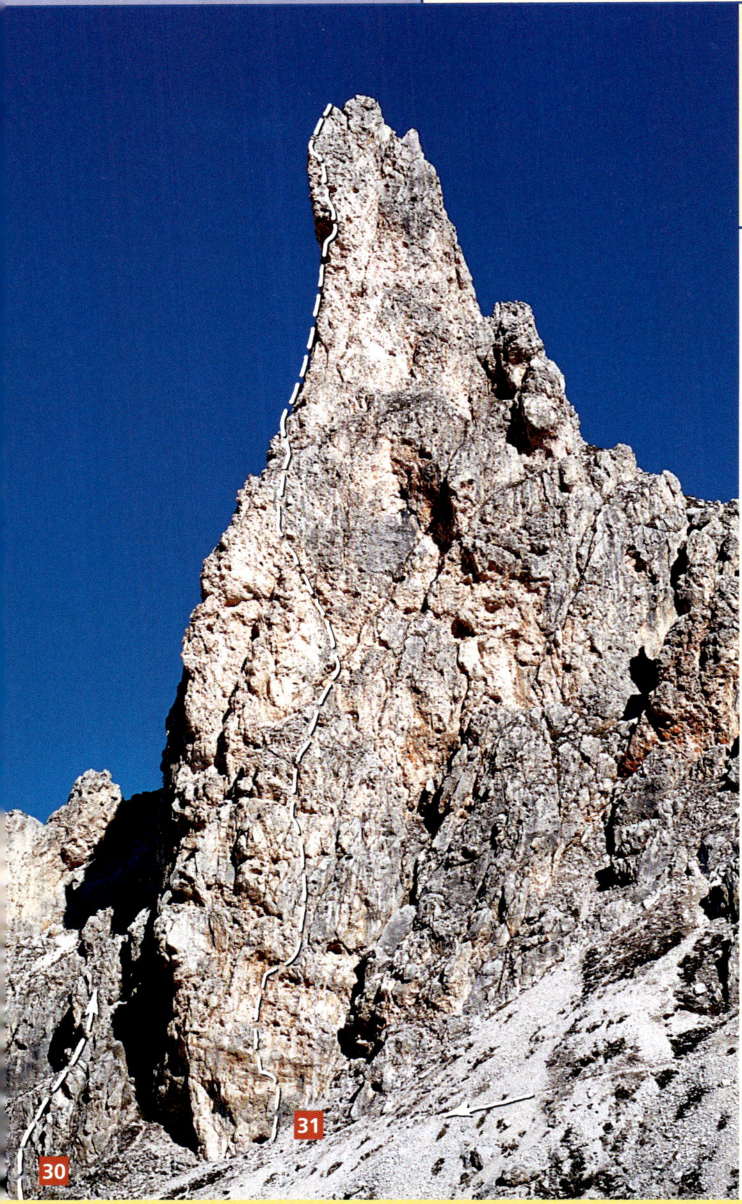

Schwierigkeit: VI+ (6a)
Höhenunterschied: 80 m
Kletterstrecke: 84 m
Seillängen: 3
Stunden: 1.50–2
Fels: gut, etwas zu säubern
Ausrüstung: 9 Expressschlingen

EIGENSCHAFTEN

Elegante, technische Kletterei, bei der ein spektakuläres Dach überwunden wird. Von oben mit Bohrhaken, Sanduhrschlingen und einzementierten Haken abgesichert.

ZUGANG

Siehe Route Nr. 30.

ABSTIEG

Siehe Route Nr. 30.

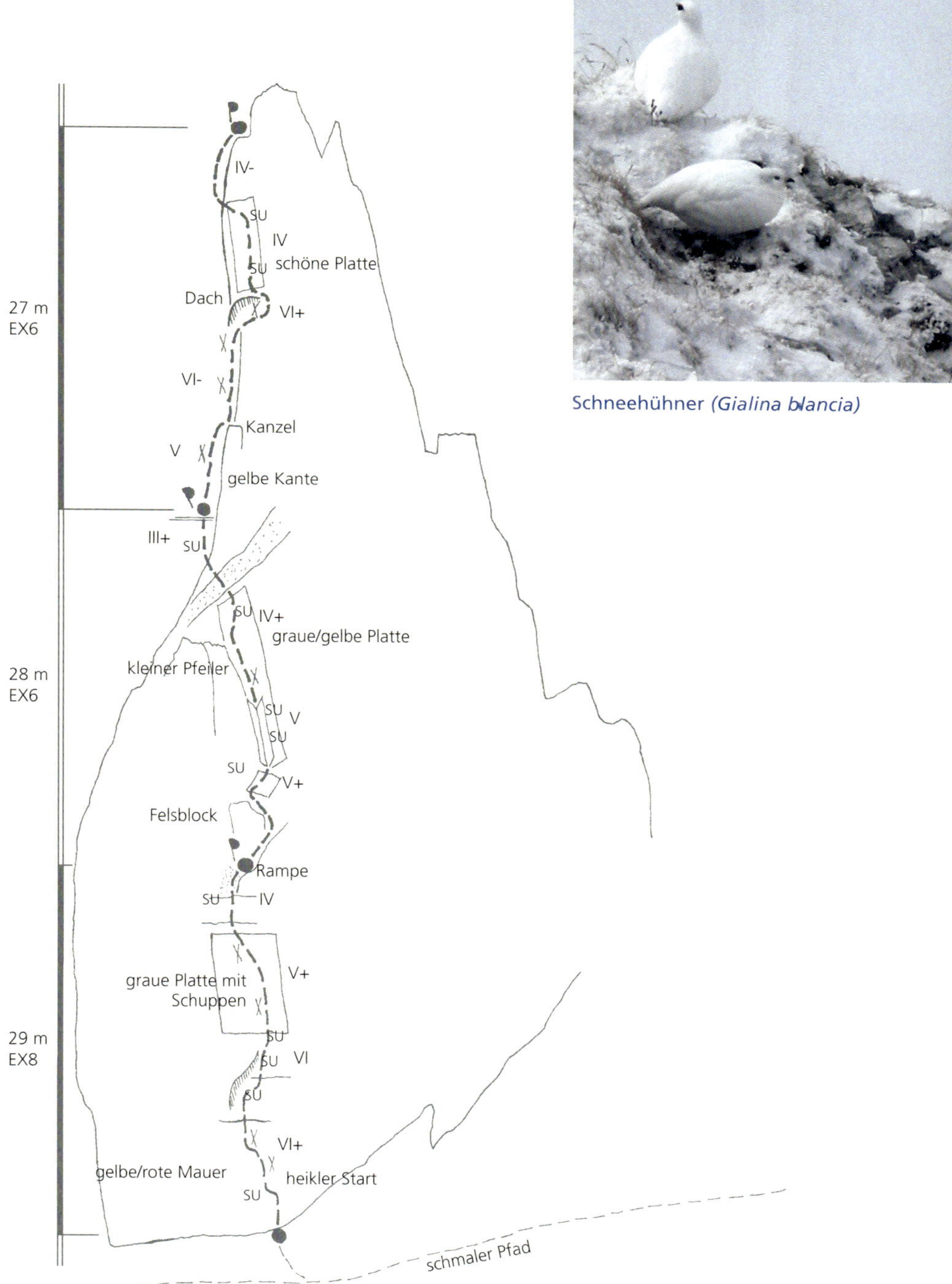

Schneehühner *(Gialina blancia)*

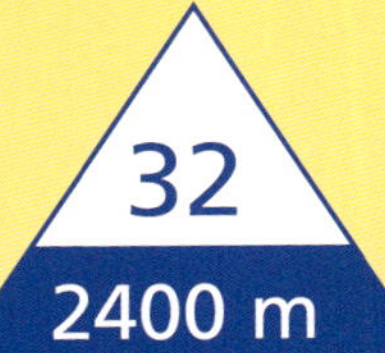

GELTRUDE-TURM

ERSTBEGEHER
Michele Bettega, Bortolo Zagonel und Earl of Lovelace 30.7.1902

CIRGRUPPE

Normalweg (Nordwand)

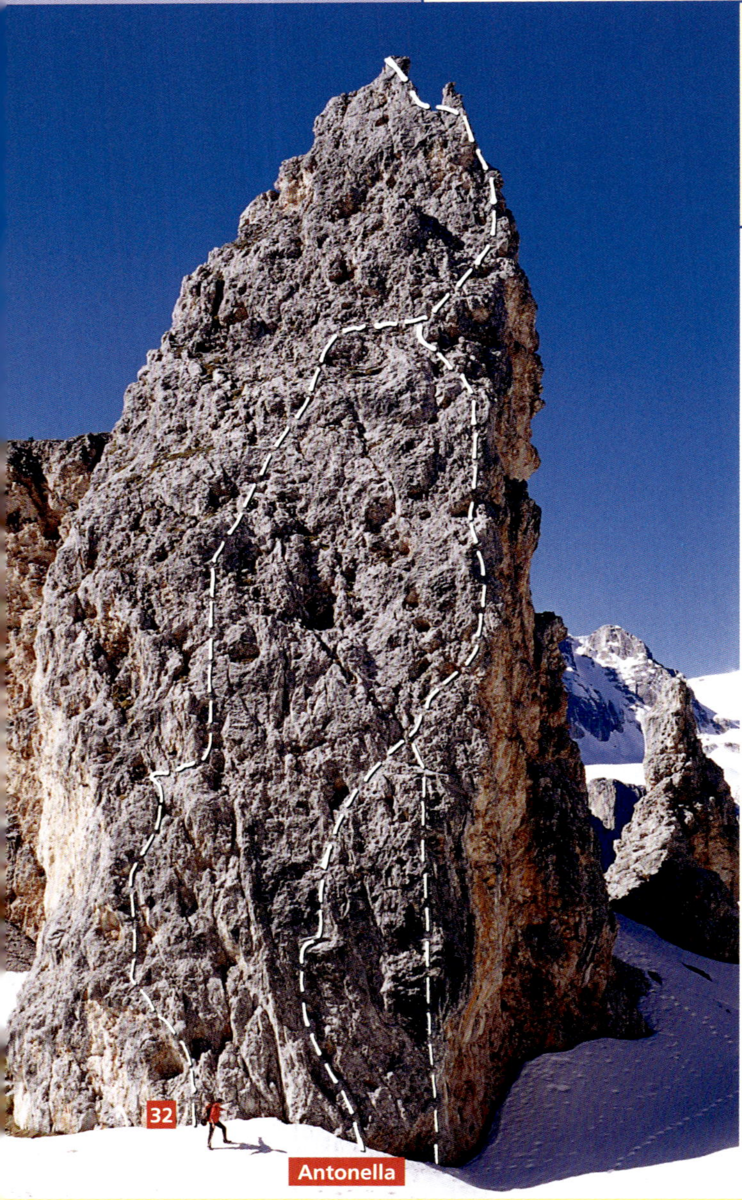

Schwierigkeit: III–IV
Höhenunterschied: 60 m
Kletterstrecke: 71 m
Seillängen: 3
Stunden: 1
Fels: ausgezeichnet/gut
Ausrüstung: 6 Expressschlingen

EIGENSCHAFTEN

Genussreiche Kletterroute über Platten und exponierte Kante. Die »Antonella«-Führe startet etwas rechts und bietet zwei weitere technische Seillängen über super Fels (V-).

ZUGANG

Von Wolkenstein mit der Dantercepies-Gondelbahn, 2291 m, bergauf fahren. Dem Wanderweg Richtung Osten (erst Schotterstraße) zur Jimmyhütte folgen. Nun dem Wanderweg zur Puezhütte folgen, und vor dem Cirjoch, 2466 m, auf einer Ebene liegt der Geltrudeturm. 45 Min. Als Ausgangspunkt eignet sich auch das Grödner Joch, 2121 m.

ABSTIEG

Vom Gipfel 8 m den Ostgrat abklettern (II) und rechts ca. 5 m, (Südseite) das Band queren. Nun 2-mal abseilen: 25 m, 15 m. 20 Min.

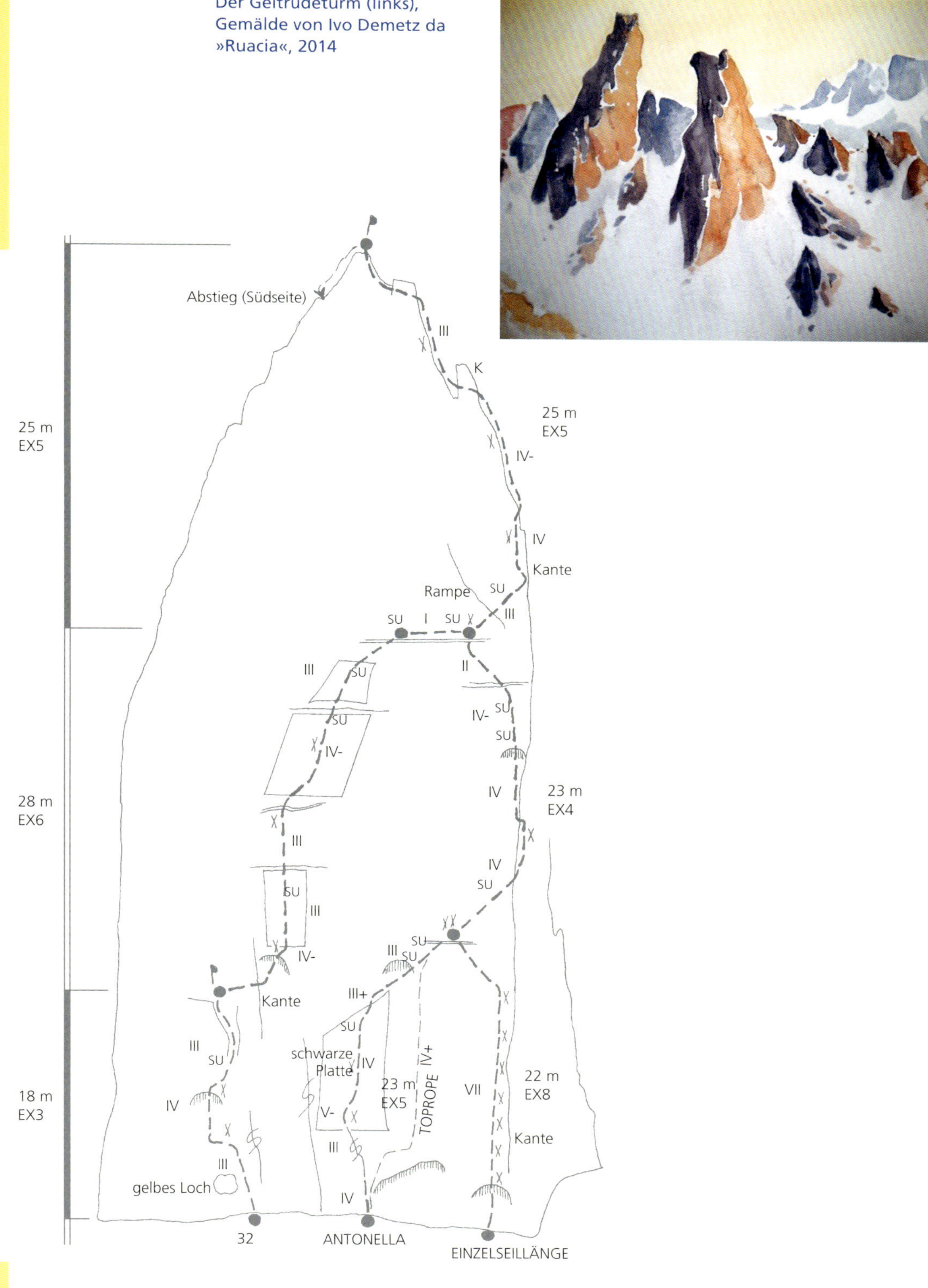

Der Geltrudeturm (links), Gemälde von Ivo Demetz da »Ruacia«, 2014

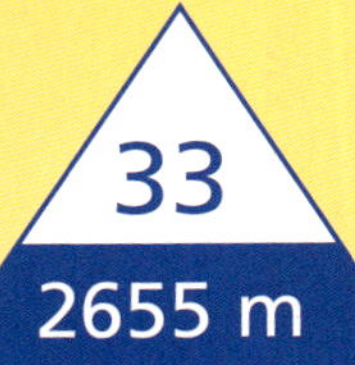

COL TORONN

(SAS CIAMPAC)

ERSTBEGEHER
H. Hruschka 4.6.1921

PUEZGRUPPE

»Hruschka«-Führe (Südwand)

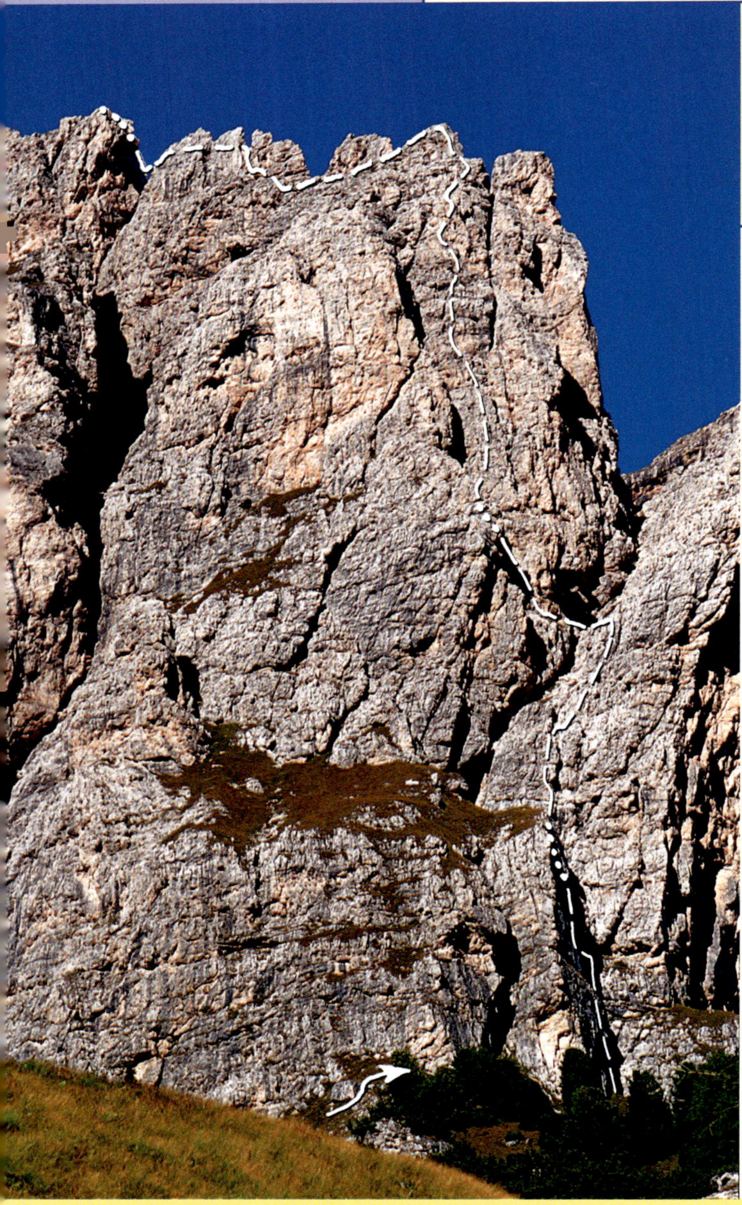

Schwierigkeit: III–IV
Höhenunterschied: 400 m
Kletterstrecke: 616 m
Seillängen: 16
Stunden: 4
Fels: gut
Ausrüstung: 6 Expressschlingen

EIGENSCHAFTEN

Lange, abwechslungsreiche Kletterroute in eindrucksvollem Ambiente. Seit langer Zeit in Vergessenheit geraten. Die Trasse wurde am 31.Oktober 2013 leicht geändert und abgesichert. Viele Sanduhrschlingen zeigen jetzt die neue Strecke.

ZUGANG

Vom Grödner Joch, 2121 m, Richtung Corvara fahren und bei der ersten Straßenkehre parken (Ausweichstelle). Nun 100 m über die Wiese hinaufgehen (Richtung Norden) und rechts den Weg zur Forcelleshütte nehmen. Nach der Gondelbahn, einer Wasserquelle und einer Holzhütte mit Scheune, links die Wiesen über einen Grasrücken zum breiten Latschenwald hinaufsteigen. Nun 50 m rechts zu eigenartigen sichtbaren Wurzeln queren. Von diesen aus links im Latschenwald hinaufsteigen. Der ganze Latschenwald wird durch einen interessanten Jägerweg überwunden. Danach rechts zum Grasgrat queren und zu den Felswänden hinaufsteigen. 50 m rechts befindet sich der Einstieg. 1 Std.

ABSTIEG

Vom Gipfel Richtung Westen zum höchsten Punkt wandern. Nun Richtung Norden über Pfad zum Crespëinajoch, 2528 m, absteigen und den markierten Weg durch Chedultal zum Cirjoch und zur Jimmyhütte folgen. Dann über Skipiste direkt zum Auto hinuntergehen. 1.30 Std.

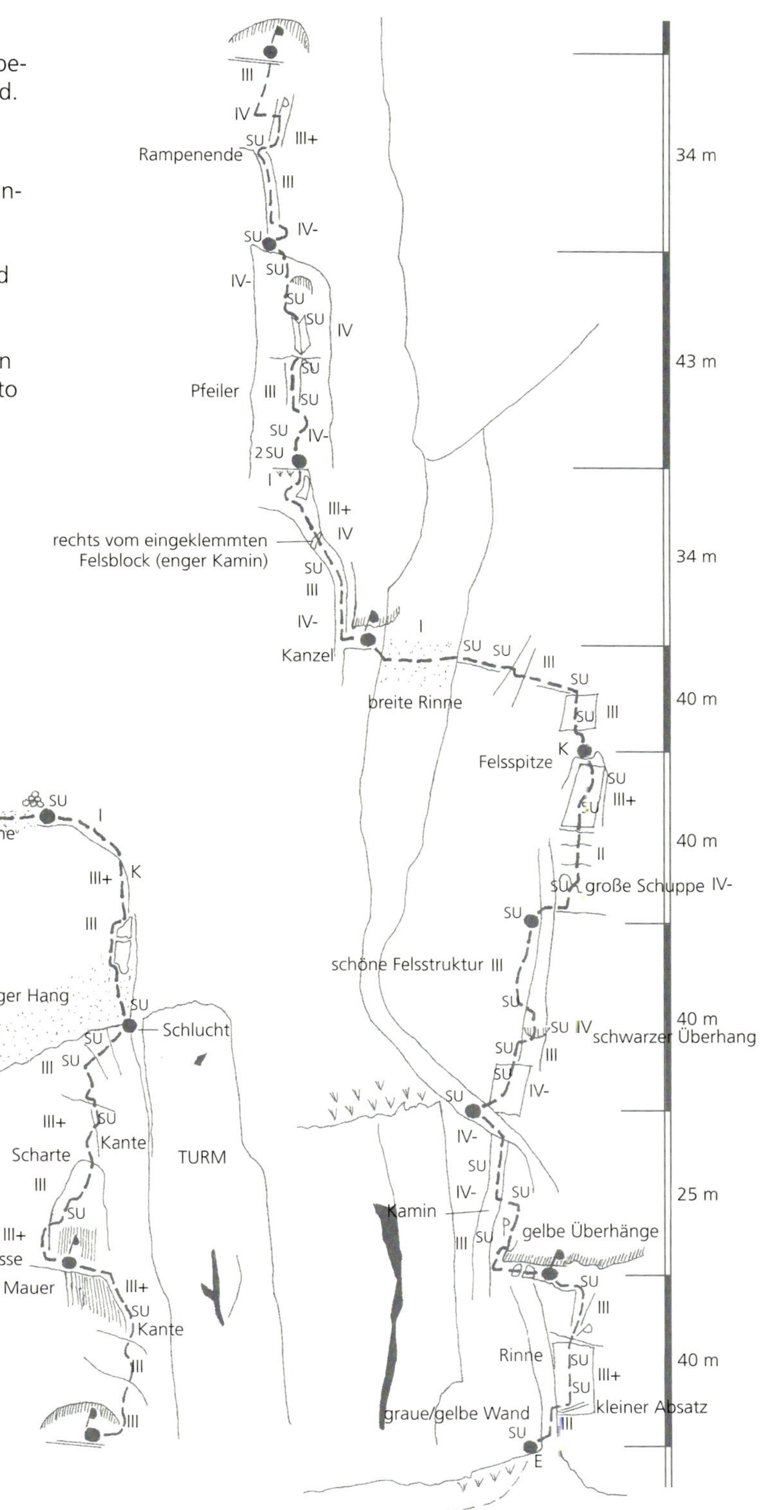

Fortsetzung auf der nächsten Seite

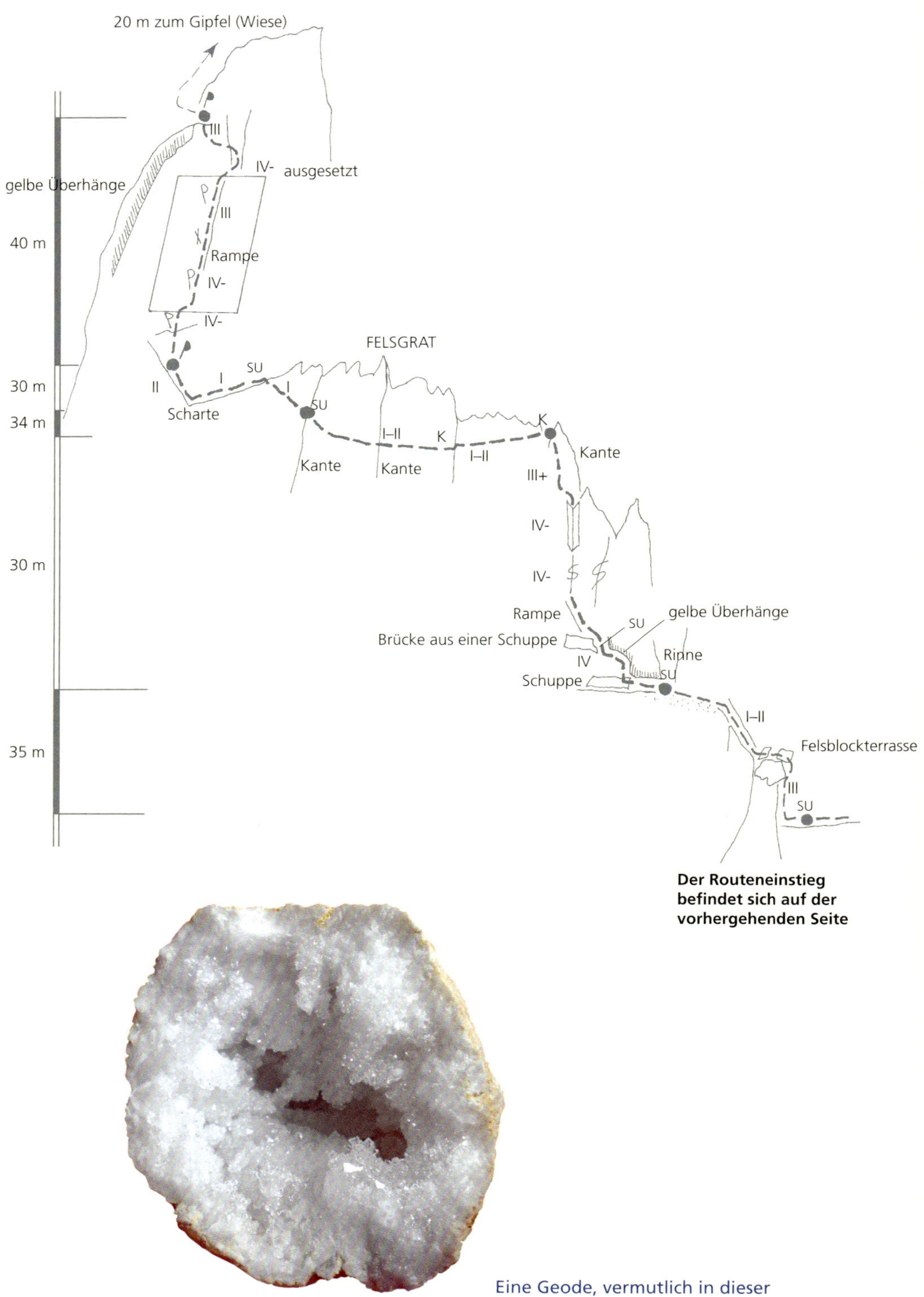

Der Routeneinstieg befindet sich auf der vorhergehenden Seite

Eine Geode, vermutlich in dieser Wand gefunden

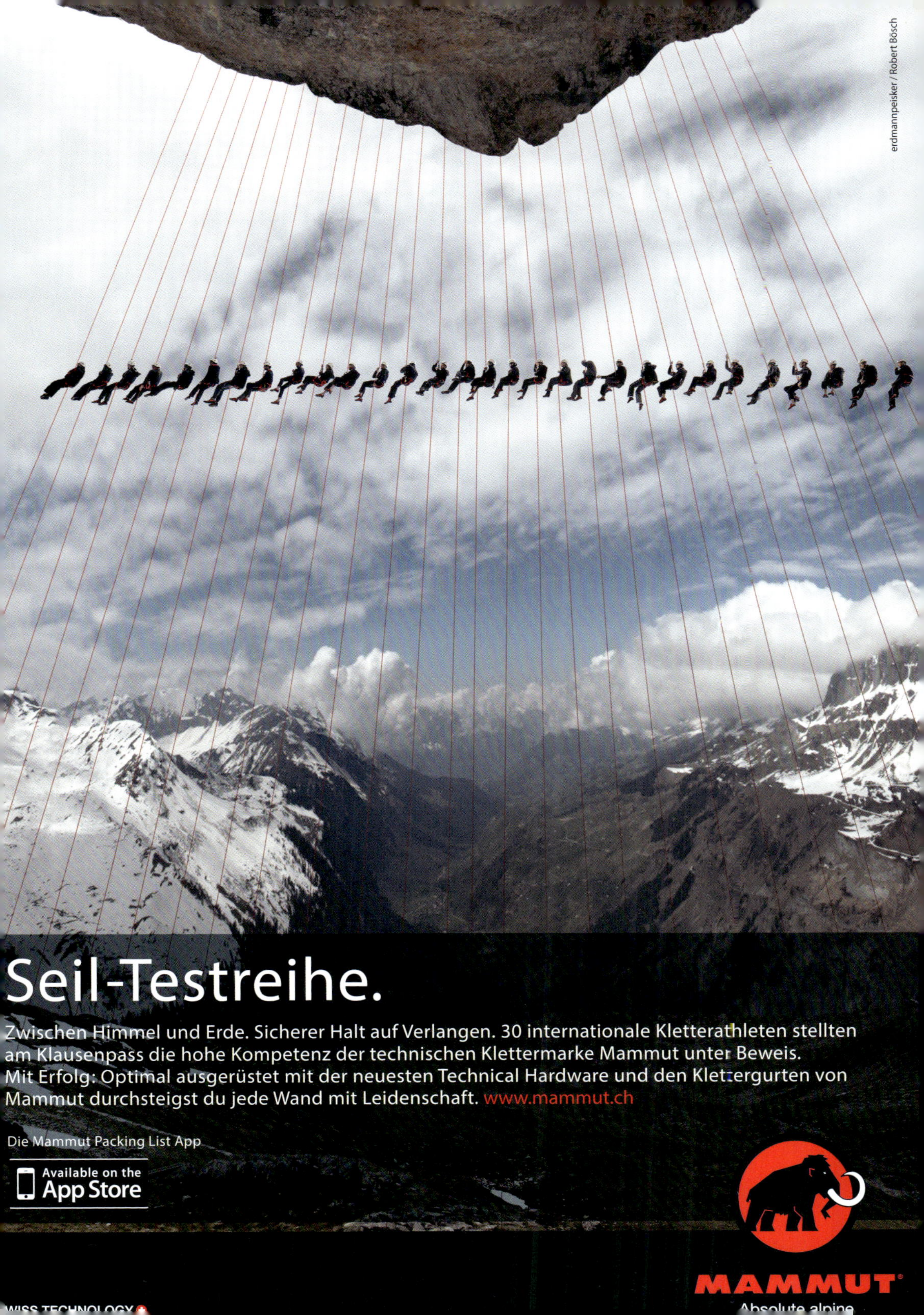

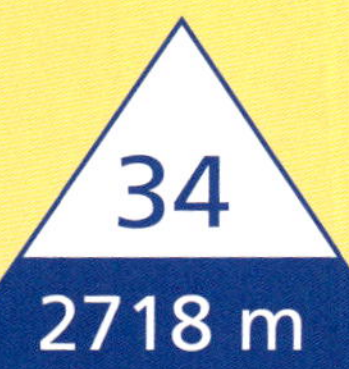

PIZ DL ZUBR

ERSTBEGEHER
Hans Frisch und Konrad Renzler 1970

KREUZKOFEL

»Frisch/Renzler«-Führe (Westwand)

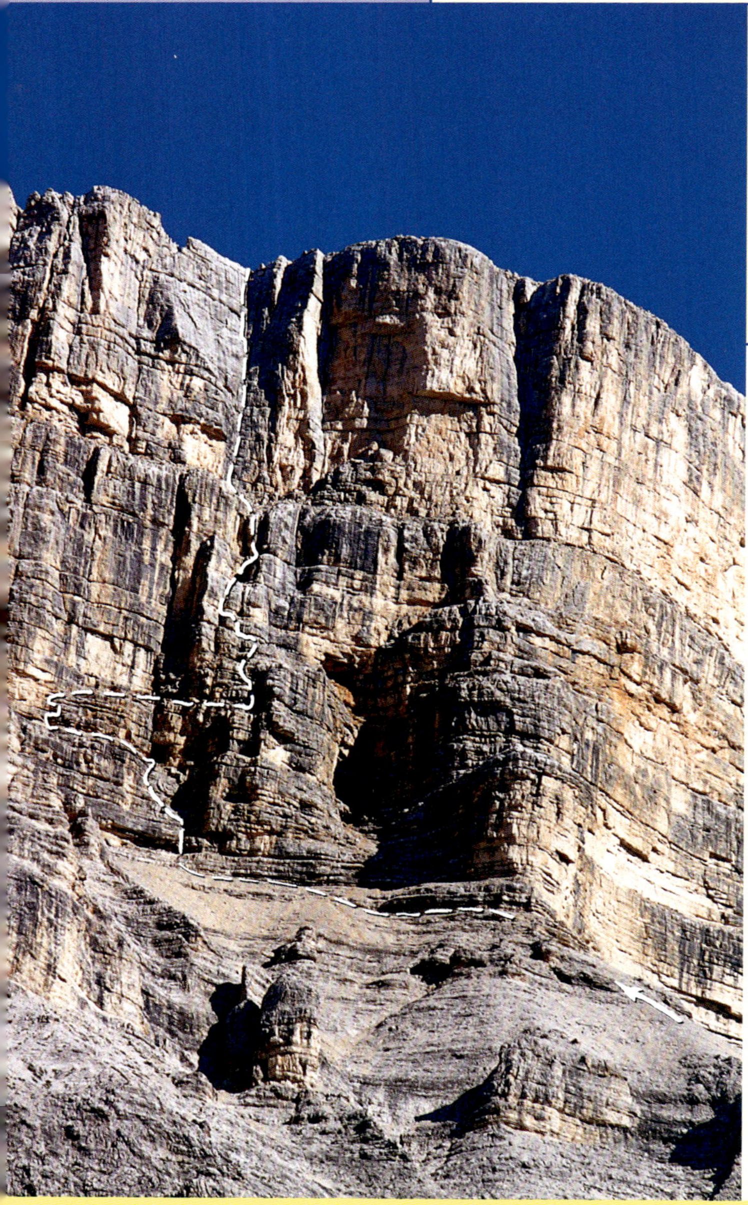

Schwierigkeit: V+
Höhenunterschied: 250 m
Kletterstrecke: 296 m
Seillängen: 10
Stunden: 3–4
Fels: die ersten 7 Seillängen gut mit Schutt, nachher ausgezeichnet
Ausrüstung: NAA; 8 Expressschlingen; Friends Nr. 0,5|2|2,5|3; Stopper Nr. 6|7|8|9

EIGENSCHAFTEN

Alpine Kletterroute mit einer wunderbaren abschließenden Verschneidung. Im ersten Streckenabschnitt liegt viel Schutt.

ZUGANG

Von Pedratsches im Gadertal mit dem Sessellift zum Heiligkreuzhospiz, 2043 m, hinauffahren. Nun Weg Nr. 7 zum Hospiz und der gleichen Wegmarkierung, erst steil und dann durch Latschenwald, in Richtung Kreuzkofelscharte folgen. Nach ca. 50 Minuten bei einem langen Flachstück links eine breite Rinne ohne Schutt bis zu den Felswänden hinaufklettern. Nun links dem Pfad folgen und um einen Pfeiler bald zum Einstieg. 2 Std.

ABSTIEG

Vom Routenausstieg die steinerne Hochfläche Richtung Süden (markierter Weg) bis zur

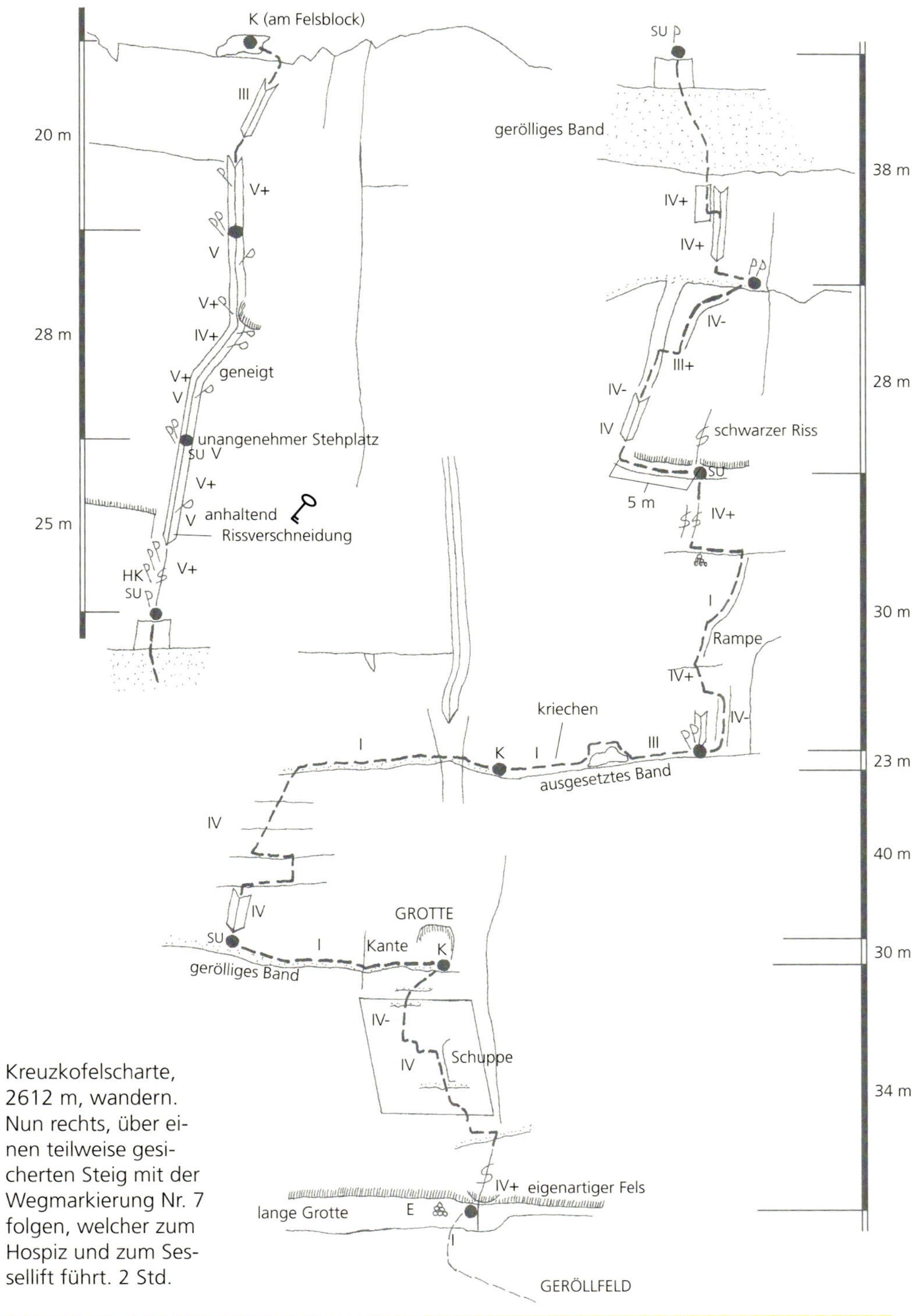

Kreuzkofelscharte, 2612 m, wandern. Nun rechts, über einen teilweise gesicherten Steig mit der Wegmarkierung Nr. 7 folgen, welcher zum Hospiz und zum Sessellift führt. 2 Std.

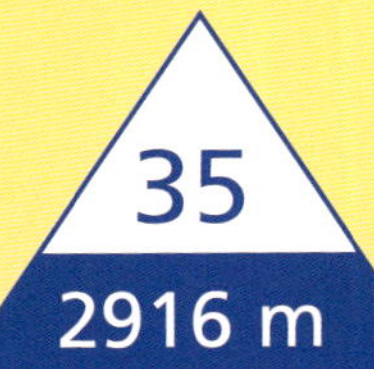

ZEHNER
(VALLON)

ERSTBEGEHER
Helmut Gargitter, Modestino Melillo, S. Mura und Paolo Sferco 9.9.1988

SELLAGRUPPE

»Gargitter«-Führe (linker Pfeiler, Südwand)

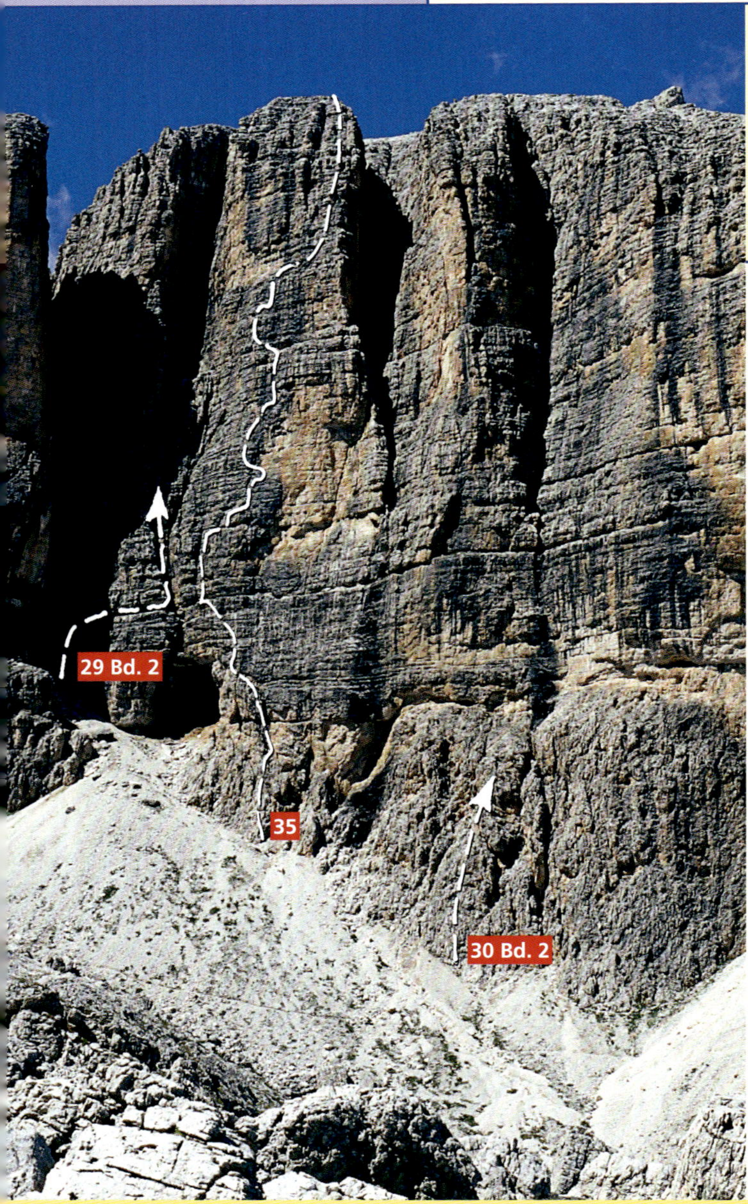

Schwierigkeit: V+ A0 (VI-)
Höhenunterschied: 280 m
Kletterstrecke: 310 m
Seillängen: 10
Stunden: 3.5–4
Fels: ausgezeichnet, zu säubern
Ausrüstung: NAA; Friends Nr. 2|3; ein ganzer Satz Stopper

EIGENSCHAFTEN
Interessante Route über eigenartige Seillängen.

ZUGANG
Von Corvara im Gadertal mit dem Boé-Gondellift und Vallon-Sessellift hochfahren. Dann den Weg Richtung Norden zu den Felswänden und links durch Geröllhänge gehen. Unterhalb des Zehners den Weg verlassen und zum Einstieg aufsteigen. 30 Min.

ABSTIEG
Vom Gipfel zur Hochfläche absteigen, dann nach Osten in Richtung Steinmänner gehen. Am ersten Band (mehrere Steinmänner) ca. 20 m nach links bis zu einer Abseilkette queren. Hier 4-mal abseilen: **1.** 23 m, **2.** 20 m, **3.** 22 m, **4.** 15 m. Nun 40 m (I–II) zur Moserscharte und die Rinne Richtung Vallon abklettern. Die erste steile Stelle (III) und der große Felsblock werden von links abgeklettert und bald zum markierten Weg. 1 Std.

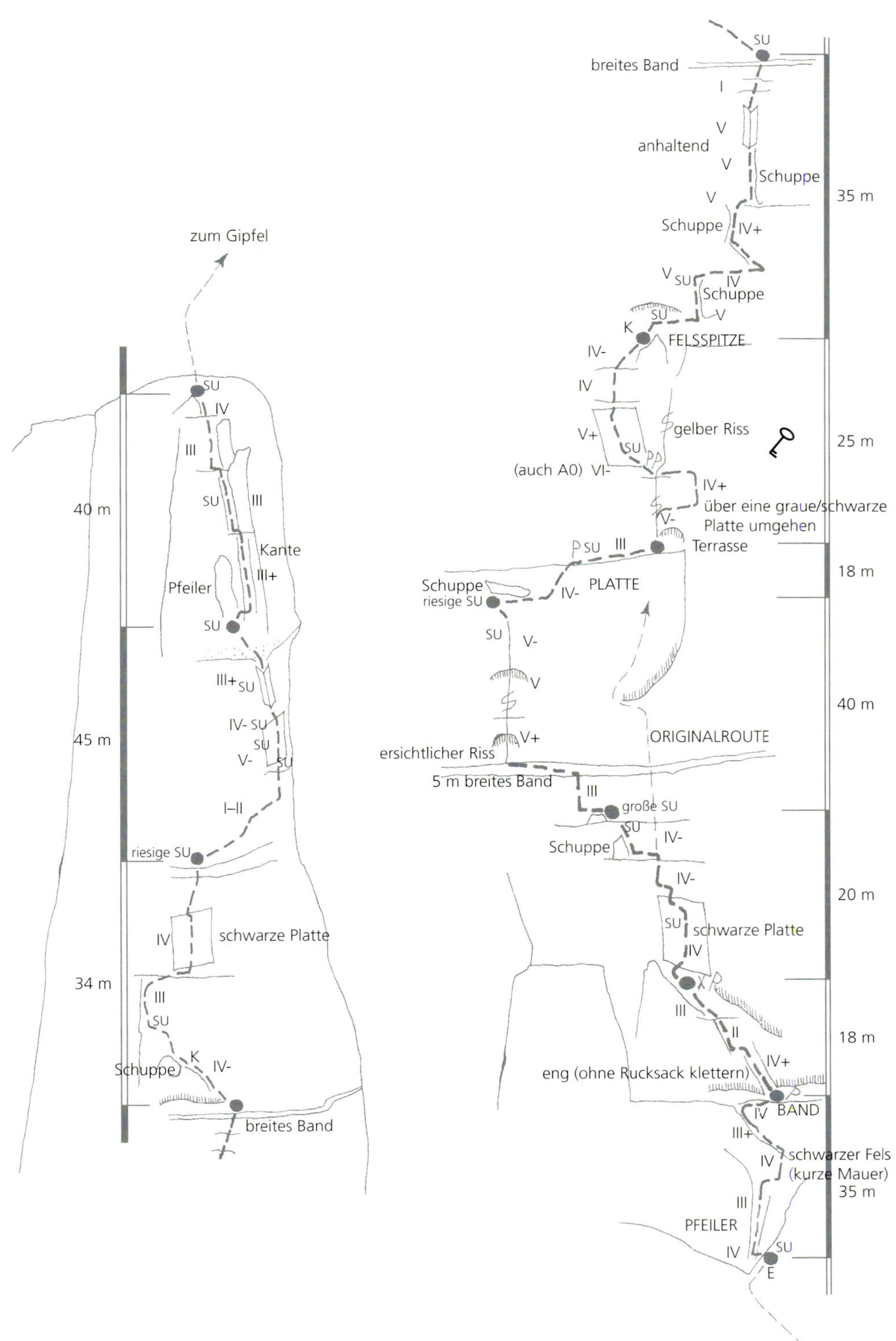
zum Gipfel
SU
IV
III
SU
III
40 m
Kante
III+
Pfeiler
SU
III+ SU
IV- SU
SU
45 m
V-
SU
I–II
riesige SU
IV
schwarze Platte
34 m
III
SU
K
Schuppe
IV-
breites Band
SU
breites Band
I
V
anhaltend
V
Schuppe
35 m
V
Schuppe
IV+
V SU
IV
Schuppe
SU
V
K
FELSSPITZE
IV-
IV
gelber Riss
V+
25 m
SU
(auch A0) VI-
IV+
über eine graue/schwarze
Platte umgehen
V-
P SU
III
Terrasse
18 m
Schuppe
riesige SU
IV-
PLATTE
SU
V-
V
40 m
V+
ORIGINALROUTE
ersichtlicher Riss
5 m breites Band
III
große SU
SU
IV-
Schuppe
IV-
20 m
SU
schwarze Platte
IV
III
II
18 m
IV+
eng (ohne Rucksack klettern)
IV
BAND
III+
schwarzer Fels
IV
(kurze Mauer)
35 m
III
PFEILER
IV
SU
E

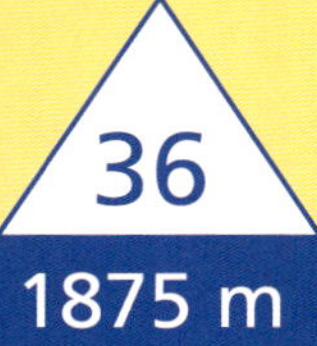

BORESTPFEILER

ERSCHLIESSER
M. Bernardi 20.6.2013

SELLAGRUPPE

»Salamandra«-Führe (Nordwand)

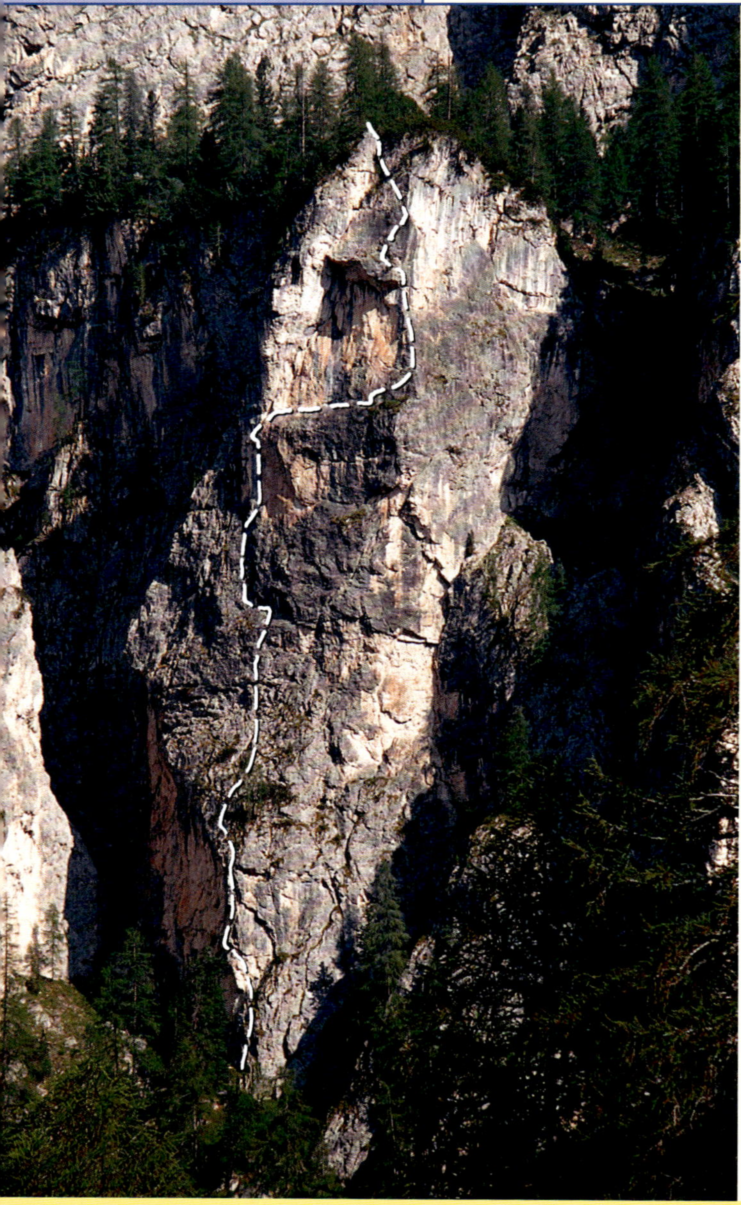

Schwierigkeit: 6b (oblig. 6a+)
Höhenunterschied: 130 m
Kletterstrecke: 152 m
Seillängen: 7
Stunden: 3
Fels: ausgezeichnet, etwas zu säubern
Ausrüstung: 11 Expressschlingen

EIGENSCHAFTEN

Sportkletterroute mit blauen Bohrhaken und einzementierten Standhaken. Abwechslungsreiche Kletterei über Platten, Risse, Überhänge und Quergänge.

ZUGANG

Von Kolfuschg im Gadertal, neben dem Gasthof Lujanta parken (an der Landstraße, freier Parkplatz). Dann der Schotterstraße und dem Weg Nr. 651 durch die Wiesen Richtung Mittagstal folgen. Am Eingang des Mittagstales, unterhalb der ersten Felswände (Klettergarten), links queren und über Wiese und Wald zum Einstieg. 35 Min.

ABSTIEG

Erst durch Latschen, dann nach rechts durch Wald gehen. Nun über einen steilen Waldhang kurz hinuntersteigen und links zum markierten Weg ins Mittagstal queren. 30 Min.

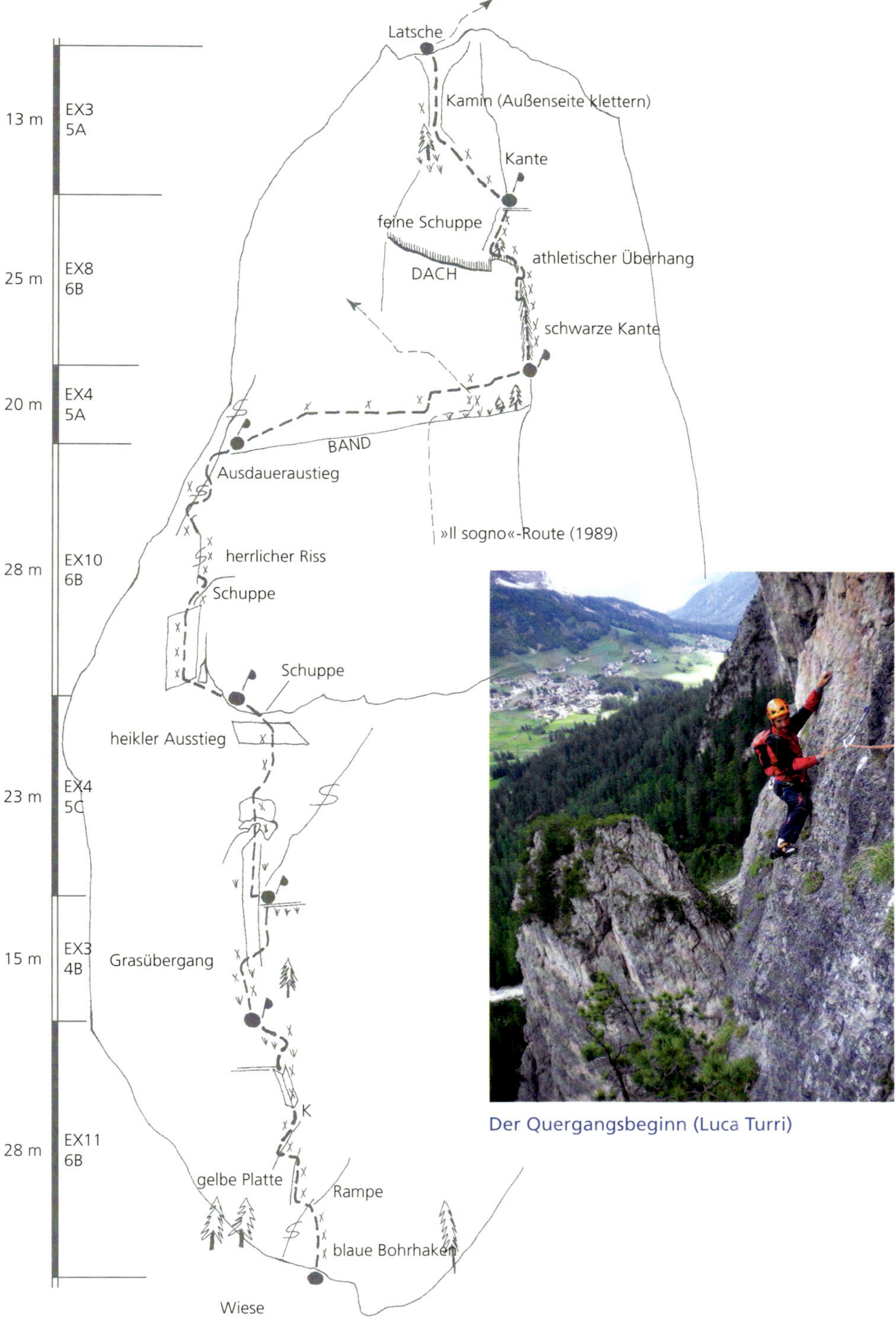

Der Quergangsbeginn (Luca Turri)

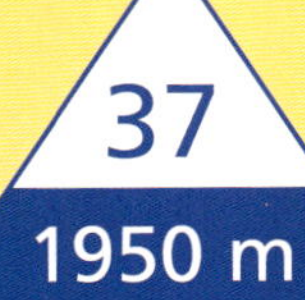

CREP D'AMRÌ

ERSCHLIESSER
Rolly Galvagni 1999

SELLAGRUPPE

»Indian Summer«-Führe (Nordwand)

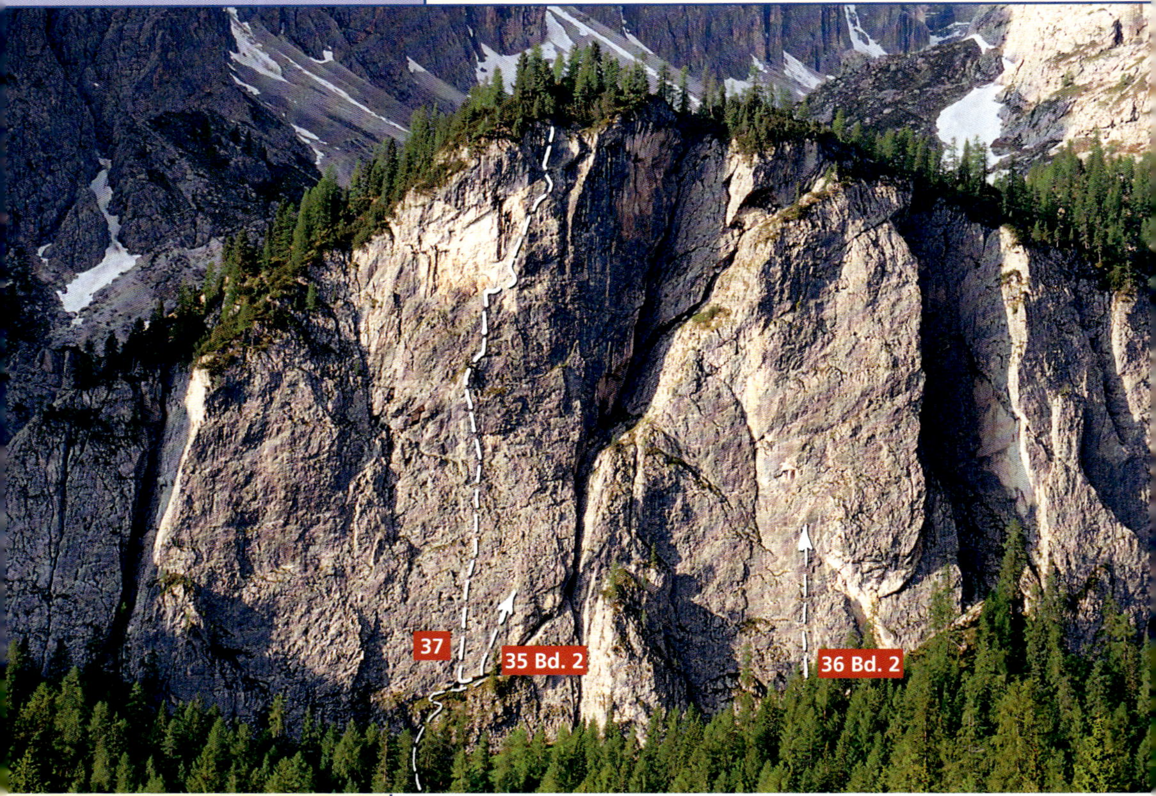

Schwierigkeit: 6a+ (oblig. 6a)
Höhenunterschied: 180 m
Kletterstrecke: 204 m
Seillängen: 7
Stunden: 3
Fels: ausgezeichnet
Ausrüstung:
13 Expressschlingen

EIGENSCHAFTEN

Schöne Sportkletterroute, ein Meisterwerk von Rolly Galvagni. Nur bei trockenen Bedingungen.

ZUGANG

Von Kolfuschg im Gadertal, neben dem Gasthof Lujanta parken (an der Landstraße, freier Parkplatz). Dann der Schotterstraße und dem Weg Nr. 651 durch die Wiesen Richtung Mittagstal folgen. Bei der ersten Wegkreuzung rechts wandern und an der ersten Wiese im Wald links über einen Pfad zum Einstieg hinaufsteigen. 35 Min.

ABSTIEG

Durch Latschen im Wald bis zur ersten Ebene hinaufsteigen. Nun nach links Richtung

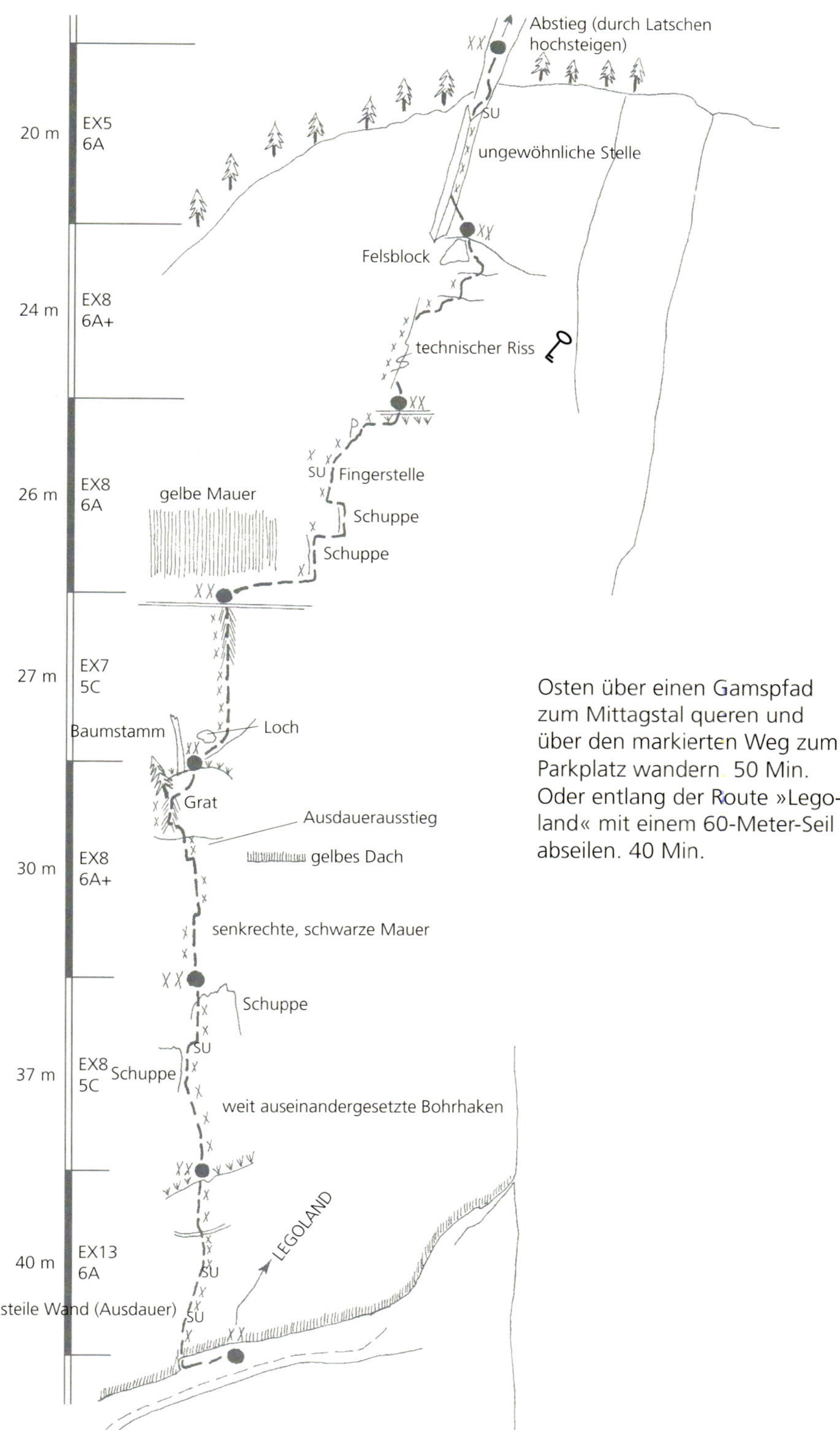

Osten über einen Gamspfad zum Mittagstal queren und über den markierten Weg zum Parkplatz wandern. 50 Min. Oder entlang der Route »Legoland« mit einem 60-Meter-Seil abseilen. 40 Min.

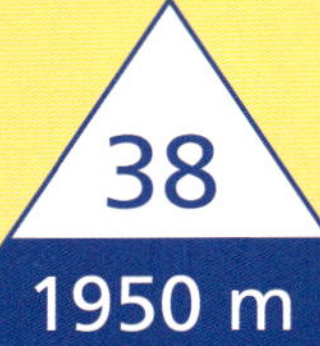

CREP D'AMRÌ

ERSCHLIESSER
Rolly Galvagni und M. Pfitscher
1997

SELLAGRUPPE

»Legoland«-Führe (Nordwand)

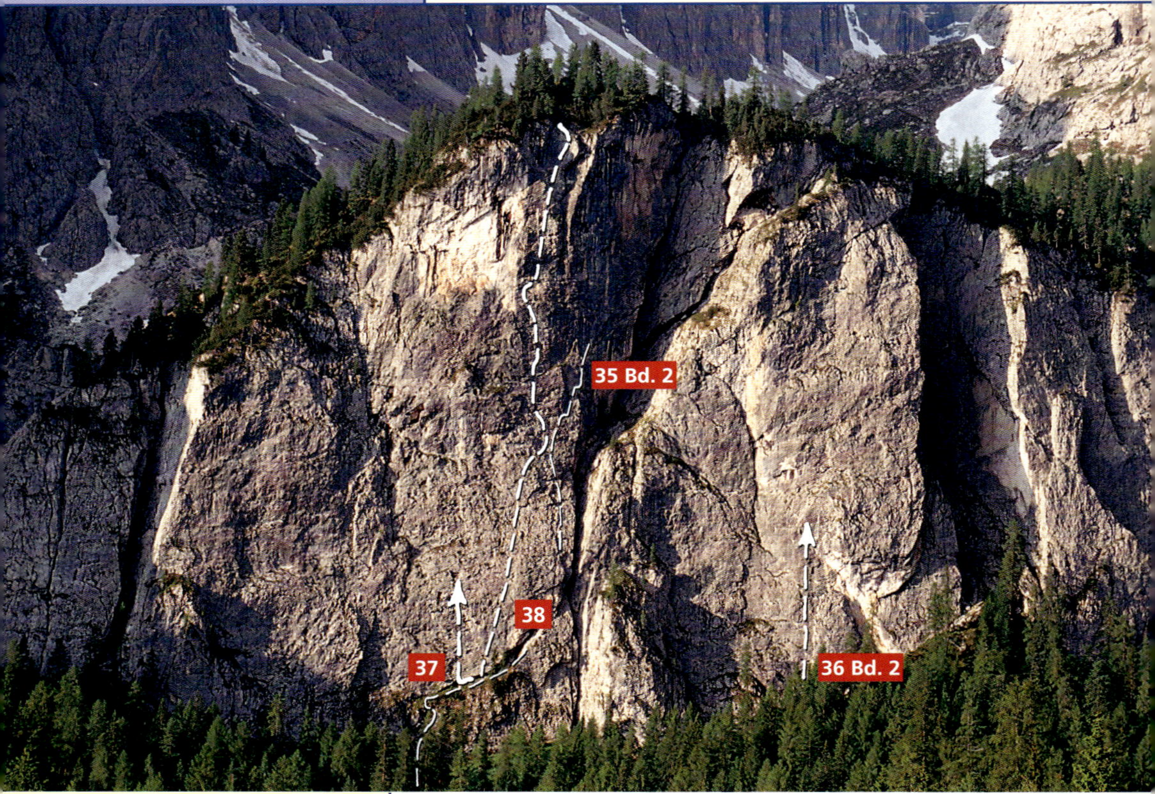

Schwierigkeit: 6a+ (oblig. 6a)
Höhenunterschied: 180 m
Kletterstrecke: 193 m
Seillängen: 6
Stunden: 3
Fels: ausgezeichnet
Ausrüstung:
11 Expressschlingen; kleine/mittlere Friends

EIGENSCHAFTEN
Schöne Sportkletterroute mit ausdauernden technischen Kletterbewegungen. Nur bei trockenen Bedingungen.

ZUGANG
Siehe Route Nr. 37.

ABSTIEG
Siehe Route Nr. 37.

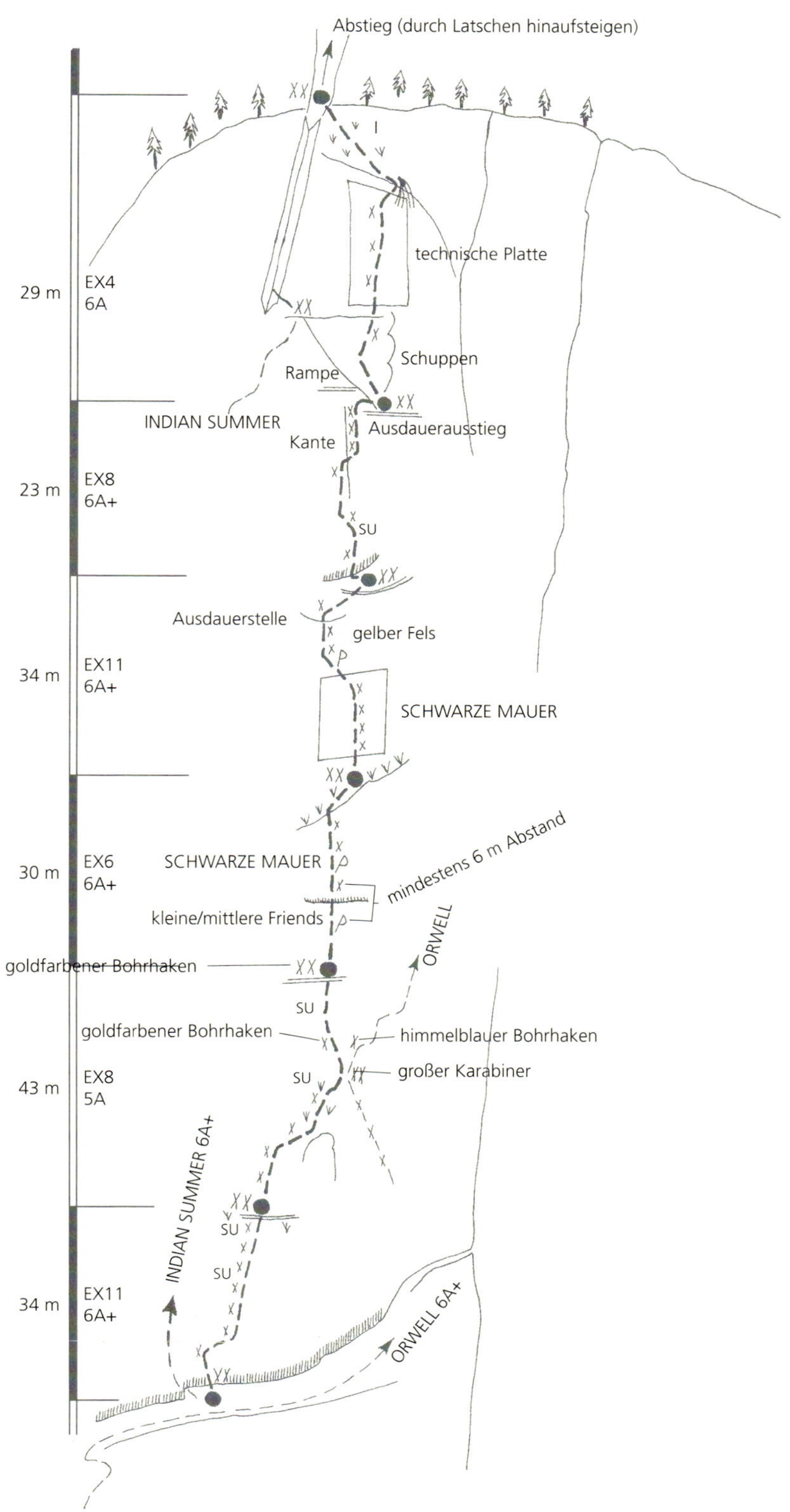
Abstieg (durch Latschen hinaufsteigen)
29 m
EX4
6A
technische Platte
Schuppen
Rampe
INDIAN SUMMER
Ausdauerausstieg
Kante
23 m
EX8
6A+
SU
Ausdauerstelle
gelber Fels
34 m
EX11
6A+
SCHWARZE MAUER
30 m
EX6
6A+
SCHWARZE MAUER
mindestens 6 m Abstand
kleine/mittlere Friends
ORWELL
goldfarbener Bohrhaken
SU
goldfarbener Bohrhaken
himmelblauer Bohrhaken
großer Karabiner
43 m
EX8
5A
SU
INDIAN SUMMER 6A+
SU
SU
34 m
EX11
6A+
ORWELL 6A+

39
2330 m

ERSTER VORGIPFEL DES CAMPANILE ALTO DE MESDÌ

ERSTBEGEHER
M. Bernardi und Edy Rabanser
9.7.2013

SELLAGRUPPE

»Chi de Gherdëna«-Führe (Nordpfeiler)

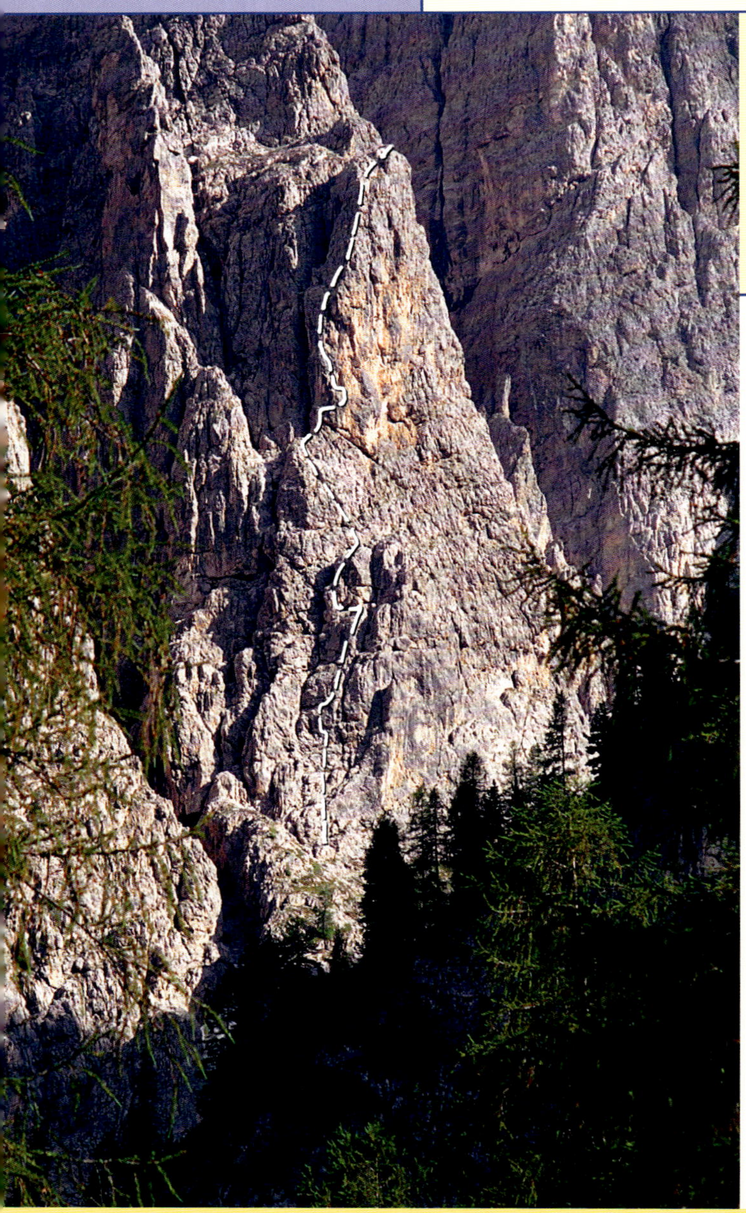

Schwierigkeit: IV+
Höhenunterschied: 250 m
Kletterstrecke: 267 m
Seillängen: 8
Stunden: 3
Fels: ausgezeichnet, zu säubern
Ausrüstung: NAA; Friends Nr. 0,5|2|2,5|3; ein ganzer Satz Stopper; einige Haken

EIGENSCHAFTEN
Logischer alpiner Routenverlauf, unterbrochene Schwierigkeiten, schöne Seillängen und Gipfel. Die sechste Seillänge ist wunderbar. Relativ bequemer Abstieg.

ZUGANG
Von Kolfuschg im Gadertal, neben dem Gasthof Lujanta parken (an der Landstraße, freier Parkplatz). Dann der Schotterstraße und dem Weg Nr. 651 durch die Wiesen Richtung Mittagstal folgen. Bei der ersten Wegkreuzung ins Mittagstal links über eine Wiese zum Einstieg. 50 Min.

ABSTIEG
Vom Gipfel Richtung Osten zur Scharte und rechts einige Meter die südliche Geröllrinne absteigen. Nun rechts zur ersten Abseilstelle: **1.** 22 m entlang einer kleinen Rinne und einem ausgesetzten Grat, **2.** 22 m entlang dem Grat, **3.** 25 m. Jetzt ca. 20 m der Rinne folgen, dann links über ein Band

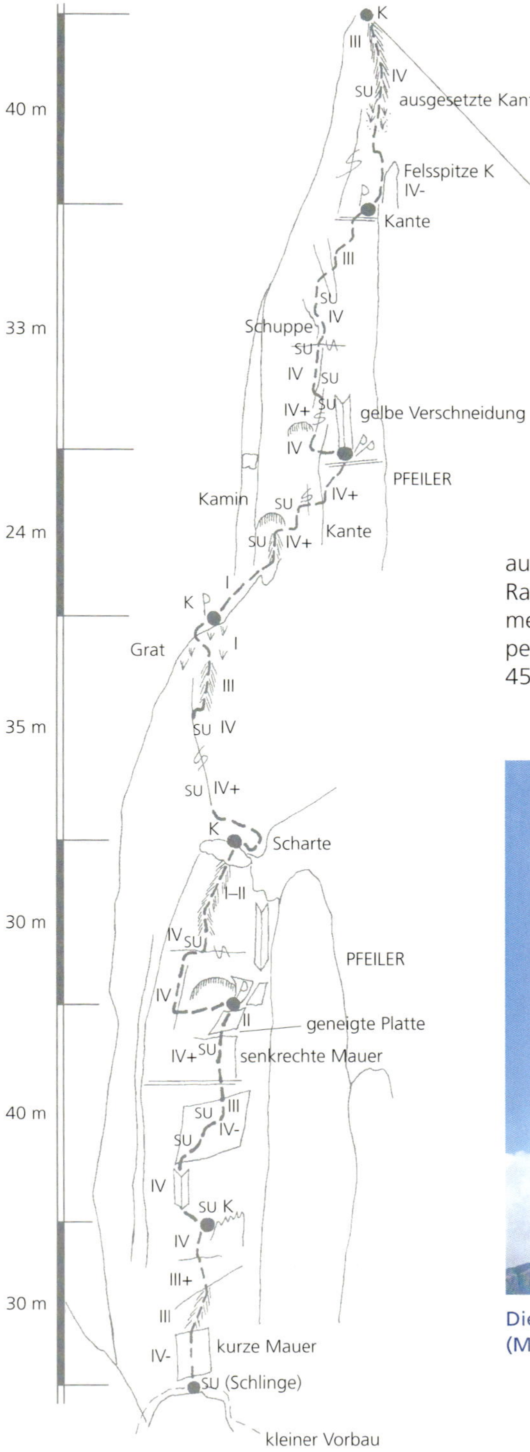

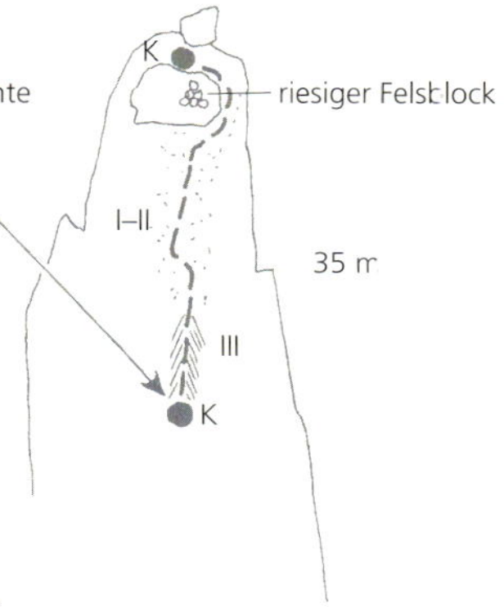

aussteigen und einer grasigen Rampe/Rinne folgen. Über mehrere Links-/Rechts-Rampen zu den Wiesen absteigen. 45 Min.

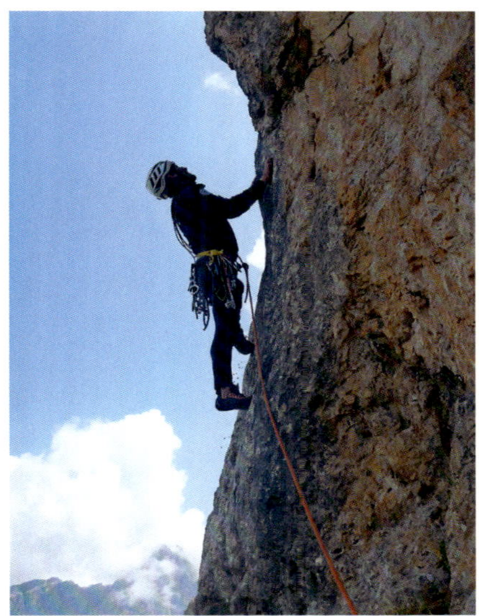

Die »IV+«-Stelle in der sechsten Seillänge (M. Bernardi)

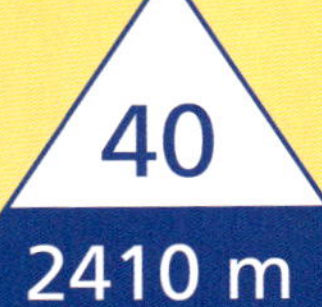

40

2410 m

CAMPANILE ALTO DE MESDÌ

ERSTBEGEHER
M. Bernardi und Luca Turri
28.8.2014

SELLAGRUPPE

»Emma & Anna«-Führe (Westwand)

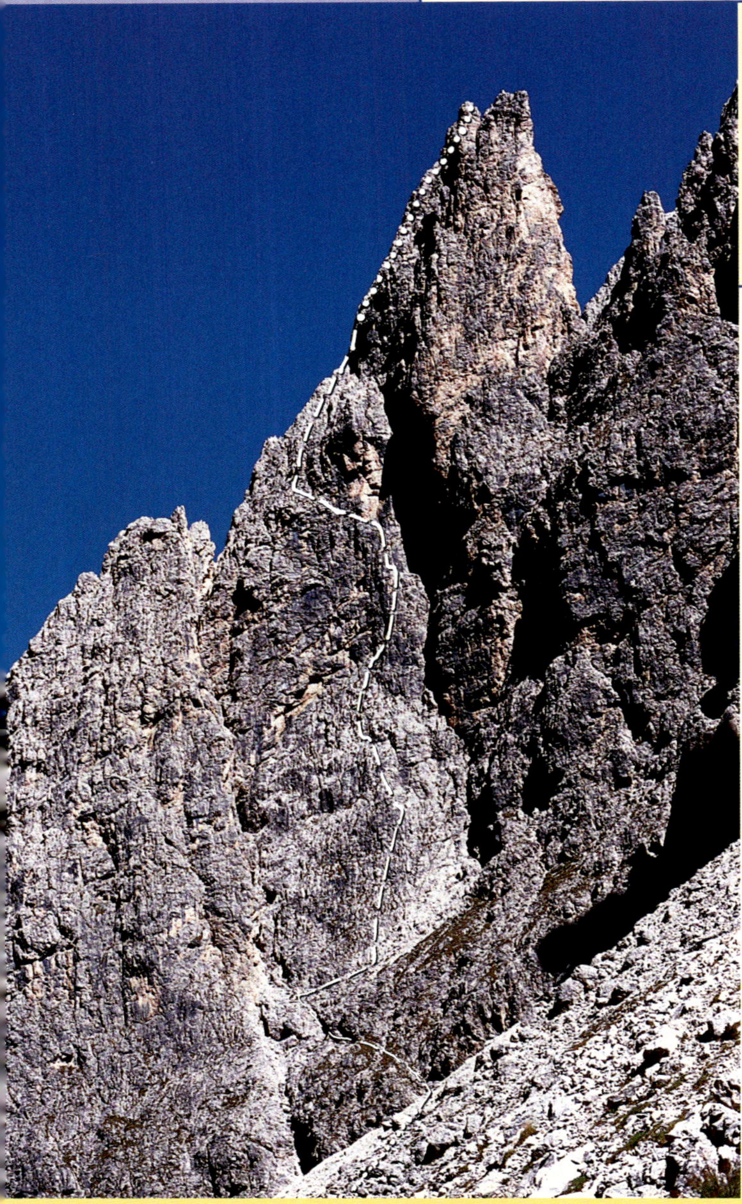

Schwierigkeit: IV+
Höhenunterschied: 250 m
Kletterstrecke: 299 m
Seillängen: 8
Stunden: 3
Fels: ausgezeichnet/gut
Ausrüstung: NAA; Friends Nr. 2,5|3; Stopper Nr. 7; einige Haken

EIGENSCHAFTEN

Alpine Kletterroute mit logischem Streckenverlauf und herrlichem Gipfel. Der Abstieg folgt einer schuttigen Rinne.

ZUGANG

Von Kolfuschg im Gadertal, neben dem Gasthof Lujanta parken (an der Landstraße, freier Parkplatz). Dann der Schotterstraße und dem Weg Nr. 651 durch die Wiesen Richtung Mittagstal folgen. Nach der zweiten Wegkreuzung ins Mittagstal links über Wiesen und Geröllhänge zur Vorbauwand des Campanile Alto hinaufgehen. Nun eine Rinne hinaufsteigen und die linke Rampe/Rinne bergauf klettern. Abschließend mit einer Kehre nach rechts zum Einstieg. 1 Std.

ABSTIEG

Vom Gipfel den Nordgrat zur Scharte (III) und weitere 4 m Richtung Norden abklettern (III). Nun Richtung Süden durch einen Durchschlupf und gleich über die Abseilpiste entlang der Rinne: **1.** 22 m, **2.** 24 m, **3.** 25 m, **4.** 23 m, **5.** 15 m. Jetzt der breiten Geröllrinne folgen. Abschließend von einem großen Felsblock 10 m abseilen. 1 Std. In der frühen Klettersaison Schneefeld in der breiten Rinne möglich.

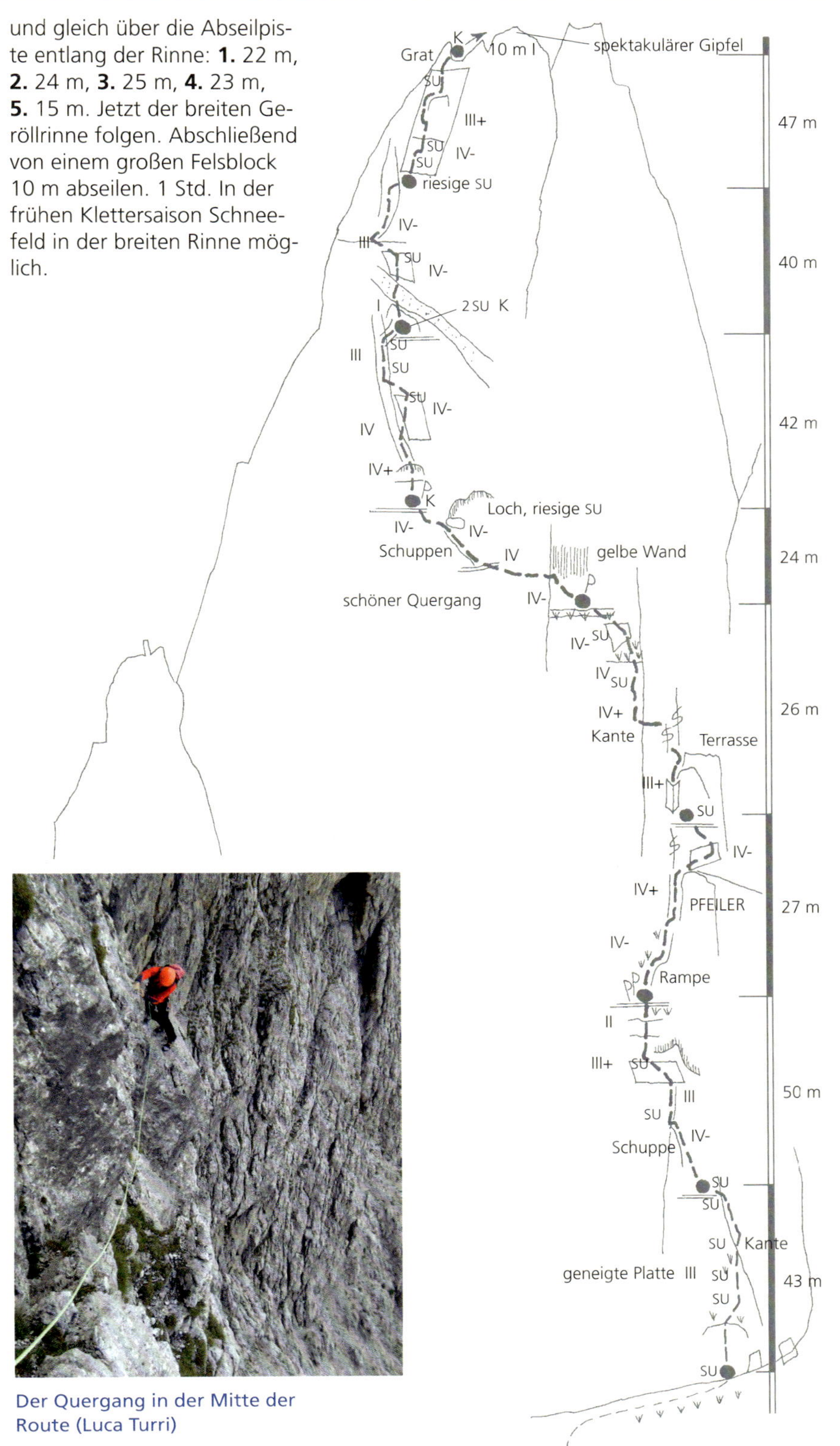

Der Quergang in der Mitte der Route (Luca Turri)

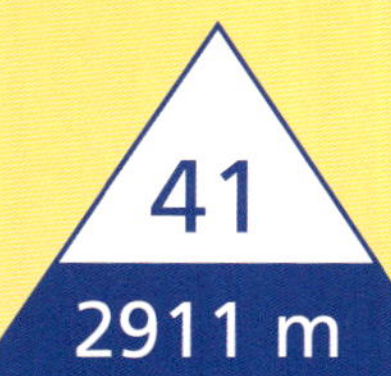

BOÉSEEKOFEL

ERSTBEGEHER
Angelo Dibona, Luigi Rizzi, Guido und Max Mayer 1.8.1911

SELLAGRUPPE

»Dibona/Rizzi«-Führe (Nordwestwand)

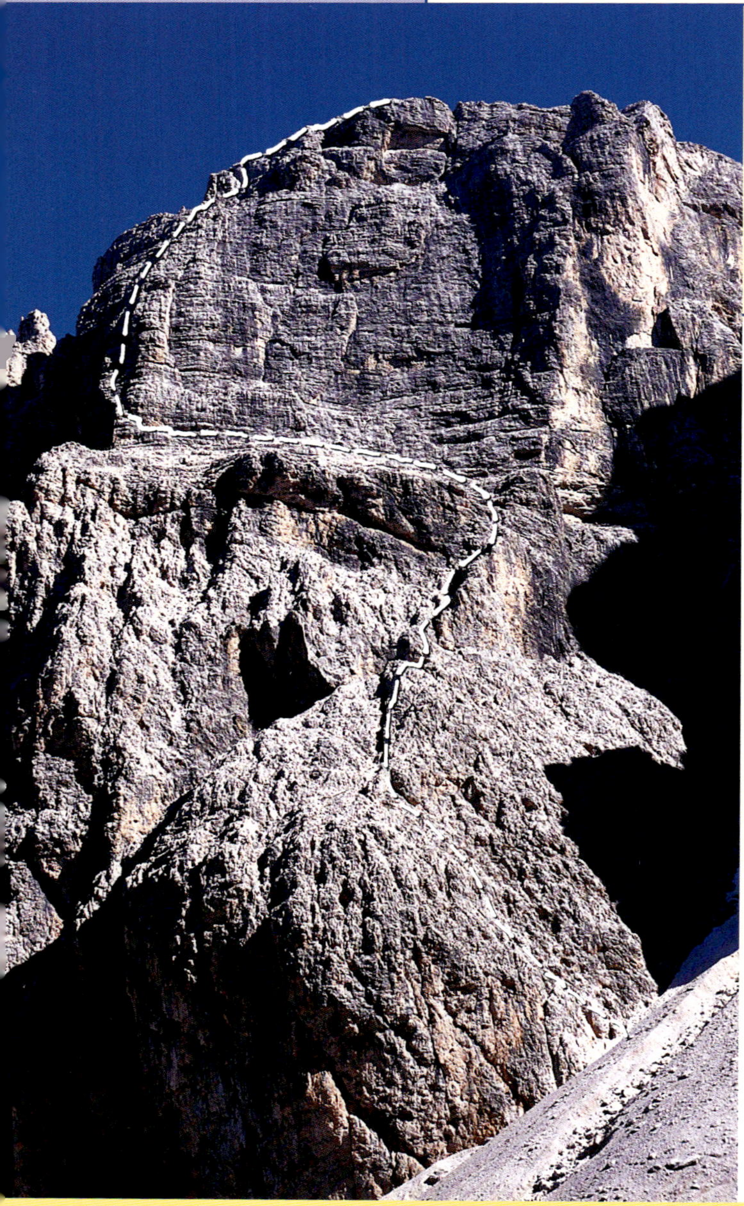

Schwierigkeit: III–IV, eine Stelle IV+
Höhenunterschied: 500 m
Kletterstrecke: 562 m + 250 m Übergang + 60 m zum Gipfel
Seillängen: 15
Stunden: 5–6
Fels: ausgezeichnet, der untere Abschnitt ist etwas zu säubern
Ausrüstung: NAA; Friend Nr. 2

EIGENSCHAFTEN

Von historischer Bedeutung, logische Route über guten Fels. Ein Meisterwerk der Intuition.

ZUGANG

Von Kolfuschg im Gadertal, neben dem Gasthof Lujanta parken (an der Landstraße, freier Parkplatz). Dann der Schotterstraße und dem Weg Nr. 651 durch Wiesen Richtung Mittagstal folgen. Nach der Wegkreuzung ins Mittagstal zur Pisciadùhütte die Geröllhalden nach links zum Einstieg hinaufsteigen. In der Rinne vor dem Einstieg Schneefeld möglich. 2 Std.

ABSTIEG

Vom Gipfel den markierten Weg zum Vallon-Amphitheater wandern (45 Min., Kostnerhütte). Vor der Kostnerhütte mit Sessellift und Gondelbahn nach Corvara fahren.

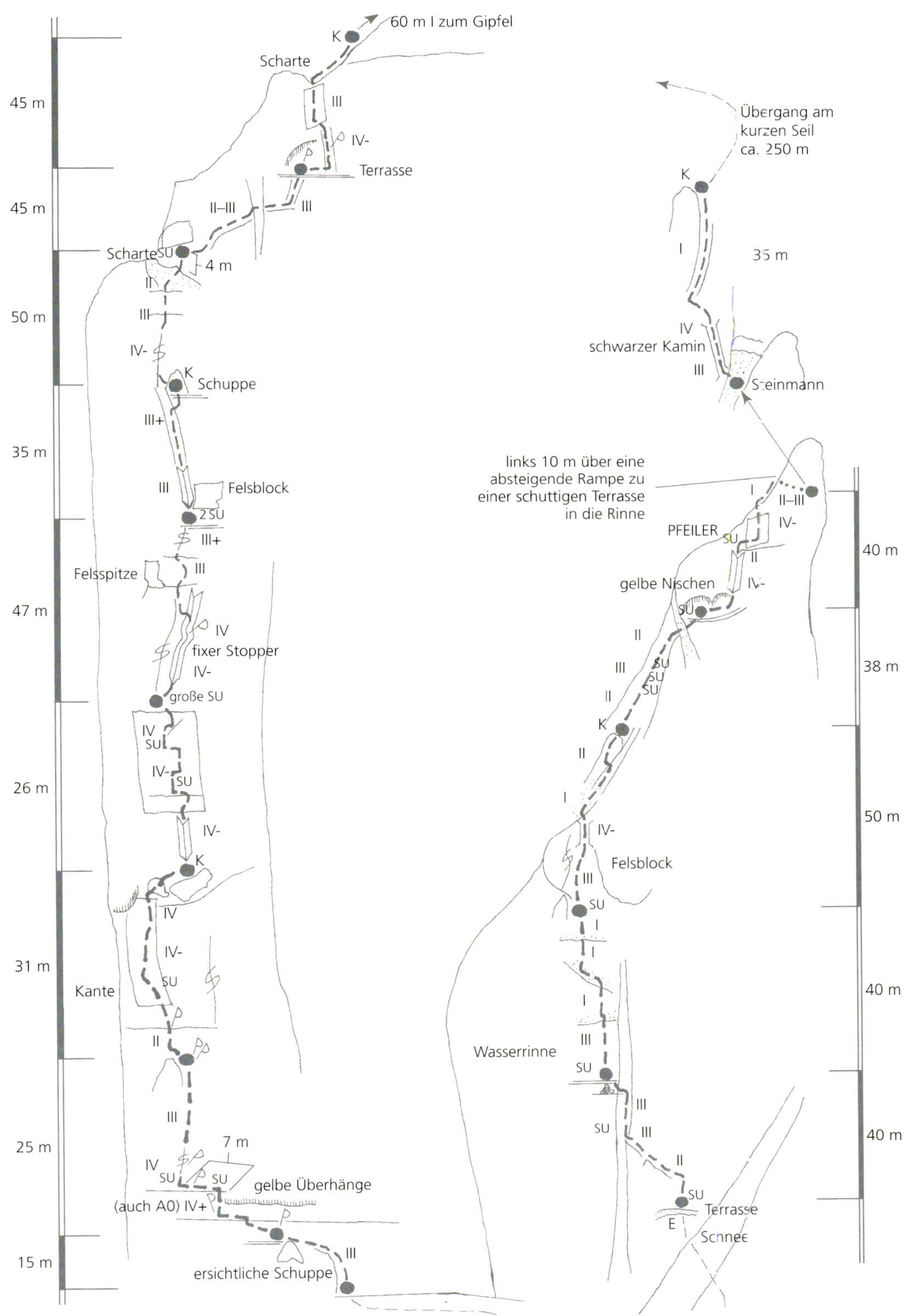

60 m I zum Gipfel
Scharte
Terrasse
Scharte
4 m
Schuppe
Felsblock
2 SU
Felsspitze
fixer Stopper
große SU
Kante
7 m
gelbe Überhänge
(auch A0) IV+
ersichtliche Schuppe
45 m
45 m
50 m
35 m
47 m
26 m
31 m
25 m
15 m
Übergang am
kurzen Seil
ca. 250 m
35 m
schwarzer Kamin
Steinmann
links 10 m über eine
absteigende Rampe zu
einer schuttigen Terrasse
in die Rinne
PFEILER
gelbe Nischen
Felsblock
Wasserrinne
Terrasse
Schnee
40 m
38 m
50 m
40 m
40 m

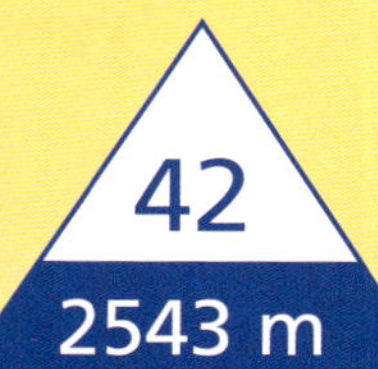

SHANTI-TURM

ERSTBEGEHER
M. Bernardi und Vinzenz Runggaldier 18.9.2012 die ersten 5 Seillängen; Kurt Walde und Massimo Spalla 2007 den Rest

SELLAGRUPPE

»Bernardi + Walde«-Führe (Routen-Kombination, Nordostwand)

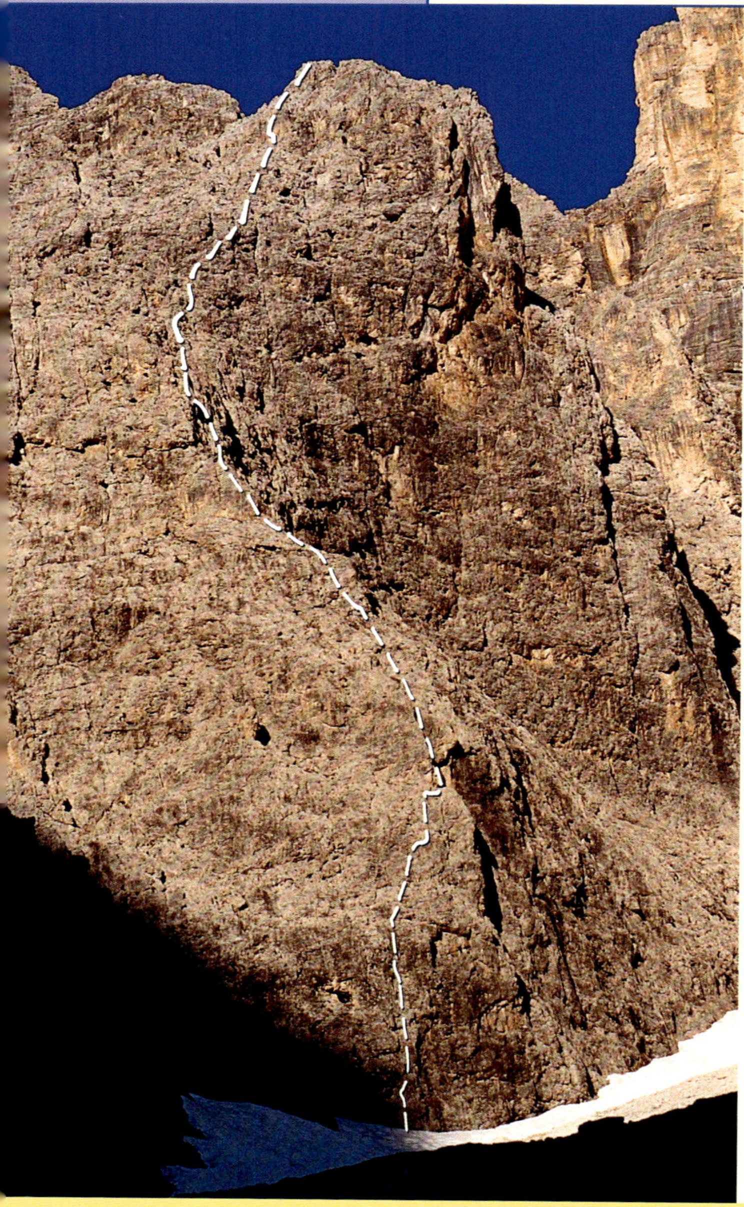

Schwierigkeit: IV+
Höhenunterschied: 340 m
Kletterstrecke: 373 m
Seillängen: 10
Stunden: 3–4
Fels: die ersten 5 Seillängen ausgezeichnet, nachher gut und zu säubern
Ausrüstung: NAA; Friend Nr. 2,5

EIGENSCHAFTEN
Ein unbekannter Turm, der eine schöne Kletterroute im alpinen Gelände bietet. Einsamer Gipfel.

ZUGANG
Von Kolfuschg im Gadertal, neben dem Gasthof Lujanta parken (an der Landstraße, freier Parkplatz). Dann der Schotterstraße und dem Weg Nr. 651 durch Wiesen Richtung Mittagstal folgen. Am Hinweis ins Mittagstal (Wegkreuzung) zur Pisciadùhütte nach rechts weiterwandern. Bald den markierten Weg verlassen und links über Geröllfelder zum Einstieg hinaufsteigen. 1.30 Std. In der frühen Klettersaison Schneefeld vor dem Einstieg möglich.

ABSTIEG
Vom Gipfel Richtung Osten die Rinne (I) und die folgende Wiese absteigen. Nun 10 m (II) die linke Rinne abklettern und links zu einer versteckten gelben Grotte queren. Hier 25 m

abseilen und ca. 30 m (I–II, in Kehren) links haltend zu einer steilen Felsstufe abklettern. An der Felsstufe 25 m abseilen und links haltend in Kehren (Richtung Norden) über eine Wiese und Gamspfad zu den Geröllfeldern abklettern. 1 Std.

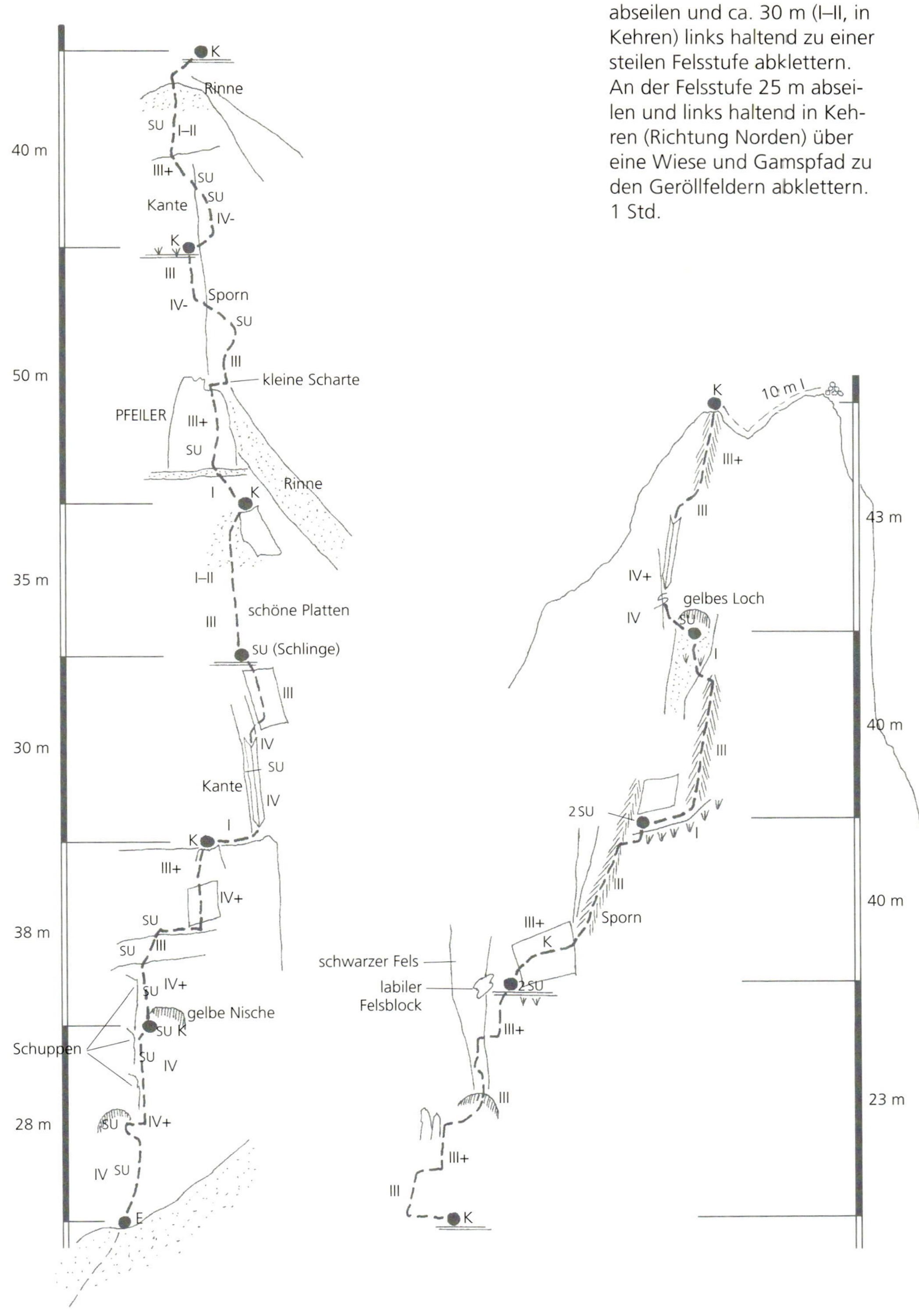

ÖSTL. MUR DE PISCIADÙ

ERSTBEGEHER
Rolly Galvagni, Diego Filippi und Luca Pilati 2012

SELLAGRUPPE

»Wounded Knee«-Führe (Nordostwand)

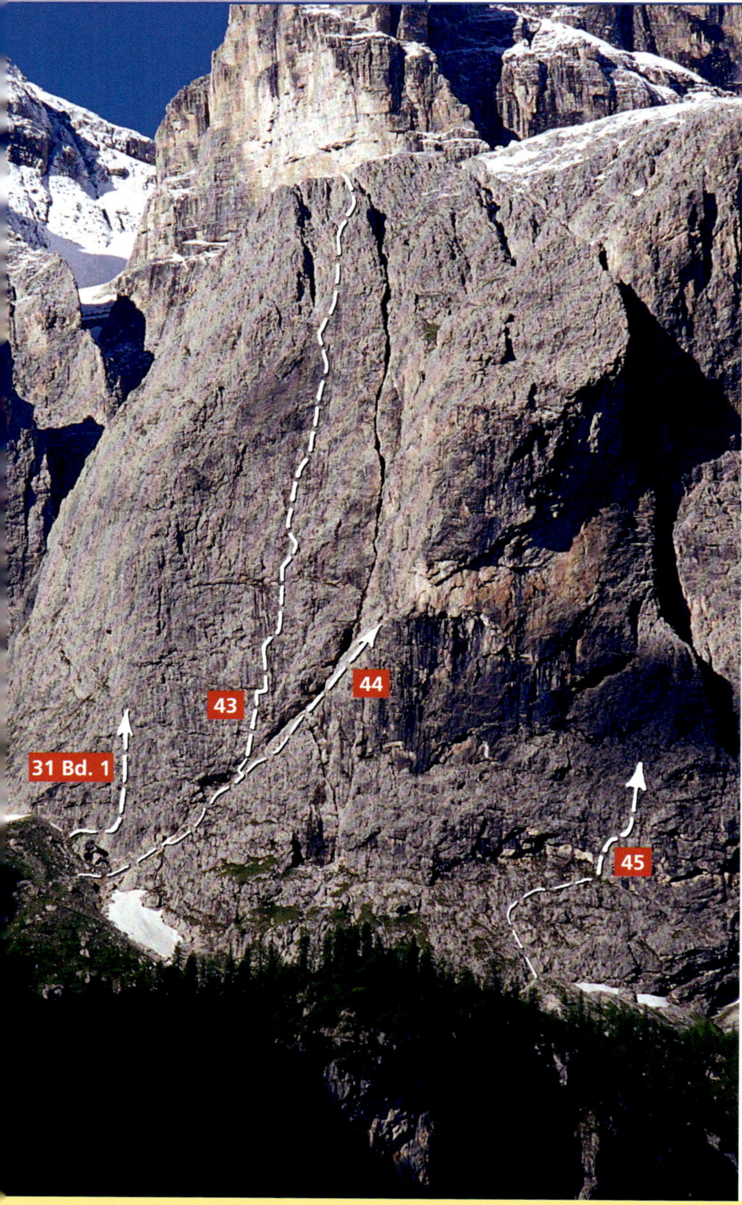

Schwierigkeit: VI- A0 (VI, 6a)
Höhenunterschied: 400 m
Kletterstrecke: 429 m
Seillängen: 10
Stunden: 4
Fels: ausgezeichnet, abschnittsweise gut und zu säubern
Ausrüstung: 10 Expressschlingen; kleiner Friend

EIGENSCHAFTEN

Sportkletterroute entlang schöner und solider Platten. Bei den leichteren Passagen noch zu säubern. Die Bohrhaken sind weit auseinander angebracht worden. Die Seillängen sind sehr lang. Zwei Schlüsselseillängen. Bequemer Abstieg. Nur bei trockenen Bedingungen.

ZUGANG

Vom Pisciadù-Klettersteig-Parkplatz (Nähe Grödner Joch, 2121 m, Gadertaler Seite), den Weg zur Pisciadùhütte ca. 200 Höhenmeter hinauf, dann nach links (Osten) oberhalb der Felsstufe Richtung Pisciadù-Klettersteig wandern. Nach drei Kreuzungen den Klettersteigweg verlassen und dem Weg Nr. 676 zu den Felswänden des Östlichen Mur de Pisciadù folgen. Vor dem Mittagstal rechts über Pfad Richtung Nordostpfeiler hinaufgehen. Dann rechts zur Rinne queren und rechts davon ca. 60 m Höhenunterschied hinaufklettern (I). Ca. 20 m vor dem Einstieg die Rinne nach links queren (II–III). 1.20 Std. Als Ausgangspunkt eignet sich auch Kolfuschg, 1640 m, (Gasthof Lujanta). 1.20 Std.

ABSTIEG

Die Wiese erst hinaufgehen, dann links zum Weg Nr. 664 queren, der ins Mittagstal führt. Nun lohnt es sich, unterhalb den Wänden des Nordostpfeilers zu queren und dem Zugangspfad zu folgen. 1 Std.

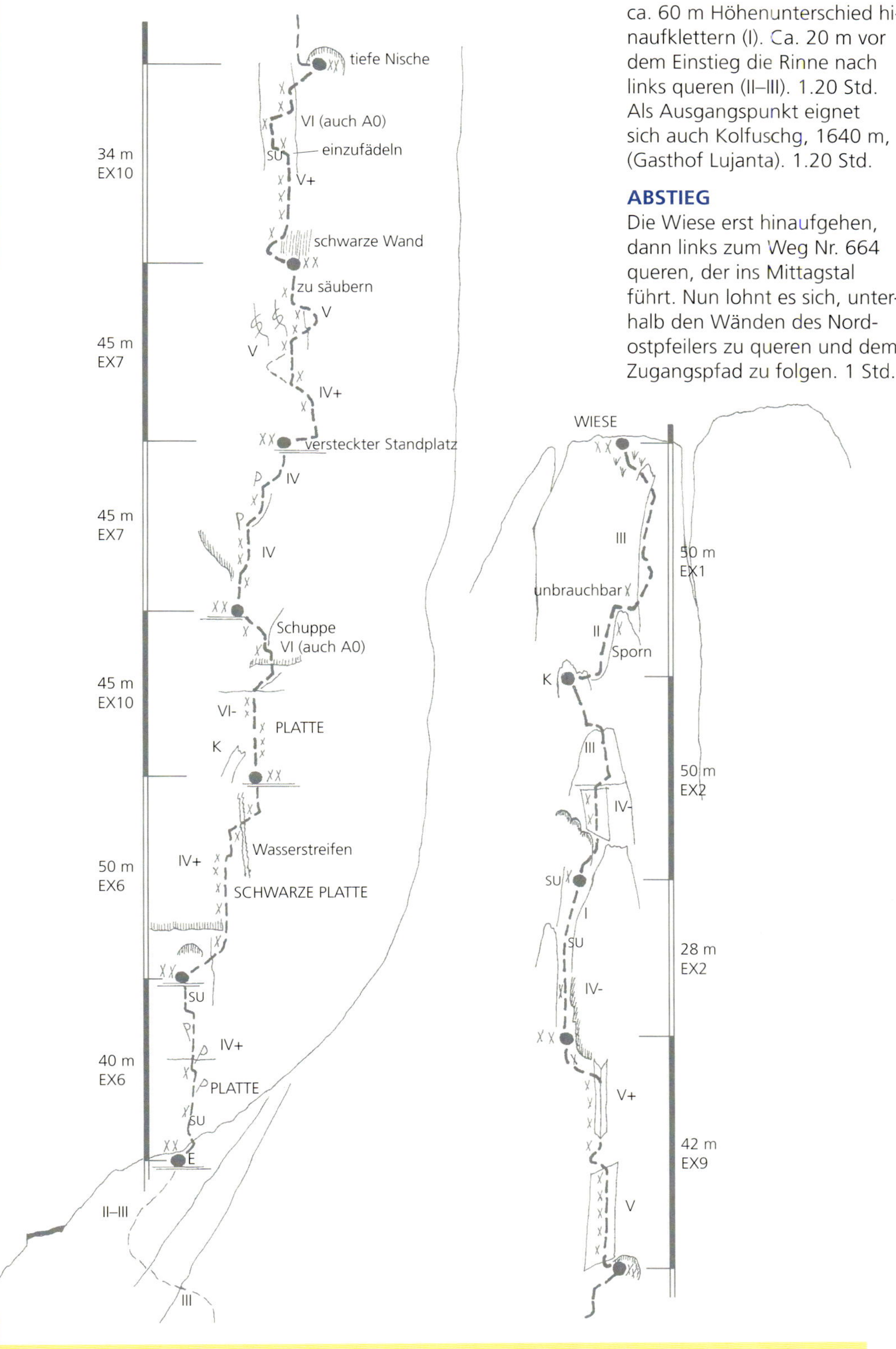

KOLFUSCHG-TURM

ERSTBEGEHER
Diego Zanesco, Manfredo Torretta und Manfred Wurzer
5.9.1973

SELLAGRUPPE

»Zanesco«-Führe (Nordostpfeiler)

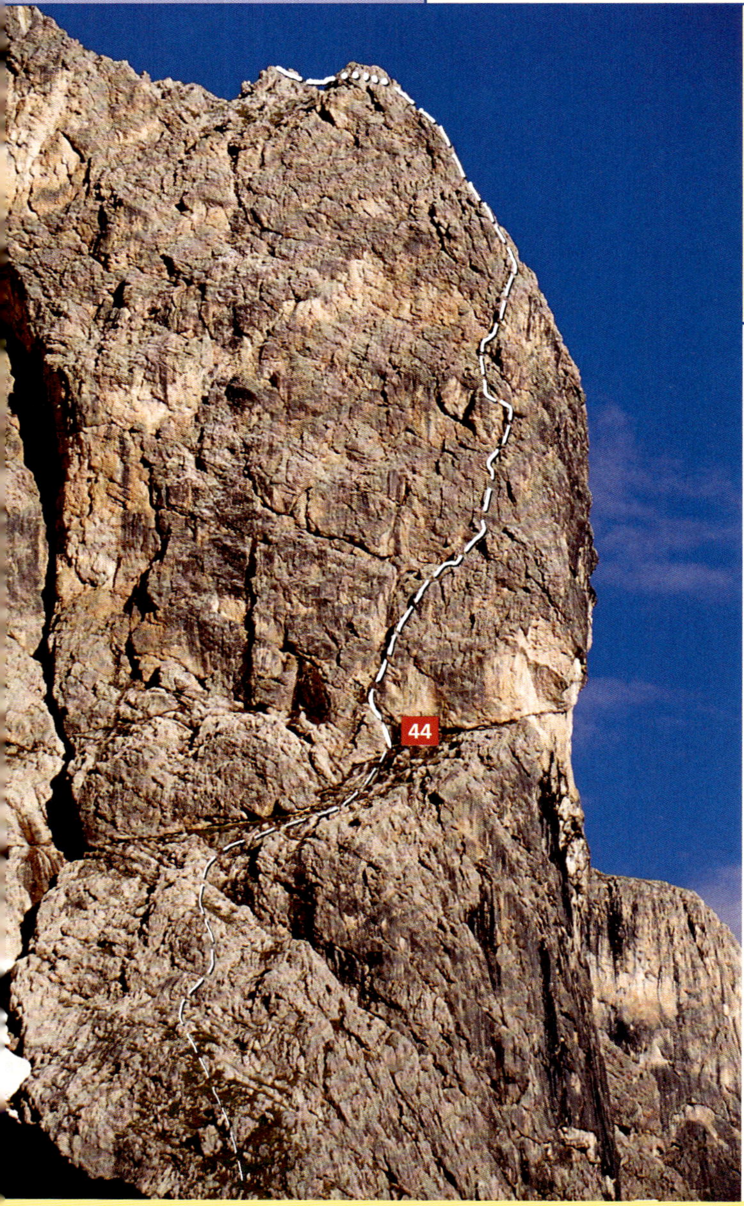

Schwierigkeit: V+
Höhenunterschied: 180 m + 70 m zum Gipfel
Kletterstrecke: 199 m + 100 m zum Gipfel
Seillängen: 6 + 100 zum Gipfel
Stunden: 3
Fels: gut, zu säubern
Ausrüstung: NAA; Friends Nr. 2|2,5|3; einige Haken

EIGENSCHAFTEN

Logische, abwechslungsreiche und exponierte Kletterroute. Die Schlüsselstelle wird an einer kurzen überhängenden Stelle überwunden. Bequemer Abstieg.

ZUGANG

Vom Pisciadù-Klettersteig-Parkplatz (Nähe Grödner Joch, 2121 m, Gadertaler Seite), den Weg zur Pisciadùhütte ca. 200 Höhenmeter hinaufgehen, dann nach links (Osten) oberhalb der Felsstufe Richtung Pisciadù-Klettersteig wandern. Nach drei Kreuzungen den Klettersteigweg verlassen und dem Weg Nr. 676 zu den Felswänden des Östlichen Mur de Pisciadù folgen. Vor dem Mittagstal rechts über Pfad Richtung Nordostpfeiler hinaufgehen. Dann rechts zur Rinne queren und rechts davon die lange geneigte Plattenwand ca. 200 m Kletterstrecke (I–II, ca. 20 Min.)

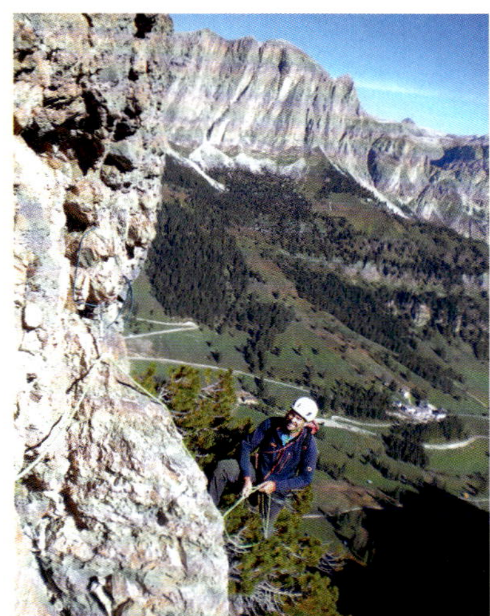

Origineller zweiter Standplatz an der Latsche (Christian Denicolò)

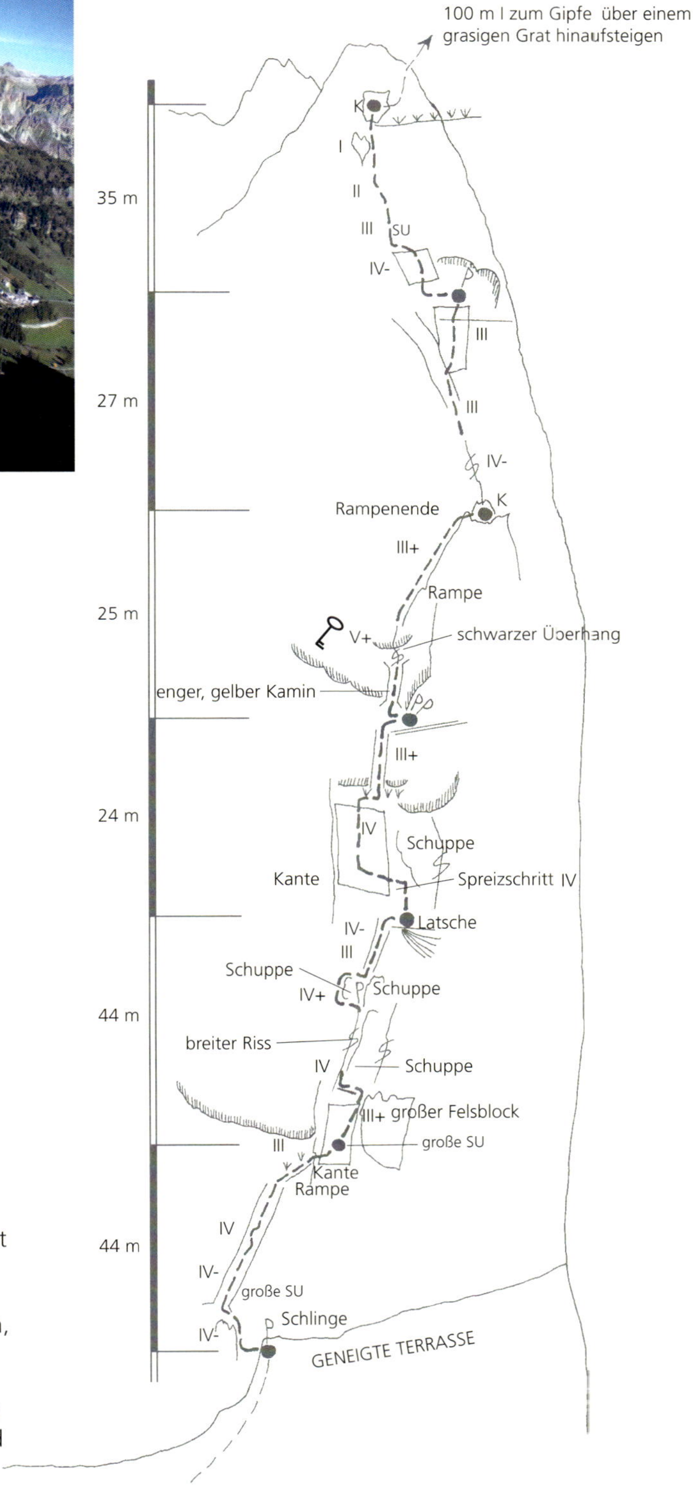

100 m I zum Gipfe über einem grasigen Grat hinaufsteigen
K
I
II
35 m
III
SU
IV-
III
27 m
III
IV-
Rampenende
K
III+
Rampe
25 m
V+
schwarzer Überhang
enger, gelber Kamin
III+
24 m
IV
Schuppe
Kante
Spreizschritt IV
Latsche
IV-
III
Schuppe
IV+
Schuppe
44 m
breiter Riss
IV
Schuppe
III+ großer Felsblock
große SU
III
Kante
Rampe
IV
44 m
IV-
große SU
Schlinge
IV-
GENEIGTE TERRASSE

hinaufklettern. 1.30 Std. Als Ausgangspunkt eignet sich auch Kolfuschg, 1640 m (Gasthof Lujanta).

ABSTIEG

Vom Gipfel den südlichen Grat hinüberklettern (II), dann die Grasrinne hinaufsteigen und links zum Weg Nr. 664 queren, der ins Mittagstal führt. Nun lohnt es sich, unterhalb der Wände des Nordostpfeilers zu queren und dem Zugangspfad zu folgen. 1 Std.

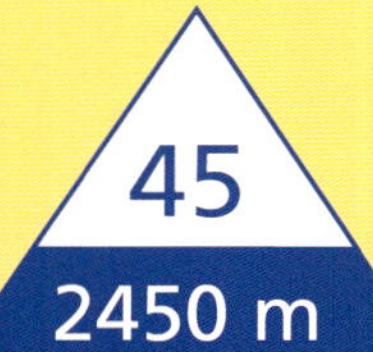

KOLFUSCHG-TURM

ERSTBEGEHER
M. Bernardi und Manfred Runggaldier (Mambo) 29.9.2014; zwei Seillängen im unteren Wandteil wurden bereits von Kurt Walde und Toni Zuech 1986 begangen

SELLAGRUPPE

»200 Jahre Carabinieri«-Führe (Nordpfeiler)

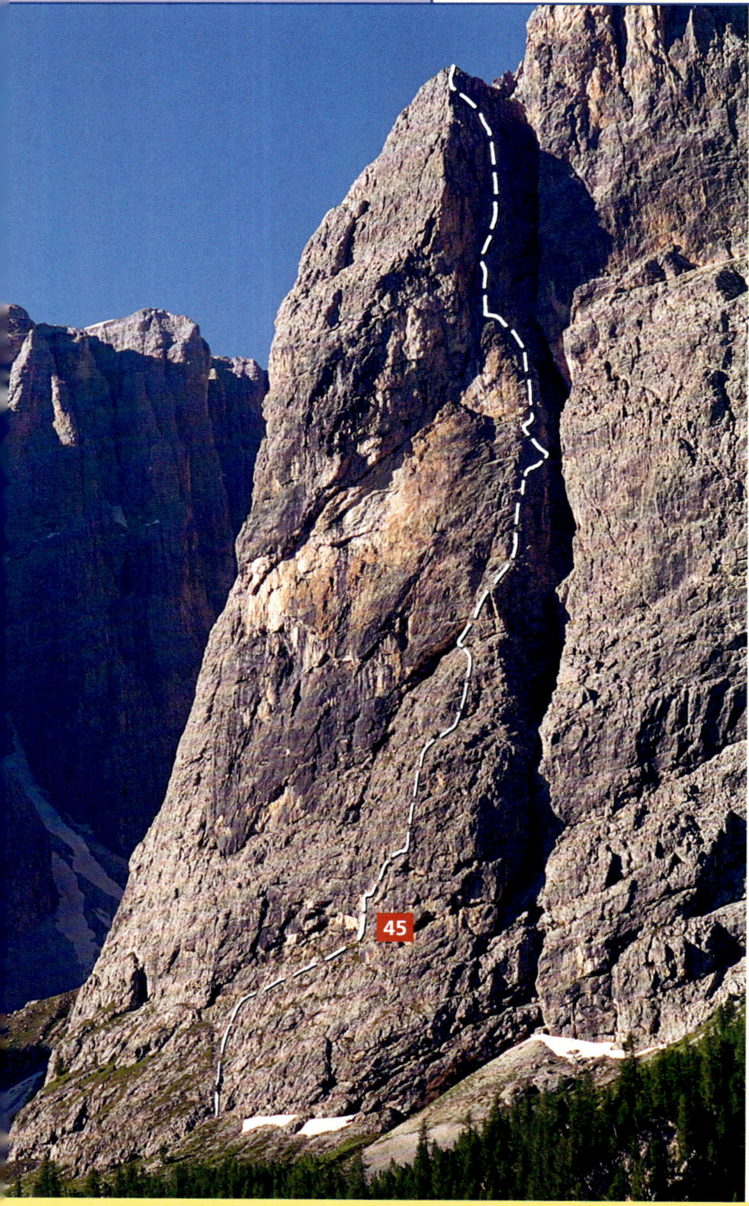

Schwierigkeit: V+
Höhenunterschied: 350 m
Kletterstrecke: 398 m
Seillängen: 12
Stunden: 4–5
Fels: gut, im unteren Bereich kurze Übergänge zu säubern
Ausrüstung: NAA; Friends Nr. 0,5 | 1,5 | 2 | 3 | 3,5; Stopper Nr. 7 | 10; einige Haken

EIGENSCHAFTEN

Alpine Kletterroute mit interessantem Streckenverlauf. Die ersten vier Seillängen ohne anhaltende Schwierigkeiten. Danach kompakter Fels und steile Wand. Nur bei trockenen Bedingungen.

ZUGANG

Vom Pisciadù-Klettersteig-Parkplatz (Nähe Grödner Joch, 2121 m, Gadertaler Seite), den Weg zur Pisciadùhütte ca. 200 m Höhenmeter hinaufgehen, dann nach links (Osten) oberhalb der Felsstufe Richtung Pisciadù-Klettersteig wandern. Nach drei Kreuzungen den Klettersteigweg verlassen und den Weg Nr. 676 zu den Felswänden des Östlichen Mur de Pisciadù folgen. Unterhalb des Kolfuschgturms zum Wandfuß hinaufgehen. Nun ca. 50 m eine Rampe nach links schräg aufsteigen, dann die rechte grasige Wand hinaufklettern (II) und ausgesetzt Richtung Einstieg queren (II). 1 Std. Als Ausgangspunkt eignet sich auch Kolfuschg, 1640 m, (Gasthof Lujanta). 1 Std.

ABSTIEG

Siehe Route Nr. 44

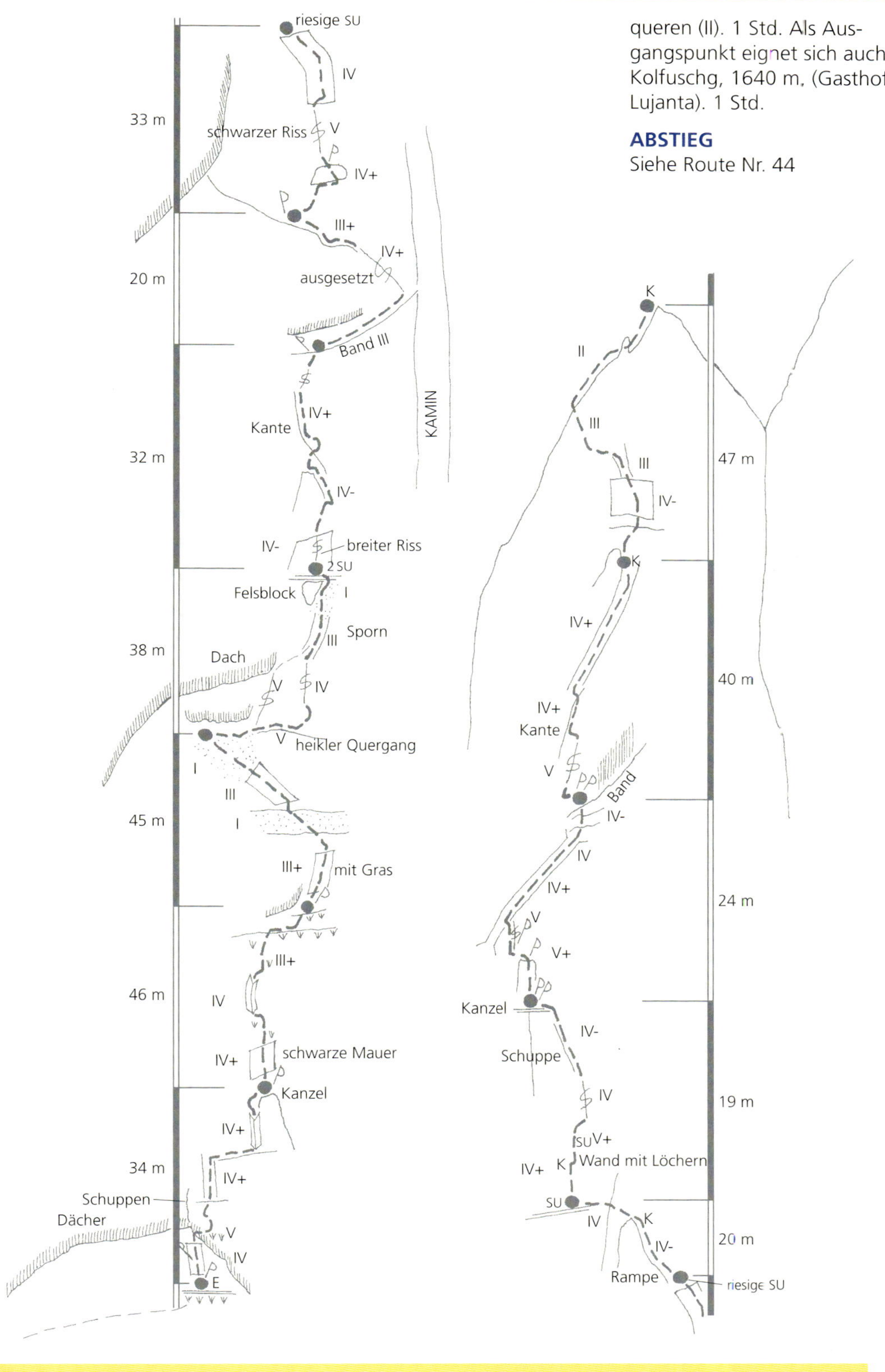

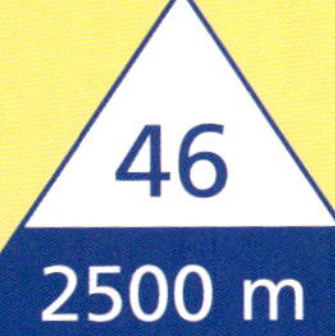

TORRE ANNA

ERSTBEGEHER
Heinz Steinkötter und Vitty Frismon 22.9.1969

SELLAGRUPPE

»Steinkötter«-Führe (Südwestwand)

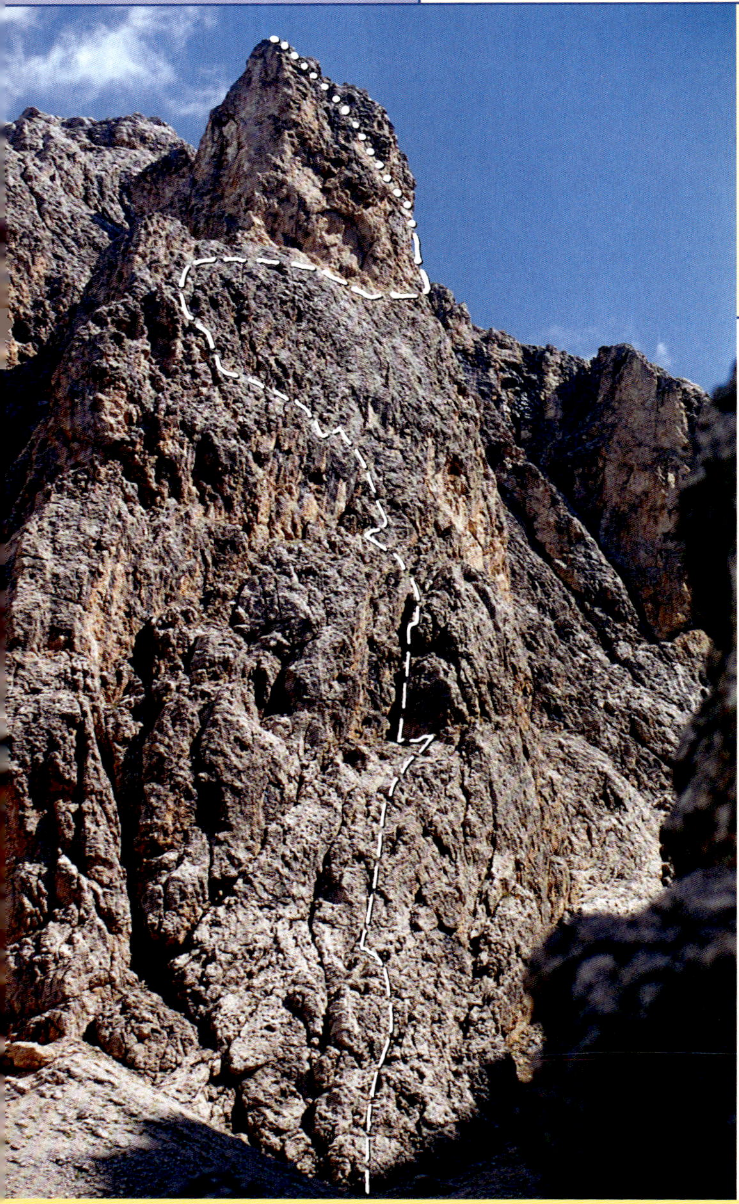

Schwierigkeit: V
Höhenunterschied: 200 m
Kletterstrecke: 240 m
Seillängen: 8
Stunden: 3
Fels: ausgezeichnet/gut zu säubern
Ausrüstung: NAA; Friends Nr. 2|3; Stopper Nr. 8; einige Haken

EIGENSCHAFTEN

In Vergessenheit geratene Kletterroute. Nach der Erschließung wurde sie erst 44 Jahre danach wiederholt! Die Route bietet eine abwechslungsreiche Kletterei. Bequemer Abstieg. Der Turm wurde Steinkötters Mutter gewidmet.

ZUGANG

Vom Grödner Joch, 2121 m, den Weg Nr. 666 Richtung Pisciadùhütte gehen. Nach dem Grashang nicht nach links, sondern geradeaus zum Col de Frea über einen anderen Weg hinaufgehen. Dem alten Weg zum Culeatal folgen und durch das Tal zum Einstieg hinaufsteigen. 40 Min.

ABSTIEG

Vom Gipfel 4 m zu einer kleinen Terrasse, die rechte Rampe entlang und 4 m eine Rinne abklettern. Nun links Richtung Scharte und 18 m abseilen.

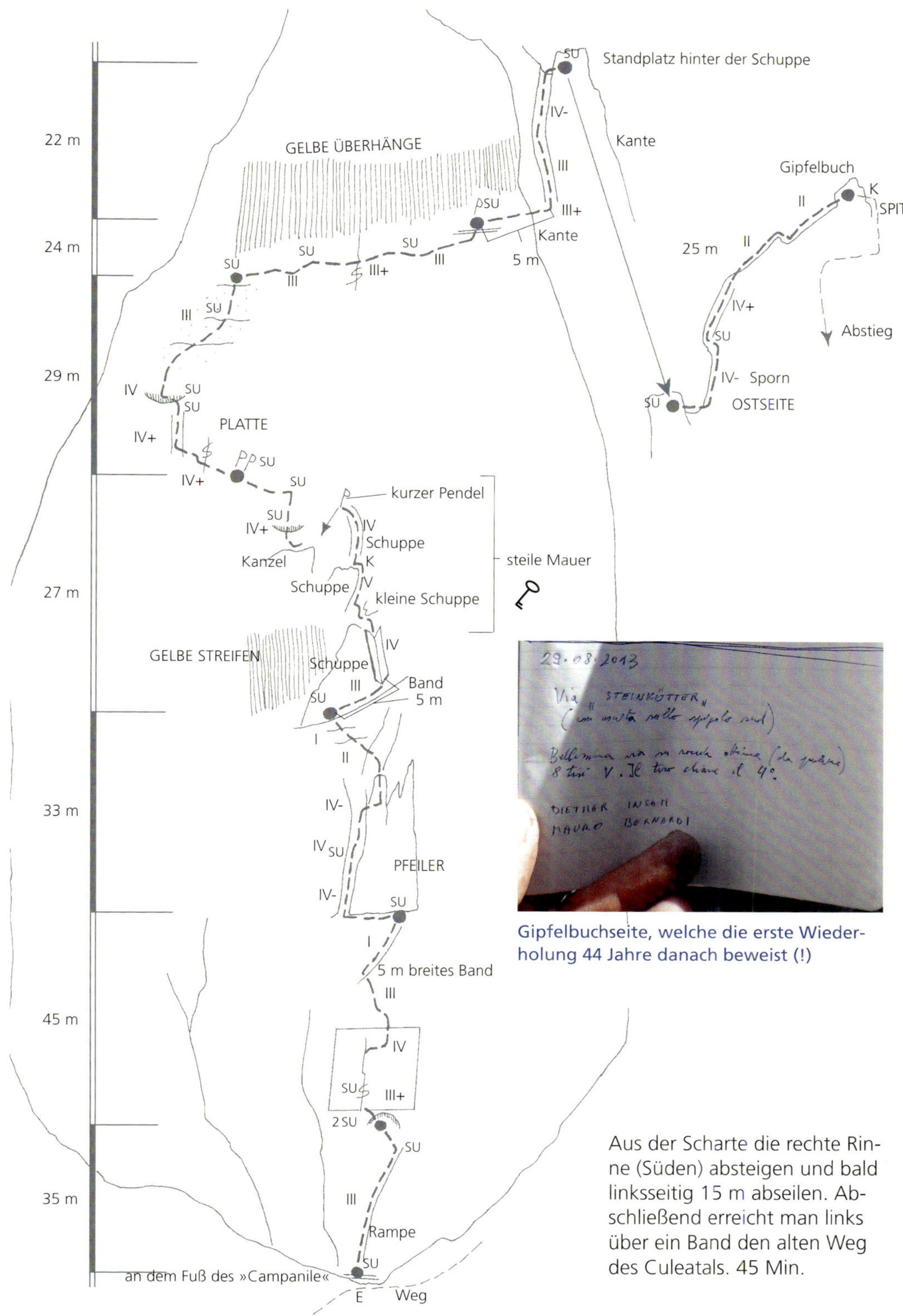

Gipfelbuchseite, welche die erste Wiederholung 44 Jahre danach beweist (!)

Aus der Scharte die rechte Rinne (Süden) absteigen und bald linksseitig 15 m abseilen. Abschließend erreicht man links über ein Band den alten Weg des Culeatals. 45 Min.

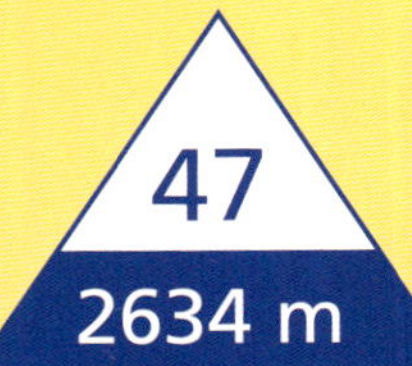

MURFRËIT-SPITZE

ERSTBEGEHER
M. Bernardi und Edy Rabanser 15.9.2014; die ersten drei Seillängen bereits von unbekannten Kletterern begangen

SELLAGRUPPE

»Karabiner B. A.«-Führe (Südostwand)

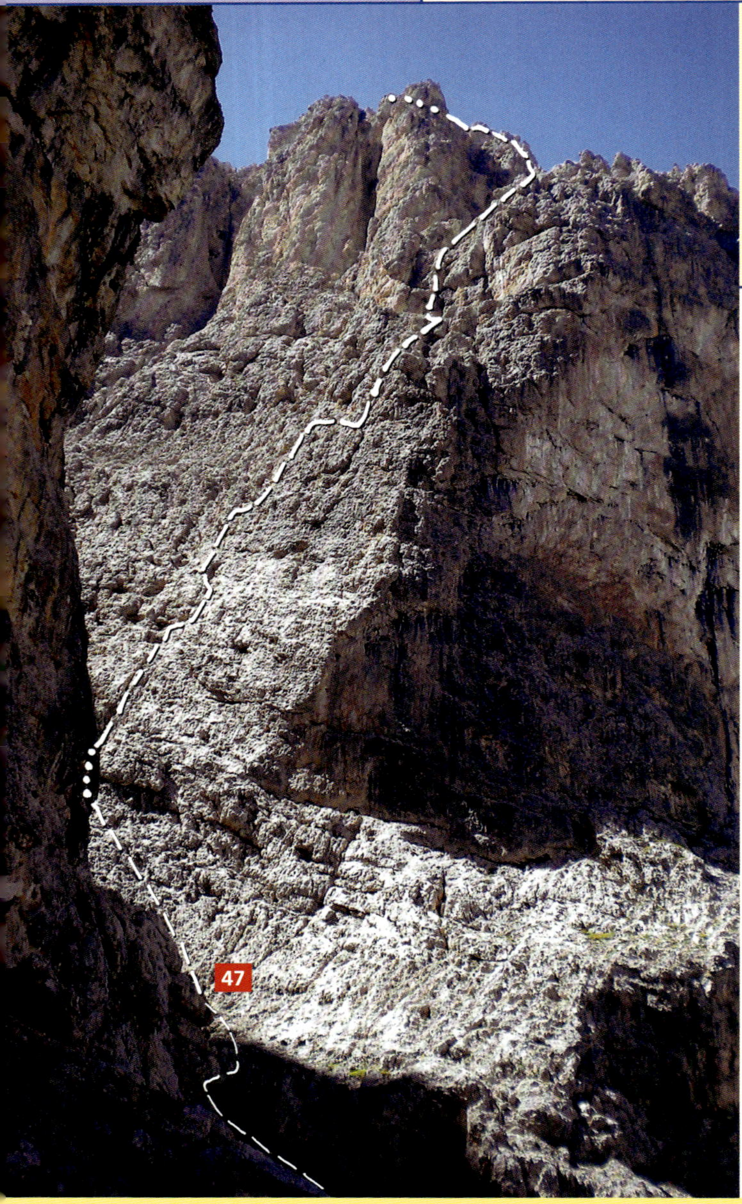

Schwierigkeit: V+
Höhenunterschied: 340 m
Kletterstrecke: 388 m
Seillängen: 10
Stunden: 3.5–4
Fels: gut, etwas zu säubern
Ausrüstung: NAA; Friends Nr. 2|2,5|3; einige Haken für Standplätze

EIGENSCHAFTEN
Alpine Route mit bequemem Einstieg und interessantem Abstieg. Bei der Schlüsselstelle kann man sich mit einigen Sanduhrschlingen gut absichern.

ZUGANG
Vom Grödner Joch, 2121 m, über Weg Nr. 666 Richtung Pisciadùhütte gehen. Nach dem Grashang nicht nach links, sondern geradeaus zum Col de Frea über einen anderen Weg hinaufgehen. Dem alten Weg zum Culeatal folgen und kurz danach das Bächlein nach rechts überschreiten. Nun schräg bergwärts zur Rinne links der Murfrëitspitze hinaufsteigen. Die Rinne rechtsseitig (III+) hochklettern und nach ca. 40 m rechts aussteigen. Nun mit einer Kehre nach links zum Einstieg hinaufklettern. 40 Min.

ABSTIEG
Vom Steinmann zum höchsten Punkt des Turmes hinauf (Süden) und nach links in einer tiefen Rinne abklettern (Osten, dann Süden II, Steinmänner) bis diese nicht mehr abkletterbar ist; hier 25 m

abseilen. An dem großen verklemmten Felsblock nach links über ein exponiertes Band queren und über eine absteigende Rampe zur Abseilstelle und 25 m abseilen. Nun zum Südgrat, welcher die Murfreitspitze mit dem Sellamassiv verbindet, hinaufsteigen (30 m II, über die gegenüberliegende Rinne). Vom breiten Sattel links Richtung Osten, beziehungsweise links einer tiefen Schneerinne, absteigen (Steinmänner). Am Anfang ist der Hang wenig steil (I–II) und man kann über kleine, nette Rampen gut abklettern. Dem logischen Rampenverlauf folgen (III) bis der Hang steil wird. Nun 25 m abseilen und gleich darunter rechts zur Rinne einsteigen (in der frühen Klettersaison Schneefeld möglich), die zum Zugangsweg führt. 1 Std.

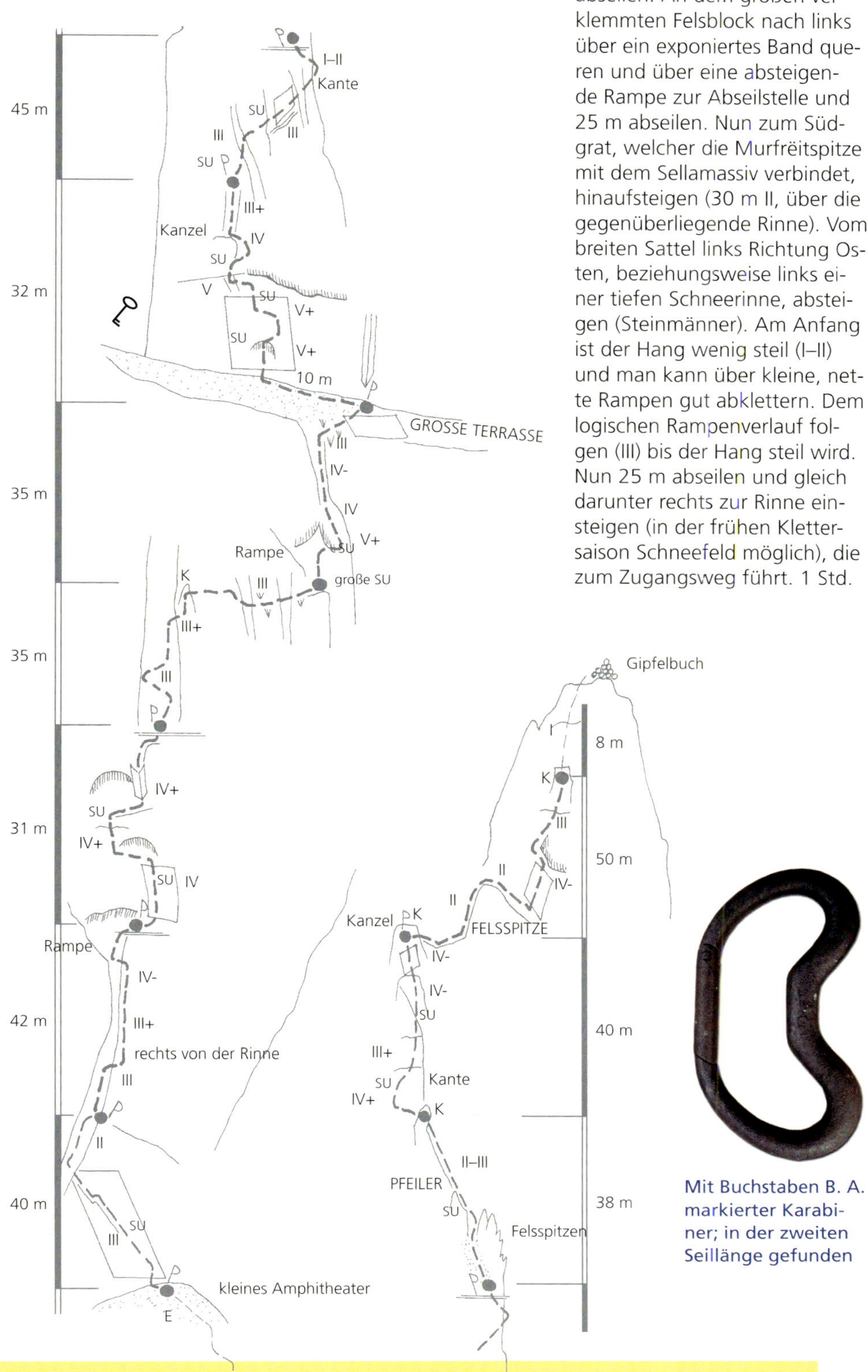

Mit Buchstaben B. A. markierter Karabiner; in der zweiten Seillänge gefunden

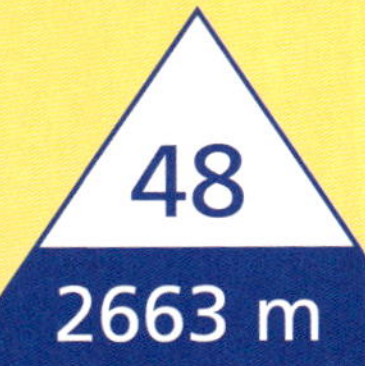

TORRE DEL-L'INDIPENDENZA

ERSTBEGEHER
Heini Holzer 19.8.1972

SELLAGRUPPE

»Holzer«-Führe (Nordpfeiler)

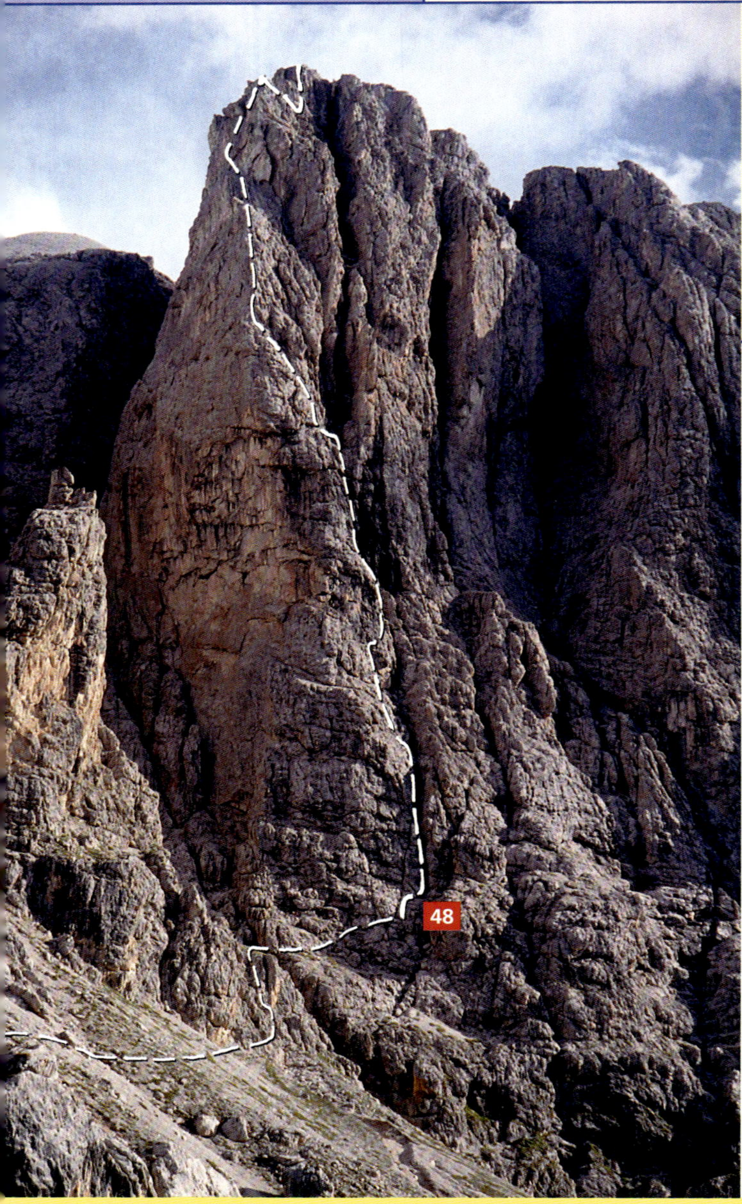

Schwierigkeit: IV+
Höhenunterschied: 350 m + 50 m zur Wiese
Kletterstrecke: 376 m + 80 m zur Wiese
Seillängen: 11 + 1 Abseilstelle + 3 Seillängen zur Wiese
Stunden: 4 + 1 zur Wiese
Fels: gut, zu säubern
Ausrüstung: NAA; Friends Nr. 2|2,5|3; einige Haken

EIGENSCHAFTEN

Eine alpine Kletterroute in wildem Ambiente. Interessanter Einstiegskamin, Quergang und vorletzte Seillänge. Nur bei trockenen Bedingungen. Man muss beachten, dass man nach dem Gipfelerfolg noch eine weitere Stunde Kletterzeit braucht, um die Wiesen zu erreichen, welche den Abstieg ermöglichen (siehe technische Skizze).

ZUGANG

Vom Grödner Joch, 2121 m, über Weg Nr. 666 Richtung Pisciadùhütte gehen. Nach dem Grashang nicht nach links, sondern geradeaus zum Col de Frea über einen anderen Weg hinauf. Dem alten Weg zum Culeatal folgen und ca. 300 m vor dem Tal den Weg verlassen. Nun kurz rechts absteigen und waagerecht über einen Pfad zur Murfreitspitze und nachfolgenden Felsspitze queren. Rechts der

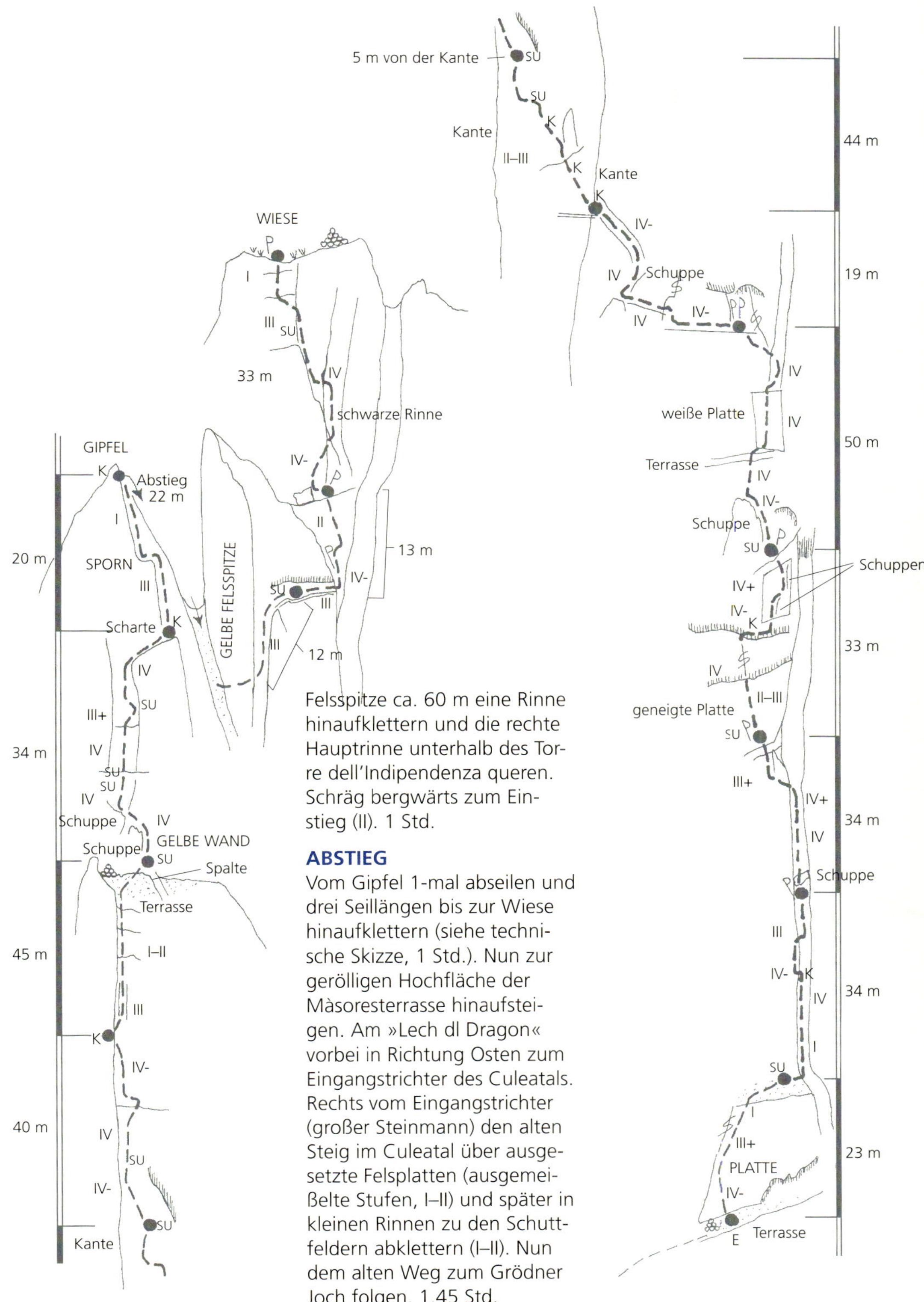

Felsspitze ca. 60 m eine Rinne hinaufklettern und die rechte Hauptrinne unterhalb des Torre dell'Indipendenza queren. Schräg bergwärts zum Einstieg (II). 1 Std.

ABSTIEG

Vom Gipfel 1-mal abseilen und drei Seillängen bis zur Wiese hinaufklettern (siehe technische Skizze, 1 Std.). Nun zur gerölligen Hochfläche der Màsoresterrasse hinaufsteigen. Am »Lech dl Dragon« vorbei in Richtung Osten zum Eingangstrichter des Culeatals. Rechts vom Eingangstrichter (großer Steinmann) den alten Steig im Culeatal über ausgesetzte Felsplatten (ausgemeißelte Stufen, I–II) und später in kleinen Rinnen zu den Schuttfeldern abklettern (I–II). Nun dem alten Weg zum Grödner Joch folgen. 1.45 Std.

PALA CENGIA

ERSTBEGEHER
M. Bernardi und Manfred Runggaldier (Mambo) 4.8.2014

»Elfi«-Führe (Nordwand)

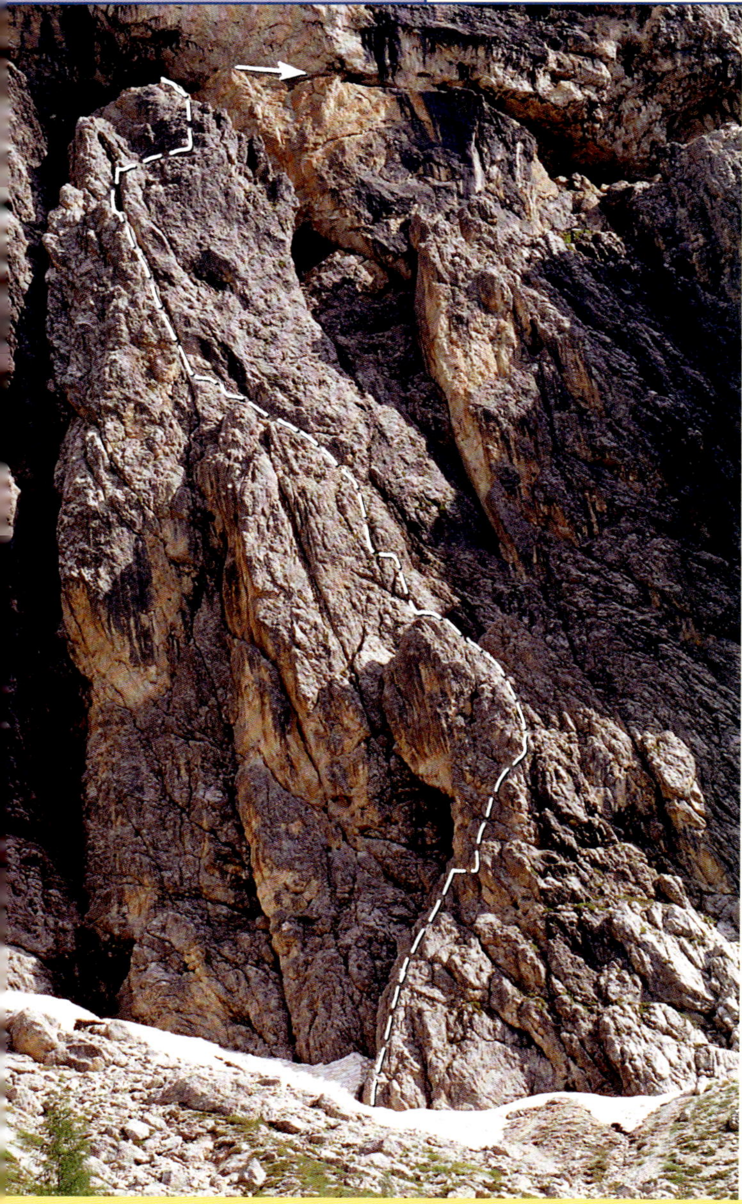

Schwierigkeit: IV+, eine Stelle V
Höhenunterschied: 150 m
Kletterstrecke: 172 m
Seillängen: 5
Stunden: 2
Fels: die ersten 30 m gut, der Rest ausgezeichnet
Ausrüstung: NAA; Friends Nr. 2|3; Stopper Nr. 9

EIGENSCHAFTEN
Genussreiche Kletterroute und origineller Abstieg.

ZUGANG
Aus Gröden kommend, am flachen Straßenabschnitt zum Grödner Joch und beim Anblick der Pala Cengia, am Beginn einer Schotterstraße mit Schranke, links parken. Auf einem Pfad bald zum Einstieg. 15 Min.

ABSTIEG
Dem exponierten Band über einen Gamspfad Richtung Westen folgen. Nun folgt eine kurze, gesicherte Stelle. Später direkt unterhalb des originellen Murfreitwasserfalls queren. Nun über Geröllfelder und Wiesen zum Parkplatz absteigen. 30 Min.

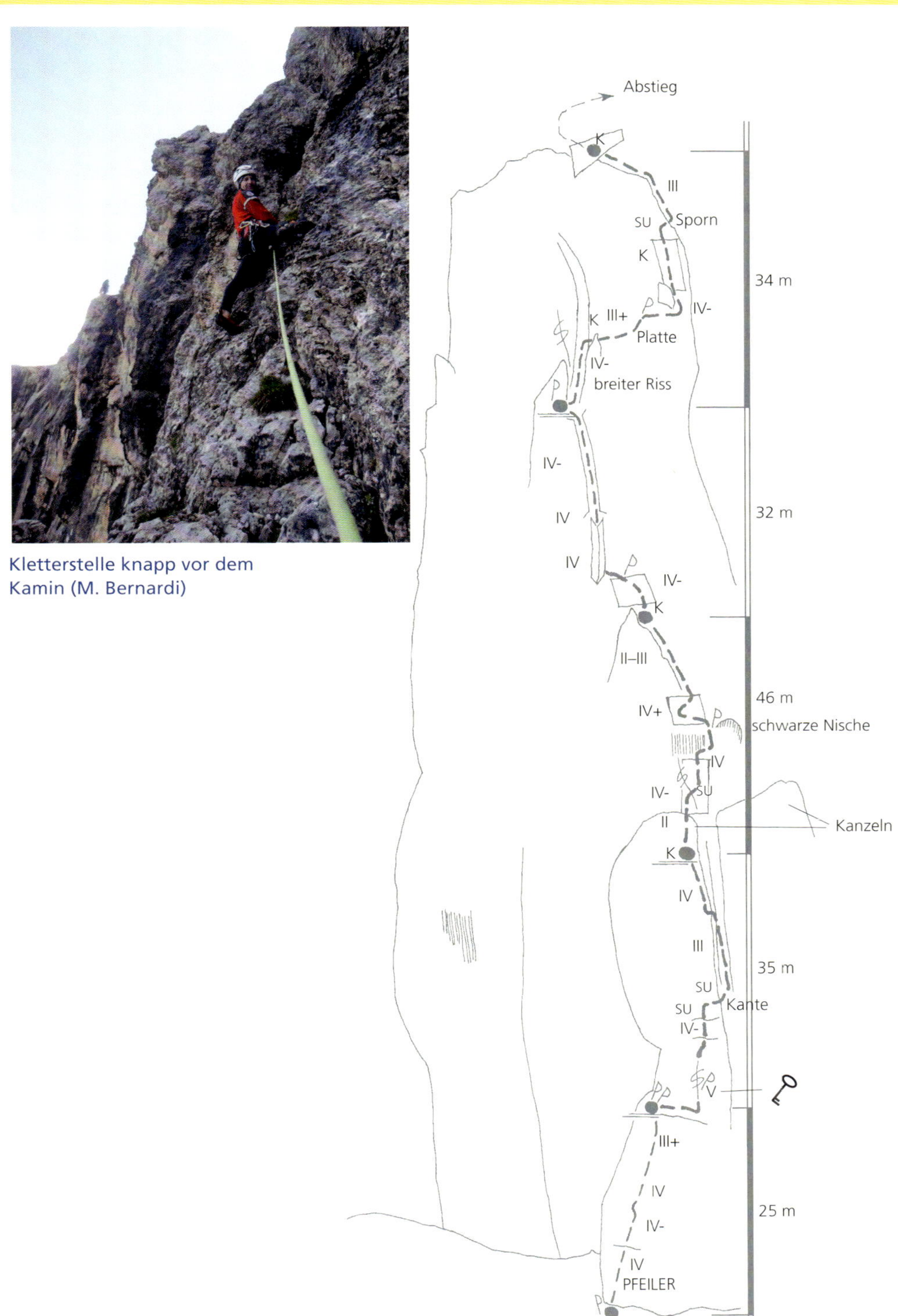

Kletterstelle knapp vor dem Kamin (M. Bernardi)

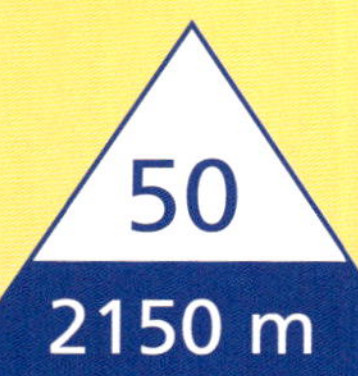

WASSERFALL-PYRAMIDE

ERSTBEGEHER
M. Bernardi 3.11.2013

SELLAGRUPPE

»Slalom«-Führe (Nordpfeiler)

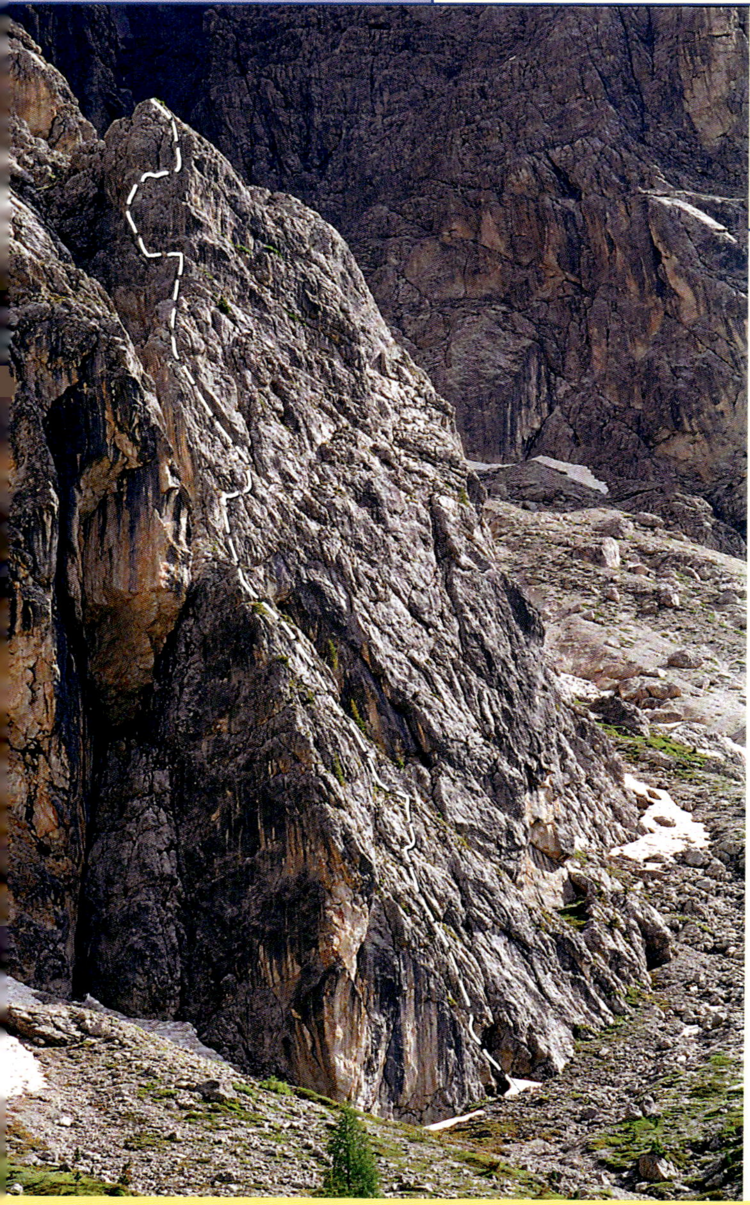

Schwierigkeit: IV+
Höhenunterschied: 120 m
Kletterstrecke: 138 m
Seillängen: 6
Stunden: 2
Fels: gut
Ausrüstung: 6 Expressschlingen

EIGENSCHAFTEN

Genussreiche Kletterroute. Nach der Erschließung wurde die Route mit Bohrhaken, normalen Haken, Sanduhrschlingen und einzementierten Standhaken eingerichtet. Bequemer Abstieg.

ZUGANG

Siehe Route Nr. 49.

ABSTIEG

Die Wiese ca. 15 m hinaufgehen, dann die rechte Rinne absteigen und bald das Band links hinausqueren. Nun über Geröllfelder und Wiesen zum Parkplatz absteigen. 30 Min.

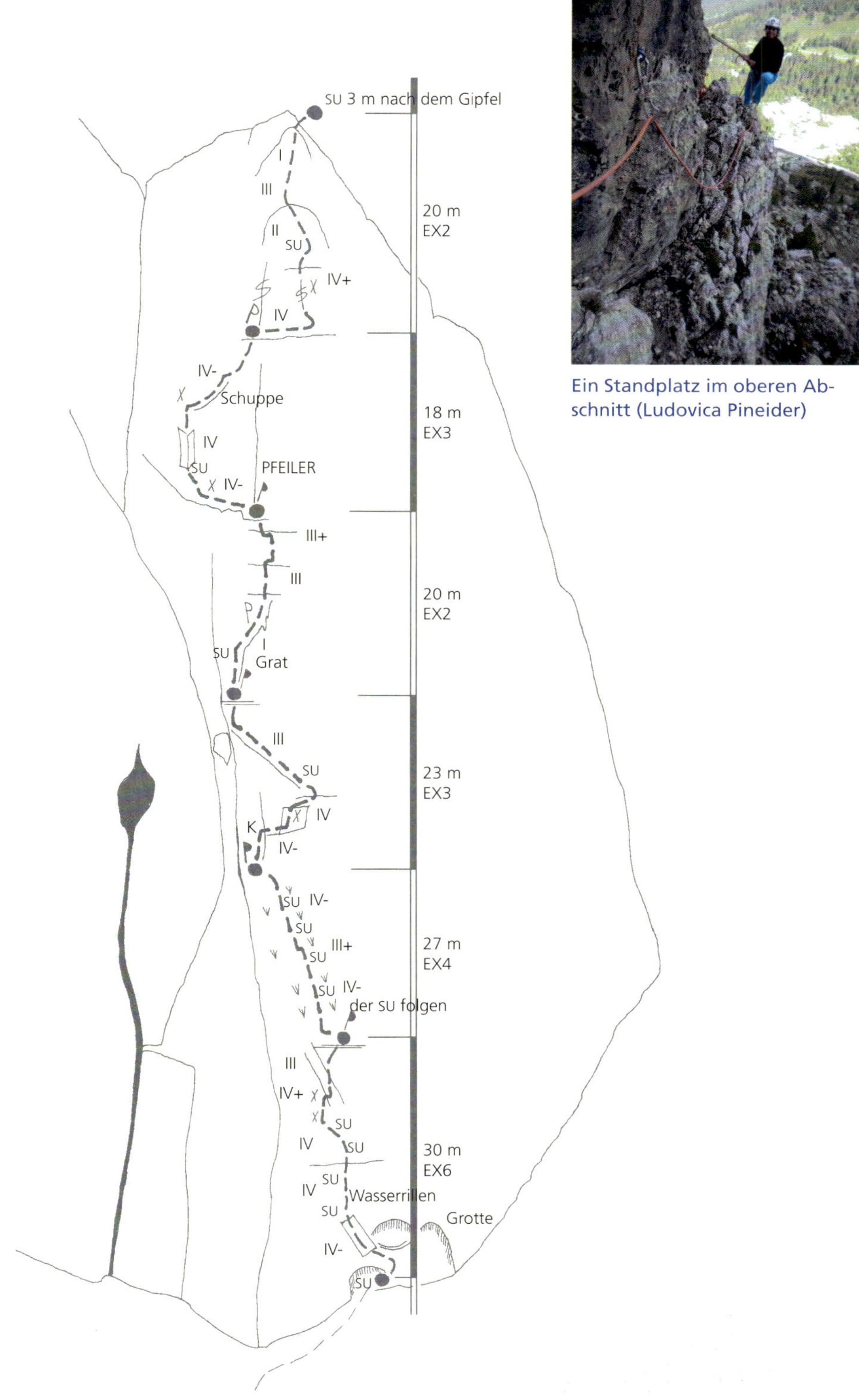

Ein Standplatz im oberen Abschnitt (Ludovica Pineider)

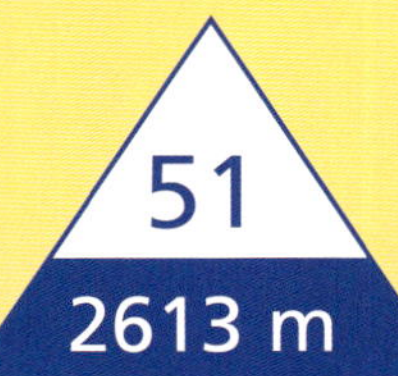

KLEINER MURFRËITTURM

ERSTBEGEHER
O. Tauber Juni 1918

SELLAGRUPPE

»Tauber«-Führe (Nordostwand)

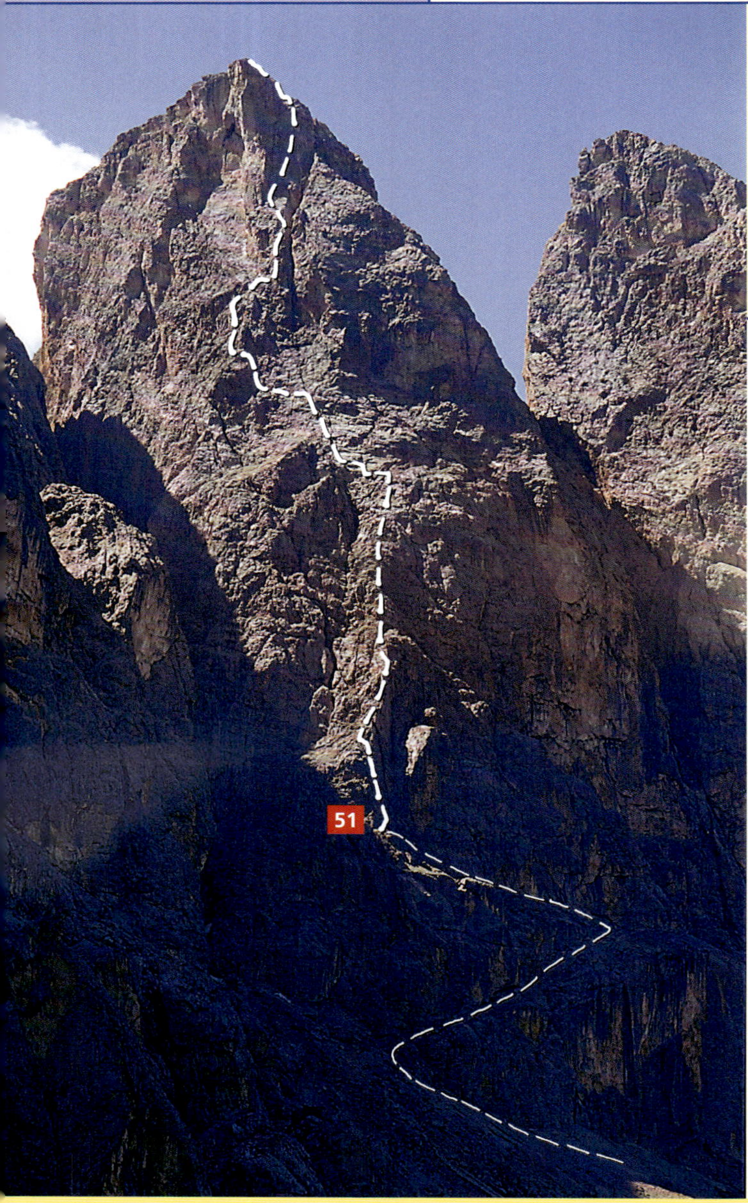

Schwierigkeit: V
Höhenunterschied: 400 m
Kletterstrecke: 476 m
Seillängen: 13
Stunden: 4.5–5
Fels: gut, einige Seillängen ausgezeichnet und zu säubern
Ausrüstung: NAA; Friends Nr. 0,5|2|2,5|3; Stopper Nr. 5|6|7; einige Haken

EIGENSCHAFTEN

Alpine Route mit modifizierter Kletterstrecke. Die Schlüsselstelle ist die sechste Seillänge. Beeindruckend ist der abschließende Abschnitt. Abwechslungsreiche Genugtuung verleihende Kletterei und schöner Gipfel. Langer Abstieg.

ZUGANG

Aus Gröden kommend, am flachen Straßenabschnitt zum Grödner Joch, bei der ersten Ausweichmöglichkeit links parken. Nun erst nach links auf einen Pfad und dann gerade hinauf zum Östlichen Turm der Mëisules dala Biesces gehen. Den Pfad nach links Richtung Murfrëitwasserfall hinaufsteigen und rechts den aufsteigenden Bändern folgen. Nach ca. 60 m das geröllige Band nach links zum Einstieg queren. 40 Min.

ABSTIEG

Von der Ebene erst kurz Richtung Süden gehen, dann

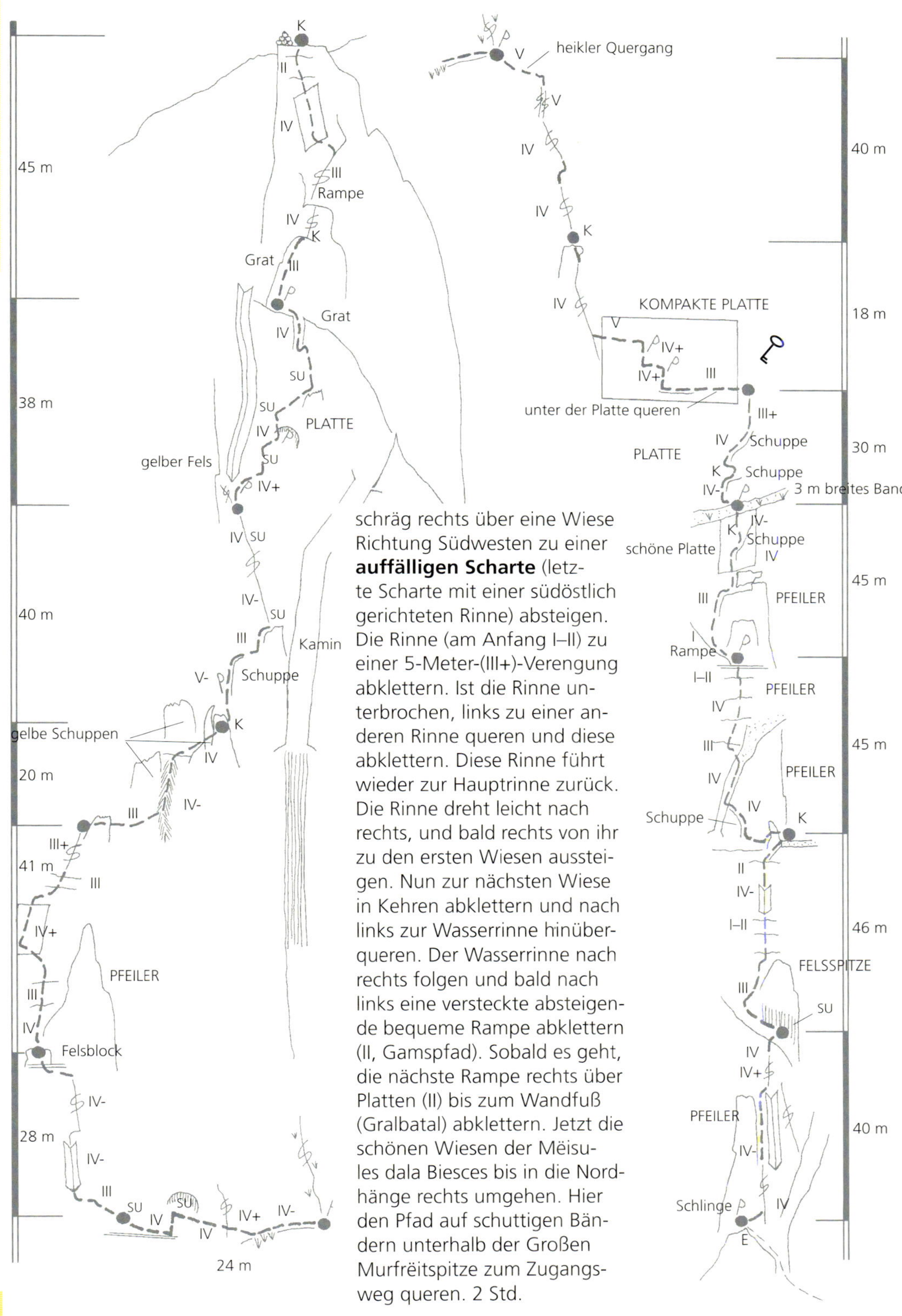

schräg rechts über eine Wiese Richtung Südwesten zu einer **auffälligen Scharte** (letzte Scharte mit einer südöstlich gerichteten Rinne) absteigen. Die Rinne (am Anfang I–II) zu einer 5-Meter-(III+)-Verengung abklettern. Ist die Rinne unterbrochen, links zu einer anderen Rinne queren und diese abklettern. Diese Rinne führt wieder zur Hauptrinne zurück. Die Rinne dreht leicht nach rechts, und bald rechts von ihr zu den ersten Wiesen aussteigen. Nun zur nächsten Wiese in Kehren abklettern und nach links zur Wasserrinne hinüberqueren. Der Wasserrinne nach rechts folgen und bald nach links eine versteckte absteigende bequeme Rampe abklettern (II, Gamspfad). Sobald es geht, die nächste Rampe rechts über Platten (II) bis zum Wandfuß (Gralbatal) abklettern. Jetzt die schönen Wiesen der Mëisules dala Biesces bis in die Nordhänge rechts umgehen. Hier den Pfad auf schuttigen Bändern unterhalb der Großen Murfrëitspitze zum Zugangsweg queren. 2 Std.

KLEINER MURFRËITTURM

ERSTBEGEHER
Spiro Dalla Porta Xydias und A. Frattola 16.8.1945

SELLAGRUPPE

»Xydias«-Führe (Südwand)

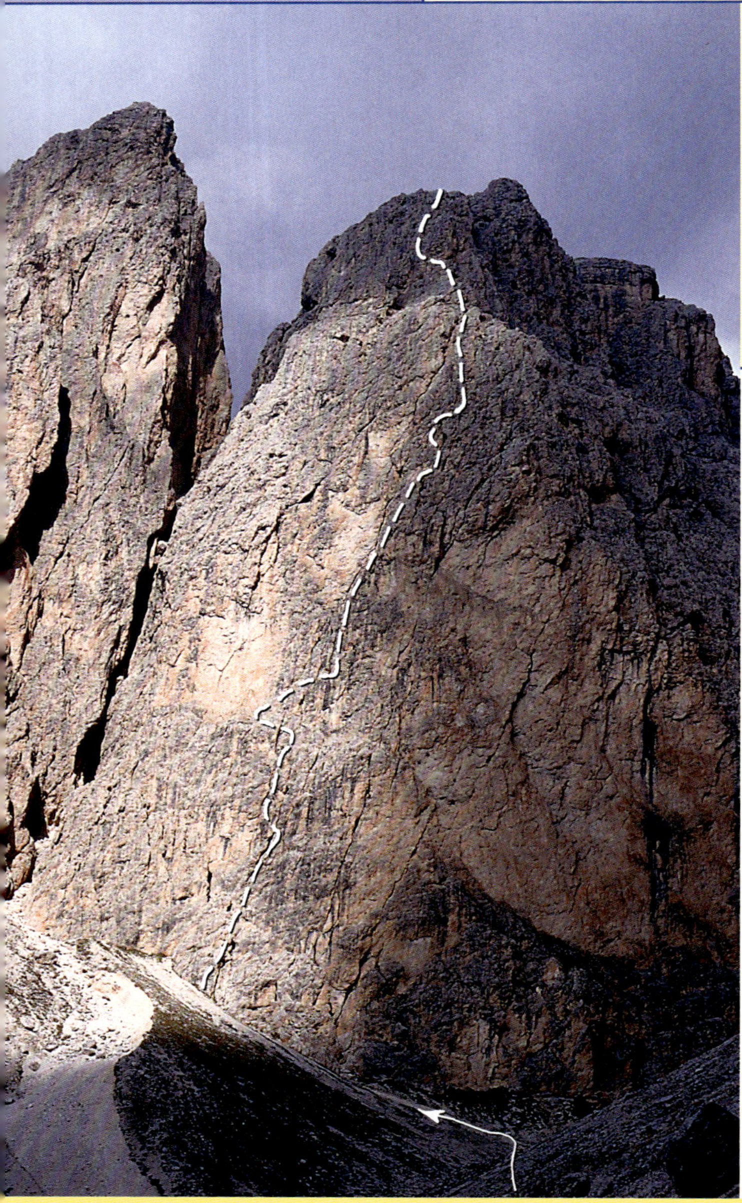

Schwierigkeit: IV+, eine Stelle V
Höhenunterschied: 300 m + 60 m zum ersten Vorgipfel
Kletterstrecke: 348 m + 80 m zum ersten Vorgipfel
Seillängen: 11 + 80 m zum ersten Vorgipfel
Stunden: 3.5–4
Fels: gut/ausgezeichnet, etwas zu säubern
Ausrüstung: NAA; Friend Nr. 3; einige Haken für Standplätze

EIGENSCHAFTEN
Interessante Kletterroute mit alpinem Ambiente. Schlüsselabschnitt bereits in der zweiten Seillänge.

ZUGANG
Von Wolkenstein Richtung Sellajoch fahren. Vor der großen Kiesgrube parken, dann durch Wald und Wiesen zu den steilen Vorbauwänden des Piz Miara hinaufgehen. Hier dem Schaf-/Gamsband nach links ins breite Gralbatal und einem Pfad zum gut sichtbaren Einstieg folgen. 1.10 Std.

ABSTIEG
Vom Vorgipfel zum zweiten Vorgipfel hinaufklettern (ca. 80 m I, großer Steinmann). Gleich danach an der **auffälligen Scharte** die rechte Rinne Richtung Südosten abklettern. Nun siehe Abstiegsroute Nr. 51 zum Wandfuß (Gralbatal). 1 Std.

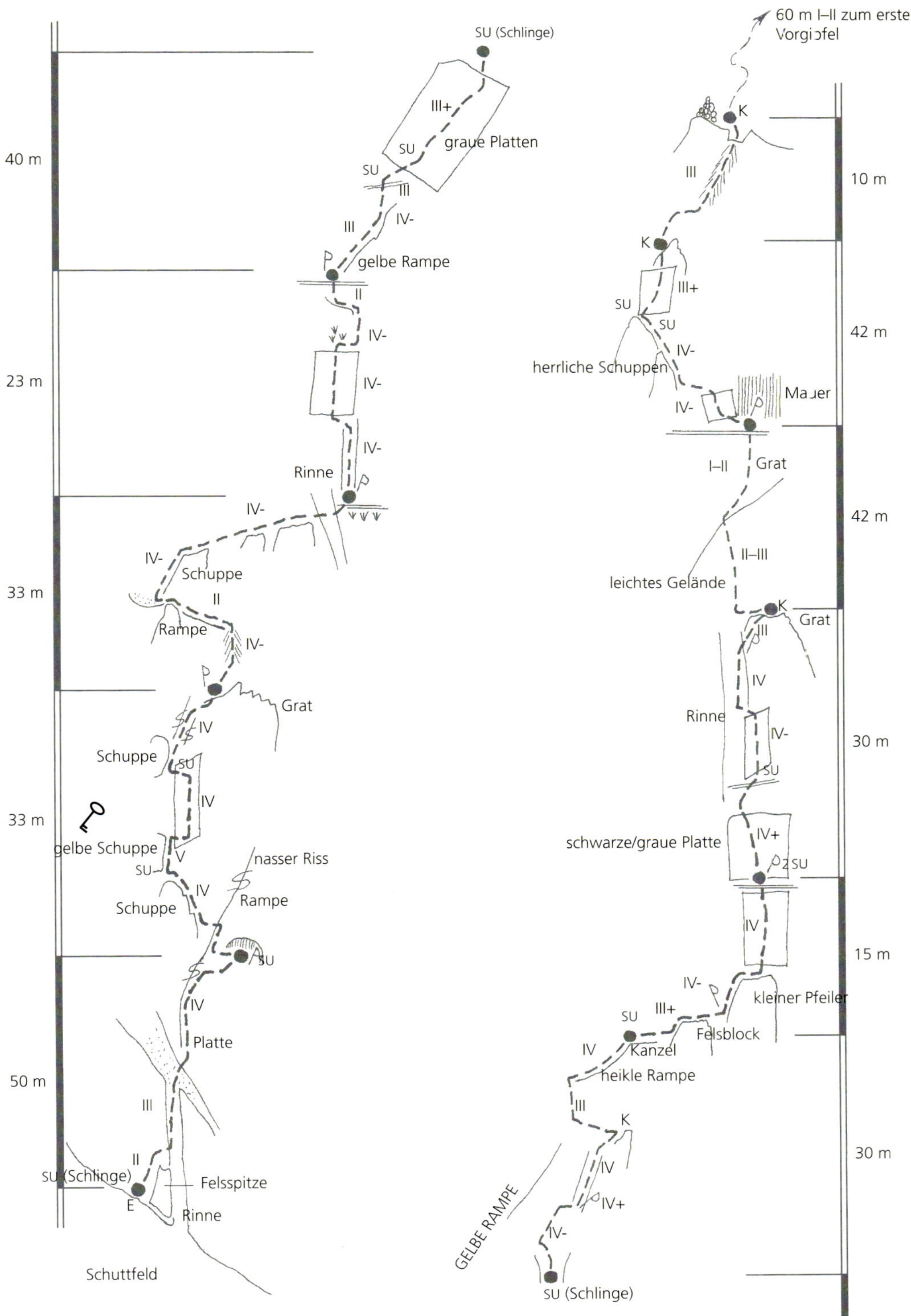

SU (Schlinge)
III+
SU
graue Platten
SU
III
IV-
III
40 m
gelbe Rampe
II
IV-
IV-
23 m
IV-
Rinne
IV-
IV-
Schuppe
33 m
II
Rampe
IV-
Grat
IV
Schuppe
SU
IV
33 m
gelbe Schuppe
V
SU
nasser Riss
IV
Schuppe
Rampe
SU
IV
Platte
50 m
III
II
SU (Schlinge)
E
Felsspitze
Rinne
Schuttfeld
60 m I–II zum ersten Vorgipfel
K
III
10 m
K
III+
SU
SU
42 m
IV-
herrliche Schuppen
Mauer
IV-
I–II
Grat
42 m
II–III
leichtes Gelände
K
Grat
III
IV
Rinne
IV-
30 m
SU
schwarze/graue Platte
IV+
2 SU
IV
15 m
IV-
kleiner Pfeiler
SU
III+
Felsblock
IV
Kanzel
heikle Rampe
III
K
IV
IV+
30 m
GELBE RAMPE
IV-
SU (Schlinge)

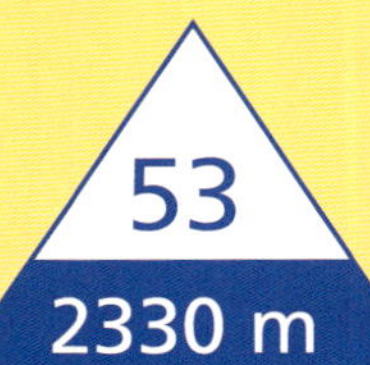

ÖSTL. TURM DER MËISULES DALA BIESCES

ERSTBEGEHER
M. Bernardi und Dietmar Insam
25.7.2014

SELLAGRUPPE

»Magic 57«-Führe (Ostwand)

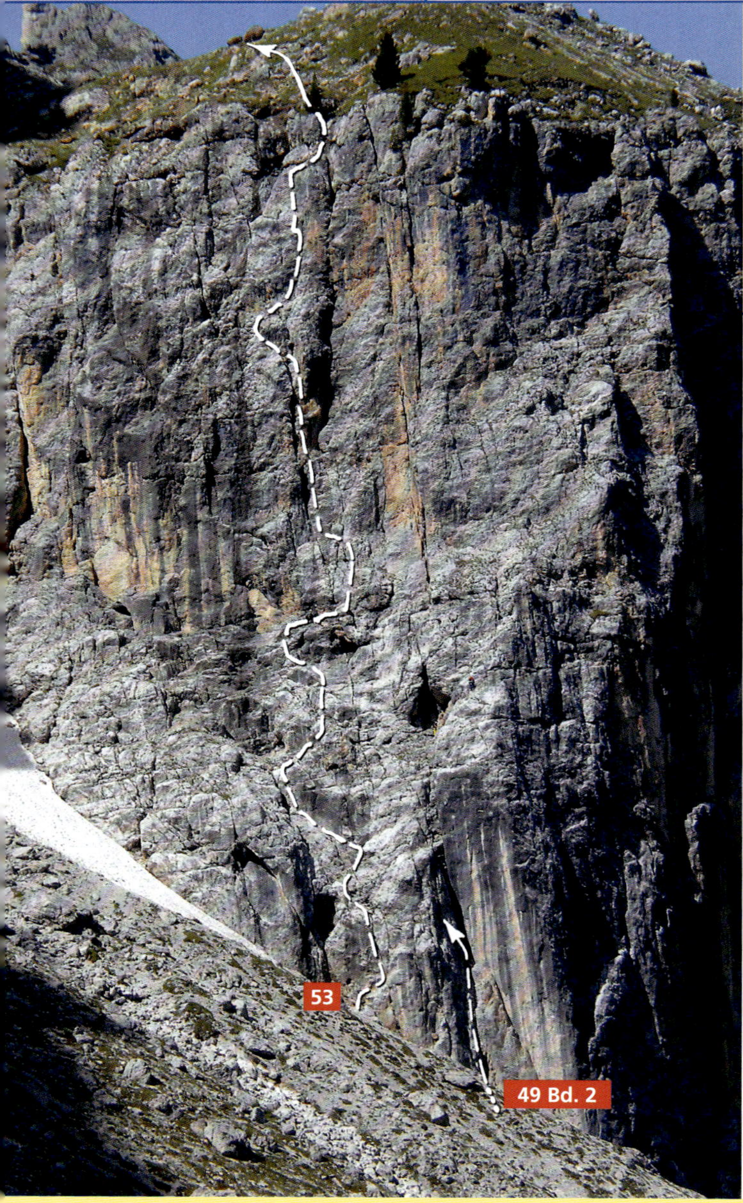

Schwierigkeit: V+
Höhenunterschied: 130 m
Kletterstrecke: 149 m
Seillängen: 5
Stunden: 2.5–3
Fels: ausgezeichnet, etwas zu säubern
Ausrüstung: NAA; Friends Nr. 2|3; Stopper Nr. 6|8|9; einige Haken für Standplätze

53

49 Bd. 2

EIGENSCHAFTEN
Elegante Kletterei, speziell die vorletzte Seillänge.

ZUGANG
Aus Gröden kommend, am flachen Straßenabschnitt zum Grödner Joch linksseitig, bei der ersten Ausweichmöglichkeit parken. Nun erst nach links auf einem Pfad und dann gerade hinauf zum Östlichen Turm der Mëisules dala Biesces gehen. Dann links über eine Rinne zum Einstieg hinaufsteigen. 25 Min.

ABSTIEG
Zum Gipfelbuch bergauf steigen, dann Richtung Norden und dem Pfad nach links über Schuttbänder Richtung Murfrëitwasserfall folgen. Vom Bandende über Pfad zum Einstieg der Route absteigen. 30 Min.

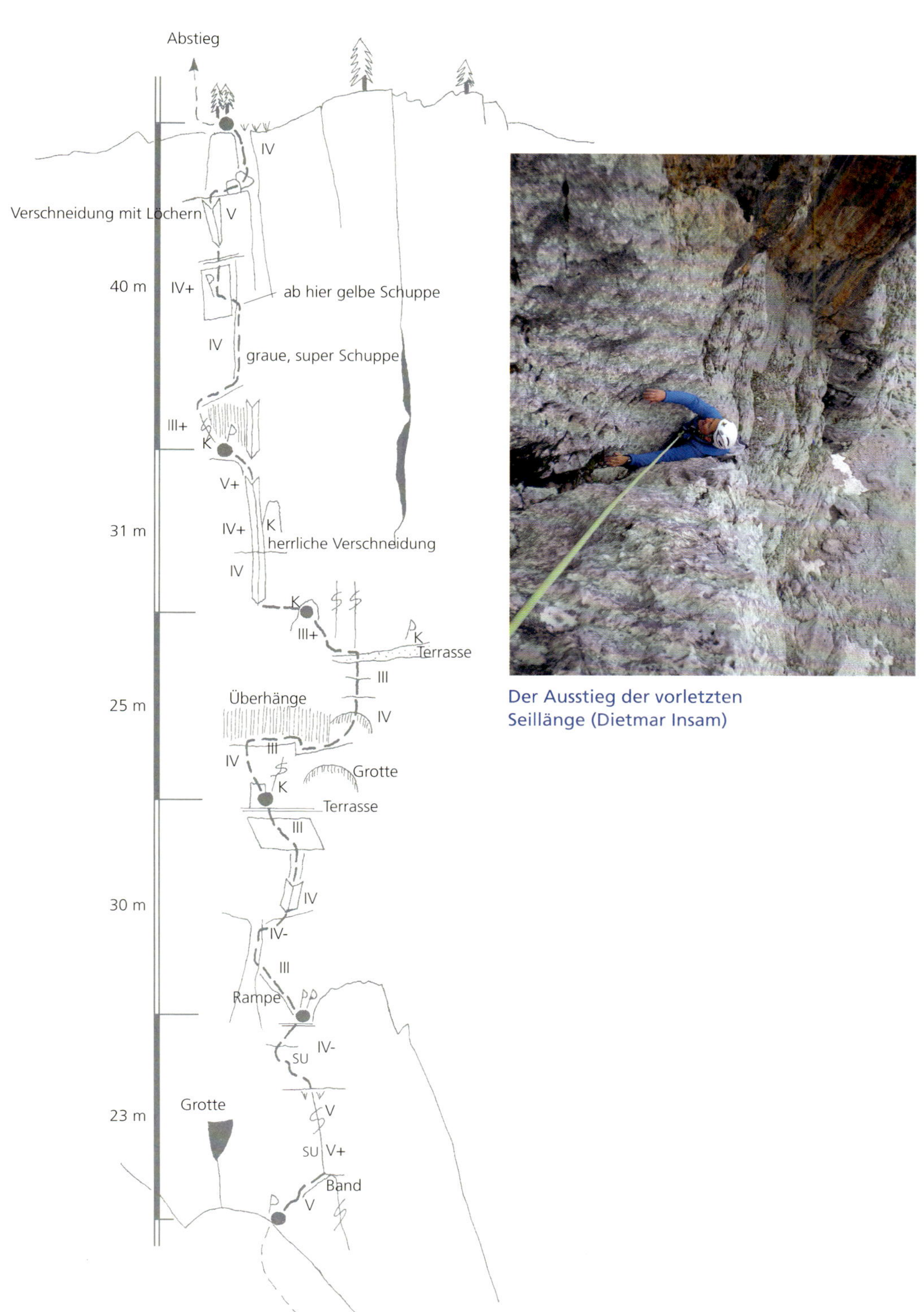

Der Ausstieg der vorletzten Seillänge (Dietmar Insam)

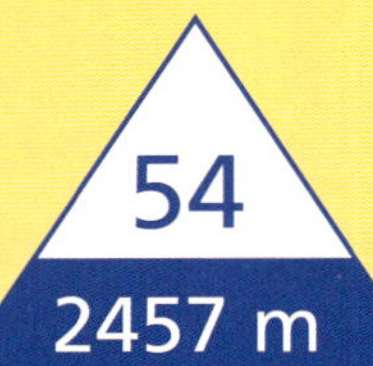

MËISULES DALA BIESCES

ERSTBEGEHER
Adam Holzknecht und Dieter Demetz 2.7.1987

SELLAGRUPPE

»Trinele«-Führe (Westwand)

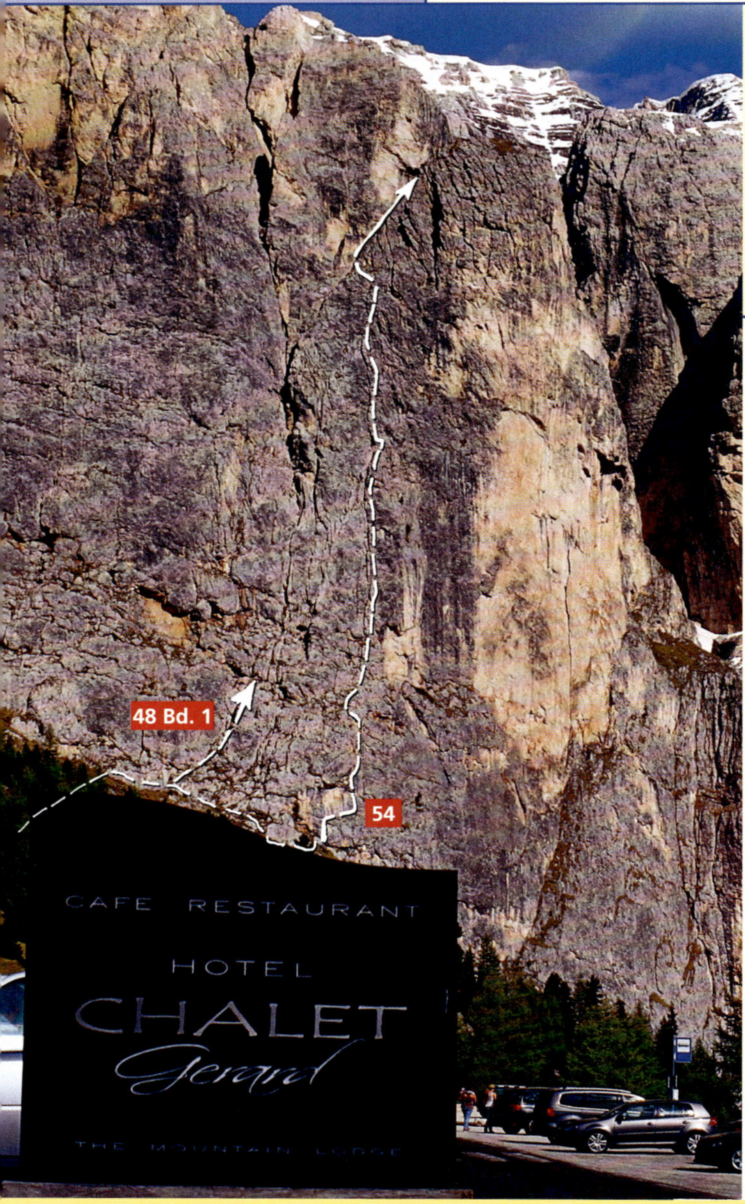

Schwierigkeit: VI-
Höhenunterschied: 200 m
Kletterstrecke: 214 m + 80 m zur Wiese
Seillängen: 7 + 2 zur Wiese
Stunden: 3
Fels: gut/ausgezeichnet
Ausrüstung: NAA; Friends Nr. 2|2,5|3|3,5|4; große Stopper; einige Haken

EIGENSCHAFTEN

Alpine Route, erfordert athletische Kletterei. Man kann sich mit Friends und Stoppern gut absichern. Die zweite Seillänge nur bei trockenen Bedingungen.

ZUGANG

Von Wolkenstein Richtung Grödner Joch fahren. Nach dem Restaurant Gerard und 200 m nach der ersten Kehre rechts parken. Nun schräg über eine Wiese und Wald Richtung Wand zum Einstieg der »Ypsilon-Riss«-Führe hinaufgehen. Nun etwas absteigen, dann waagerecht über Gras queren (Süden) und abschließend gerade hoch zum Einstieg klettern (III exponiert). 30 Min.

ABSTIEG

Von der Wiese Richtung Norden ca. 150 m zu einem großen Felsblock hinauf. Hier beginnt die Abseilpiste entlang der »L nëin«-Führe: **1.** 50 m,

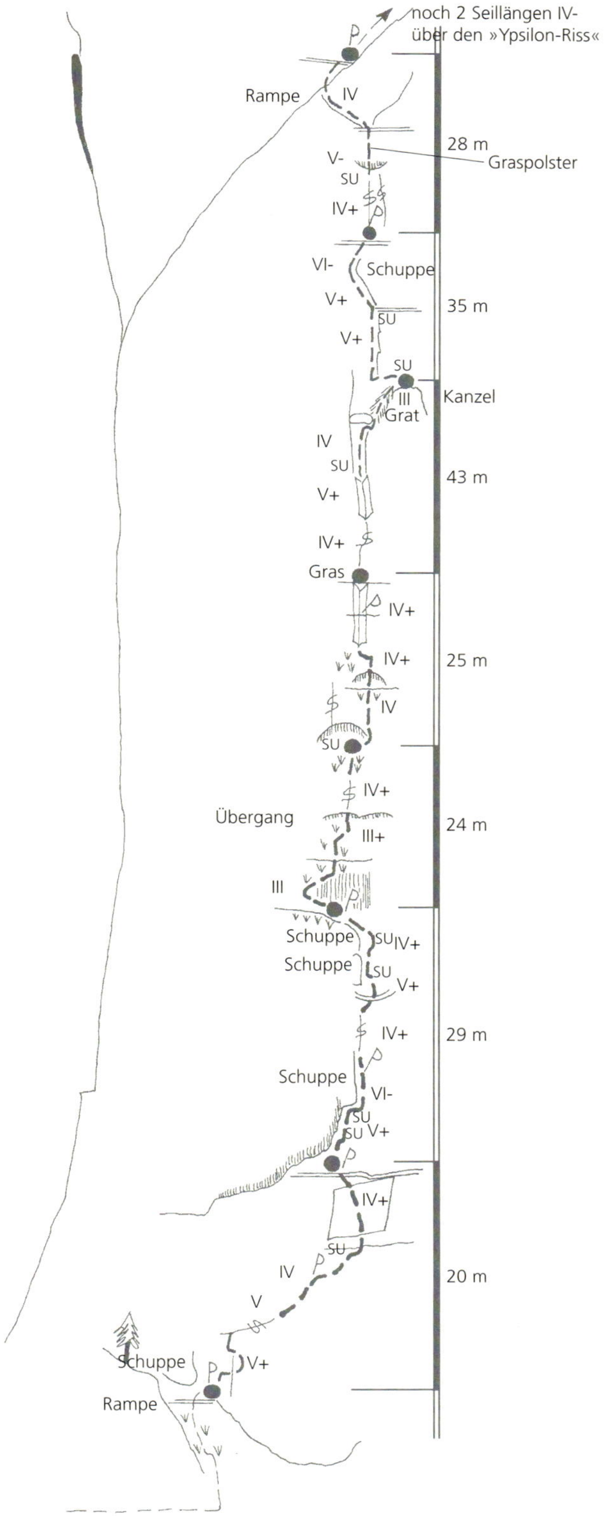

noch 2 Seillängen IV-
über den »Ypsilon-Riss«
Rampe
IV
28 m
V-
Graspolster
SU
IV+
VI-
Schuppe
V+
35 m
SU
V+
SU
Kanzel
III
Grat
IV
SU
43 m
V+
IV+
Gras
IV+
IV+
25 m
IV
SU
IV+
Übergang
24 m
III+
III
Schuppe
SU IV+
Schuppe
SU
V+
IV+
29 m
Schuppe
VI-
SU
SU V+
IV+
SU
IV
20 m
V
Schuppe
V+
Rampe

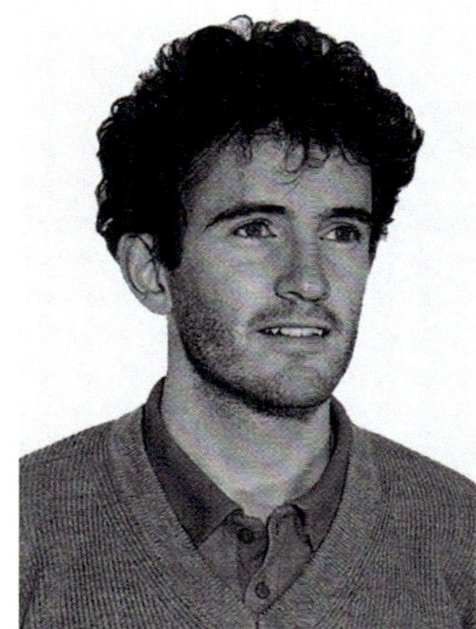

Der »Cator« Dieter Demetz, Miterschließer der Route

2. 13 m, **3.** 45 m zum Gipfelbuch, **4.** 45 m der Platte Richtung Süden folgen, nicht entlang der Falllinie, **5.** 45 m, **6.** 45 m, **7.** 50 m und 25 m (II) zum Einstieg der »Ypsilon-Riss«-Führe abklettern. Nun über Wiesen und Wald zum Parkplatz absteigen. 1.15 Std. Oder zu Fuß: das Gralbatal über Wiesen Richtung Südosten absteigen, dann die Wasserrinne nach rechts zum Beginn des Gralbatal-Wasserfalls abklettern. Links der Rinne befindet sich der letzte Standplatz der »Whitepools«-Führe. Vom Standplatz 7 m waagrecht nach links (Süden) beginnt die Abseilpiste (ab hier siehe Abstiegsroute Nr. 56). Vom Fuße des Gralbatal-Wasserfalls unter den Mëisules-dala-Biesces-Wänden über Wiesen und Wald zum Parkplatz hinaufgehen. 1.30 Std.

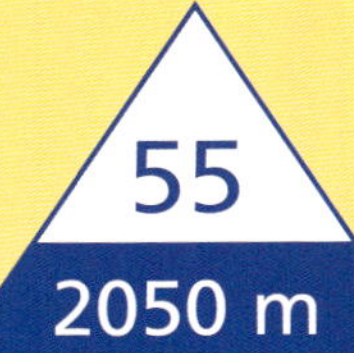

CANSLA

ERSCHLIESSER
Klaus und Gregor Demetz
9.10.2014

SELLAGRUPPE

»Traumfänger«-Führe (Westwand)

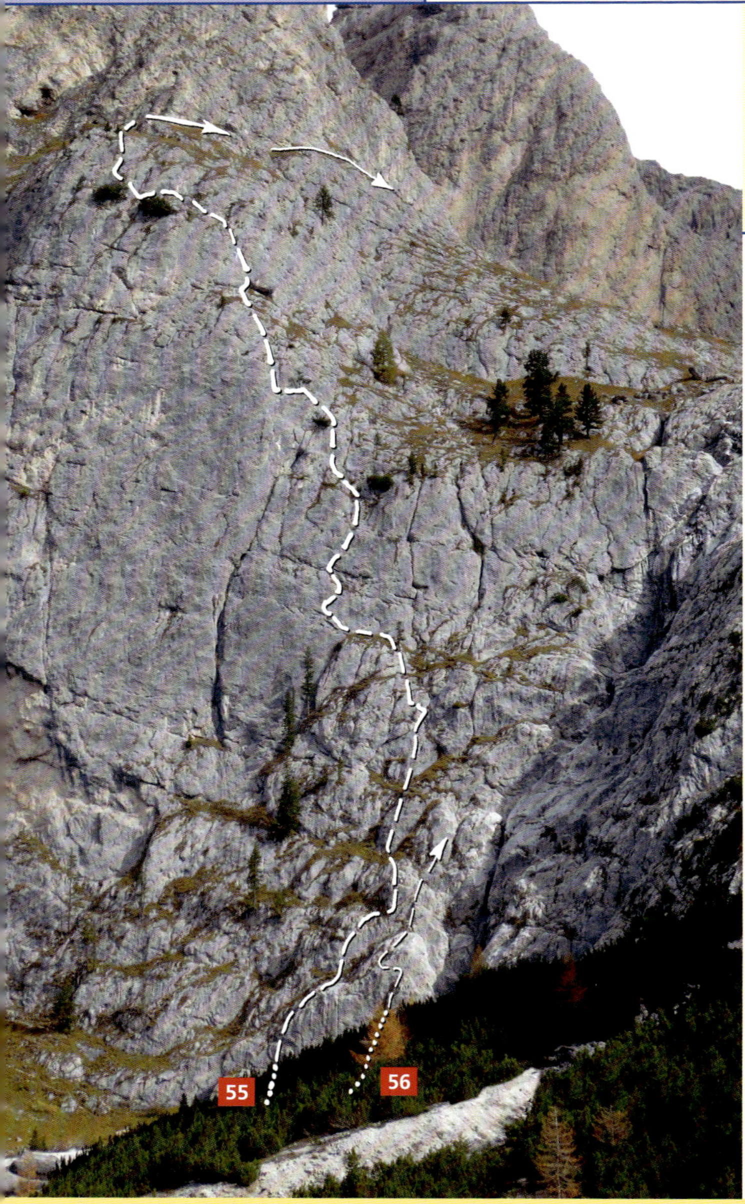

Schwierigkeit: VI- A0 (VII-)
Höhenunterschied: 250 m
Kletterstrecke: 296 m
Seillängen: 11
Stunden: 4
Fels: ausgezeichnet
Ausrüstung: 9 Expressschlingen

EIGENSCHAFTEN

Interessante Kletterroute über Platten, Schuppen und Risse. Kurze leichte Grasübergänge.

ZUGANG

Von Wolkenstein Richtung Sellajoch fahren. Nach der Abzweigung Grödner-/Sellajoch bei einer Ausweichmöglichkeit rechts parken (die Wand ist von hier aus schon gut sichtbar). Dem Pfad links von den Schuttfeldern des Wasserfalls zum Einstieg folgen. 10 Min.

ABSTIEG

Vom letzten Standplatz über die Wiese zu den Felswänden hinaufgehen. Dann Richtung Süden queren und eine kurze Rinne 5 m (III) hochklettern. Die Wiese zur Wasserrinne absteigend queren, die zum Beginn des Gralbatal-Wasserfalls führt (rechts der Rinne abklettern). Am Beginn des Gralbatal-Wasserfalls links zum letzten Standplatz der »Whitepools«-Führe queren. Hier siehe Abstiegsroute Nr. 56. 1 Std.

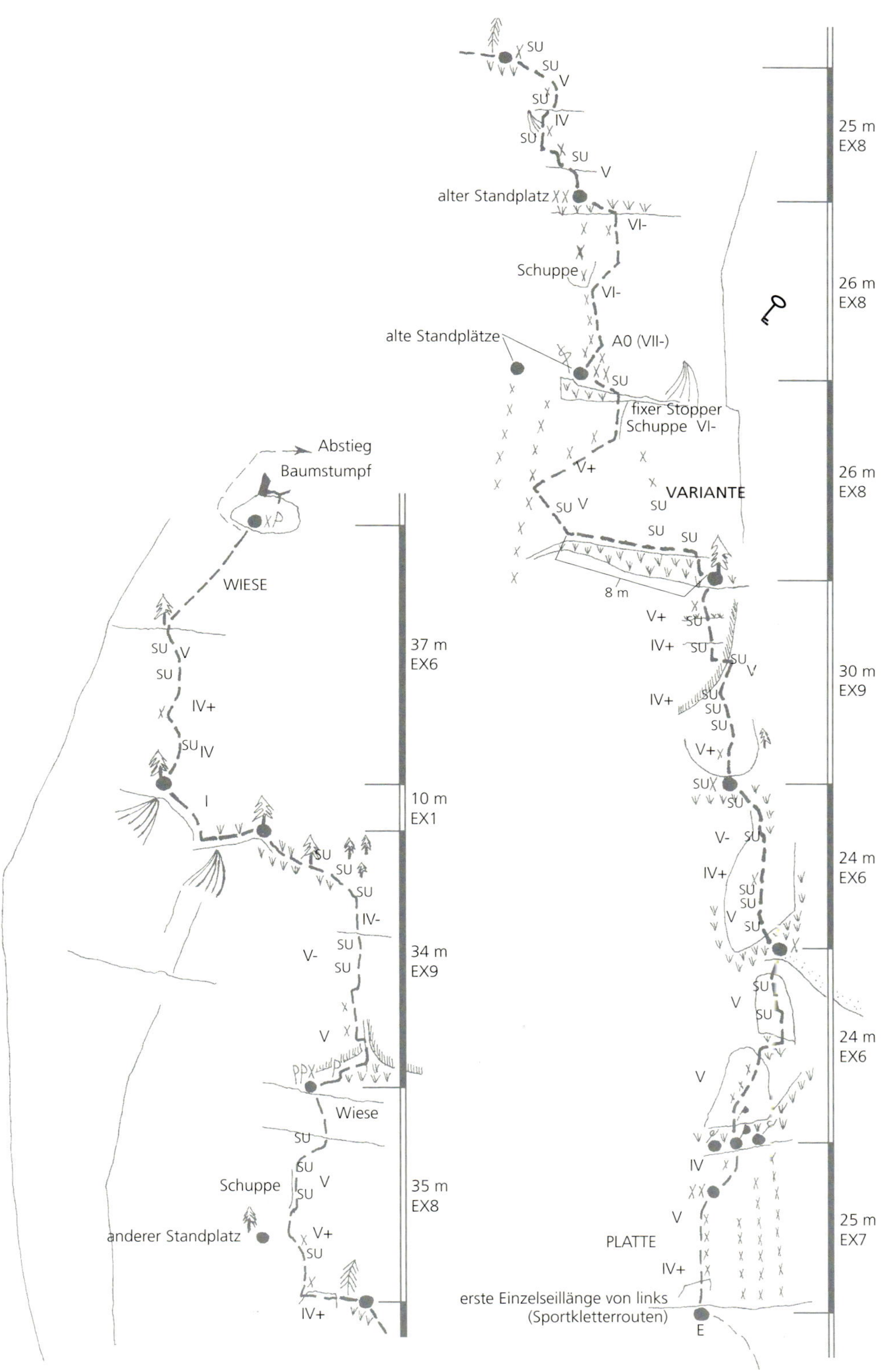

SU
SU
V
SU
IV
SU
SU
V
alter Standplatz
VI-
Schuppe
VI-
alte Standplätze
A0 (VII-)
SU
fixer Stopper
Schuppe VI-
V+
VARIANTE
SU V
SU
SU
SU
8 m
V+
SU
IV+
SU
SU
V
IV+
SU
SU
SU
V+
SU
SU
V-
SU
IV+
SU
SU
V
SU
SU
V
SU
V
IV
V
PLATTE
IV+
erste Einzelseillänge von links
(Sportkletterrouten)
E
25 m
EX8
26 m
EX8
26 m
EX8
30 m
EX9
24 m
EX6
24 m
EX6
25 m
EX7
Abstieg
Baumstumpf
WIESE
SU
V
SU
IV+
SU
IV
I
SU
SU
SU
IV-
SU
V-
SU
V
Wiese
SU
SU
Schuppe
V
SU
anderer Standplatz
V+
SU
IV+
37 m
EX6
10 m
EX1
34 m
EX9
35 m
EX8

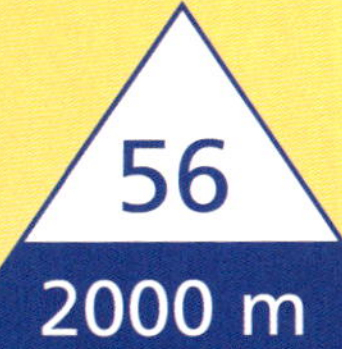

GRALBATAL-WASSERFALL

ERSCHLIESSER
M. Bernardi 26.9.2014

SELLAGRUPPE

»Whitepools«-Führe (Westwand)

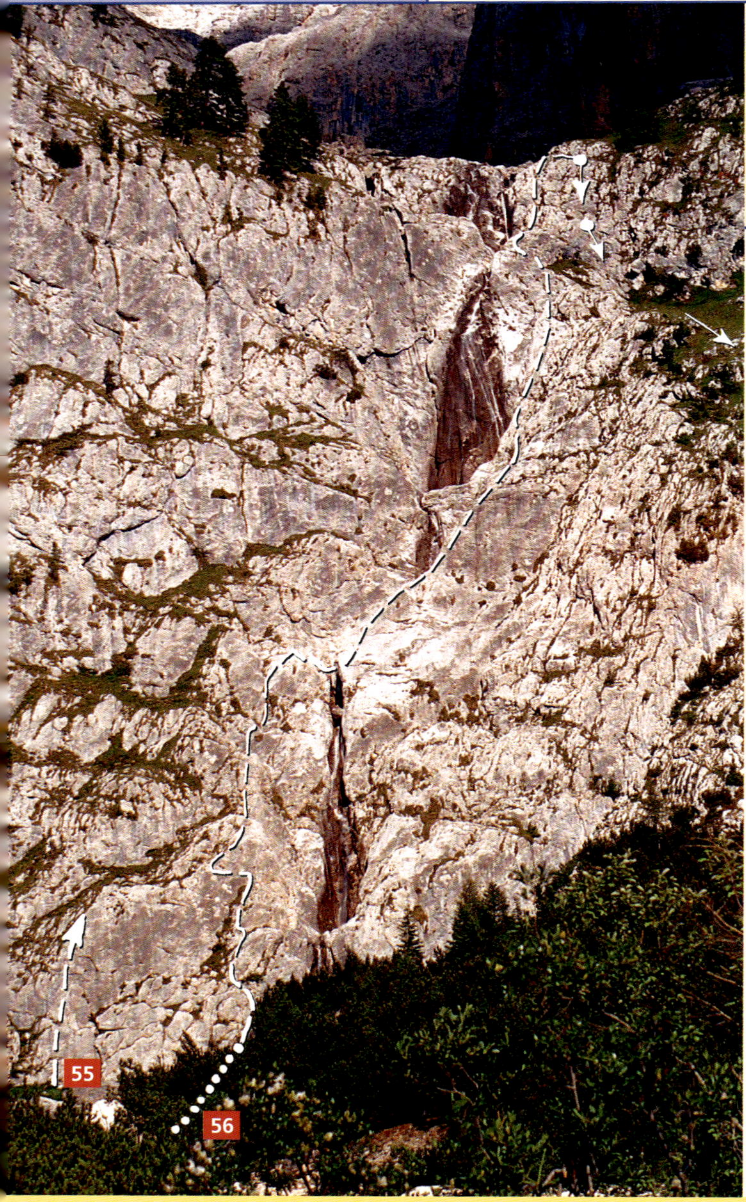

Schwierigkeit: V
Höhenunterschied: 180 m
Kletterstrecke: 202 m
Seillängen: 7
Stunden: 2.5–3
Fels: ausgezeichnet
Ausrüstung: 6 Expressschlingen

EIGENSCHAFTEN
Abwechslungsreiche Route über schöne geneigte Platten. Bequemer Abstieg.

ZUGANG
Siehe Route Nr. 55.

ABSTIEG
Vom letzten Standplatz 7 m Richtung Süden queren. Hier 2-mal (19 m und 20 m) abseilen. Nun ca. 50 m die Wiese und dann links zu einer Grasrinne hinuntergehen. Einige Meter tiefer 2-mal (19 m und 18 m) abseilen. Über einen bequemen Weg bald zum Einstieg. 40 Min.

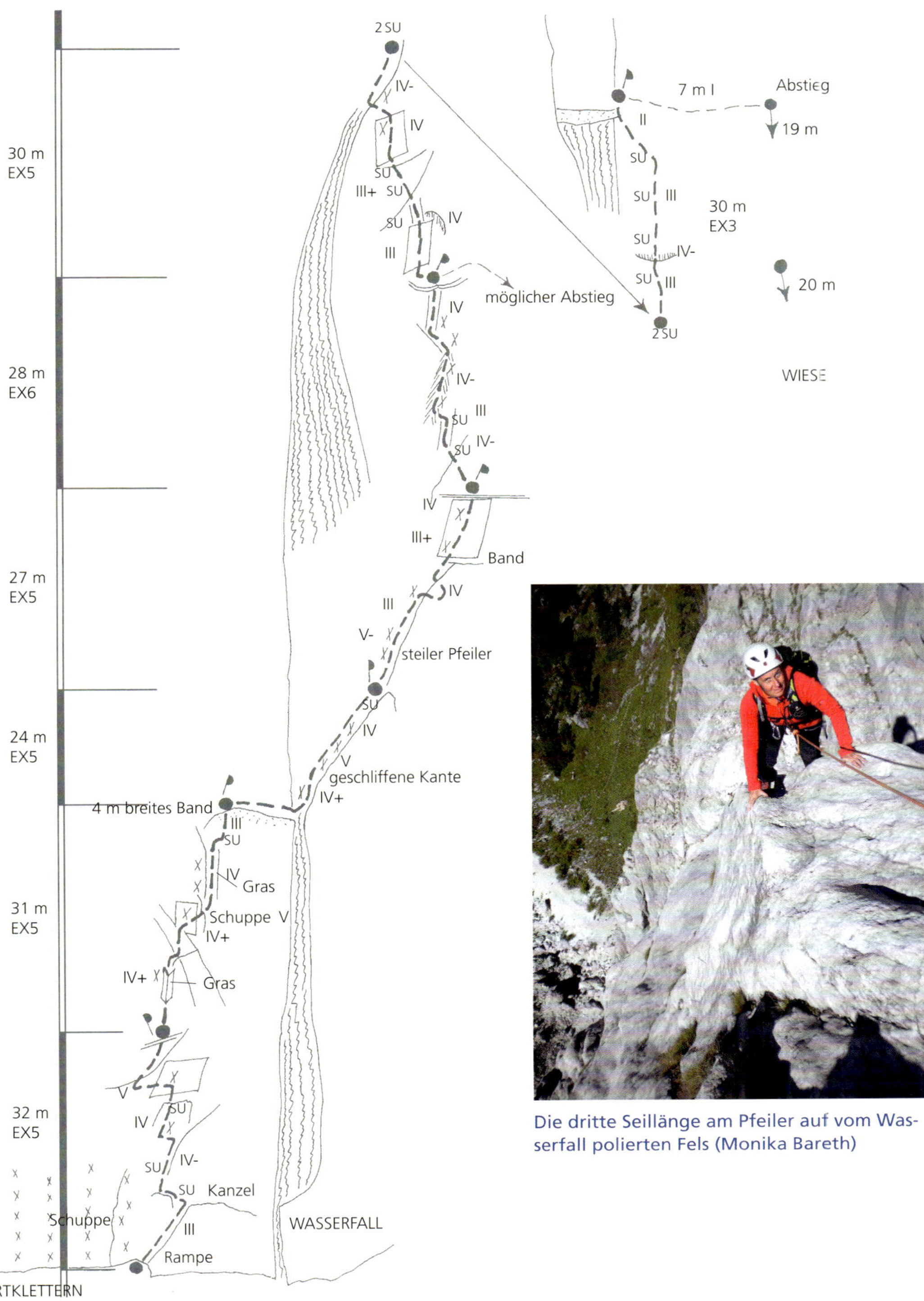

Die dritte Seillänge am Pfeiler auf vom Wasserfall polierten Fels (Monika Bareth)

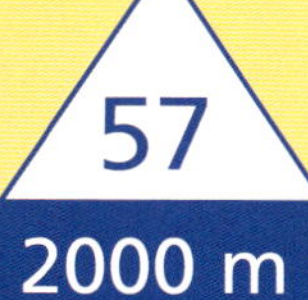

CIAMPANIL »DO BUGONS«

ERSCHLIESSER
Hubert Moroder und Christian Denicolò 1993

SELLAGRUPPE

»Mode«-Führe (Westpfeiler)

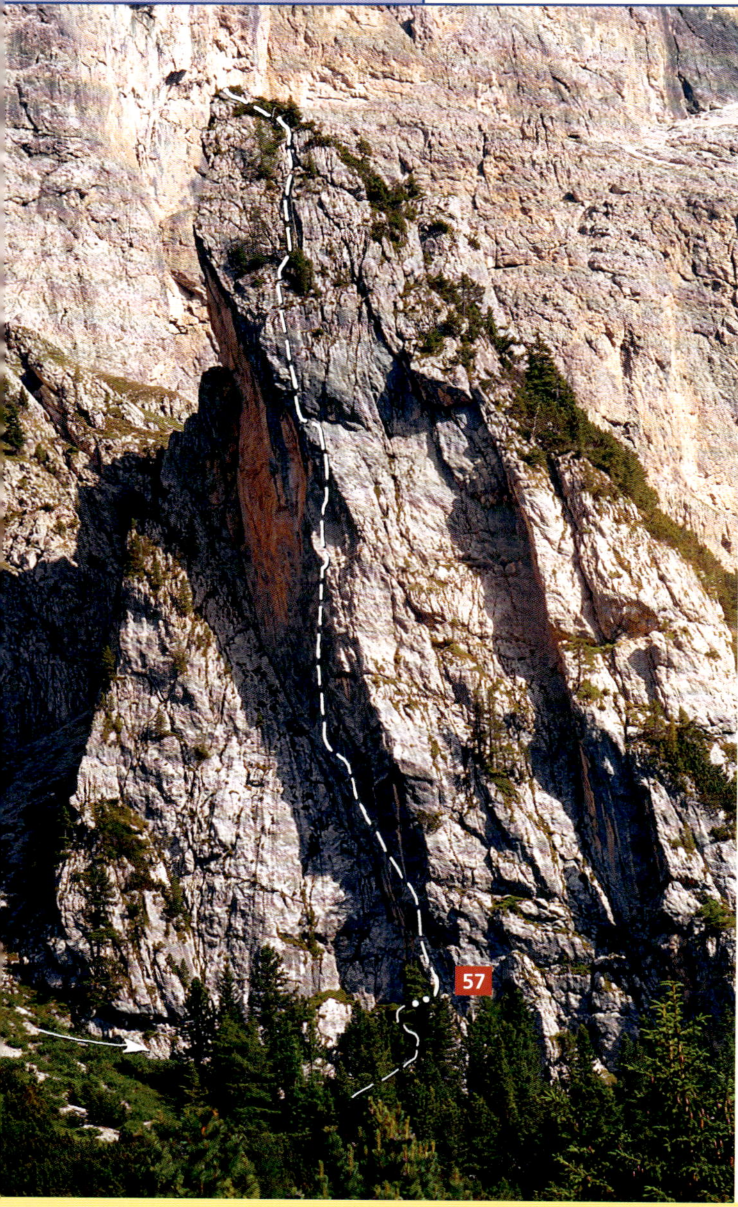

Schwierigkeit: 6c/7a (oblig. 6b)
Höhenunterschied: 120 m
Kletterstrecke: 131 m
Seillängen: 5
Stunden: 3
Fels: ausgezeichnet
Ausrüstung: 14 Expressschlingen; Friend Nr. 2; 60-Meter-Seil

EIGENSCHAFTEN
Eine harte Sportkletterroute. Nur bei trockenen Bedingungen.

ZUGANG
Siehe Route Nr. 55, aber beim Gralbatal-Wasserfall rechts den Pfad zur Rinne mit Felsverblockungen gehen. Die Rinne überschreiten (Steinmann) und über einen aufsteigenden Pfad zum Latschenwald hinaufsteigen (Steinmann). Nun, wo es möglich ist, weiter gehen, dann 15 m hinuntergehen und waagerecht zum Einstieg queren (Pfeilerfuß). 25 Min.

ABSTIEG
Direkt vom Gipfel Richtung Norden 3-mal abseilen: **1.** 23 m, **2.** 28 m, **3.** 25 m. Nun die Schuttrinne zum Einstieg hinuntergehen. 30 Min.

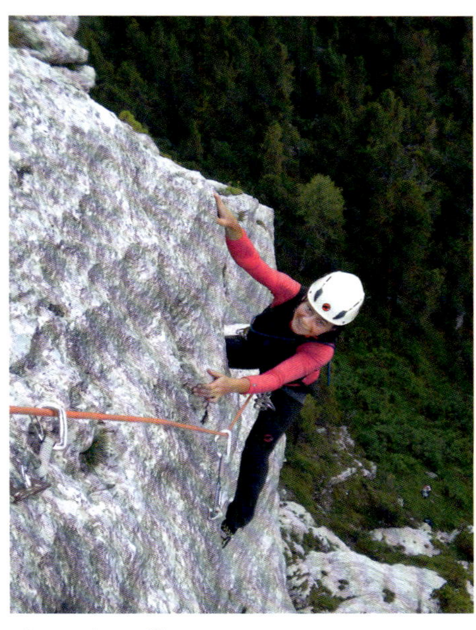

Die zweite Seillänge
(Mara Nogler)

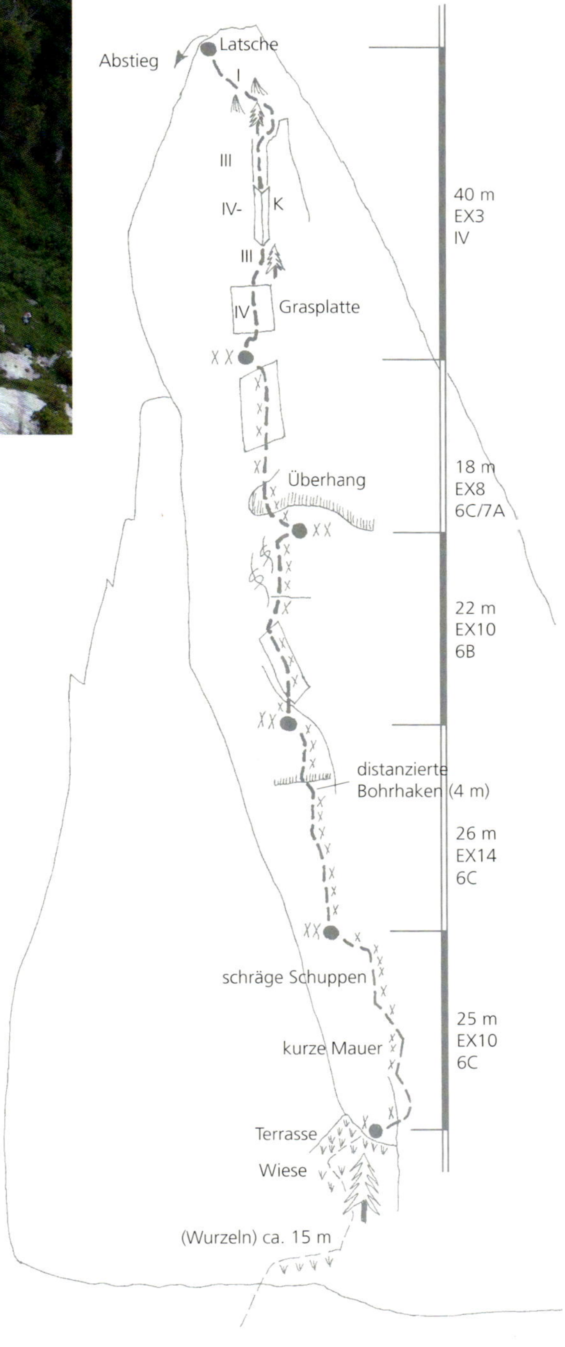

Latsche
Abstieg
I
III
IV-
K
III
IV
Grasplatte
40 m
EX3
IV
Überhang
18 m
EX8
6C/7A
22 m
EX10
6B
distanzierte
Bohrhaken (4 m)
26 m
EX14
6C
schräge Schuppen
kurze Mauer
25 m
EX10
6C
Terrasse
Wiese
(Wurzeln) ca. 15 m

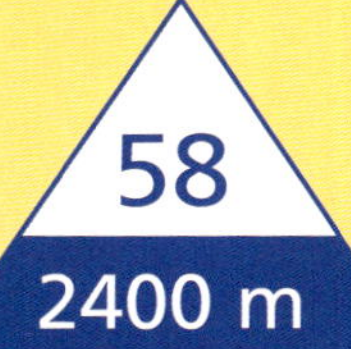

VORBAUWAND DES PIZ MIARA

ERSTBEGEHER
Gregor Demetz und Julia Senoner 30.9.2011

SELLAGRUPPE

»Dut l bon Pia«-Führe (Westwand)

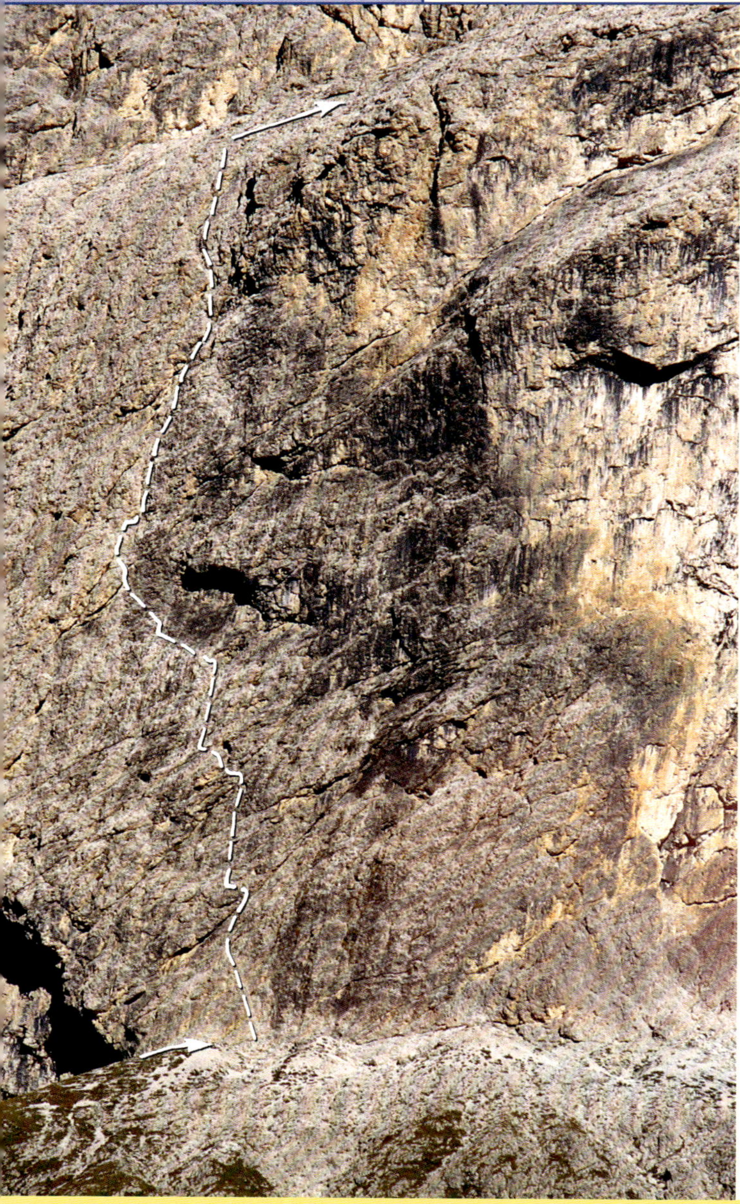

Schwierigkeit: IV
Höhenunterschied: 260 m
Kletterstrecke: 304 m
Seillängen: 9
Stunden: 3
Fels: gut/ausgezeichnet
Ausrüstung: NAA; Friend Nr. 3

EIGENSCHAFTEN

Abwechslungsreiche Kletterroute. Am Anfang über schöne Platten und später über interessante Kamine. Alpinistischer Abstieg.

ZUGANG

Von Wolkenstein Richtung Sellajoch fahren. Vor der großen Kiesgrube parken, dann durch Wald und Wiesen zu den Vorbauwänden des Piz Miara hinaufgehen. Hier nach rechts bald zum Einstieg. 40 Min.

ABSTIEG

Vom letzten Standplatz ca. 300 m Richtung Süden die Schuttfelder queren. Am Quergangsende 40 m zum Sattel hinaufsteigen und gleich eine tiefe Rinne abklettern (II, die linke Gabelung nehmen). Dann links über eine Rampe aussteigen und kleine Rinnen zum Sattel vor der Lorenzospitze abklettern. Nun Richtung Westen die lange, breite Rinne bis 10 m vor deren Ende abklettern. Jetzt rechts queren (III, zwei Sanduhrschlingen) und einer 10 m absteigenden Rampe zur Abseilpiste folgen: **1.** 22 m und 5 m links, **2.** 23 m, **3.** 25 m. Die linke Rinne abklettern (III) und am Rinnenende rechts zur letzten 15-Meter-Abseilstelle. Bald zum Einstieg. 1.30 Std.

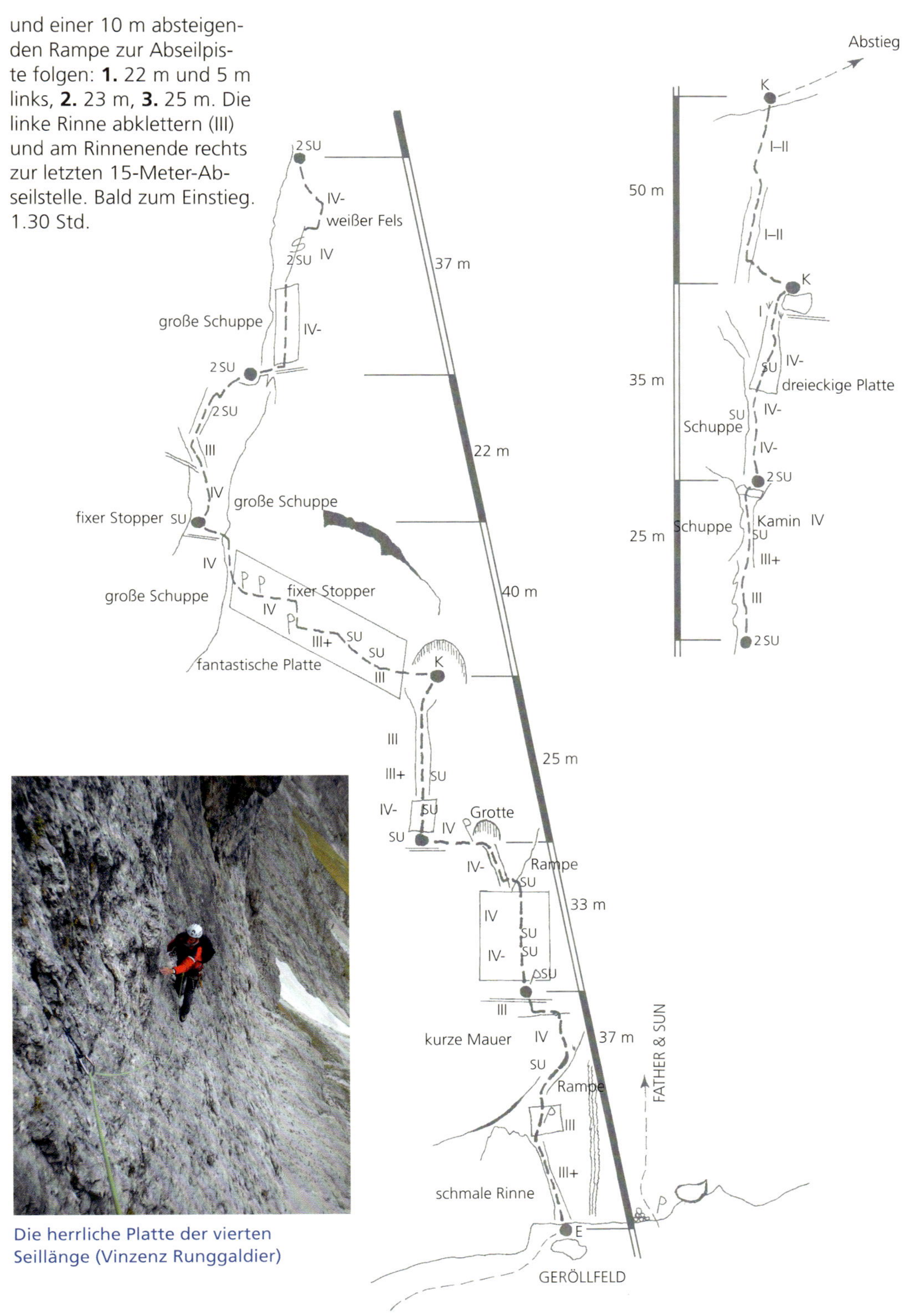

Die herrliche Platte der vierten Seillänge (Vinzenz Runggaldier)

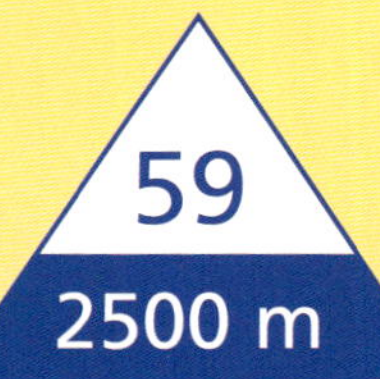

LORENZO-SPITZE

ERSTBEGEHER
M. Bernardi und Sandro Peli
4.9.1996

SELLAGRUPPE

»Bernardi/Peli«-Führe (Westwand)

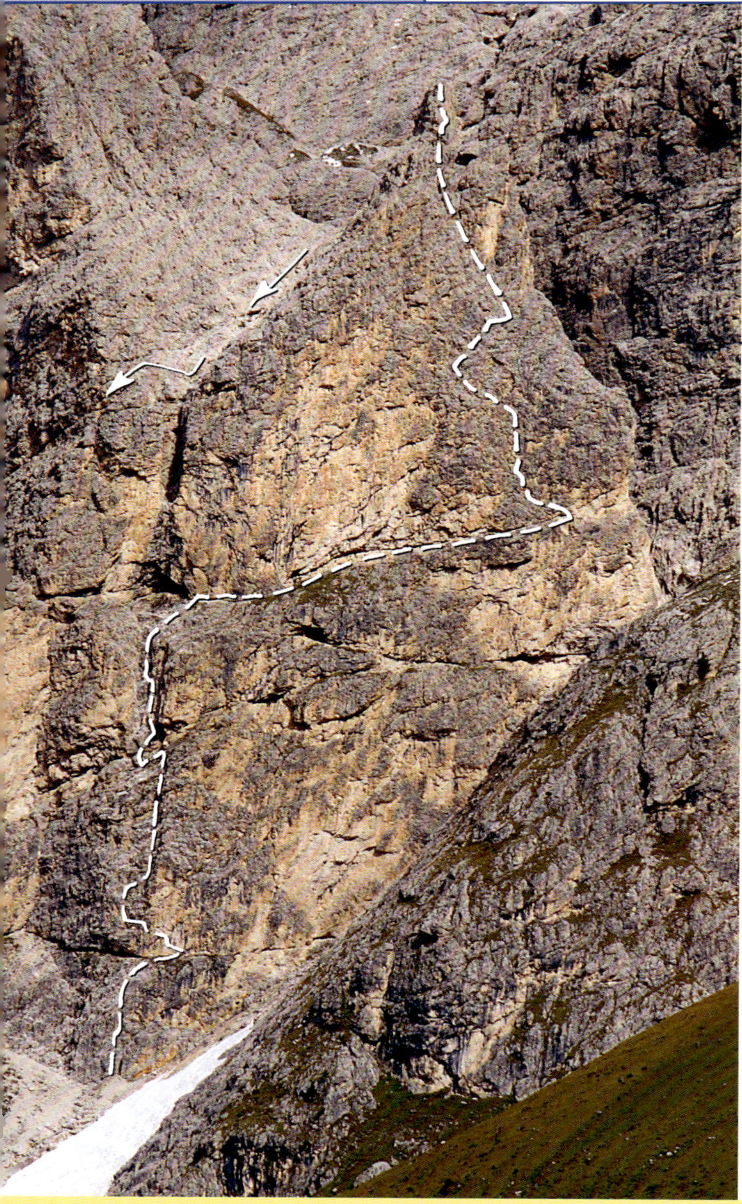

Schwierigkeit: V+
Höhenunterschied: 300 m
Kletterstrecke: 363 m
Seillängen: 10
Stunden: 3.5–4
Fels: die ersten 4 Seillängen ausgezeichnet, die letzten 4 Seillängen gut
Ausrüstung: NAA; Friends Nr. 2|2,5|3|3,5; Stopper Nr. 5|6; einige Haken

EIGENSCHAFTEN
Alpine Auf- und Abstiegsroute. Abwechslungsreiche Kletterroute und schöner Gipfel.

ZUGANG
Von Wolkenstein Richtung Sellajoch fahren und vor der großen Kiesgrube parken. Nun die schuttige Wasserrinne direkt zum Einstieg hinauf. 40 Min.

ABSTIEG
Vom Gipfel 18 m Richtung Westen zu einem Band abseilen. Vom Band rechts queren (Norden) und die erste Rinne zum nächsten Band abklettern. Über dieses Band gelangt man zu einer langen, breiten Rinne, die bis 10 m vor deren Ende abgeklettert wird. Jetzt rechts queren (III, zwei Sanduhrschlingen) und einer 10 m absteigenden Rampe zur Abseilpiste folgen: **1.** 22 m und 5 m links, **2.** 23 m, **3.** 25 m.

Die linke Rinne abklettern (III) und am Rinnenende rechts zur letzten 15-Meter-Abseilstelle queren (III). Bald zum Einstieg. 1.15 Std.

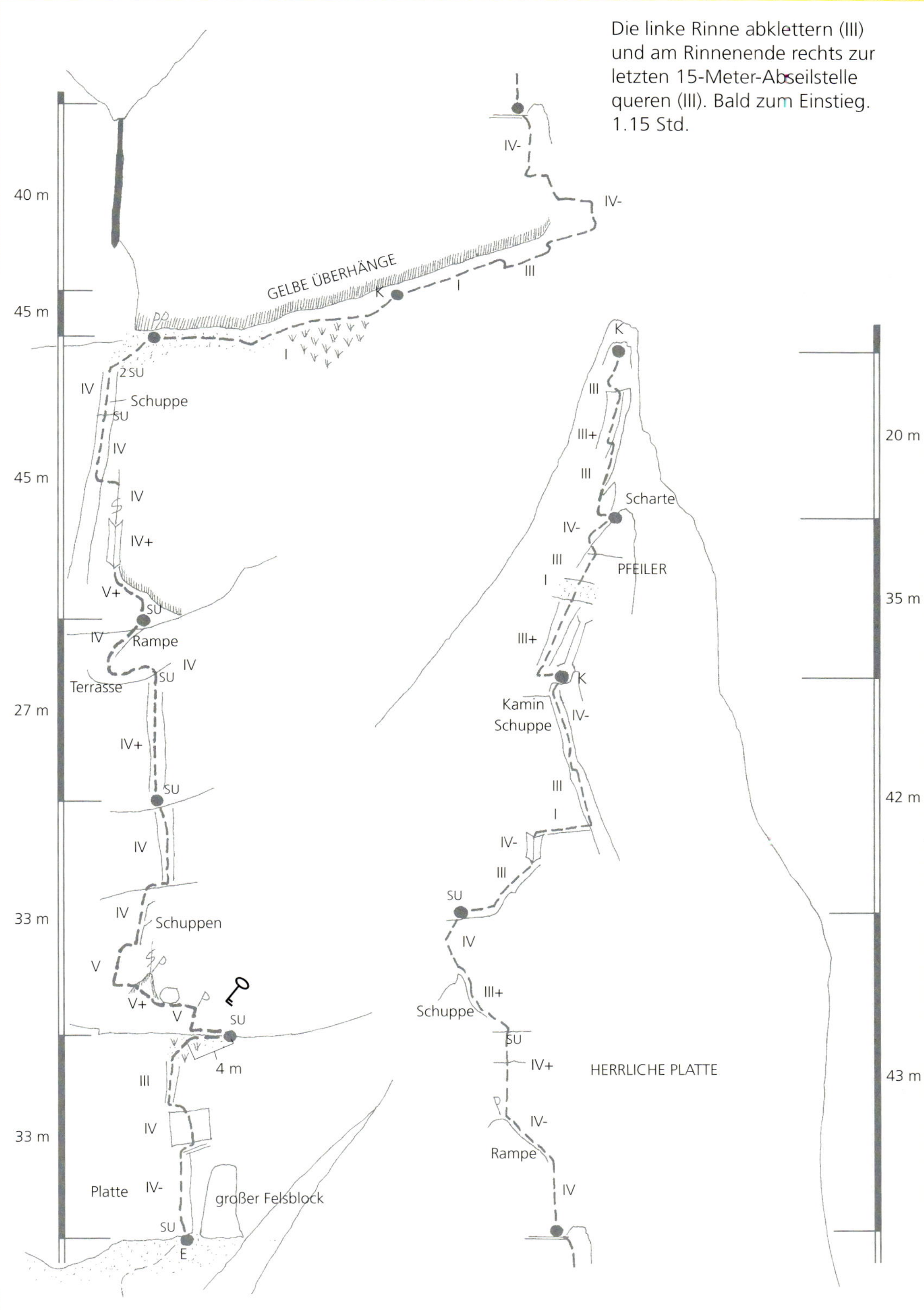

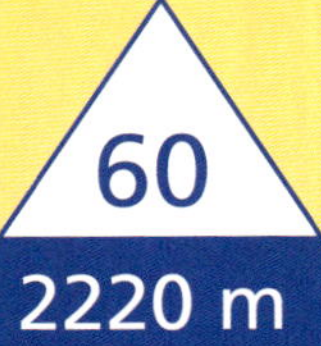

PICCOLA TORRE

ERSTBEGEHER
M. Bernardi und Ludovica Pineider 29.7.2012

SELLAGRUPPE

»Alpenrosen«-Führe (Westwand)

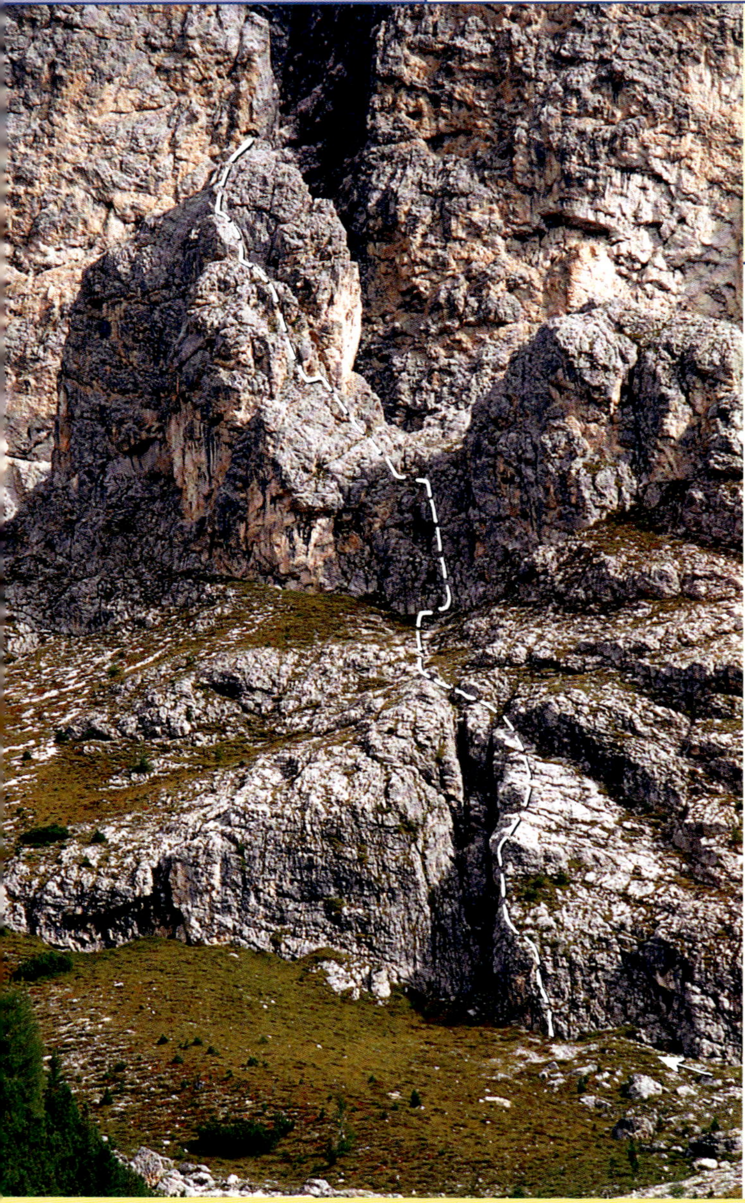

Schwierigkeit: III–IV
Höhenunterschied: 200 m
Kletterstrecke: 181 m + 50 m Übergang
Seillängen: 6 + 50 m Übergang
Stunden: 2–2.5
Fels: gut
Ausrüstung: 5 Expressschlingen

EIGENSCHAFTEN

Genussvolle Kletterroute. Einzementierte Standhaken, einige Sanduhrschlingen und Bohrhaken weisen auf die Kletterstrecke hin. Kurzer Abstieg.

ZUGANG

Von Wolkenstein Richtung Sellajoch fahren und nach der großen Kiesgrube parken. Durch den Wald hinauf, dann links über Wiesen schräg weitergehen und abschließend waagerecht zum Einstieg queren. 35 Min.

ABSTIEG

Vom Gipfel ca. 25 m Richtung Süden den Grat abklettern (I–III). An der kleinen Scharte Richtung Osten (III) zur Abseilverankerung, hier 25 m etwas rechts abseilen. Nun die Wiesen Richtung Südwesten zum Einstieg hinuntergehen. 30 Min.

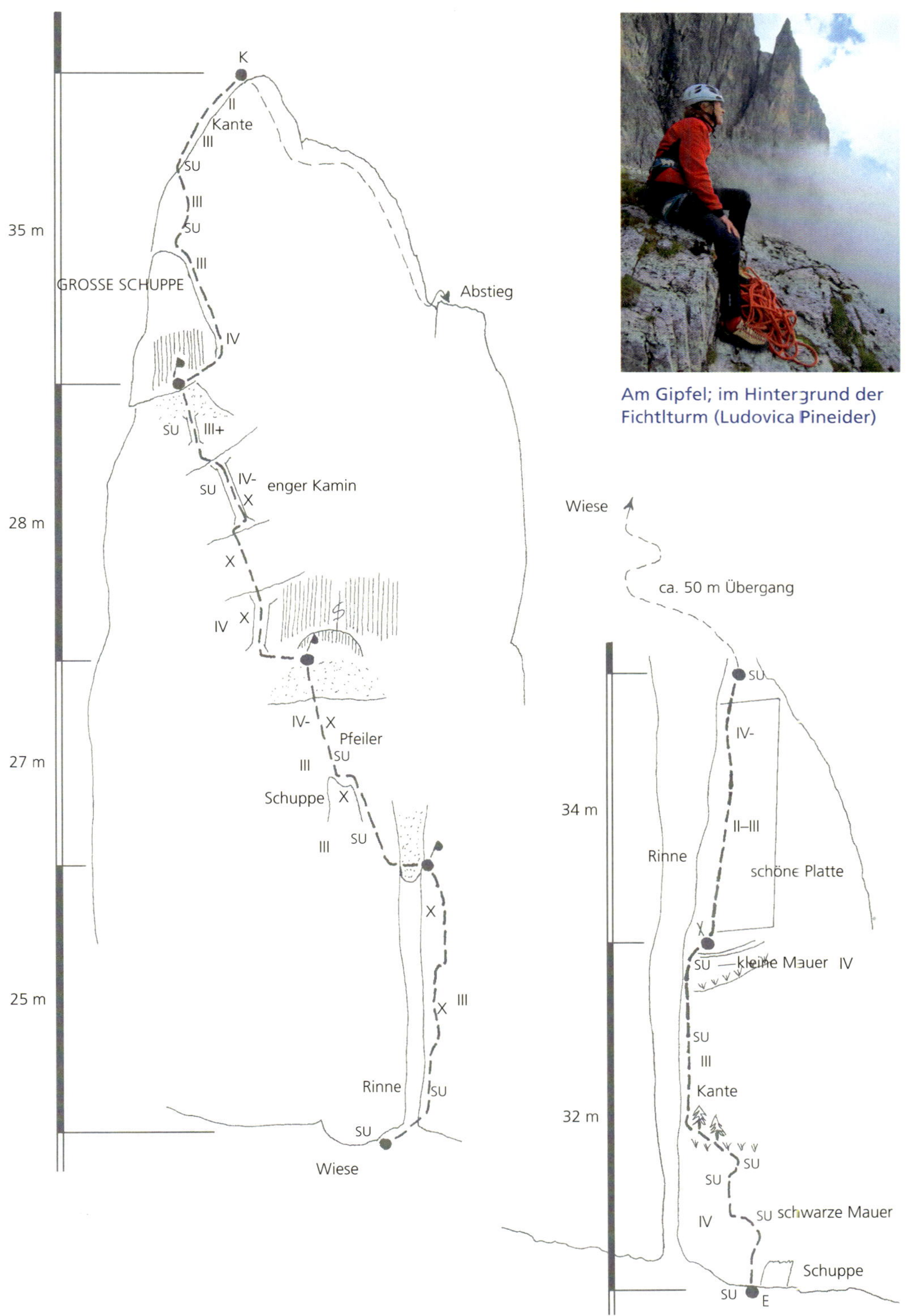

Am Gipfel; im Hintergrund der Fichtlturm (Ludovica Pineider)

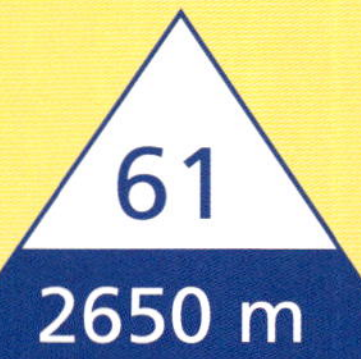

WESTL. PIZ DE CIAVAZES (MÈSULESWAND)

ERSTBEGEHER
unbekannt

SELLAGRUPPE

»Wasserfall«-Führe (Westwand)

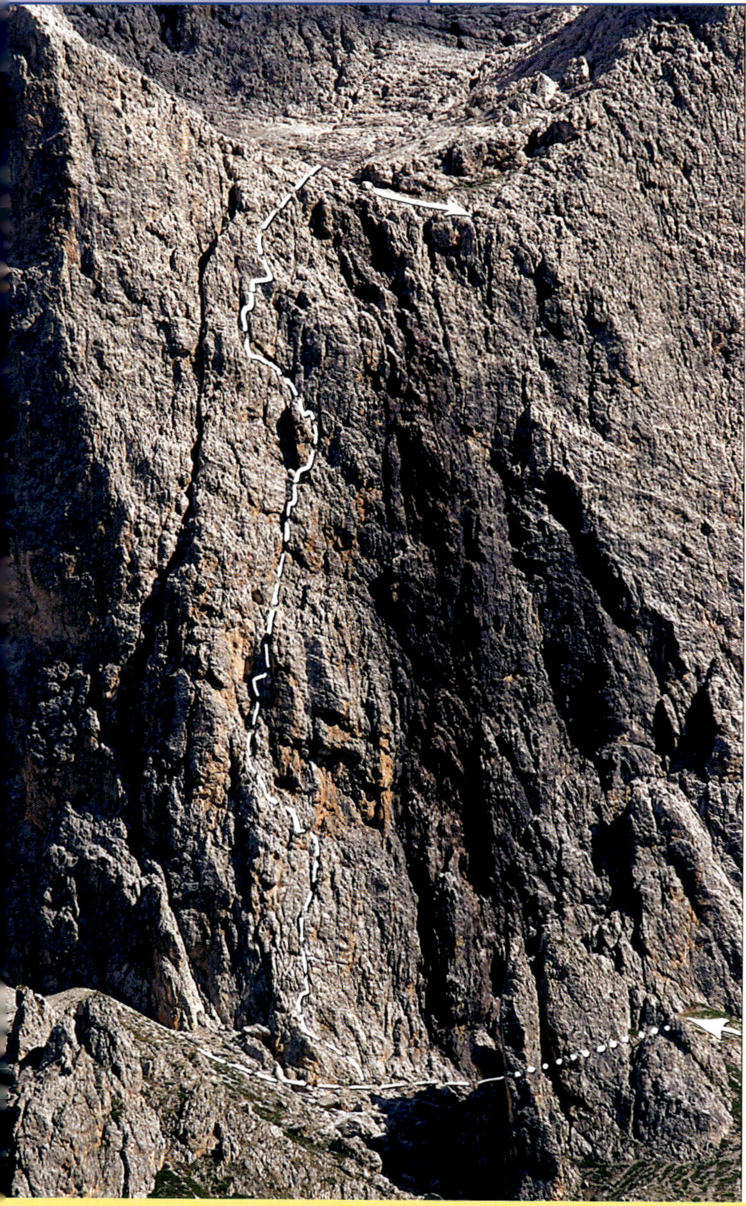

Schwierigkeit: IV+
Höhenunterschied: 240 m
Kletterstrecke: 262 m
Seillängen: 8
Stunden: 3
Fels: gut, zu säubern
Ausrüstung: NAA; Friends Nr. 2|3; einige Haken

EIGENSCHAFTEN

Alpine Kletterroute. Die dritte Seillänge ist der Schlüsselabschnitt.

ZUGANG

Vom Sellajoch, 2244 m (Gasthaus Maria Flora), dem Weg Nr. 649 Richtung Norden zum Einstieg des Pößnecker-Klettersteiges folgen. Unter den Wasserfallwänden Richtung Norden bald zum Einstieg. 35 Min.

ABSTIEG

Vom Standplatz ca. 40 m Richtung Süden und die Rinne überschreiten, dann ca. 10 m zum Pößnecker-Klettersteig hinaufsteigen. Jetzt den Klettersteig abklettern und zum Sellajoch gehen. 1.20 Std.

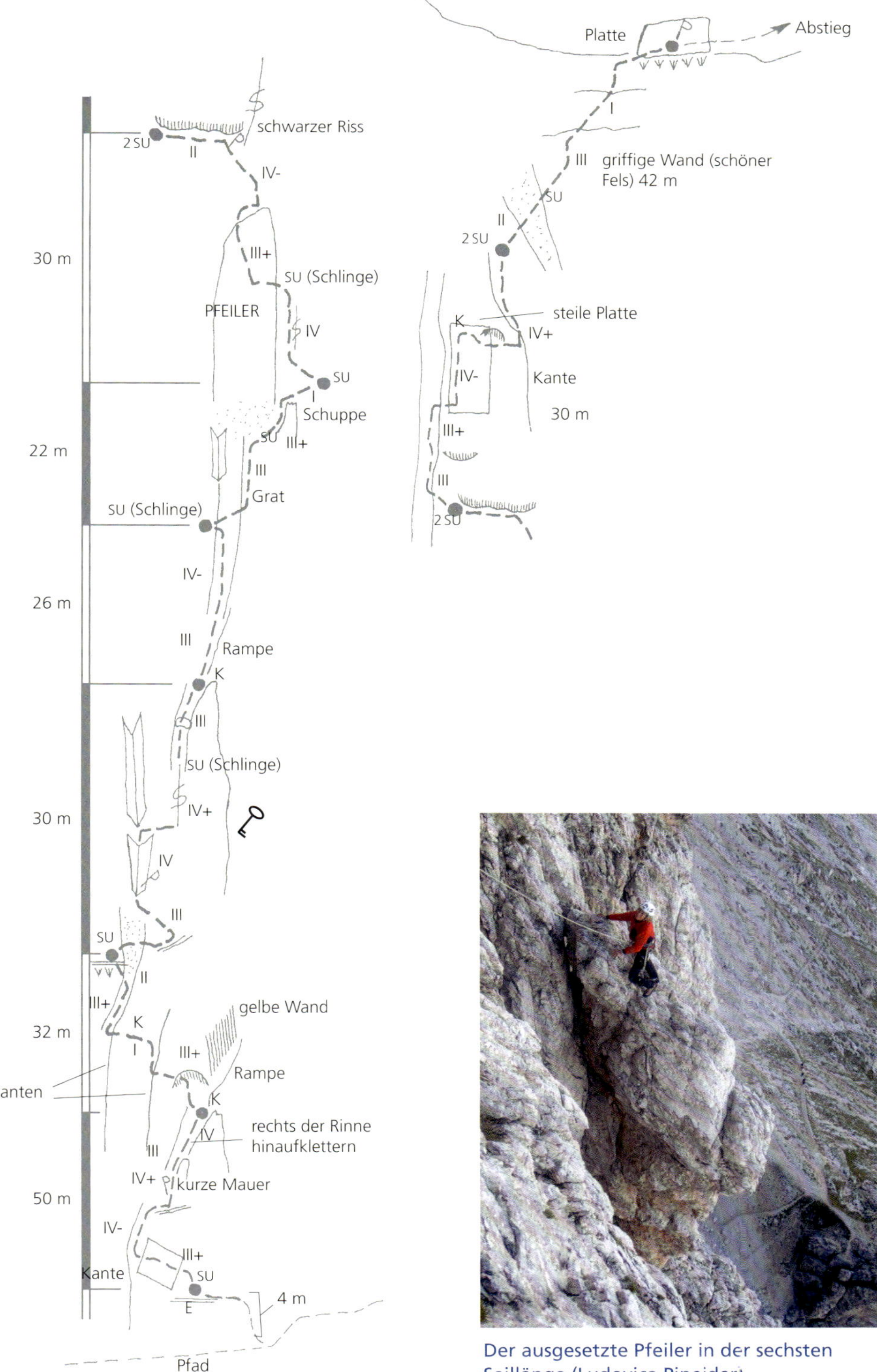

Der ausgesetzte Pfeiler in der sechsten Seillänge (Ludovica Pineider)

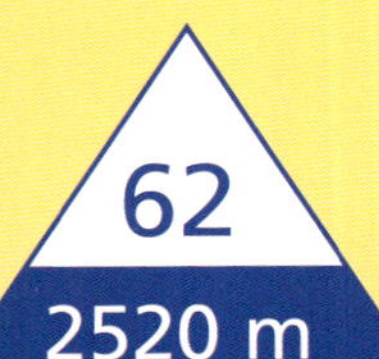

VORBAU DES DRITTEN SELLATURMS

ERSTBEGEHER
M. Bernardi und Genni Berardi
8.9.2011

SELLAGRUPPE

»Diletta«-Führe (Westwand)

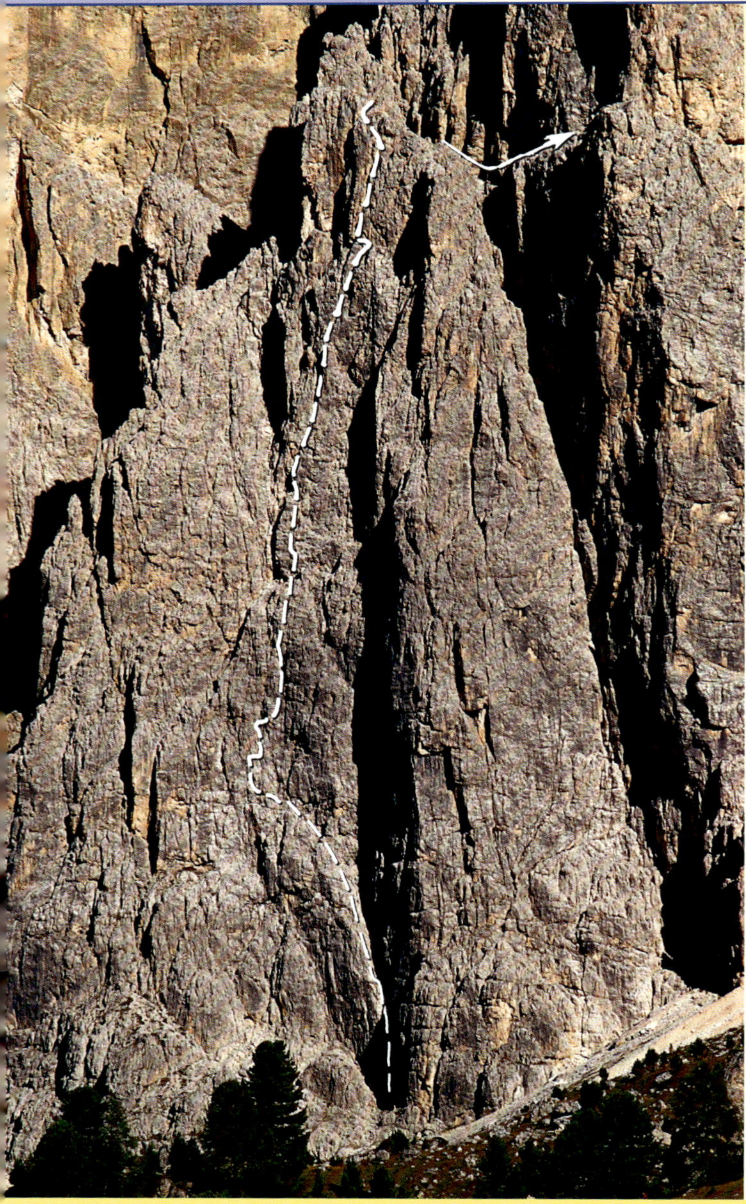

Schwierigkeit: IV+
Höhenunterschied: 280 m
Kletterstrecke: 306 m
Seillängen: 9
Stunden: 3
Fels: ausgezeichnet
Ausrüstung: NAA; Friends Nr. 0,5 | 1,5 | 3; einige Haken

EIGENSCHAFTEN

Genussreiche Kletterroute über soliden Fels. In der Route kommen keine Haken vor, aber viele Sanduhrschlingen.

ZUGANG

Vom Sellajoch, 2244 m (Gasthaus Maria Flora), dem Weg Nr. 649 (Norden) Richtung Einstieg des Pößnecker-Klettersteiges folgen. Unterhalb der Wand der »Diletta«-Route hinauf zum Einstieg gehen. 25 Min.

ABSTIEG

Dem ganzen Spiralband Richtung Süden folgen, dann die Rinne zwischen Drittem und Zweitem Sellaturm überschreiten und das waagerechte exponierte Band queren (eine Stelle III). Am Bandende 5 m zum Abseilring hinaufklettern (Inoxhaken). Nun bis zu den Geröllfeldern 5-mal abseilen: **1.** 20 m, **2.** 25 m, **3.** 25 m, **4.** 25 m, **5.** 25 m 1 Std.

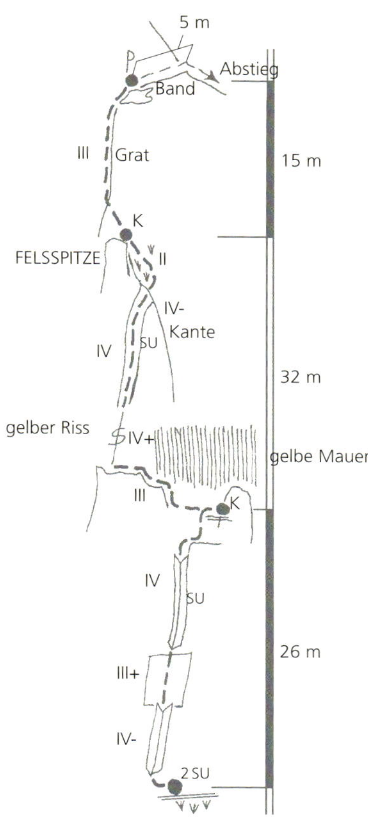

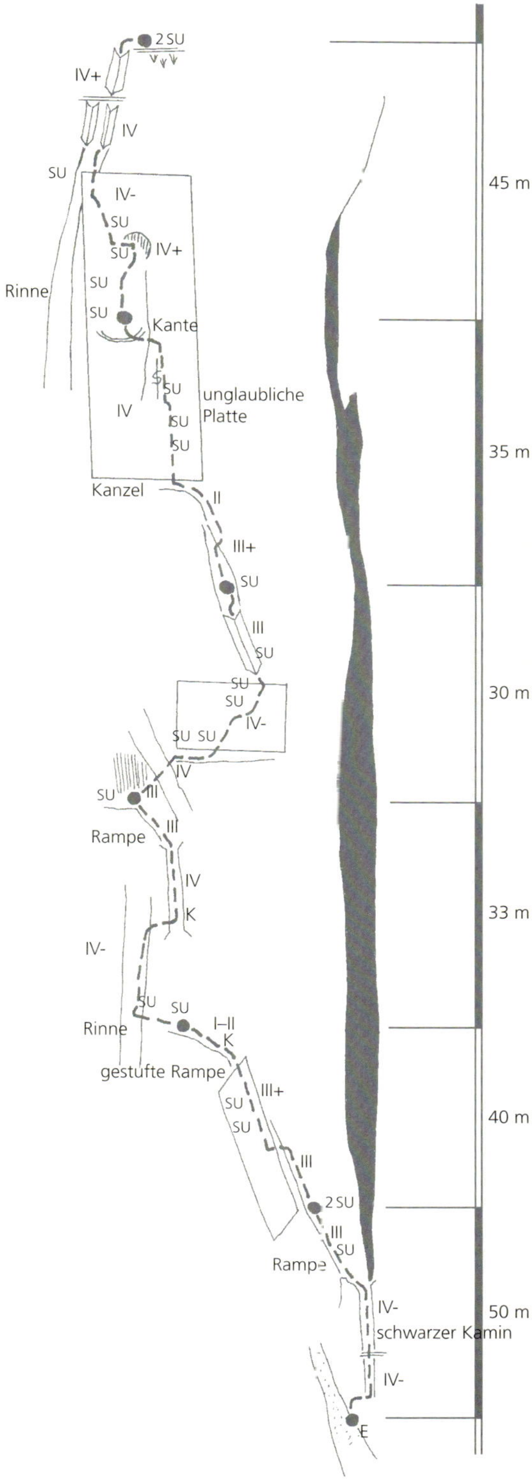

2 SU
IV+
IV
SU
IV-
SU
SU
IV+
Rinne
SU
SU
Kante
SU
unglaubliche Platte
IV
SU
SU
Kanzel
II
III+
SU
III
SU
SU
SU
IV-
SU SU
IV
SU
III
Rampe
III
IV
K
IV-
SU
SU
I–II
Rinne
K
gestufte Rampe
III+
SU
SU
III
2 SU
III
SU
Rampe
IV-
schwarzer Kamin
IV-
E
45 m
35 m
30 m
33 m
40 m
50 m

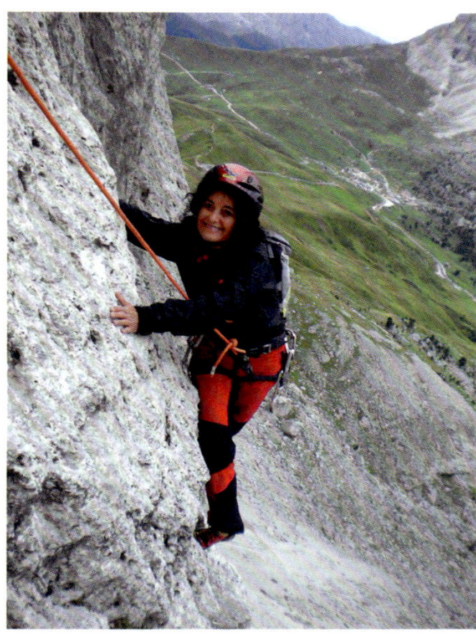

Während der Erstbegehung der Route über die fünfte Seillänge (Genni Berardi)

Die »Diletta«-Metapher

von Genni Berardi

Ich bin Mauro sehr dankbar, dass er mich darum gebeten hat, einige Eindrücke zur »Diletta«-Route auf Papier zu bringen. Dadurch ermöglichte er mir, im Detail an die Entwicklung einer Route zurückzudenken, die für meine Klettererfahrung genauso wichtig wie einzigartig ist. Zudem konnte ich so die ursprünglichen Emotionen nochmals intensiv nachleben.
Besonders schön finde ich, dass ich sein Projekt mit dem Namen meiner Tochter taufen und somit die »Mutterschaft« übernehmen durfte, um sie nun schriftlich zu besiegeln. Die »Diletta«-Route ist für mich somit mehr als nur eine Route; ich messe ihr eine ganz persönliche Bedeutung bei. Jene der magischen Momente der Wehen und der Wiedergeburt. Ganze neun Seillängen lang schlängelt sie sich auf dem Weg der Existenz: der erste und der letzte Weg. Eine Metapher für das Leben – rettend und befreiend.
Die Stimme von Mauro bahnt sich ihren Weg durch meine Erinnerungen.
Sie ist klar, wie es auch die Farben sind, die ringsherum in der Sonne des Sellajochs leuchten. Er erzählt mir, er hätte vor einem Jahr eine mögliche neue Route auf dem Dritten Sellaturm ausfindig gemacht. Ihm sei sogleich die logische Linie der Route ins Auge gefallen und von Weitem komme ihm das Gestein sehr gut vor. »Weißt du, ich habe sie studiert und dann in eine mentale Schublade gelegt; weggelegt, aber nicht vergessen. Ich habe sie vor Kurzem noch einmal eingehend betrachtet und festgestellt, dass sie eine schöne Farbe hat. Das bestätigt meine Annahme, dass das Gestein gut ist.« Nun müssen nur noch die Eindrücke abgewogen werden.
Auf dem Weg, der entlang der verschiedenen Türme zum bekannten Pößnecker-Klettersteig führt – dem ältesten Klettersteig Südtirols – zeichnet mir Mauro in der Luft mit seinem Finger den Entwurf der Route. Ich versuche, diesen auf der Struktur und dem Schatten der Wand nachzuvollziehen. Ob ich ihn mir wohl gut genug eingeprägt habe? Ich bin mir nicht ganz sicher. Doch weiß ich mit Gewissheit, dass der Berg sich jenen leichter »offenbart«, die von Anfang an einen privilegierten Dialog mit ihm führen: Der Berg kommuniziert mit uns. Wir verlassen den Weg und erreichen über ein Geröllfeld den Einstieg. Ich denke darüber nach, dass die Wand im Schatten liegt. Doch ist der beste Zeitpunkt, um einen Aufstieg zu wagen, wie immer gut überlegt und gewählt worden. Sowohl die milden Temperaturen wie auch das schöne Wetter an diesem Septembertag sind nämlich für eine solche Wand günstig. Wir rüsten uns für das Abenteuer auf der unbekannten Route. Mauro macht sich auf den Weg nach oben. Die Konzentration ist hoch, ich sehe das Seil nach oben gleiten.
Die erste Seillänge läuft problemlos über den sichernden Halbmastwurf, und nach Mauros Aufruf »Wann immer du startbereit bist!« gehe ich meine erste von neun Seillängen an. Um alles rein zu halten, nutzt Mauro die natürlichen Ressourcen, die der Felsen für ihn bereithält. Der Aufstieg erweist sich als einfach und erlaubt mir, mit ziemlicher Unbefangenheit vorwärtszukommen, da die Wand gute Griffe und Tritte bietet. Beim ersten Stand erwartet mich eine schöne Sanduhr, von wo aus ich meinen Kletterpartner sichere,

der zur zweiten Seillänge aufbricht. Während Mauro emporklettert, teilt er mir mit, dass das Gestein griffig und gesund ist und nicht bröckelt. Ich atme erleichtert auf: Wir sind zwar erst am Anfang, doch ist dies ein gutes Omen, und es ermöglicht uns, mit unserem Vorhaben fortzufahren. Dieses Mal hat Mauro den Stand auf einem Felsvorsprung eingerichtet, wo ich gesichert stehe, während mein Kletterpartner sich – fast mit Tanzschritten – weiter nach oben wagt. Die dritte Seillänge ist steiler: Zwei Kamine führen mich zu einer weiteren Sanduhr. Der Fels ist großzügig, und sein Angebot wird angenommen und respektiert. Mauro verwendet keine künstlichen Sicherungen; er ist zurückhaltend, will nicht beleidigen, und nimmt die Einladung zu einem sauberen, natürlichen, reinen Vorankommen an. Und so erreiche ich nach und nach meine Standplätze: eine vierte, eine fünfte, eine sechste Sanduhr. Fantastisch: nicht eine einzige vom Menschen verursachte Narbe.
Nur wo es wirklich nötig und nicht gefährlich ist, wirft Mauro einige lockere Felsstücke nach unten. Eine erste Säuberung der Route, die er einige Tage später bei einer Wiederholung zu Ende bringen wird. Auf halbem Weg kommen wir zu den Platten, die von unten glatt aussehen, doch unverhofft Griffe mit Schwierigkeitsgrad IV aufweisen. Zwei Verschneidungen führen zuerst nach rechts und dann nach links fünf Meter nach oben. Meine Bewegungen sind spontan, ja fast automatisch. In den Verschneidungen benutze ich die Spreiztechnik, um den Kraftaufwand zu vermindern und das Gleichgewicht zu erhöhen.
Ich gewinne schnell an Höhe und kann die Verschneidungen schon nach kurzer Zeit hinter mir lassen. Nach dieser Seillänge raste ich sitzend. Mein Kletterpartner hat auf einem bequemen Felsvorsprung den Stand eingerichtet, um dann den Aufstieg über einfache Rampen fortzusetzen, die zu einem gelben, vertikalen Riss führen. Kurz davor macht Mauro eine kurze Pause, um einen anderen Riss zu begutachten, der ihn anzieht und der sich etwas weiter links befindet. Doch dieser ist zu steil und würde eine Unterbrechung der logischen Linie der Route bedeuten. Deshalb schließt er diese Möglichkeit aus und setzt seinen Weg geradeaus zum gelben Riss fort, der ihn auf gutem Felsen schnell zum Stand der letzten Seillänge führt, auch dieser auf einem Felsvorsprung.
Die neunte Seillänge, mit 15 Meter Länge, bringt uns auf einfachem Wege auf das bekannte Spiralband, das den Dritten Sellaturm von Norden nach Süden umrundet. Hier verweilen wir nur kurz. Wir klettern ein kurzes Stück über einfache Neigungen ab, um uns dann über fünf Längen bis zum Geröllhang abzuseilen. Diesen überwinde ich hüpfend bis zum Weg. Dabei schaue ich oft auf »meine« »Diletta«-Route zurück. Ich folge ihrer Linie, die mir so natürlich erscheint, ihrem Streckenverlauf, der so logisch ist. Ich finde, dass nach den neun Seillängen des Aufstiegs das Spiralband wohl den logischsten Abschluss dieser metaphorischen Reise darstellt, vor dem Abseilen und der Wiedergeburt aus dem Bauch des Felsens heraus.

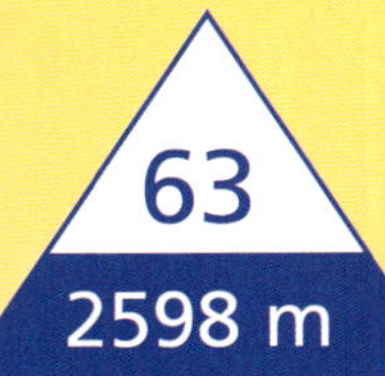

ZWEITER SELLATURM

ERSTBEGEHER
Ferdinand Glück und R. Demetz, September 1935

SELLAGRUPPE

»Glück«-Führe (Westpfeiler)

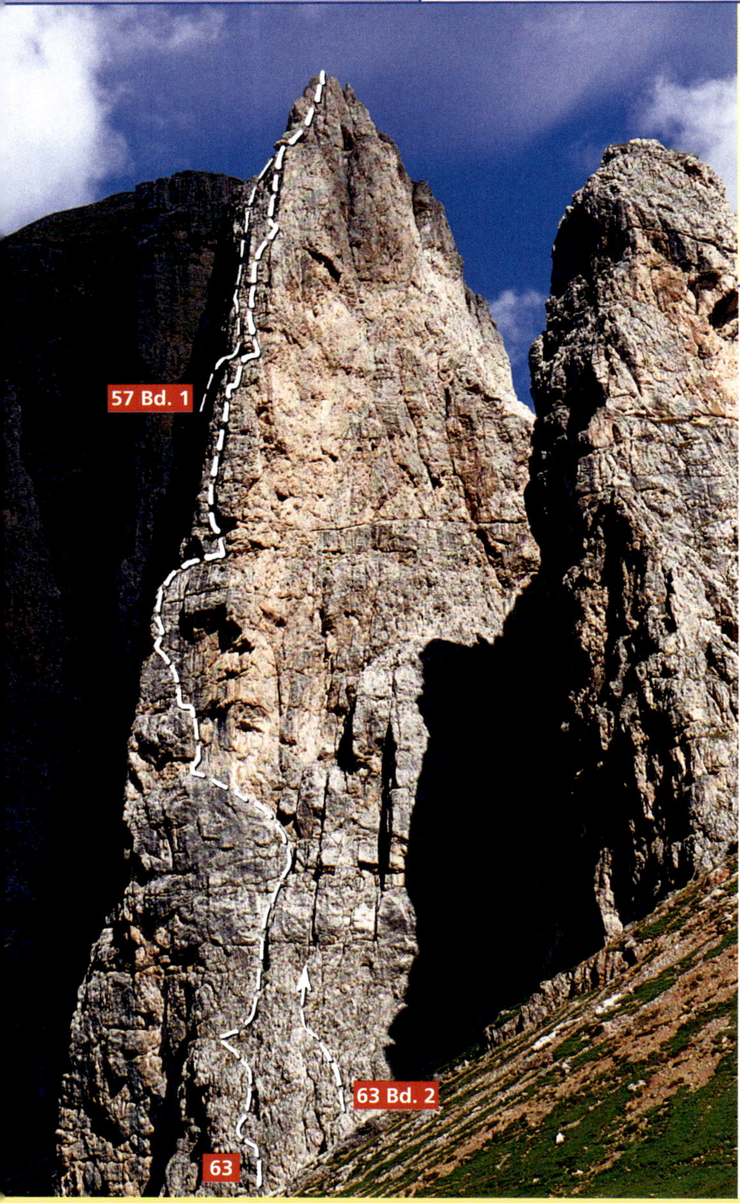

Schwierigkeit: V+ A0 (VI)
Höhenunterschied: 250 m
Kletterstrecke: 293 m + 45 m zum Gipfel
Seillängen: 10 + 1 zum Gipfel
Stunden: 3–4
Fels: ausgezeichnet
Ausrüstung: NAA; Friends Nr. 0,5|1,5|3

EIGENSCHAFTEN
Herrliche Kletterroute mit eleganten Kletterbewegungen. Der vertikale Riss ist gut gesichert.

ZUGANG
Vom Sellajoch, 2244 m (Gasthaus Maria Flora), dem Weg Nr. 649 (Norden) Richtung Einstieg des Pößnecker-Klettersteiges folgen. Bei dem Wiesenende den Pfad rechts zum Zweiten Sellaturm hinaufgehen. Unterhalb des Turms rechts die Schuttrinne zum Einstieg hinaufsteigen. 30 Min.

ABSTIEG
Über den Normalweg des Zweiten Sellaturmes (siehe auch Routen Nr. 59 und Nr. 58, Band 1). Vom Gipfel den Nordgrat über eine kleine Rinne/Kamin (III+) zu einem Sattel abklettern, dann in die Südostseite nach rechts weiter. Bei der nächsten Rinne (II) links und über eine lange Rampe (II) abklettern. Mit einer Rechtskehre den Weg zu

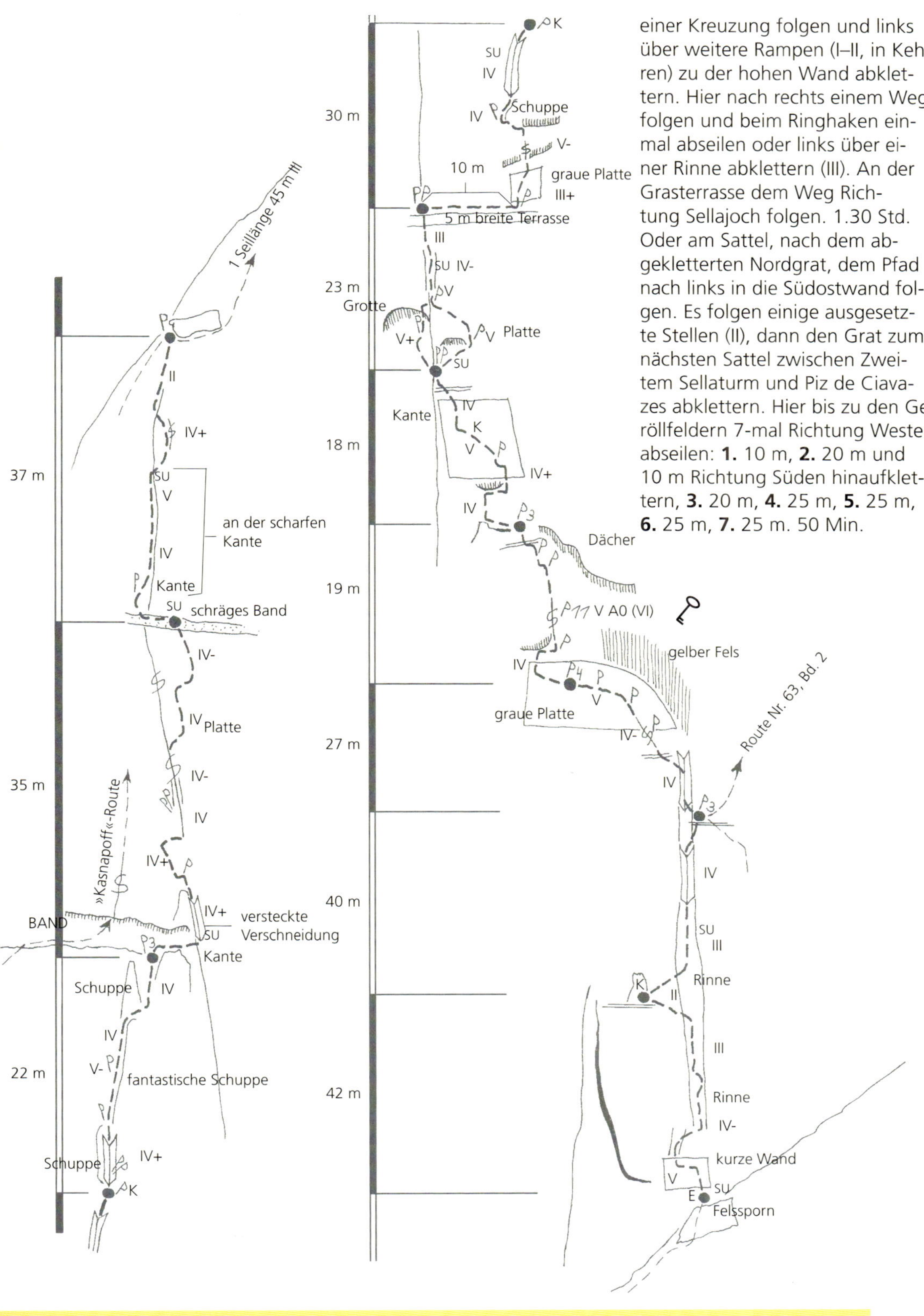

einer Kreuzung folgen und links über weitere Rampen (I–II, in Kehren) zu der hohen Wand abklettern. Hier nach rechts einem Weg folgen und beim Ringhaken einmal abseilen oder links über einer Rinne abklettern (III). An der Grasterrasse dem Weg Richtung Sellajoch folgen. 1.30 Std. Oder am Sattel, nach dem abgekletterten Nordgrat, dem Pfad nach links in die Südostwand folgen. Es folgen einige ausgesetzte Stellen (II), dann den Grat zum nächsten Sattel zwischen Zweitem Sellaturm und Piz de Ciavazes abklettern. Hier bis zu den Geröllfeldern 7-mal Richtung Westen abseilen: **1.** 10 m, **2.** 20 m und 10 m Richtung Süden hinaufklettern, **3.** 20 m, **4.** 25 m, **5.** 25 m, **6.** 25 m, **7.** 25 m. 50 Min.

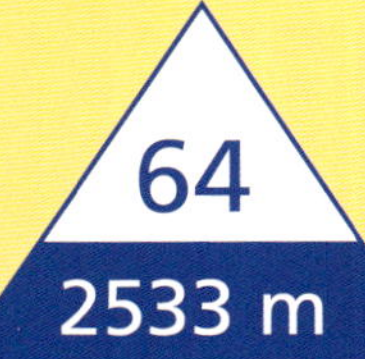

ERSTER SELLATURM

ERSTBEGEHER
unbekannt

SELLAGRUPPE

»Große Platten«-Führe (Südwand)

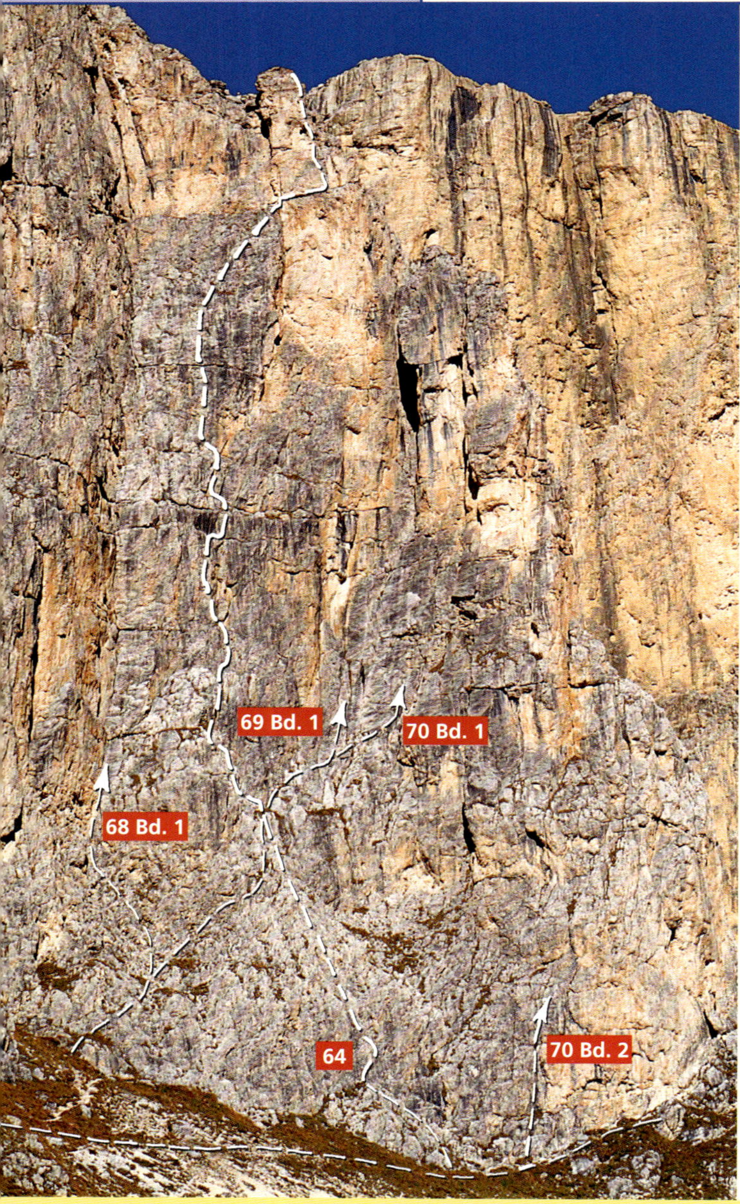

Schwierigkeit: V+ A0 (VI-)
Höhenunterschied: 150 m
Kletterstrecke: 163 m
Seillängen: 7
Stunden: 3
Fels: ausgezeichnet, die letzte Seillänge zu säubern
Ausrüstung: NAA;
Friends Nr. 1 | 1,5

EIGENSCHAFTEN

Schöne technische Kletterstrecke.

ZUGANG

Vom Sellajoch, 2244 m, östlich vom Gasthaus Maria Flora (Fassaner Seite), den sichtbaren Weg hinaufwandern. Bei der ersten Kreuzung nach links und danach Richtung kleinem Felsturm »Locomotiv« hinaufsteigen. Nun einen waagerechten Weg queren und bald zum Einstieg. 25 Min.

ABSTIEG

(Siehe auch Route Nr. 58, Band 1). Zur Scharte zwischen Erstem und Zweitem Sellaturm (I), dann 5 m hochklettern und dem Band rechts zur Wegkreuzung folgen. Hier einige Rampen (I–II) in Kehren zur **hohen Wand** abklettern. Nun dem Weg nach rechts folgen und beim Ringhaken einmal abseilen oder links über eine Rinne abklettern (III). An der **Grasterrasse** dem Weg Richtung Sellajoch folgen.

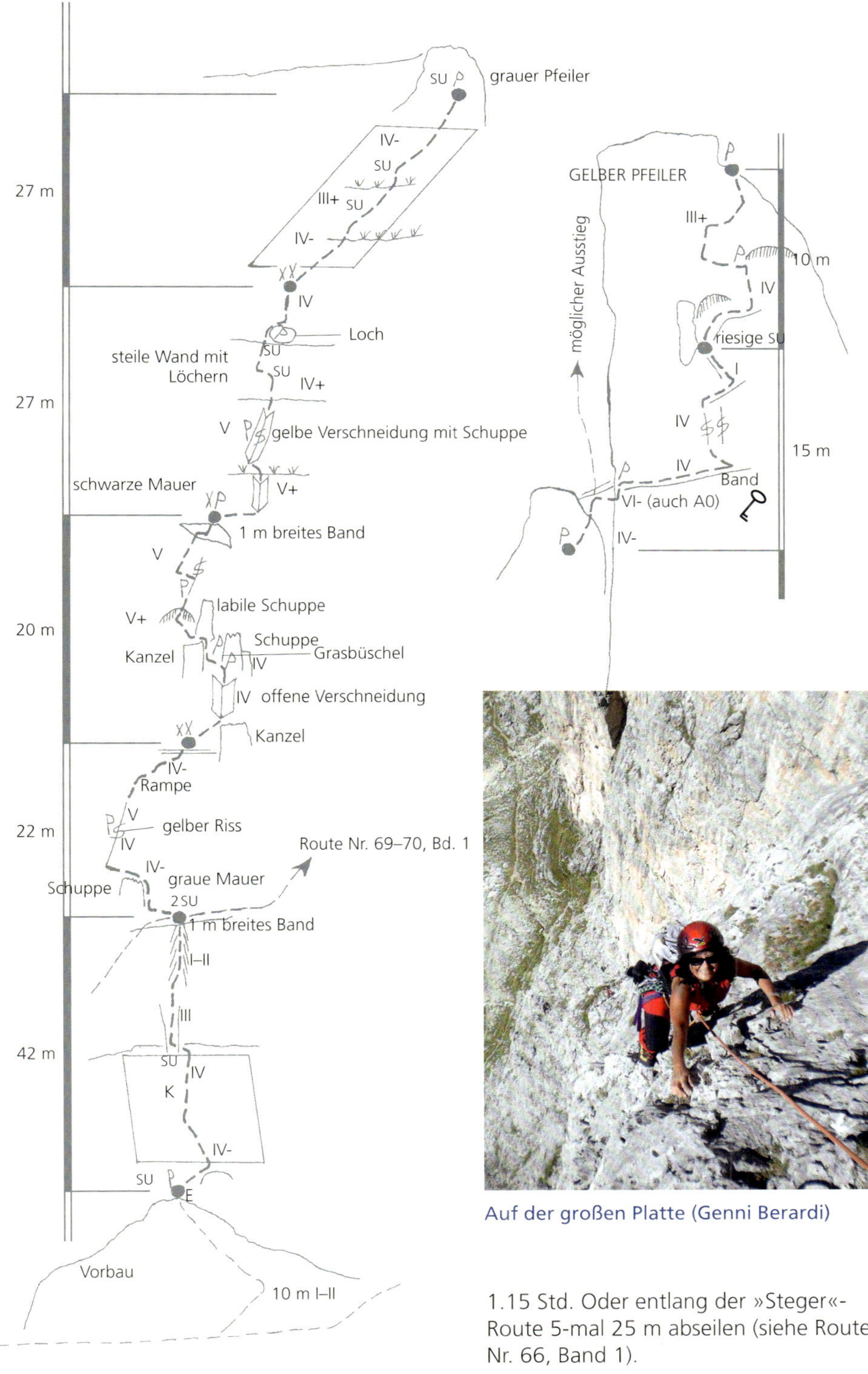

Auf der großen Platte (Genni Berardi)

1.15 Std. Oder entlang der »Steger«-Route 5-mal 25 m abseilen (siehe Route Nr. 66, Band 1).

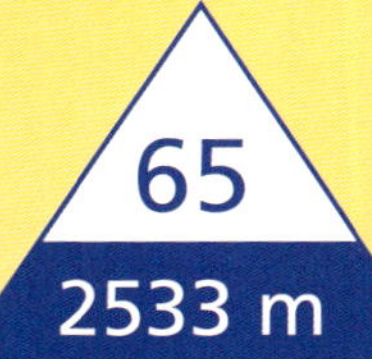

ERSTER SELLATURM

ERSTBEGEHER
unbekannt

SELLAGRUPPE

»Pilastri«-Führe (Südpfeiler)

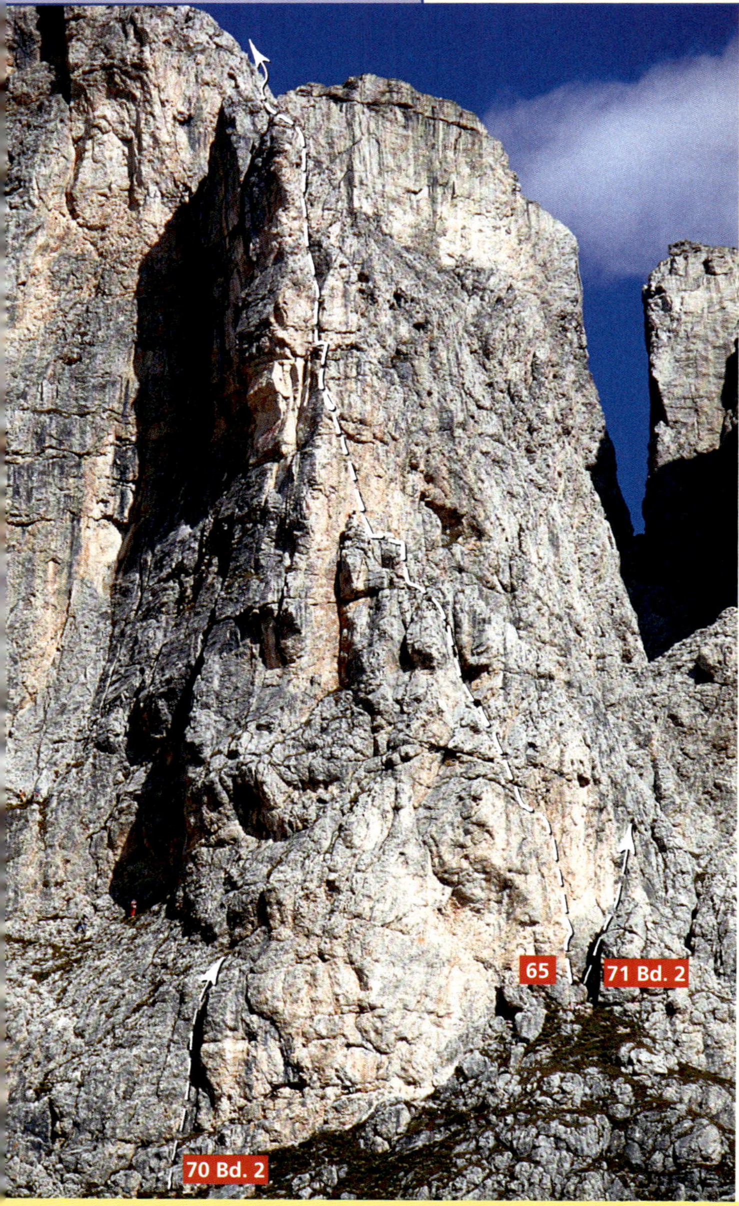

Schwierigkeit: VI A0 (VII-)
Höhenunterschied: 120 m
Kletterstrecke: 117 m + 30 m zum Gipfel
Seillängen: 5 + 2 zum Gipfel
Stunden: 2.5–3
Fels: ausgezeichnet
Ausrüstung: NAA; 8 Expressschlingen; Friends Nr. 0,5|1,5|3

EIGENSCHAFTEN
Elegante Kletterroute, es wird Magnesium empfohlen. Die erste Seillänge wurde am 7. November 2011 mit einigen Bohrhaken saniert.

ZUGANG
Vom Sellajoch, 2244 m, östlich vom Gasthaus Maria Flora (Fassaner Seite), den sichtbaren Weg hinaufwandern. Bei der ersten Kreuzung nach links und danach Richtung kleinem Felsturm »Locomotiv« hinaufgehen. Nun einen waagerechten Weg queren und zum eingeklemmten Felsblock (Einstieg) hinaufsteigen. 30 Min.

ABSTIEG
Siehe Abstiegsroute Nr. 64.

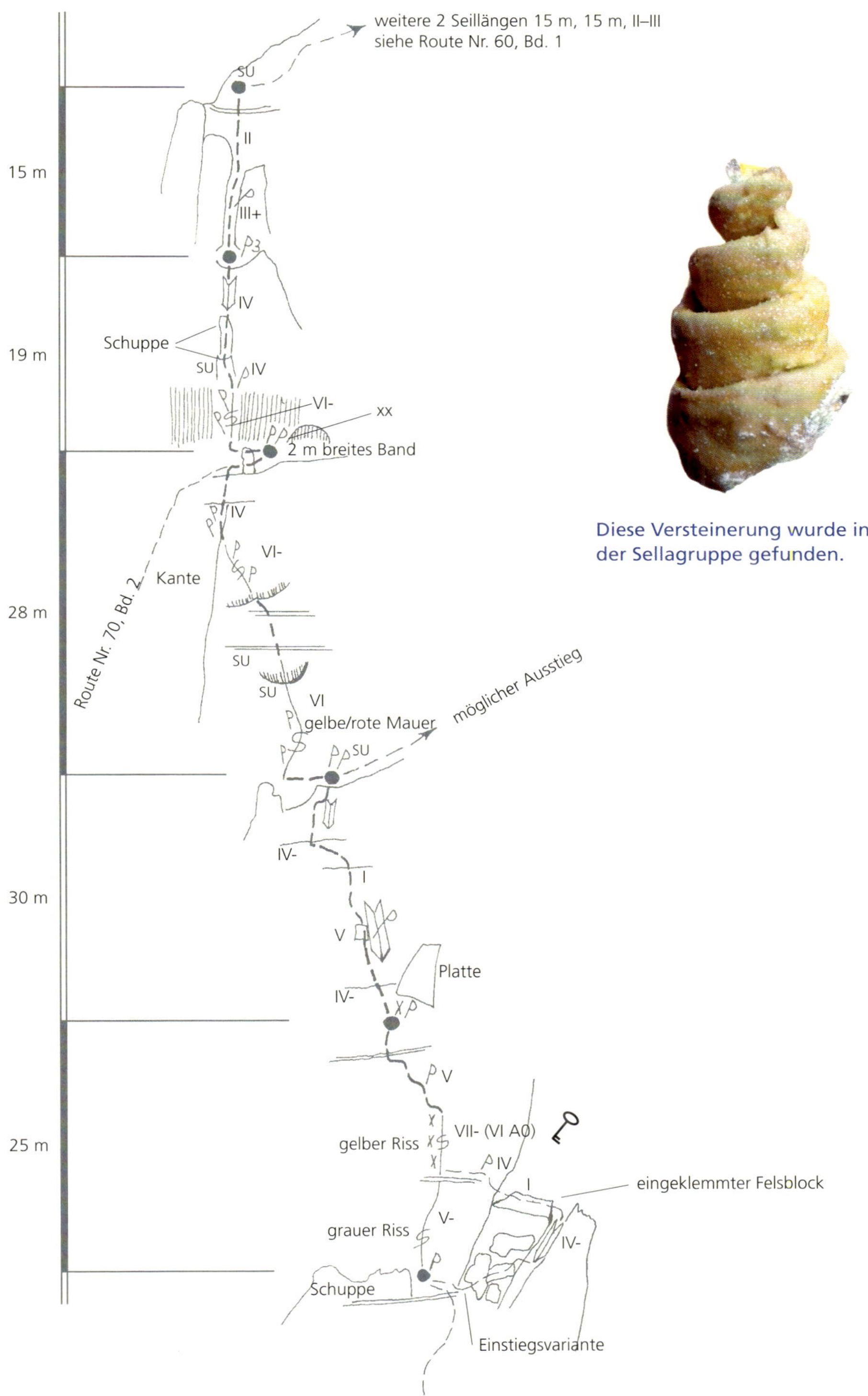

Diese Versteinerung wurde in der Sellagruppe gefunden.

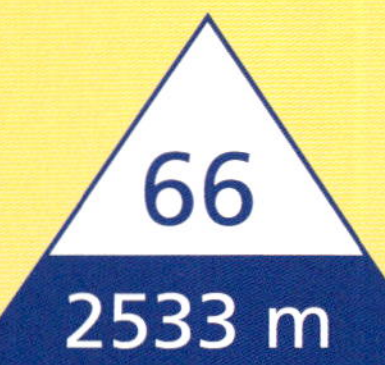

ERSTER SELLATURM

ERSTBEGEHER
unbekannt

SELLAGRUPPE

»Super-Kamine«-Führe (Südostwand)

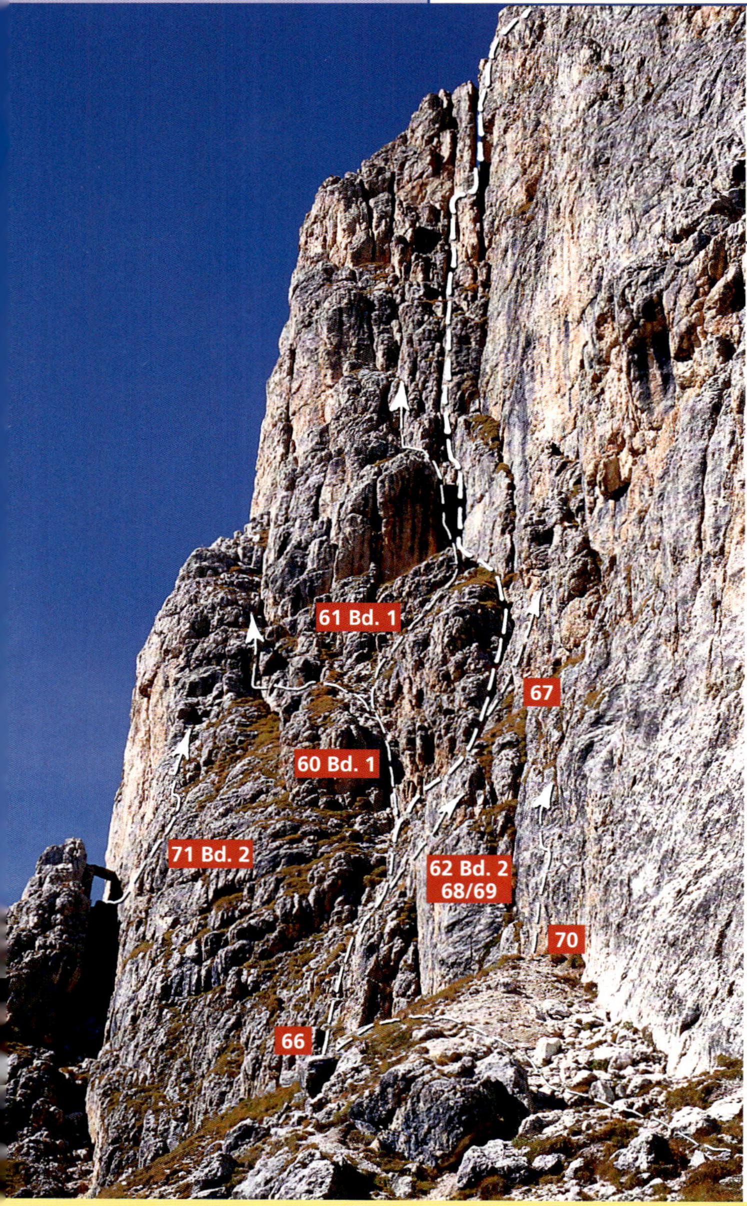

Schwierigkeit: IV+
Höhenunterschied: 150 m
Kletterstrecke: 171 m
Seillängen: 6
Stunden: 2.5–3
Fels: ausgezeichnet
Ausrüstung: NAA; Friend Nr. 3

EIGENSCHAFTEN

Elegante Kletterroute, fordert aber eine gute Kamintechnik. Den Schlusskamin kann man über die Variante umgehen (siehe technische Skizze).

ZUGANG

Vom Sellajoch, 2244 m, östlich vom Gasthaus Maria Flora (Fassaner Seite), den sichtbaren Weg hinaufwandern. Bei der ersten Kreuzung nach rechts Richtung einer Ebene mit Felsblöcken unterhalb der Südwand des Ersten Sellaturms weiterwandern. Bei der **ersten Felswand** (ausgesetzt, Drahtseil) den Weg schräg hinaufklettern zu einer **Grasterrasse**. Nun dem Weg links zum Einstieg folgen. 35 Min.

ABSTIEG

Siehe Abstiegsroute Nr. 64.

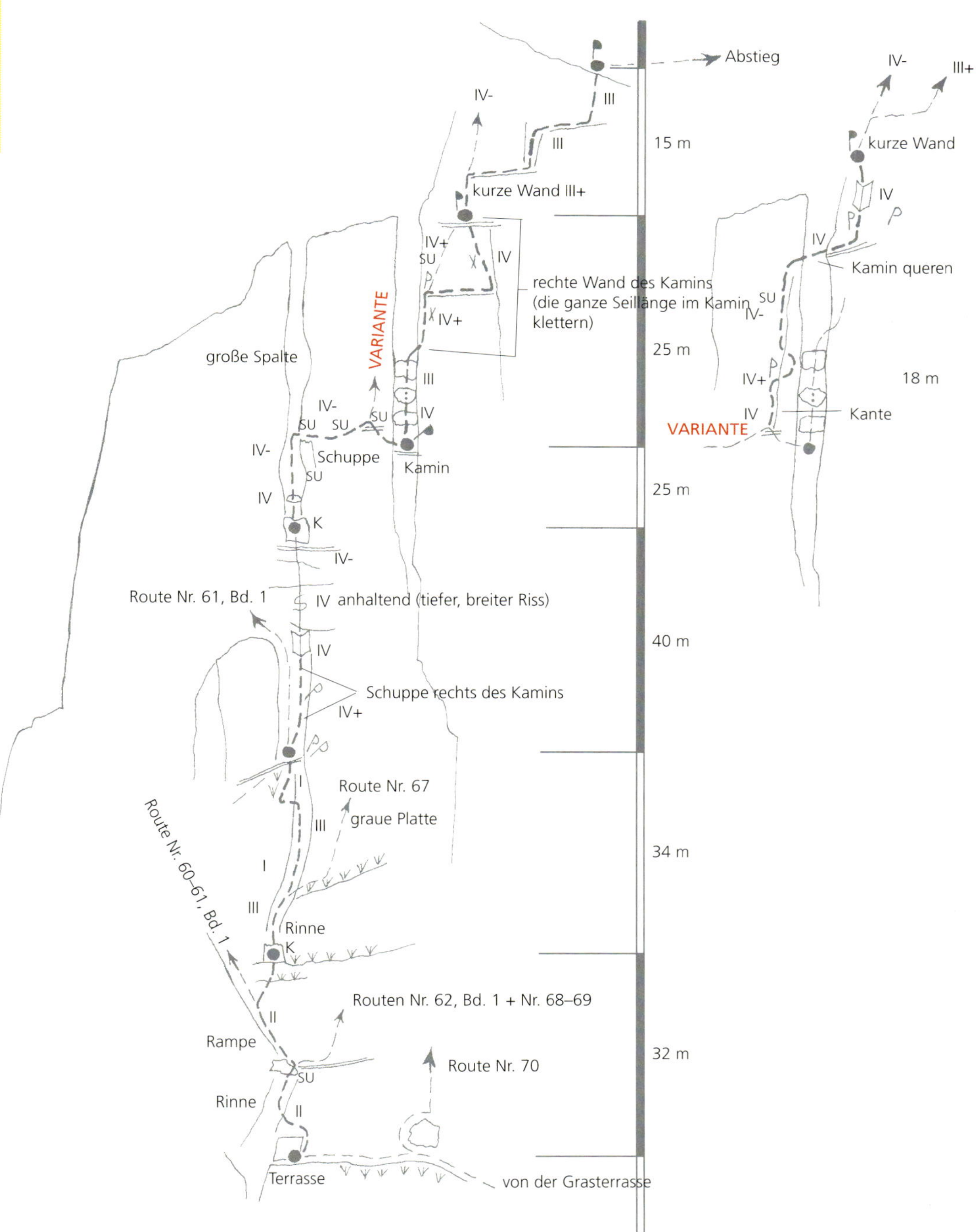
Abstieg
IV-
III+
IV-
III
III
15 m
kurze Wand
kurze Wand III+
IV
IV+
SU
IV
IV
Kamin queren
rechte Wand des Kamins
(die ganze Seillänge im Kamin klettern)
SU
IV-
VARIANTE
IV+
große Spalte
25 m
III
IV+
18 m
IV-
IV
Kante
SU
SU
SU
VARIANTE
IV-
Schuppe
Kamin
SU
25 m
IV
K
IV-
Route Nr. 61, Bd. 1
IV anhaltend (tiefer, breiter Riss)
IV
40 m
Schuppe rechts des Kamins
IV+
Route Nr. 67
Route Nr. 60–61, Bd. 1
III
graue Platte
34 m
I
III
Rinne
K
Routen Nr. 62, Bd. 1 + Nr. 68–69
II
Rampe
32 m
Route Nr. 70
SU
Rinne
II
Terrasse
von der Grasterrasse

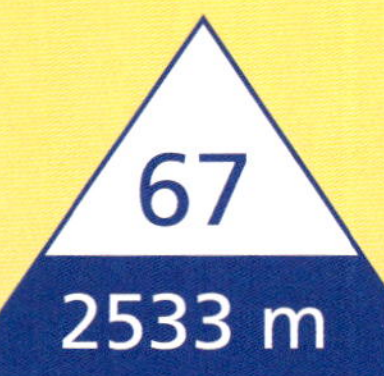

ERSTER SELLATURM

ERSCHLIESSER
M. Bernardi 9.11.2012

SELLAGRUPPE

»Mau«-Führe (Südwand)

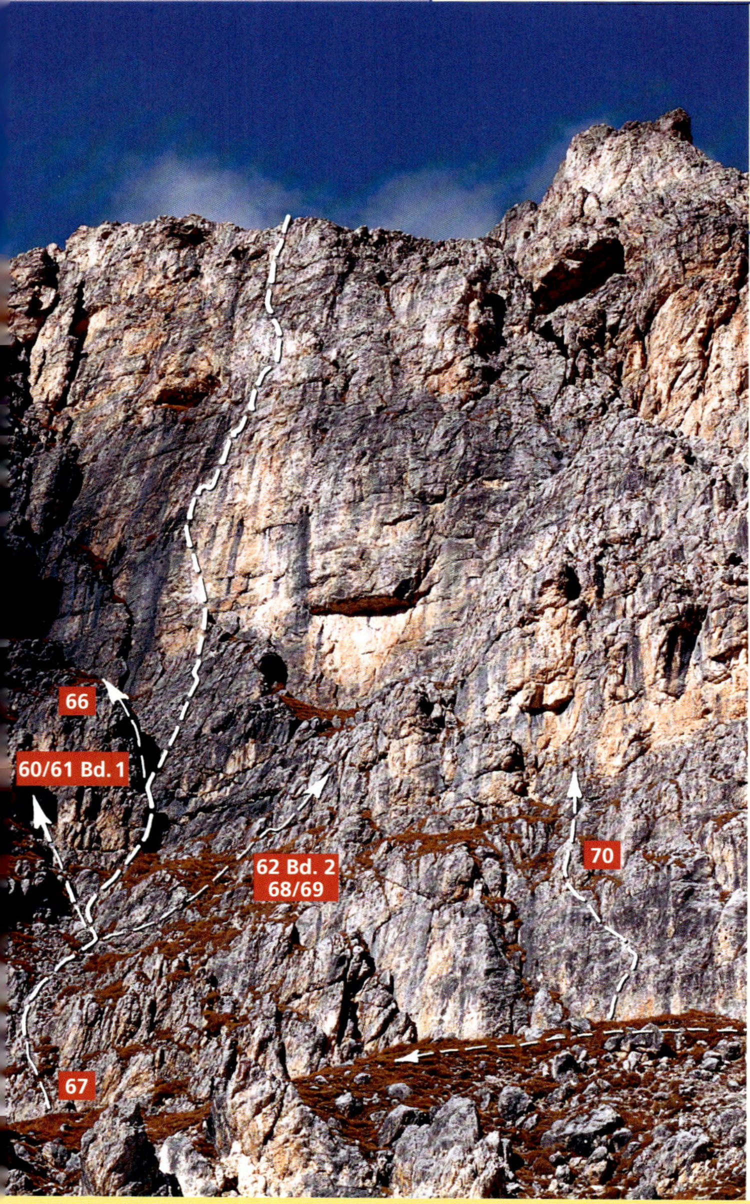

Schwierigkeit: 6b (oblig. 6a)
Höhenunterschied: 130 m
Kletterstrecke: 146 m
Seillängen: 6
Stunden: 2.5–3
Fels: ausgezeichnet
Ausrüstung: 7 Expressschlingen

EIGENSCHAFTEN

Die Kletterstrecke wurde von oben gefunden und dementsprechend gut abgesichert. Um die Schlüsselseillänge frei zu klettern, sollte man die Beschreibung, wie man einhakt, beachten (siehe technische Skizze).

ZUGANG

Siehe Route Nr. 66.

ABSTIEG

Siehe Abstiegsroute Nr. 64 oder über fakultative Abstiegsroute Nr. 70.

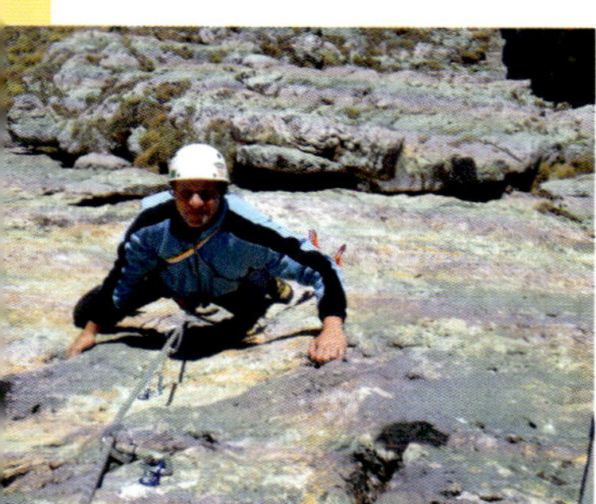

Die Schlüsselstelle
(Edy Rabanser)

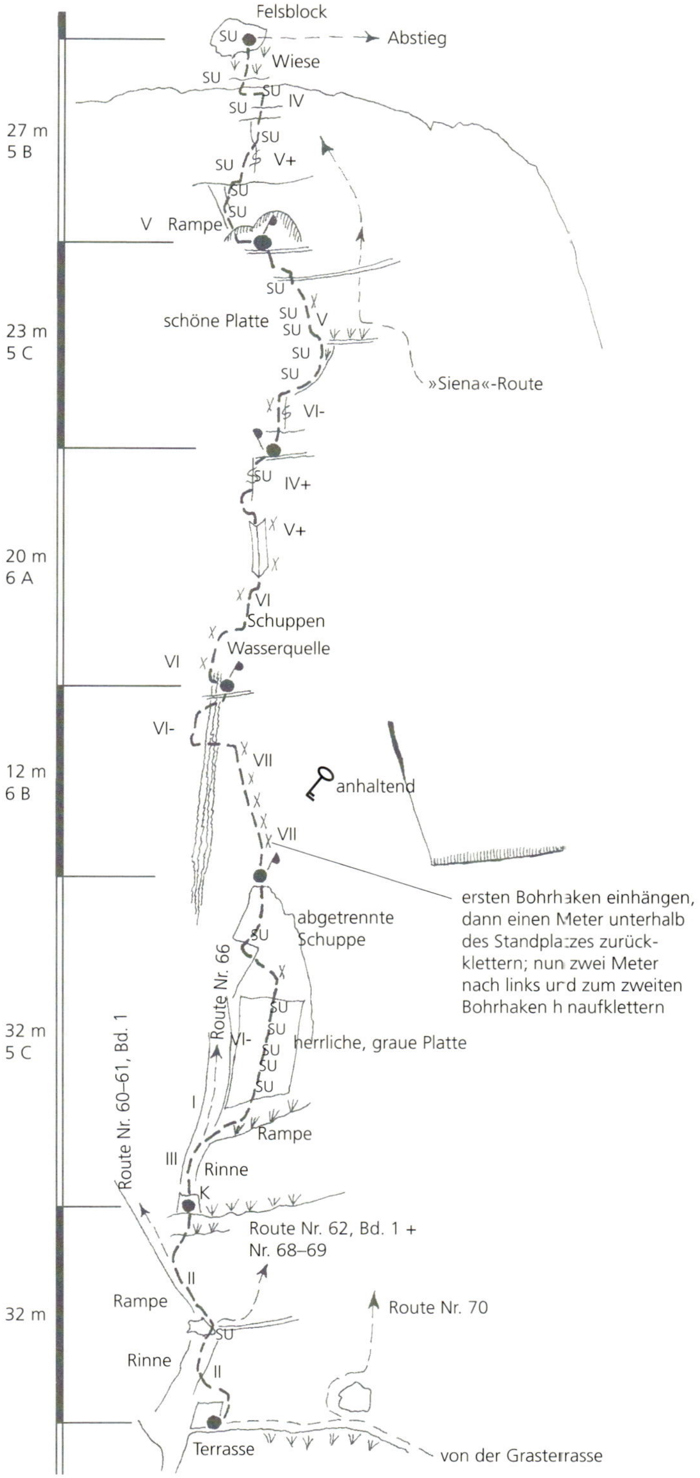

Felsblock
SU
Abstieg
Wiese
SU
SU
SU IV
27 m
5 B
SU
SU V+
SU
SU
V Rampe
SU
23 m
5 C
schöne Platte SU
SU V
SU
SU
»Siena«-Route
VI-
SU IV+
V+
20 m
6 A
VI
Schuppen
Wasserquelle
VI
VI-
VII
12 m
6 B
anhaltend
VII
ersten Bohrhaken einhängen, dann einen Meter unterhalb des Standplatzes zurückklettern; nun zwei Meter nach links und zum zweiten Bohrhaken hinaufklettern
abgetrennte Schuppe
SU
Route Nr. 66
SU
SU
32 m
5 C
VI-
herrliche, graue Platte
SU
SU
SU
Route Nr. 60–61, Bd. 1
I
Rampe
III
Rinne
K
Route Nr. 62, Bd. 1 +
Nr. 68–69
II
Rampe
32 m
Route Nr. 70
SU
Rinne
II
Terrasse
von der Grasterrasse

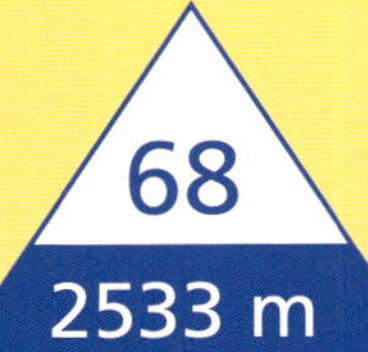

ERSTER SELLATURM

ERSTBEGEHER
Aldo Leviti, Luciano Ghezzi und Fabio Longo 30.8.1990

SELLAGRUPPE

»Siena«-Führe (Südwand)

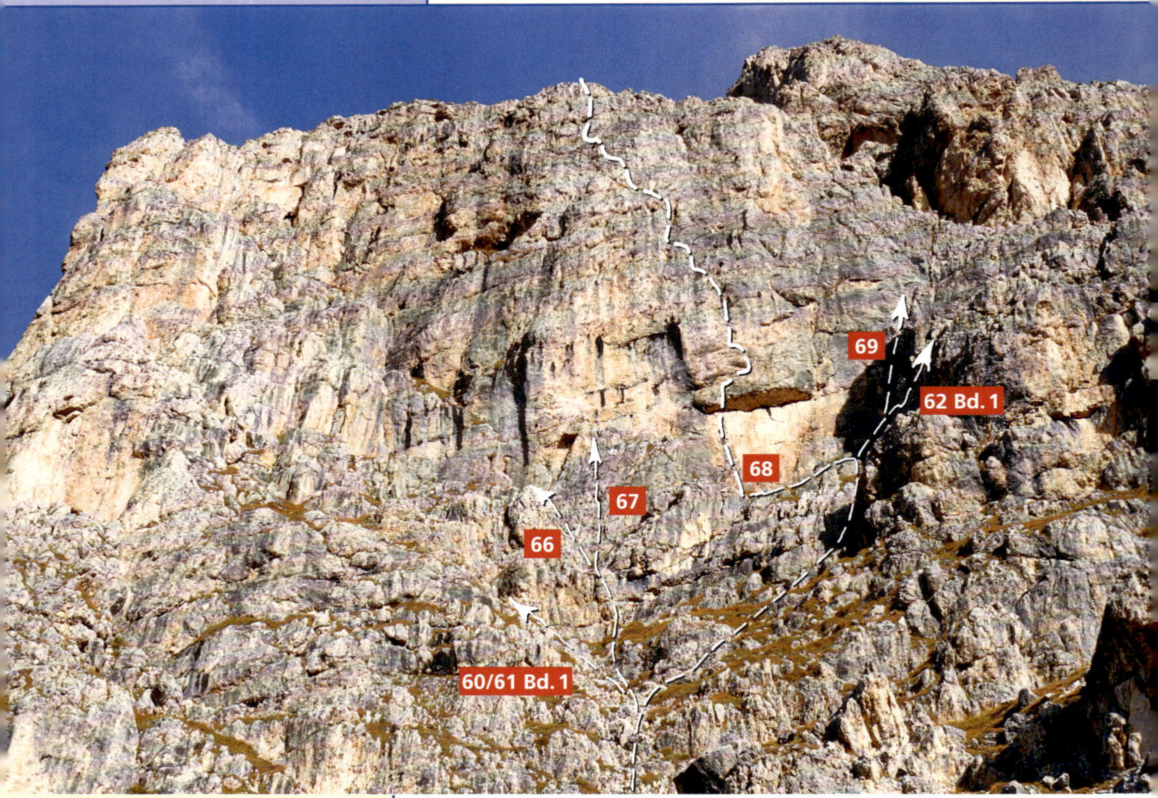

Schwierigkeit: VI A0 (VII+)
Höhenunterschied: 80 m + 50 m zum Einstieg
Kletterstrecke: 92 m + 50 m zum Einstieg
Seillängen: 4 + 2 zum Einstieg
Stunden: 2
Fels: ausgezeichnet
Ausrüstung: NAA; 11 Expressschlingen; kleine/mittlere Friends; Stopper Nr. 2|3

EIGENSCHAFTEN
Von unten eröffnete Kletterroute mit Normal- und Bohrhaken. Die Schlüsselstelle ist hart, aber auch mit A0 überwindbar.

ZUGANG
Siehe Route Nr. 69. Die ersten 2 Seillängen stimmen mit der »Freccia«-Route (II–III) überein. Mit einem kurzen Quergang links zum Einstieg. 45 Min.

ABSTIEG
Siehe Abstiegsroute Nr. 64 oder fakultative Abstiegsroute Nr. 70.

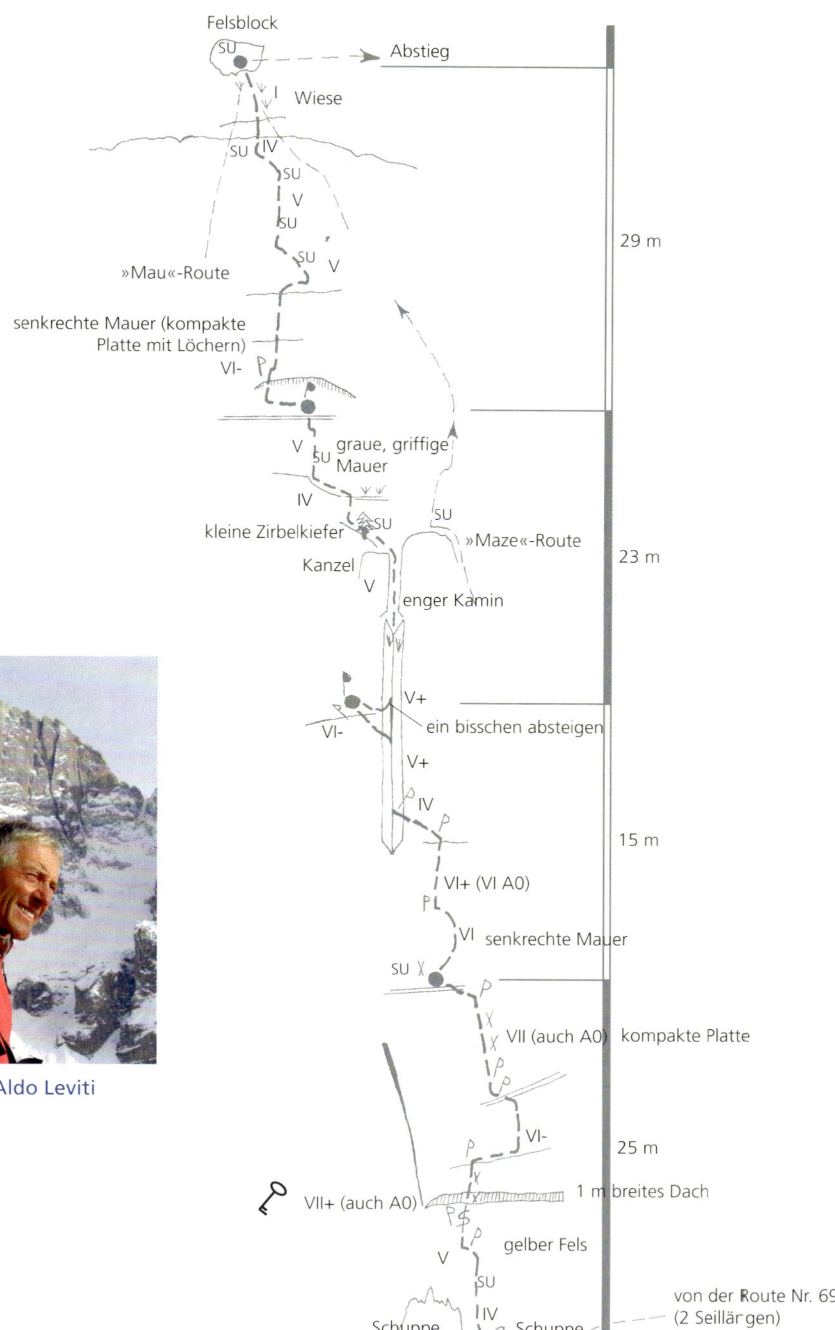

Der Bergführer Aldo Leviti

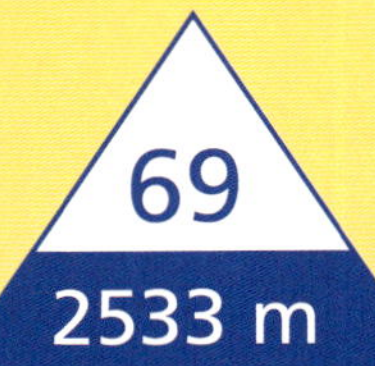

ERSTER SELLATURM

ERSTBEGEHER
M. Bernardi und Vinzenz Runggaldier 4.10.2012

SELLAGRUPPE

»Maze«-Führe (Südwand)

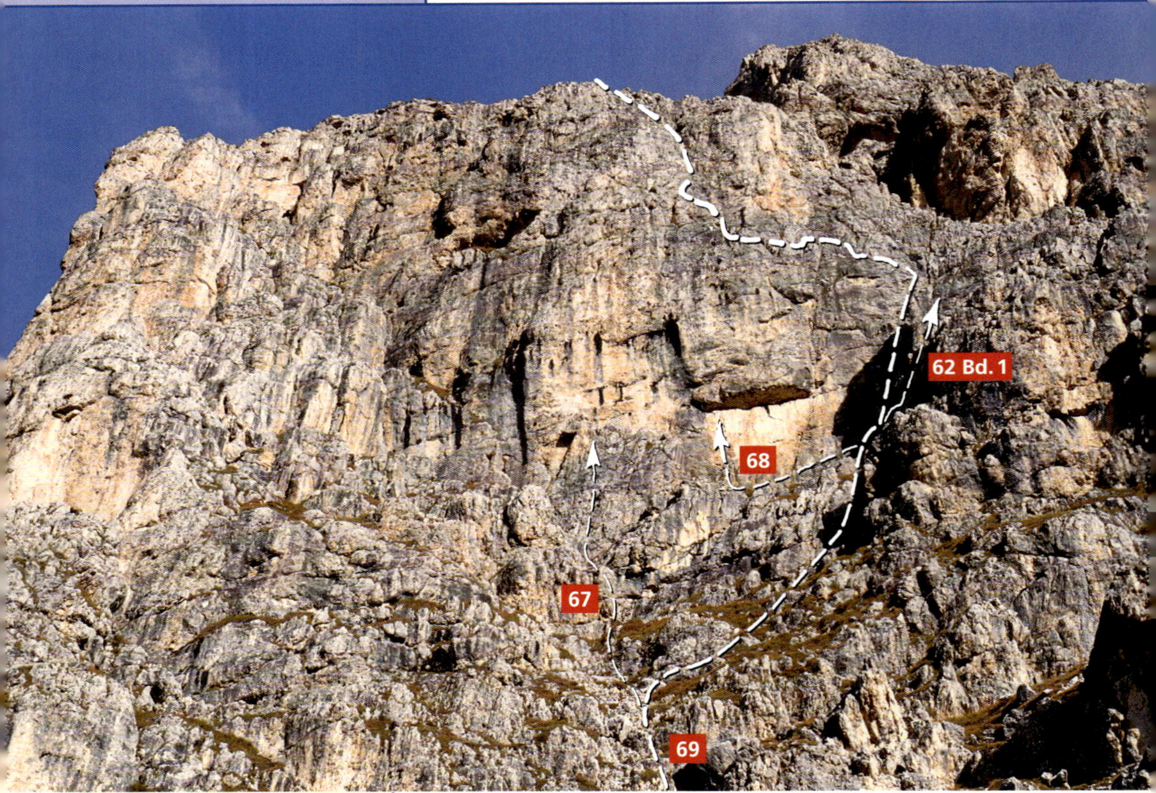

Schwierigkeit: V
Höhenunterschied: 130 m
Kletterstrecke: 153 m
Seillängen: 6
Stunden: 2.5–3
Fels: ausgezeichnet
Ausrüstung: NAA; Friends Nr. 0,5|2; Stopper Nr. 2|8

EIGENSCHAFTEN
Genussreiche Kletterroute über rauen Fels. Im Quergang der vierten Seillänge kann man sich gut absichern.

ZUGANG
Siehe Route Nr. 66.

ABSTIEG
Siehe Abstiegsroute Nr. 64 oder fakultative Abstiegsroute Nr. 70.

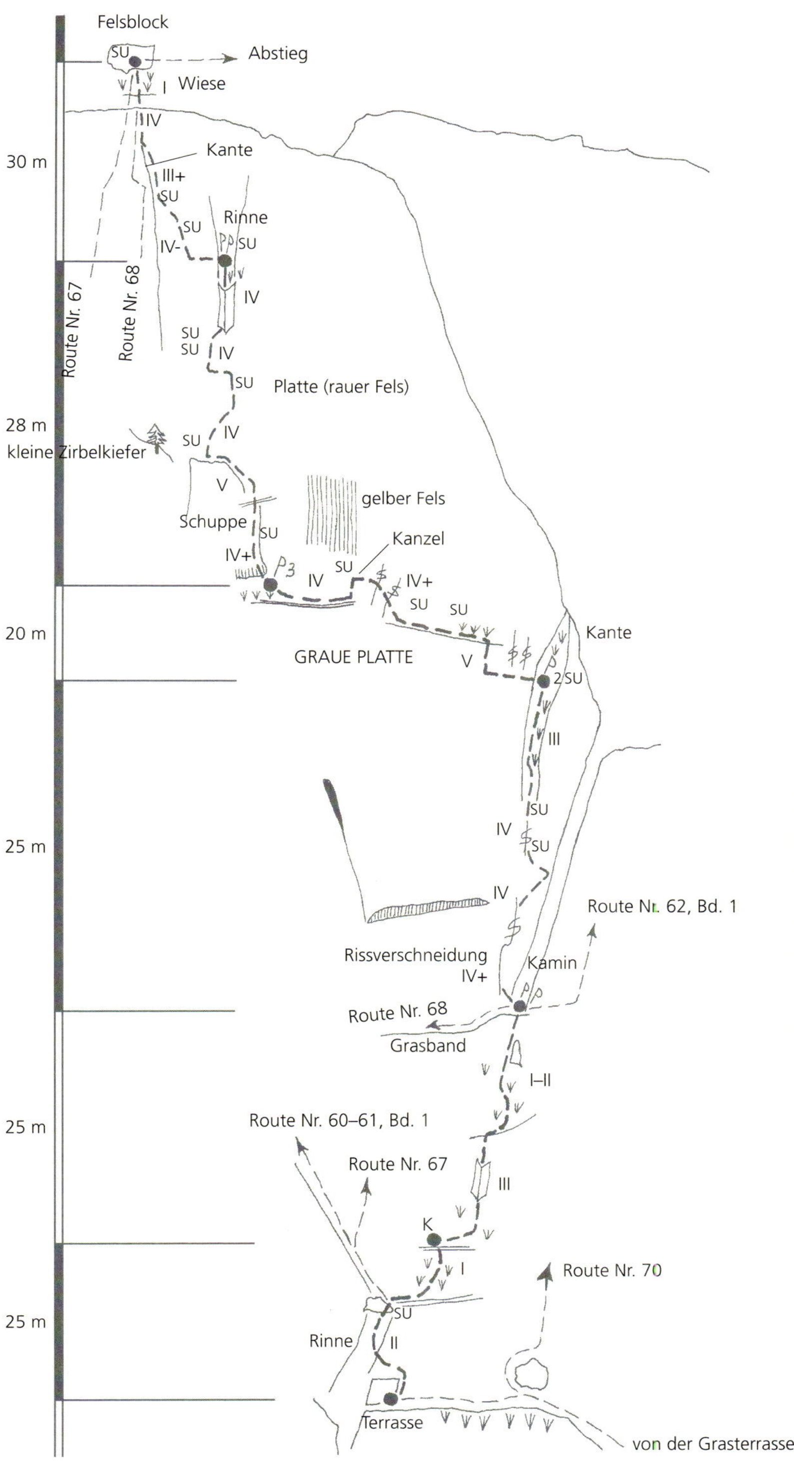
Felsblock
SU
Abstieg
I
Wiese
IV
Kante
30 m
III+
SU
SU
Rinne
IV-
SU
Route Nr. 67
Route Nr. 68
IV
SU
SU
IV
SU
Platte (rauer Fels)
28 m
kleine Zirbelkiefer
SU
IV
V
gelber Fels
Schuppe
SU
Kanzel
IV+
IV
SU
IV+
SU
SU
20 m
Kante
GRAUE PLATTE
V
2 SU
III
SU
25 m
IV
SU
IV
Route Nr. 62, Bd. 1
Rissverschneidung
IV+
Kamin
Route Nr. 68
Grasband
I–II
25 m
Route Nr. 60–61, Bd. 1
Route Nr. 67
III
K
I
Route Nr. 70
SU
25 m
Rinne
II
Terrasse
von der Grasterrasse

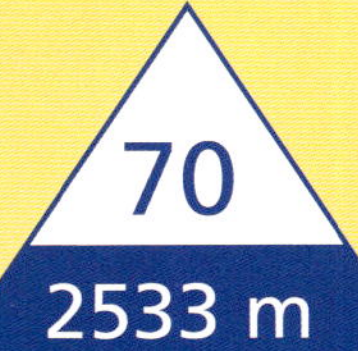

ERSTER SELLATURM

ERSTBEGEHER
unbekannt

SELLAGRUPPE

»Freccia bis«-Führe (Südostpfeiler)

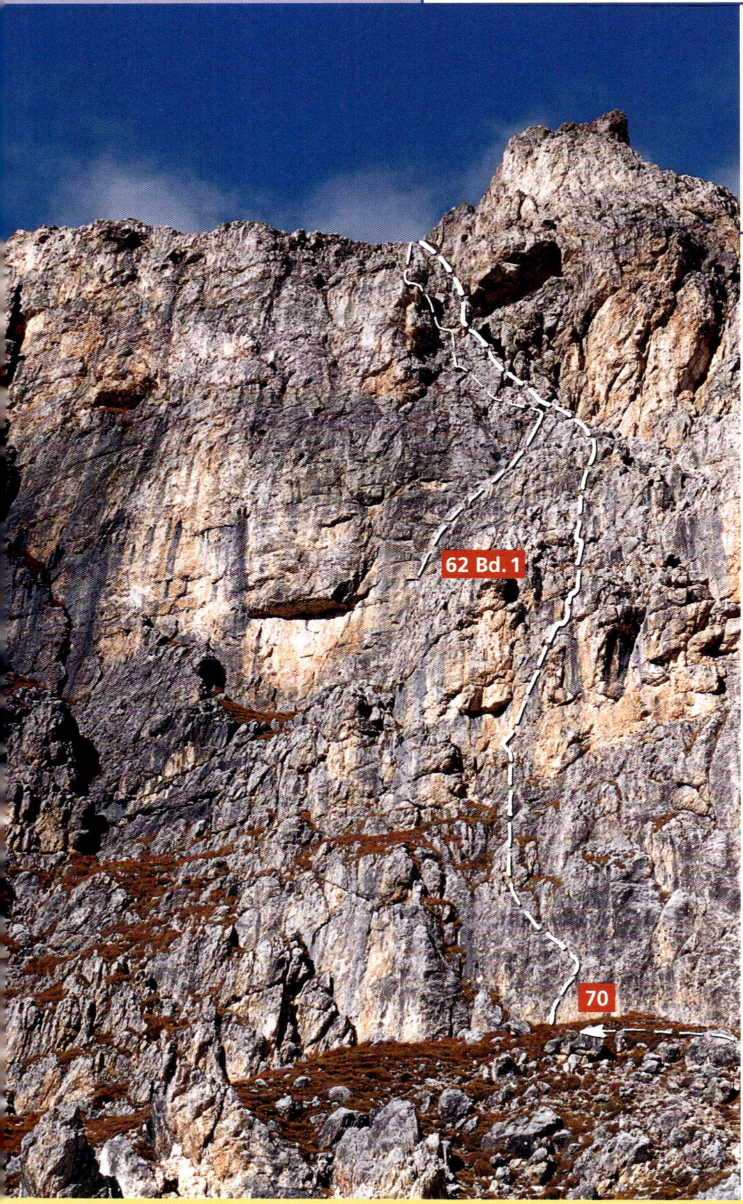

Schwierigkeit: IV
Höhenunterschied: 130 m
Kletterstrecke: 136 m
Seillängen: 5
Stunden: 2–2.5
Fels: ausgezeichnet
Ausrüstung: 5 Expressschlingen

EIGENSCHAFTEN

Genussvolle Route mit gleich bleibenden Schwierigkeiten. Von M. Bernardi am 30.Oktober 2013 mit einigen Bohrhaken und Sanduhrschlingen eingerichtet.

ZUGANG

Siehe Route Nr. 66. Bei einer schönen Grasebene startet die Kletterstrecke.

ABSTIEG

Über den fakultativen Abstieg (siehe technische Skizze) mit einer 25-m-Abseilstelle. Dann dem Pfad zum Normalweg folgen oder die rechte Rinne bis zur **hohen Wand** absteigen. Hier 2-mal (23 m und 22 m) zur Grasebene des Einstiegs abseilen. 30 Min. Oder ca. 30 m hinaufsteigen und rechts zur Scharte zwischen Erstem und Zweitem Sellaturm klettern (I). Nun siehe Route Nr. 64. 45 Min.

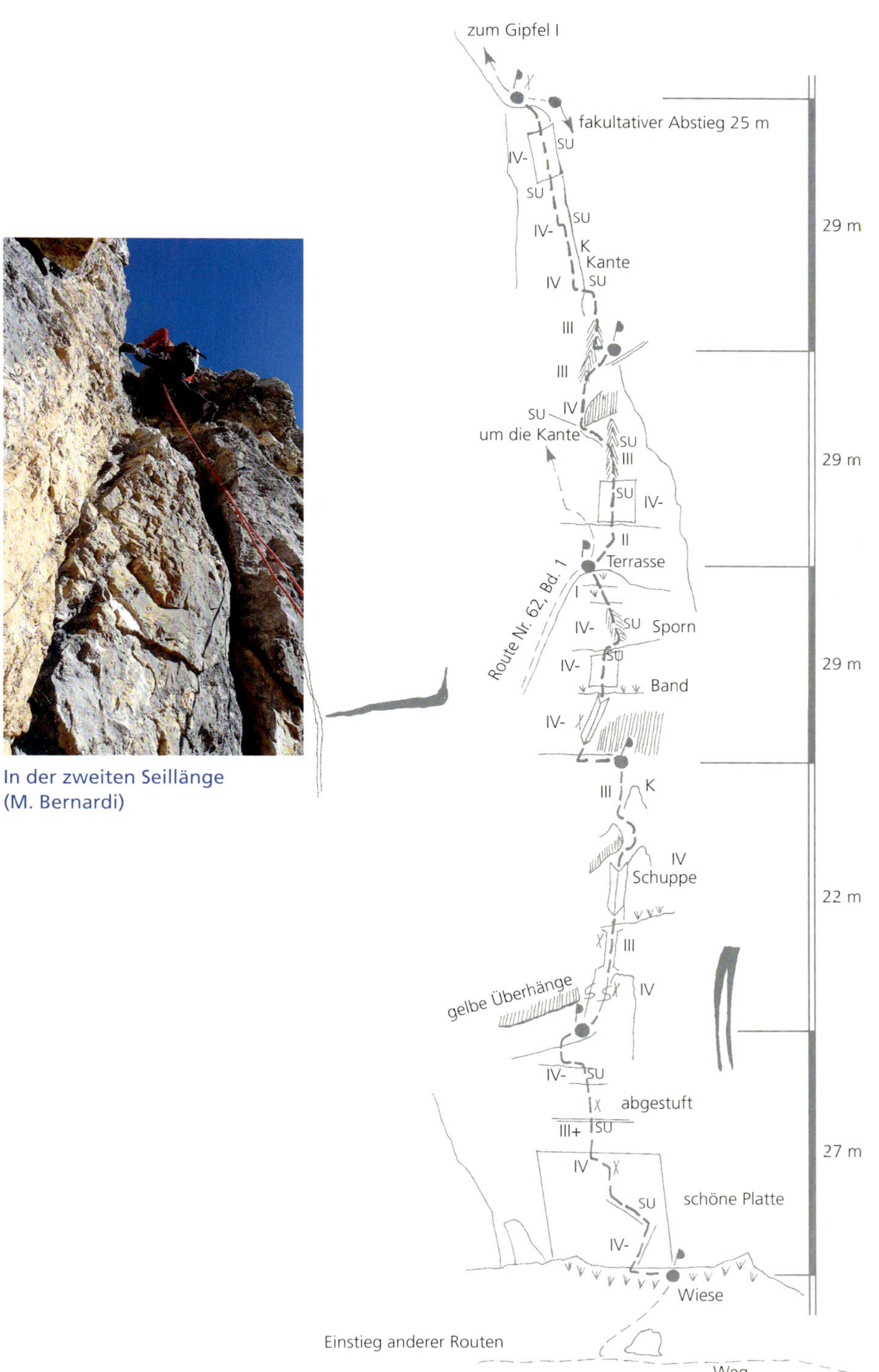

In der zweiten Seillänge (M. Bernardi)

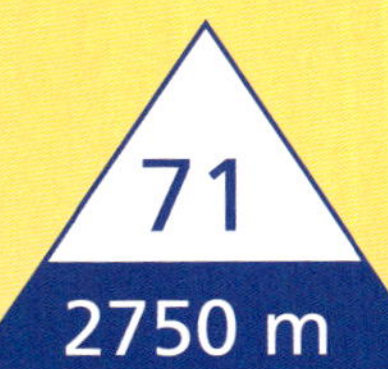

SÜDL. PIZ DE CIAVAZES
(OBERER TEIL)

ERSTBEGEHER
Gregor Demetz und Julia Senoner 15.5.2012 die ersten neun Seillängen; Bruno Rossi und Augusto Tomasi 2.9.1945 die letzten zwei Seillängen

SELLAGRUPPE

»Ciuldi pa no?«-Führe (Routen-Kombination, Südwand)

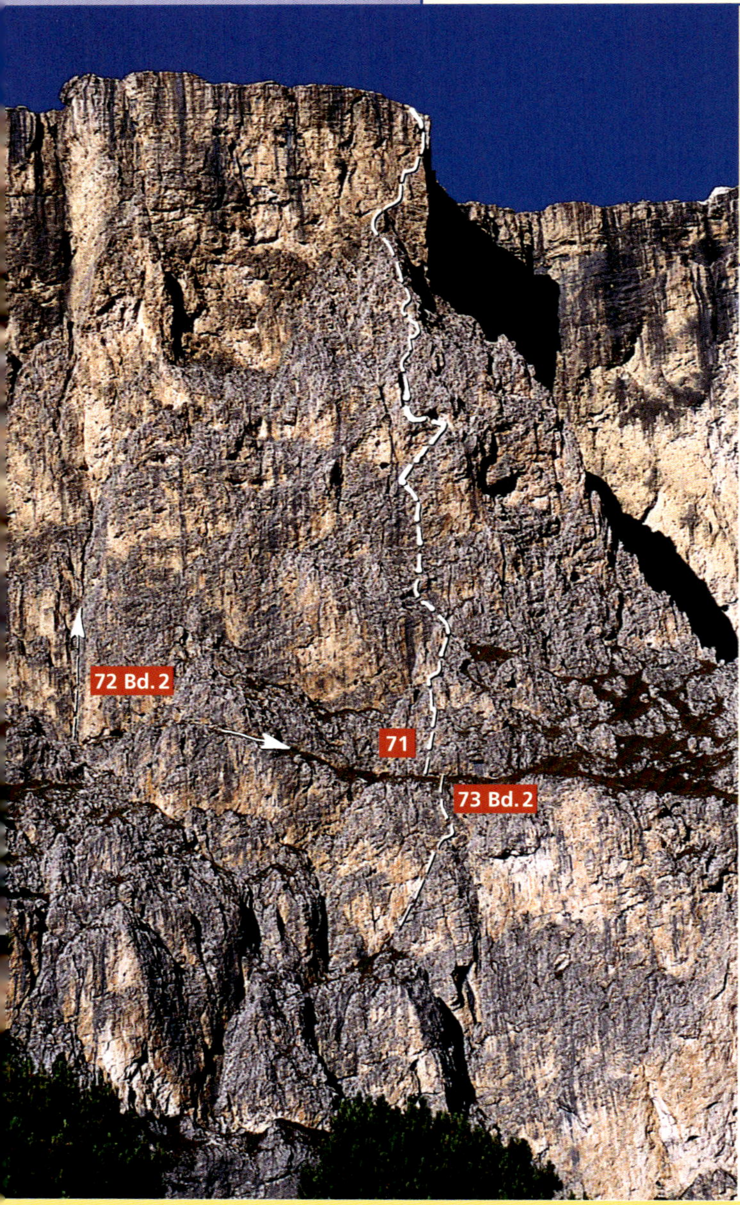

Schwierigkeit: V+ A0 (VI)
Höhenunterschied: 250 m
Kletterstrecke: 296 m
Seillängen: 11
Stunden: 3–4
Fels: gut, etwas zu säubern
Ausrüstung: NAA; Friends Nr. 1|1,5|2|3; einige Haken

EIGENSCHAFTEN
Interessante Route. Im unteren Teil über Platten und im oberen Teil über zwei originelle Schlüsselseillängen.

ZUGANG
Vom Sellajoch, 2244 m, östlich vom Gasthaus Maria Flora (Fassaner Seite), den sichtbaren Weg hinaufwandern. Bei der ersten Kreuzung nach rechts Richtung einer Ebene mit Felsblöcken unterhalb der Südwand des Ersten Sellaturms weiterwandern. Bei der **ersten Felswand** (ausgesetzt, Drahtseil) den Weg schräg hinaufklettern auf eine **Grasterrasse.** Dann die **hohe Wand** (III) rechts und ca. 50 m die Rampe rechts zu einer steilen Felswand hinaufklettern (Abstieg vom »Gamsband«, Südl. Piz-de-Ciavazes-Routen). Nun die steile Wand über eine kleine Rampe hochklettern (III) und dem Pfad zum »Gamsband« folgen. Beim Gamsband rechts weiter und absteigend bald zum Einstieg (Sanduhrschlinge). 1 Std.

SU
IV
SU
Kante
33 m
SU IV-
III+
SU
Kante
SU
26 m
SU
IV-
gelbe Grotte
SU
SU
IV-
7 m
SU
27 m
SU
IV-
V+
Nischen
2 SU
SU
V-
V+ SU
24 m
V
gelbe/graue senkrechte Platte
IV
2 SU
III
SU
32 m
IV+ kurze Mauer
SU
IV-
PFEILER
IV
I
Wiese
Übergang
27 m
I
Felsblock
K
Grat III
III
SU
34 m
IV-
SU
III
E SU
gelbe Überhänge
»Mini Ciavazes«-Route

ABSTIEG

Über Schutt Richtung Westen queren und die erste Abseilverankerung am Rande des Südwestpfeilers finden (2 Inox-Ringbohrhaken). Dann 6-mal abseilen: **1.** 20 m, **2.** 12 m und bei einer alten Verankerung mit großen Normalhaken anhalten (mit 60-Meter-Seil kann man ausschließlich die Inox-Bohrhaken verwenden), **3.** 22 m, **4.** 20 m, **5.** 23 m und 5 m (II) abklettern, **6.** 22 m. Nun zum Sattel zwischen Piz de Ciavazes und Zweitem Sellaturm absteigen, dann eine Rampe links Richtung Südosten und eine kurze Wand (II–III) abklettern. Vom Grasband dem sichtbaren Pfad links zum Einstieg folgen. 1 Std.

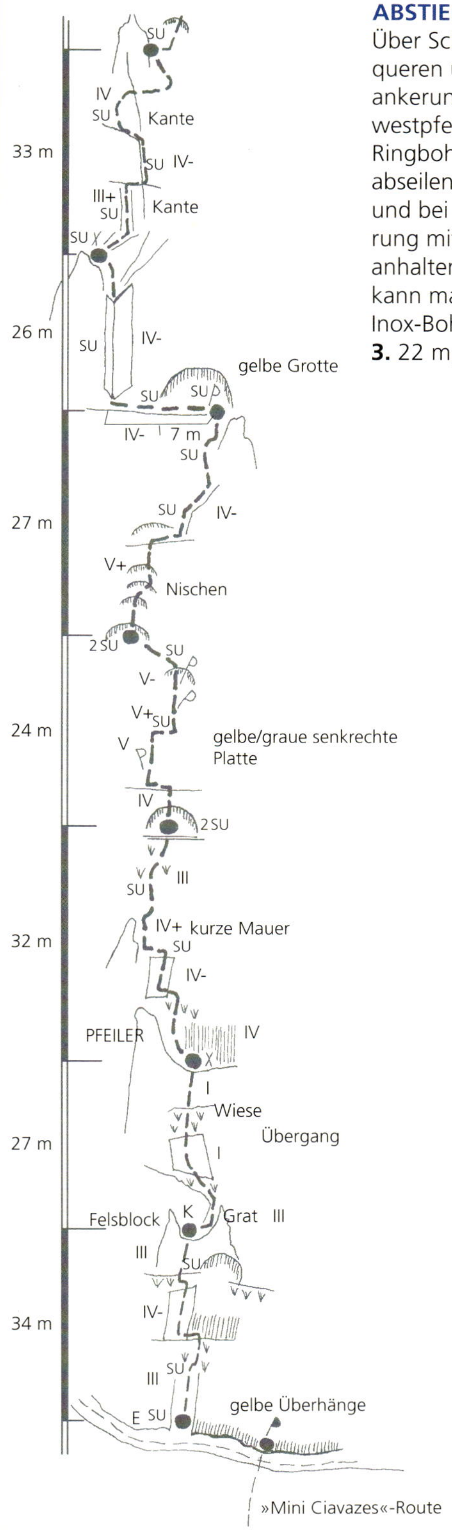

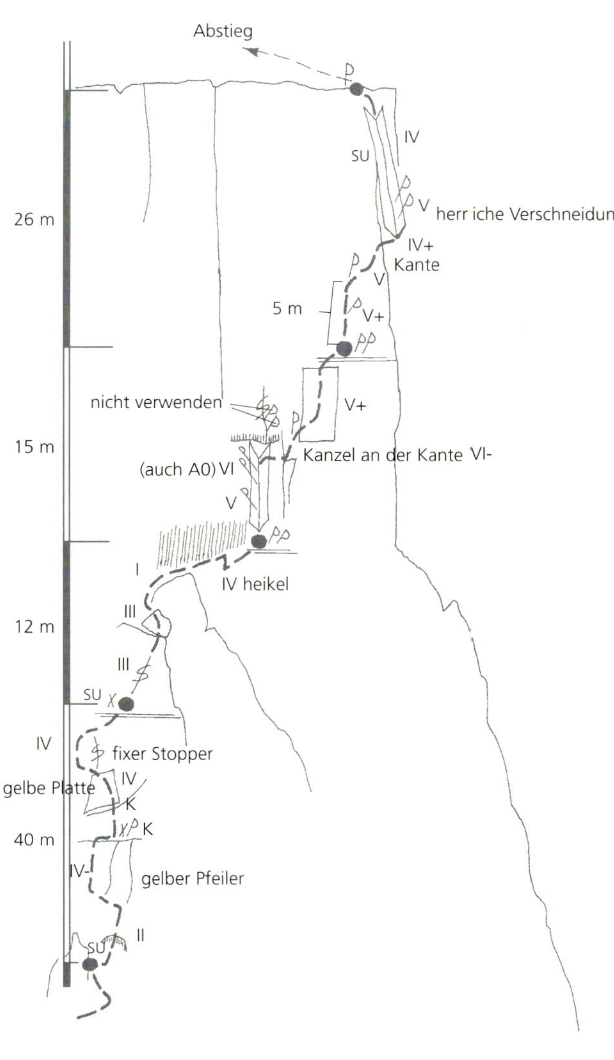

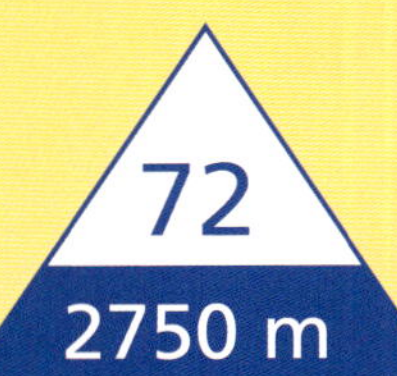

SÜDL. PIZ DE CIAVAZES
(OBERER TEIL)

ERSTBEGEHER
M. Bernardi und Ivo Rabanser
3.10.1990

SELLAGRUPPE

»Pitl Damian«-Führe (Südwand)

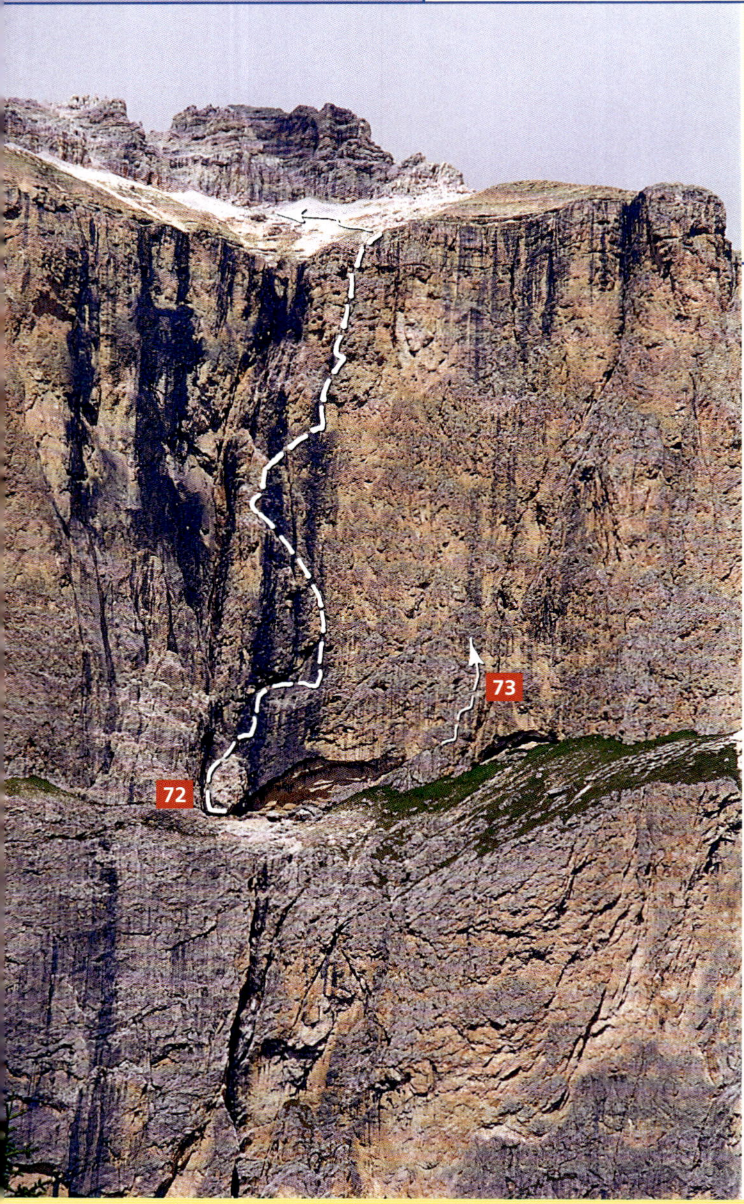

Schwierigkeit: V
Höhenunterschied: 250 m
Kletterstrecke: 341 m
Seillängen: 10
Stunden: 4
Fels: ausgezeichnet
Ausrüstung: NAA; Friends Nr. 0,5|2|2,5|3

EIGENSCHAFTEN
Interessante Kletterroute über schwarze Felsplatten, Kamine und kurze Überhänge. Die achte und neunte Seillänge sind am schwersten. Nur bei trockenen Bedingungen.

ZUGANG
Vom Sellajoch, 2244 m, östlich vom Gasthaus Maria Flora (Fassaner Seite), den sichtbaren Weg hinaufwandern. Bei der ersten Kreuzung nach rechts zu einer Ebene mit Felsblöcken unterhalb der Südwand des ersten Sellaturms weiterwandern. Bei der **ersten Felswand** (ausgesetzt, Drahtseil) den Weg schräg hinaufklettern und die **Grasterrasse** erreichen. Dann die **hohe Wand** (III) rechts und ca. 50 m die Rampe rechts zu einer steilen Felswand hinaufklettern (Abstieg vom »Gamsband«, Südl. Piz-de-Ciavazes-Routen). Nun die steile Wand über eine kleine Rampe hochklettern (III) und dem Pfad zum »Gamsband« folgen. Dem »Gams-

band« 20 Minuten rechts folgen und zum Einstieg weitergehen (Sanduhrschlinge). 1.15 Std.

ABSTIEG

Richtung Westen über Schutt leicht aufsteigen und die erste Abseilverankerung am Rande des Südwestpfeilers finden (2 Inox-Ringbohrhaken). Dann 6-mal abseilen (siehe Abstiegsroute Nr. 71). 1.15 Std.

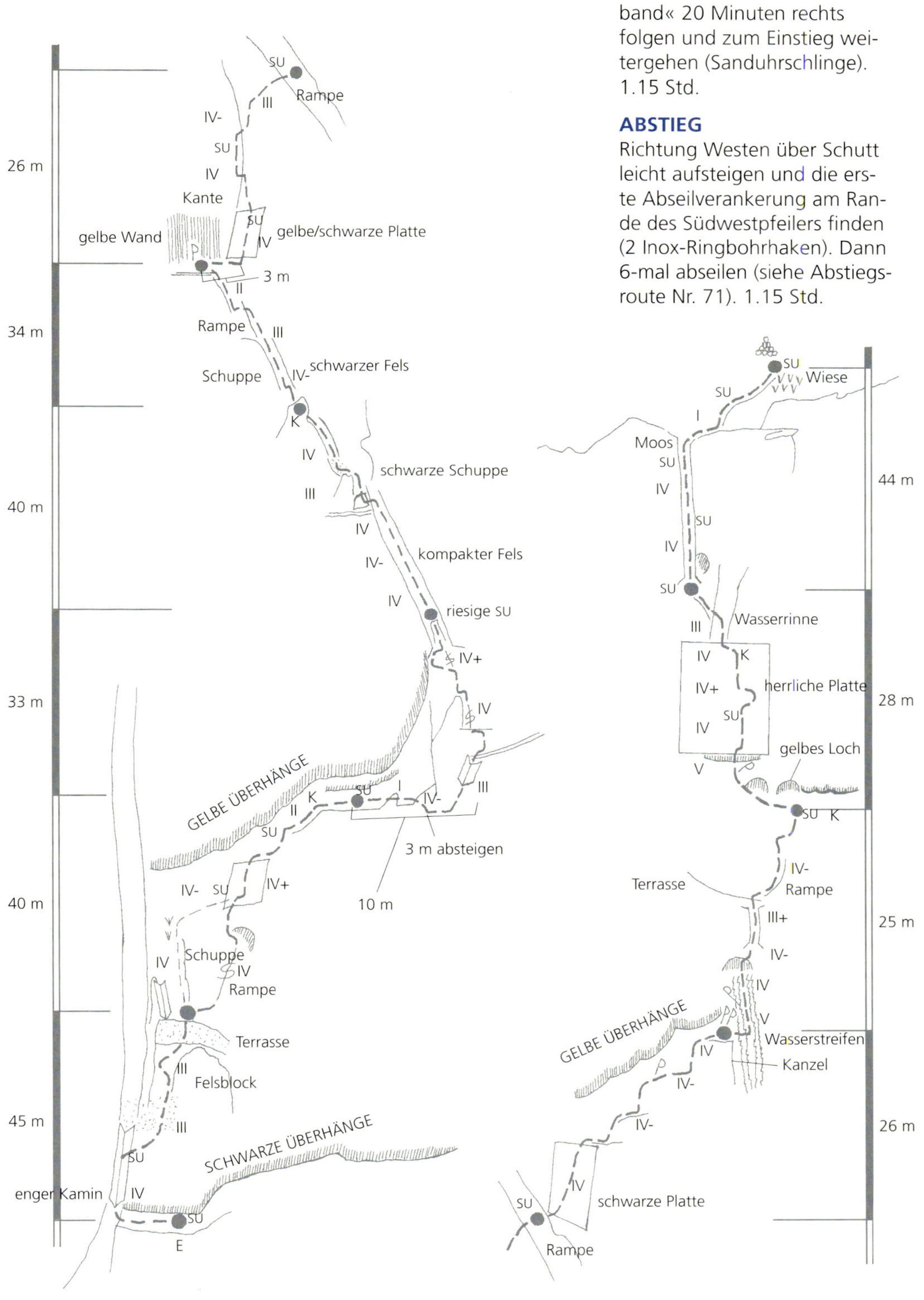

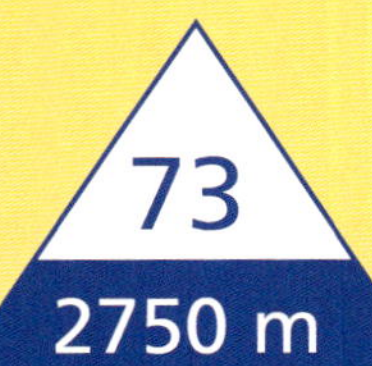

SÜDL. PIZ DE CIAVAZES
(OBERER TEIL)

ERSTBEGEHER
Gregor Demetz und Karl Vinatzer 7.9.1985

SELLAGRUPPE

»2000 ani Ladins«-Führe (Südwand)

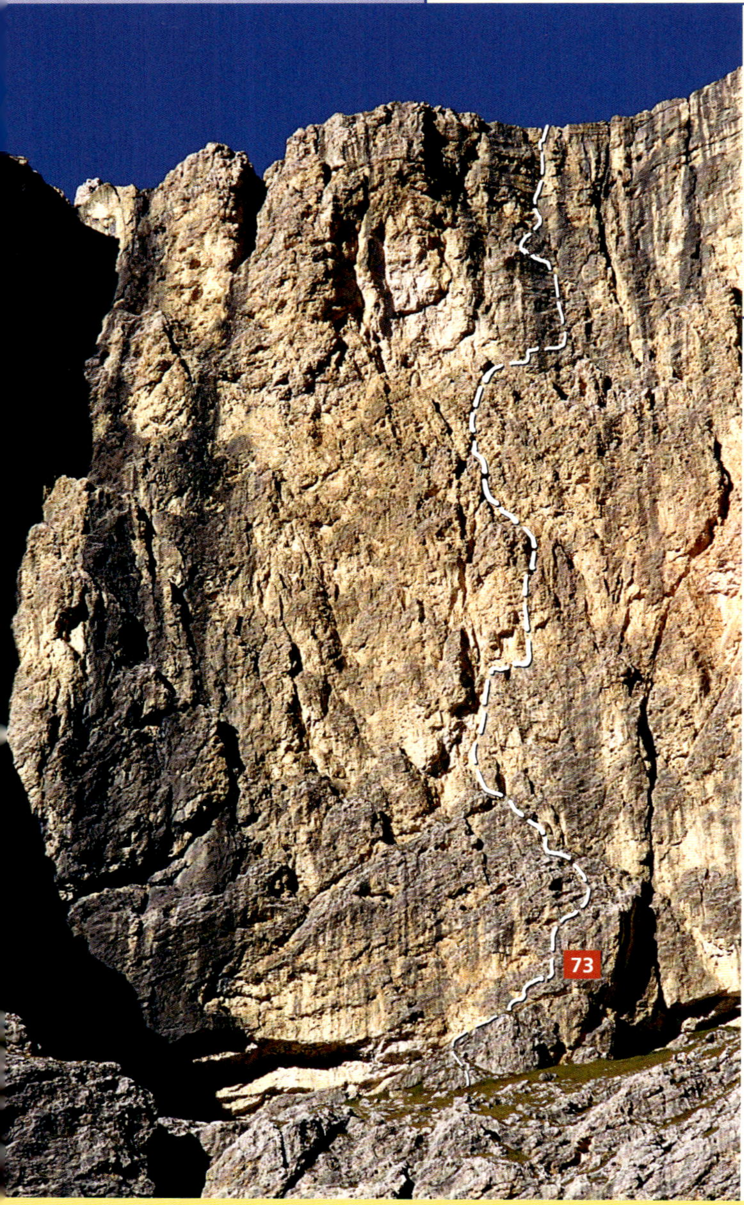

Schwierigkeit: VI- A0 (VI)
Höhenunterschied: 250 m
Kletterstrecke: 273 m
Seillängen: 9
Stunden: 4
Fels: gut/ausgezeichnet, im mittleren Abschnitt zu säubern
Ausrüstung: NAA; Friends Nr. 2|2,5|3|3,5; Stopper Nr. 2|6|7|9; einige Haken

EIGENSCHAFTEN
Eine alpine Route mit obligatorischen Freikletterstellen. Eindrucksvolle letzte drei Seillängen (feiner Sand möglich!).

ZUGANG
Siehe Route Nr. 72.

ABSTIEG
Siehe Route Nr. 72.

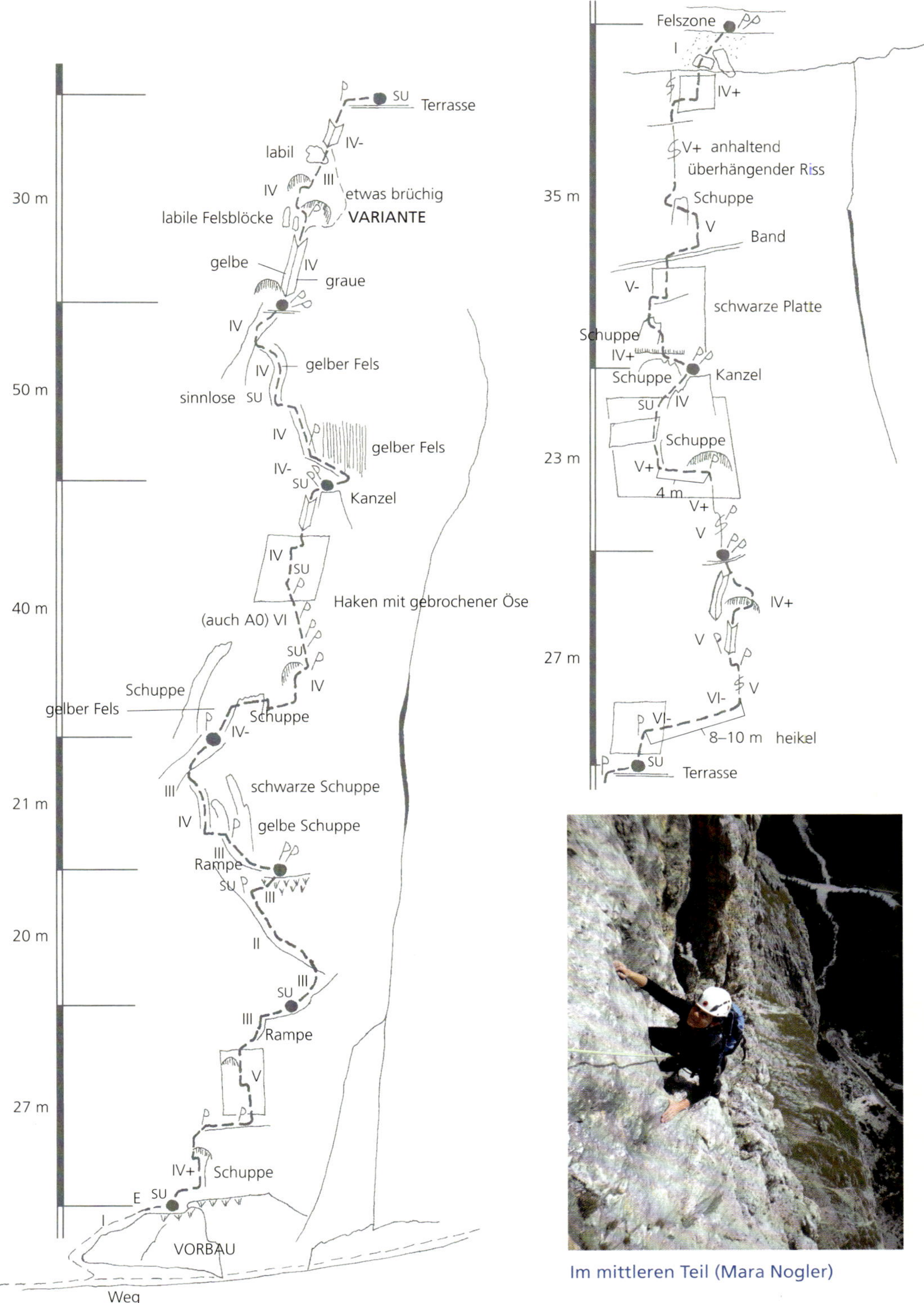

Im mittleren Teil (Mara Nogler)

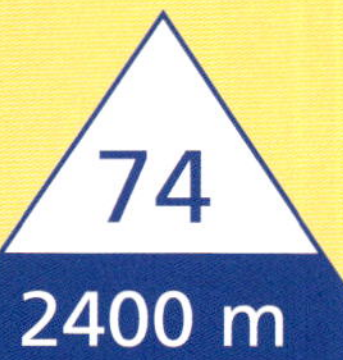

SÜDL. PIZ DE CIAVAZES
(GAMSBAND)

ERSTBEGEHER
Pierluigi Bini und Alberto Campanile 4.8.1977

SELLAGRUPPE

»Elvio Turin«-Führe (Südwand)

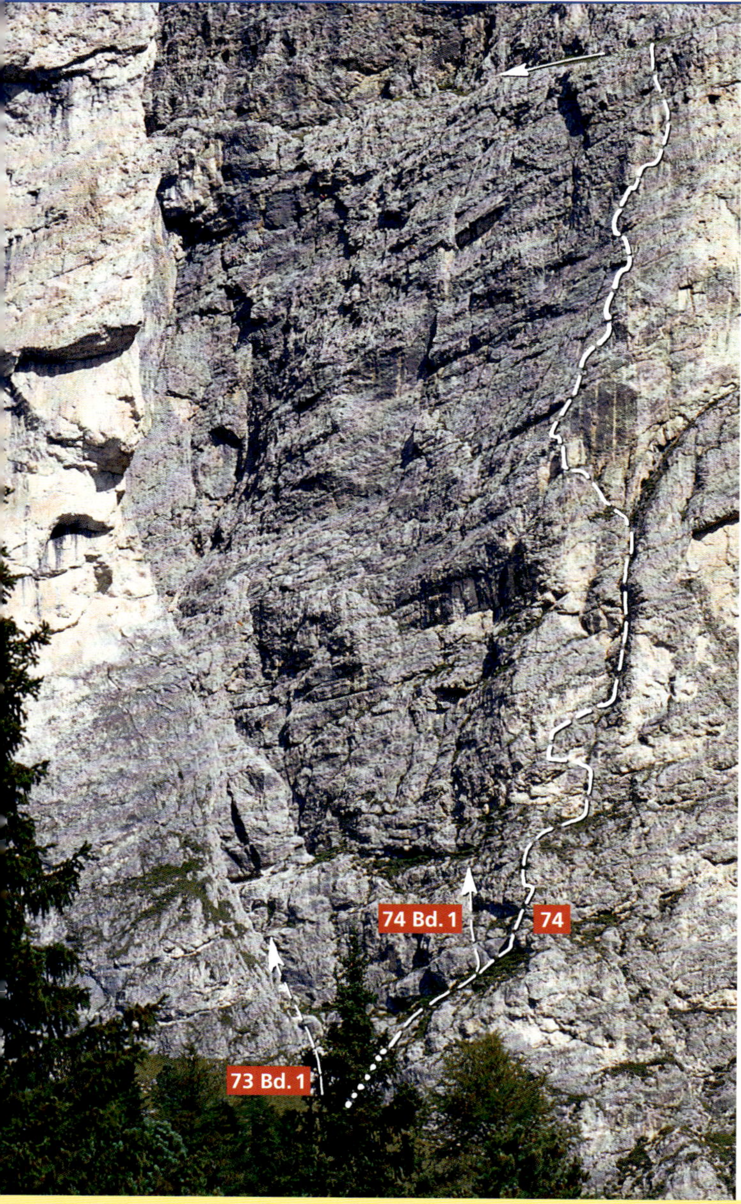

Schwierigkeit: V, eine Stelle V+
Höhenunterschied: 220 m
Kletterstrecke: 214 m + 40 m zum Gamsband
Seillängen: 8 + 40 m zum Gamsband
Stunden: 3
Fels: gut
Ausrüstung: NAA; Friends Nr. 2|3; ein ganzer Satz Stopper

EIGENSCHAFTEN
Interessante Kletterroute. Im unteren Abschnitt verläuft die vorgeschlagene Strecke etwas anders als bei der Erstbegehung. Bei den ersten drei Seillängen klettert man abschnittsweise über problemloses Gras und ab dem Pfeiler über schöne Felsplatten.

ZUGANG
Vom Sellajoch, 2244 m, östlich vom Gasthaus Maria Flora (Fassaner Seite), den sichtbaren Weg hinaufwandern. Bei der ersten Kreuzung nach rechts zu einer Ebene mit Felsblöcken unterhalb der Südwand des Ersten Sellaturms weiterwandern. Bei der ersten Felswand, anstatt anzusteigen, dem absteigenden Weg zu den Ciavazeswänden folgen. Nun links zur ersten tiefen Schlucht hinaufsteigen und bald zum Einstieg. 35 Min. Als Ausgangspunkt eignet sich auch der Ciavazes-Parkplatz. 30 Min.

ABSTIEG

Dem Gamspfad links Richtung Westen über einen gesicherten Abschnitt folgen. Nachdem das Band steigt, zu einer Rinne hinaufsteigen, die gleich abgestiegen wird. Dann dem Pfad folgen und eine steile Wand (II–III) abklettern oder 20 m abseilen. Nun dem Pfad zur **hohen Wand** folgen und eine kurze Felsstufe (III) nach links bis zur **Grasterrasse** abklettern. Hier rechts zum Sellajoch oder links zum Ciavazes-Parkplatz hinuntergehen. 1 Std.

40 m I zum Pfad
K
IV-
V+
33 m
SU
IV+
Rampe
V-
Schuppe
IV
Kante
WUNDERBARE PLATTEN
V
V-
IV-
23 m
SU
Kante
22 m
IV+
labile Schuppe
origineller Spreizschritt V+
PFEILER
fixer Stopper
18 m
heikle Rampe IV+
I
Exentrix Fix
33 m
IV-
IV
33 m
gelber Riss
Route Nr. 74, Bd. 1
III
kurze Wand
27 m
Route Nr. 73, Bd. 1
Wiese
II
E
25 m
vom Sellajoch
vom Ciavazes-Parkplatz

SÜDL. PIZ DE CIAVAZES
(GAMSBAND)

ERSTBEGEHER
Luigi Micheluzzi und Ettore Castiglioni 26.9.1935 die ersten fünf Seillängen; Hermann Buhl und Walter Streng 1949 die sogenannte »Buhl-Verschneidung«

SELLAGRUPPE

»Micheluzzi + Buhl«-Führe (Routen-Kombination, Südwand)

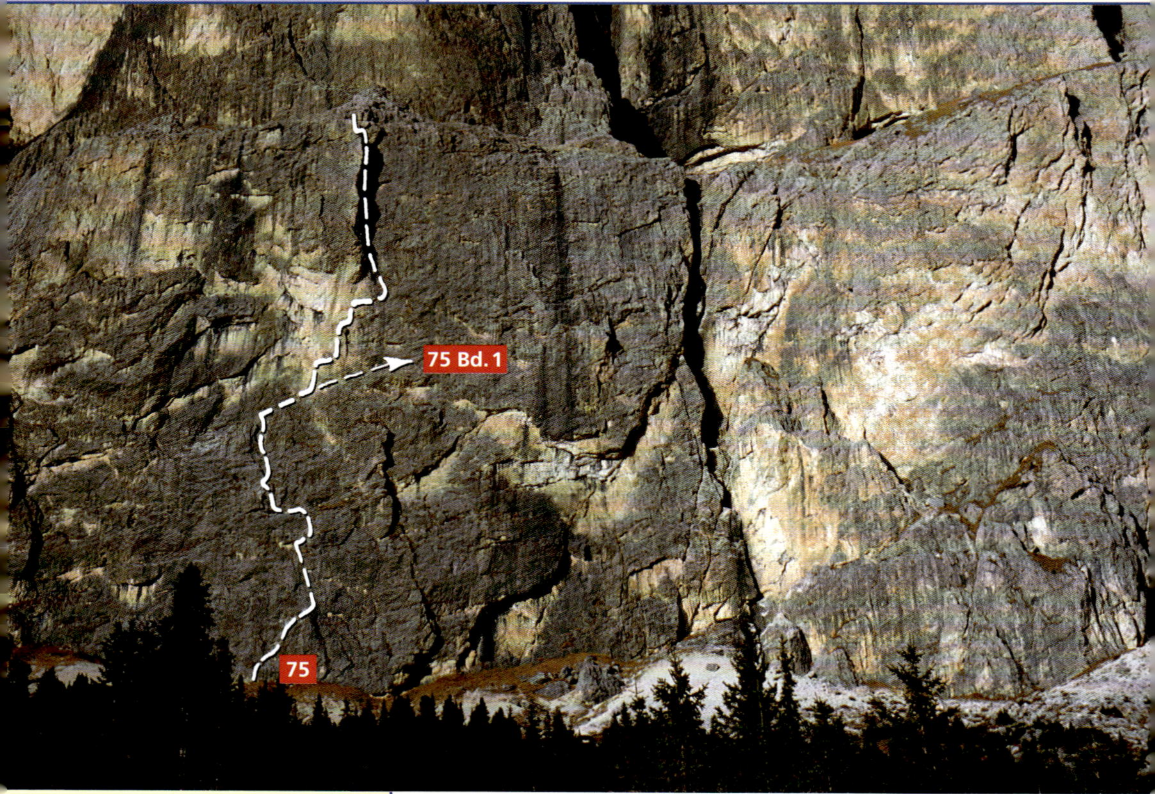

Schwierigkeit: VI- A0 (VI)
Höhenunterschied: 250 m
Kletterstrecke: 299 m
Seillängen: 10
Stunden: 4
Fels: ausgezeichnet, etwas polierter Fels
Ausrüstung: NAA;
7 Expressschlingen;
Friends Nr. 0,5|2|2,5|3;
Stopper Nr. 9

EIGENSCHAFTEN
Berühmte und historische Route mit eleganten Kletterstellen sowie eingerichteten Bohrhaken-Standplätzen. Es wird Magnesium empfohlen.

ZUGANG
Vom Ciavazes-Parkplatz (auf der Straße zwischen Sellajoch und Pian-de-Schiavaneis-Hütte) bei einem geraden Straßenstück bis zu den senkrechten Wänden der mittleren Ciavazeswand hinaufgehen. Über einen Waldweg und später durch ein Geröllfeld zum Einstieg. 15 Min.

ABSTIEG
Siehe Route Nr. 74.

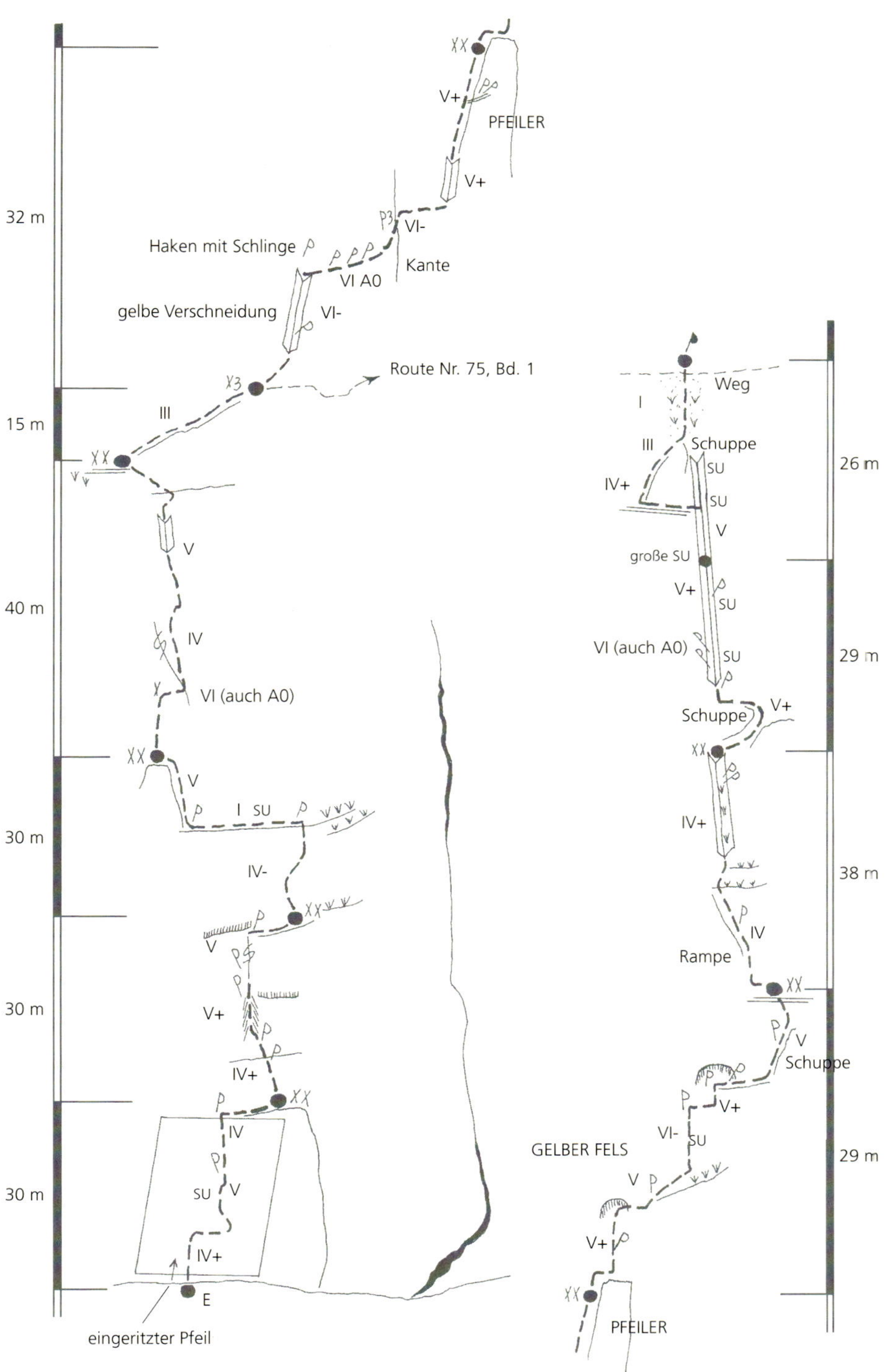

PFEILER
V+
V+
VI-
Kante
Haken mit Schlinge
VI A0
gelbe Verschneidung
VI-
Route Nr. 75, Bd. 1
III
32 m
15 m
V
40 m
IV
VI (auch A0)
V
I SU
30 m
IV-
V
V+
30 m
IV+
IV
SU V
IV+
30 m
E
eingeritzter Pfeil
Weg
I
III
Schuppe
SU
IV+
SU
V
große SU
V+
SU
VI (auch A0)
SU
Schuppe
V+
26 m
29 m
IV+
38 m
IV
Rampe
V
Schuppe
V+
VI-
SU
GELBER FELS
V
V+
29 m
PFEILER

76
2150 m

»PELA DE MICEL« PFEILER

ERSCHLIESSER
M. Bernardi 7.4.2014

SELLAGRUPPE

»Titola«-Führe (Südkante)

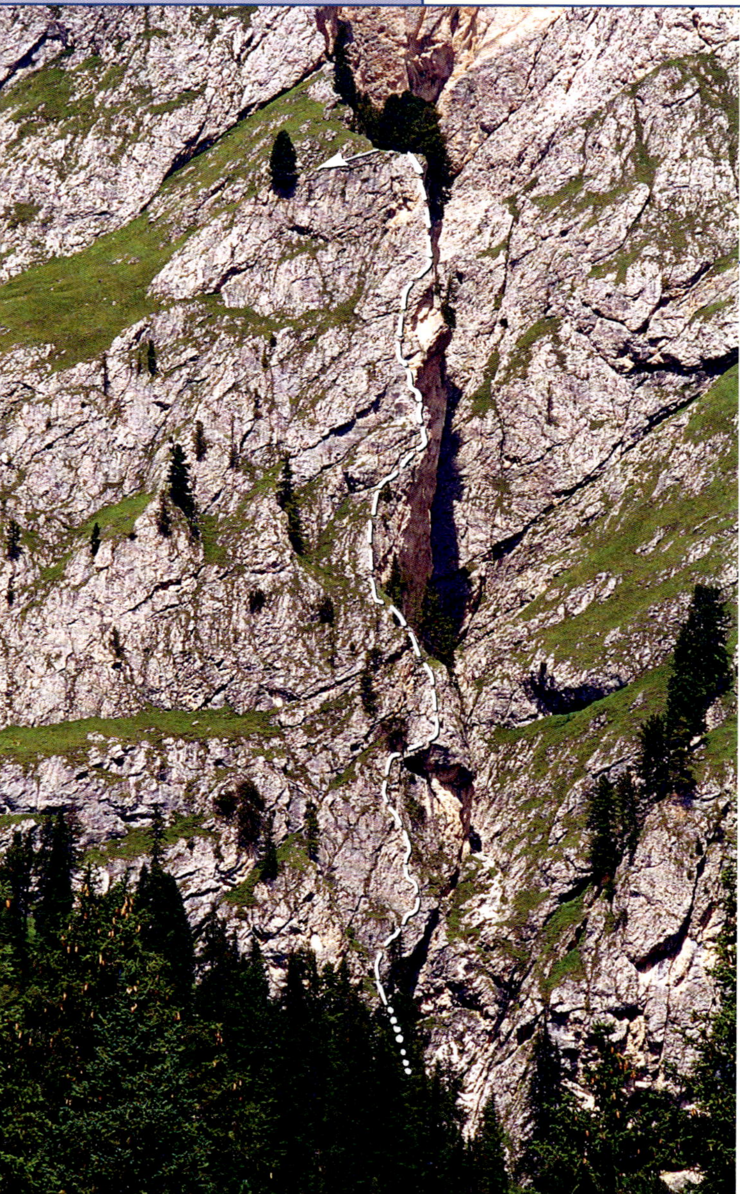

Schwierigkeit: IV+
Höhenunterschied: 180 m
Kletterstrecke: 196 m
Seillängen: 7
Stunden: 3
Fels: ausgezeichnet, das Gras ist etwas zu säubern
Ausrüstung: 7 Expressschlingen

EIGENSCHAFTEN

Überwiegende Plattenkletterei mit zwei exponierten Seillängen. Gut eingerichtete Strecke mit Bohrhaken, Sanduhrschlingen und einzementierten Standhaken. Der Name der Route ist einem Murmeltier gewidmet, welches unter den Ciavazeswänden lebte und im Jahr 2014 verschwand.

ZUGANG

Von der Kehre, unterhalb des rechten Sektors der Ciavazeswände, dem Weg Nr. 656 zur Boéhütte folgen. Nach ca. 30 m, wo der Weg zum Absteigen beginnt, links über eine Wiese und zu einer Felskante queren. Nun um die Kante 6 m zum Einstieg weiterqueren. 15 Min.

ABSTIEG

Von der Zirbelkiefer (letzter Standplatz) Richtung Westen die ganze Wiese queren und einer links absteigenden Rampe (Gamspfad), die zur Schlucht vor den Ciavazeswänden führt, absteigen. Nun bald zur Straße und zur Kehre. 20 Min.

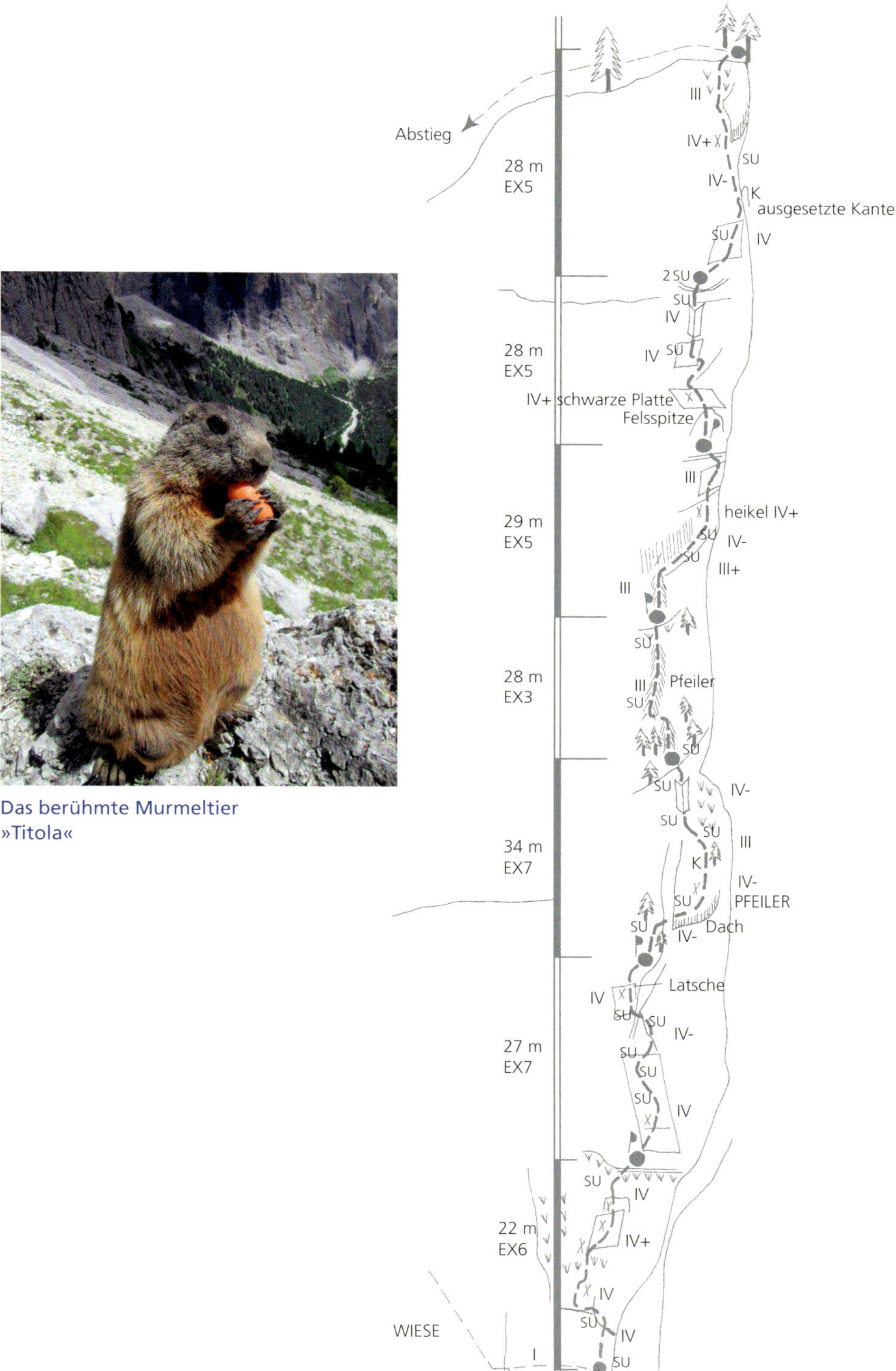

Das berühmte Murmeltier
»Titola«

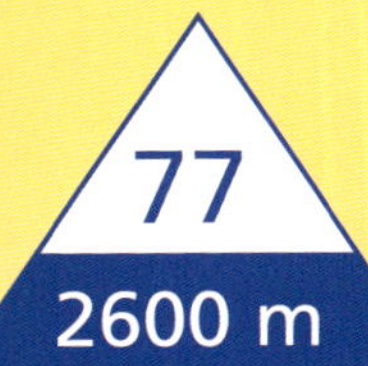

LASTIES-PYRAMIDE

ERSTBEGEHER
M. Bernardi 18.11.2013

SELLAGRUPPE

»Felsspitzen«-Führe (Südpfeiler)

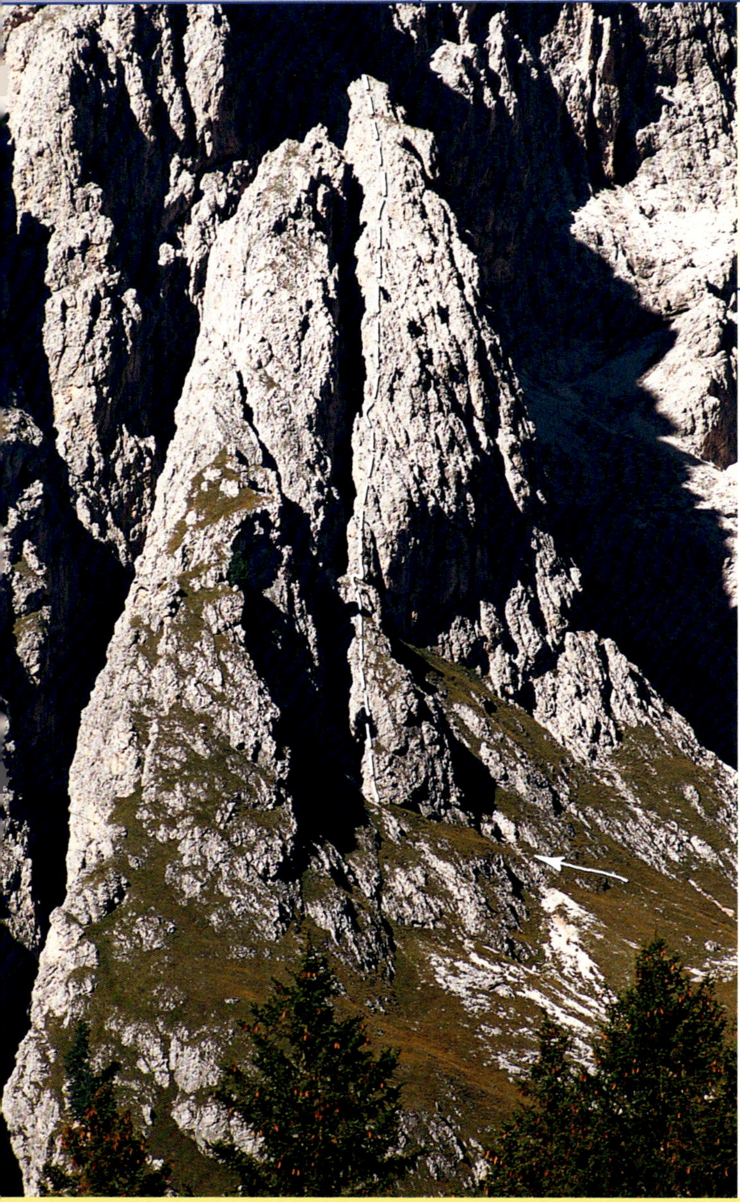

Schwierigkeit: III–IV
Höhenunterschied: 250 m
Kletterstrecke: 252 m + 50 m zum Gipfel
Seillängen: 7 + 50 m am »kurzen Seil«
Stunden: 2.5–3
Fels: gut, zu säubern
Ausrüstung: NAA

EIGENSCHAFTEN
Nicht durchgängig schwierig, schöner Pfeiler und einsamer Gipfel. Bequemer Abstieg, aber in der frühen Klettersaison Schneefeld in der Abstiegsrinne unter dem Gipfel möglich.

ZUGANG
Von der Kehre, unterhalb des rechten Sektors der Ciavazeswände, dem Weg Nr. 656 zur Boéhütte folgen. Vor den faszinierenden Wasserbecken im Lastiestal (an der Waldgrenze) die Wiesen links zur Felswand hinaufsteigen. Die Steilstufe rechts hochklettern (Gamspfad, I) und ins Siellatal links zu dem Felsrücken hinaufsteigen. Nun den Felsrücken am oberen Teil über einen Gamspfad queren (I) und der Wiese schräg zum Einstieg folgen. 1 Std.

ABSTIEG
Vom Gipfel den Aufstiegsweg kurz zurück und 15 m zur ersten Scharte abseilen. Dann

Richtung Norden die erste Rinne absteigen. Sobald möglich aus der Rinne rechts aussteigen und den Sporn zum Band abklettern (I–II, letzter Abschnitt III). Das Band links Richtung Norden queren und die Rinne zum breiten Siellatal abklettern (30 m II). 40 Min. Vom Siellatal zum Zugang hinuntersteigen.

ZUM GIPFEL

Vom letzten Standplatz 20 m (I) hinaufsteigen, dann 3 m (III) zur Scharte abklettern. Nun an der Felsspitze rechts vorbei und 5 m (III+) die Felsstufe rechts hochklettern. Weitere 20 m Gehgelände und bald zum Gipfel. 15 Min.

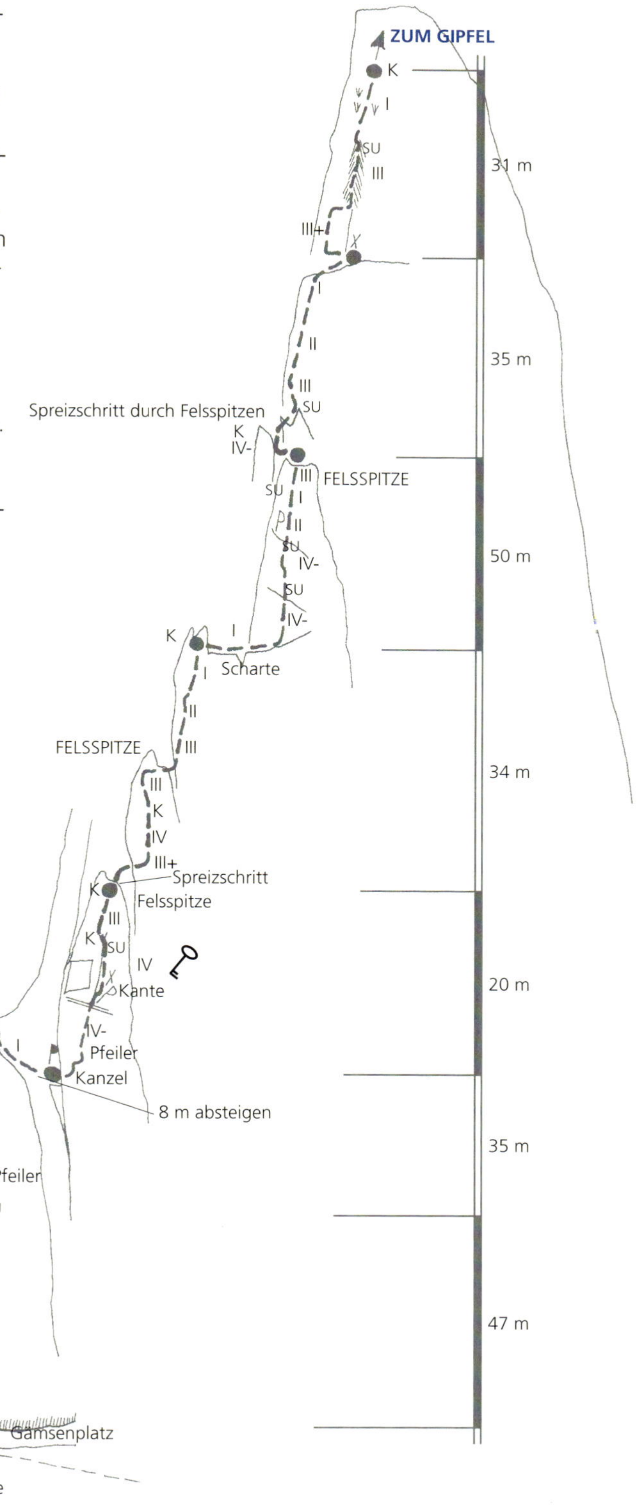

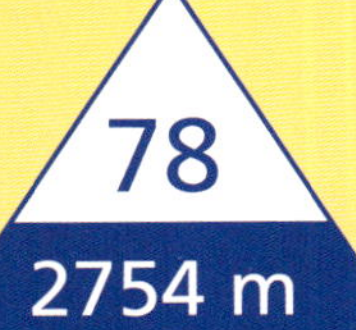

TORRE DE ROCES

ERSTBEGEHER
Hermann Comploj und Adolf Kasslatter 25.10.1988; einige Abschnitte bereits von anderen Kletterern begangen

SELLAGRUPPE

»Comploj/Kasslatter«-Führe (Südwand)

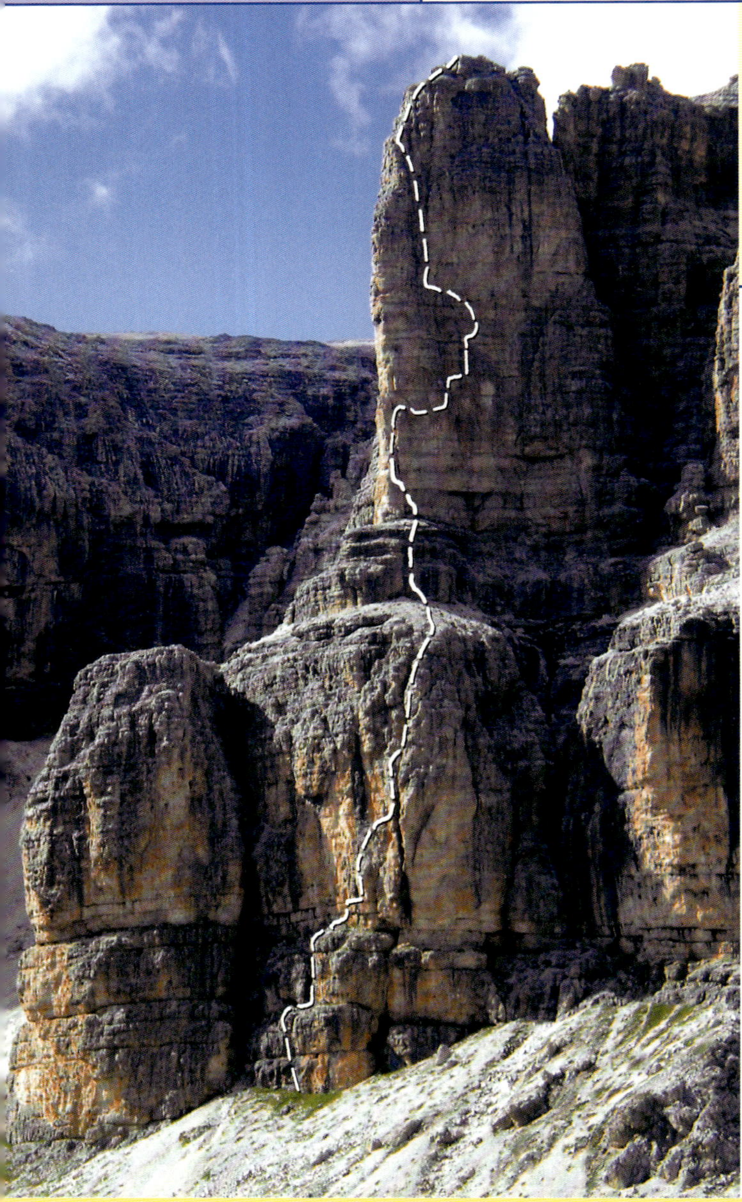

Schwierigkeit: V+ A0 (VI)
Höhenunterschied: 250 m
Kletterstrecke: 302 m
Seillängen: 12
Stunden: 4–5
Fels: ausgezeichnet, zu säubern
Ausrüstung: NAA; Friends Nr. 0,5|2|2,5|3|3,5; Stopper Nr. 6-9; einige Haken

EIGENSCHAFTEN
Alpine Route in eindrucksvoller Gegend. Langer Zustieg.

ZUGANG
Von der Kehre, unterhalb des rechten Sektors der Ciavazeswände, dem Weg Nr. 656 zur Boéhütte folgen. Das lange Lastiestal hinaufwandern und unterhalb des Torre de Roces links über die Wiese zum Einstieg hinaufsteigen. 2 Std.

ABSTIEG
Vom Gipfel Richtung Norden gehen und zur Scharte 10 m (III) abklettern. Die gegenüberliegende steile Wand hochklettern (III) und dem Grat folgen. Dann dem Band zur Scharte links des Piz de Roces hinaufsteigen. Nun über die Hochfläche Richtung Westen zur Rinne des Abstieges des Pößnecker-Klettersteiges gehen. Über einige Drahtseile absteigen und bald ins Lastiestal zum Einstieg. 1 Std.

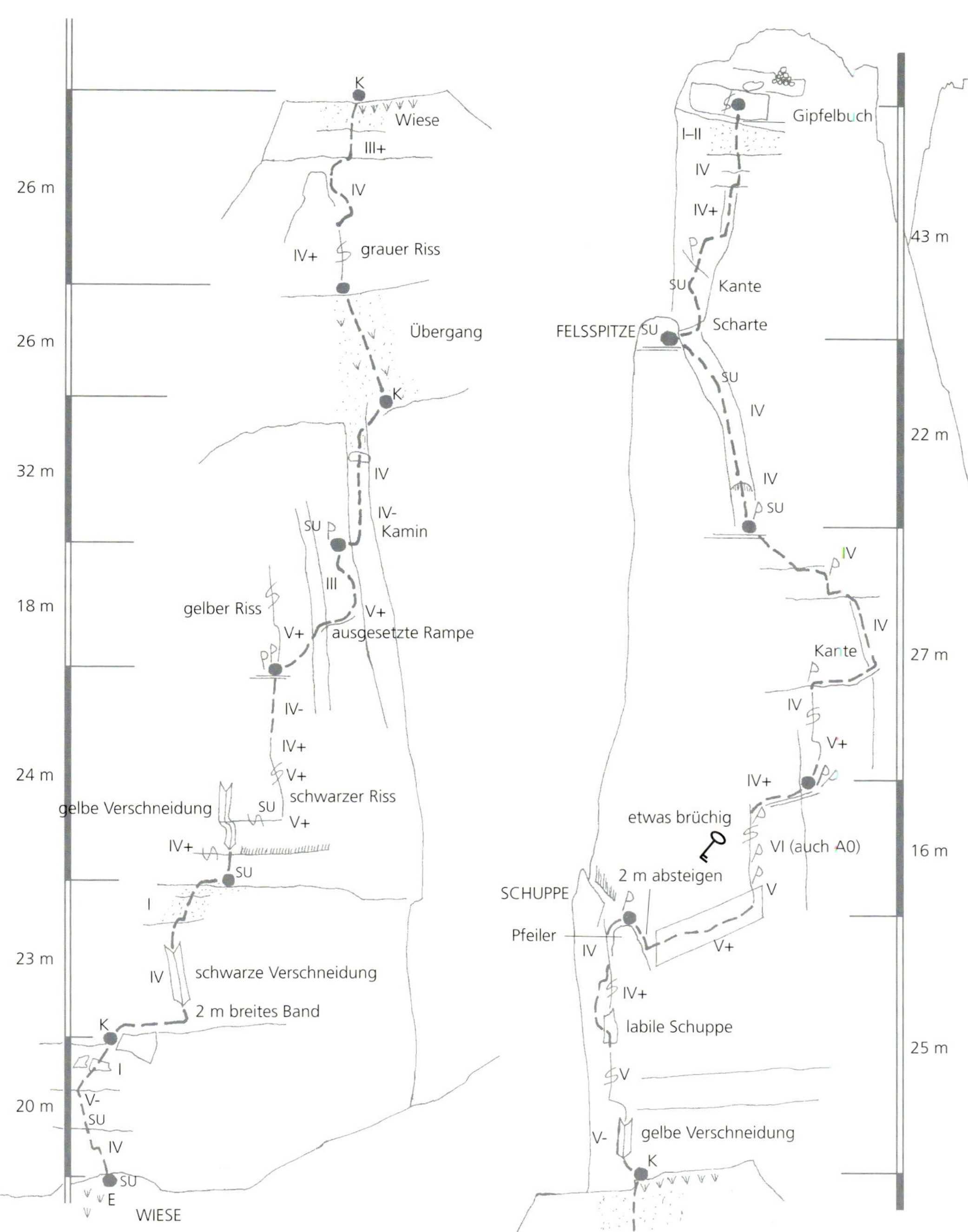
K
Wiese
III+
26 m
IV
IV+
grauer Riss
Übergang
26 m
K
32 m
IV
IV-
Kamin
SU
III
18 m
gelber Riss
V+
V+
ausgesetzte Rampe
IV-
IV+
24 m
V+
schwarzer Riss
gelbe Verschneidung
SU
V+
IV+
SU
I
23 m
IV
schwarze Verschneidung
2 m breites Band
K
I
20 m
V-
SU
IV
SU
E
WIESE
Gipfelbuch
I–II
IV
IV+
43 m
SU
Kante
FELSSPITZE
SU
Scharte
SU
IV
22 m
IV
SU
IV
IV
Kante
27 m
IV
V+
IV+
etwas brüchig
VI (auch A0)
16 m
2 m absteigen
SCHUPPE
V
Pfeiler
IV
V+
IV+
labile Schuppe
25 m
V
V-
gelbe Verschneidung
K

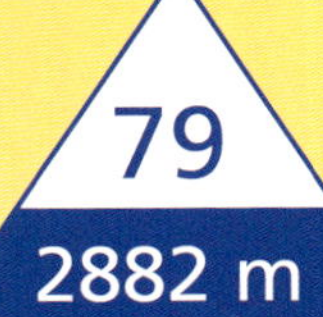

COL ALTON

ERSTBEGEHER
Fulvio Durante und Giampiero Pellegrino 17.8.1987

SELLAGRUPPE

»Berta«-Führe (Südwestwand)

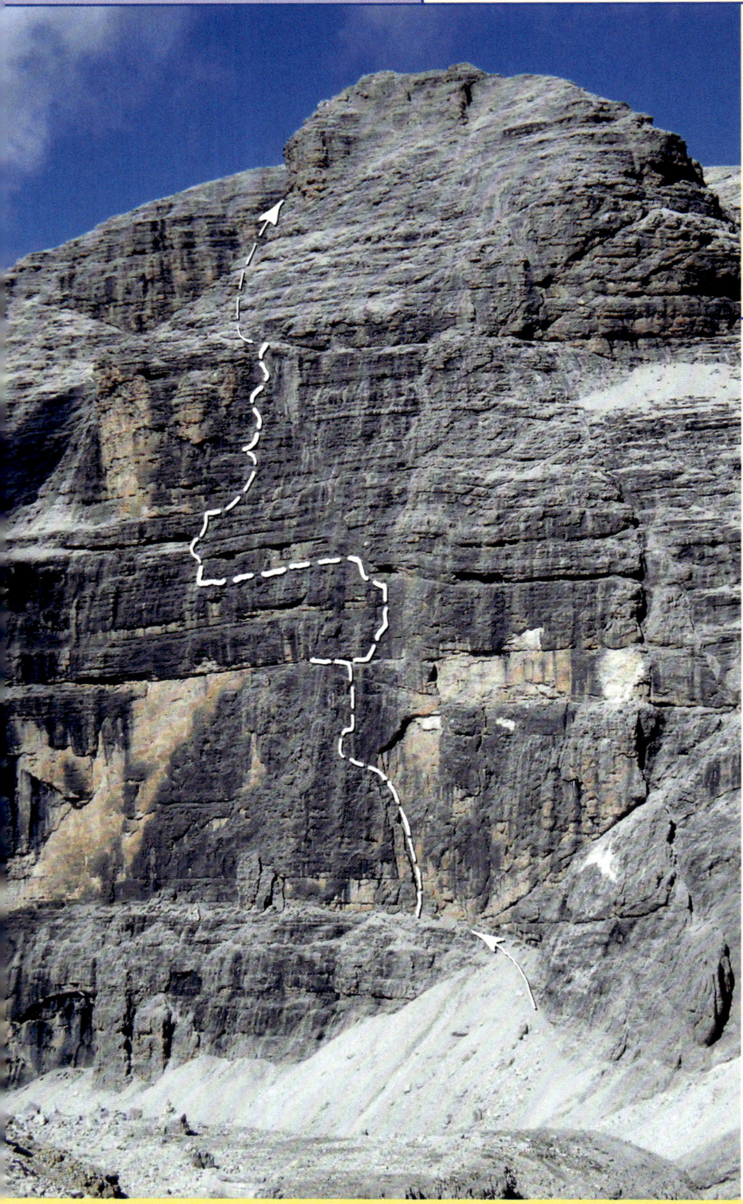

Schwierigkeit: IV+, ein Abschnitt V+
Höhenunterschied: 270 m
Kletterstrecke: 234 m
Seillängen: 8
Stunden: 3–4
Fels: ausgezeichnet, Schutt auf den Bändern
Ausrüstung: NAA; Friends Nr. 0,5|2|3; einige Haken

EIGENSCHAFTEN
Schöne Kletterroute über herrliche Platten. Nur bei trockenen Bedingungen.

ZUGANG
Vom Pordoijoch, 2239 m, mit der Sas-Pordoi-Seilbahn, 2950 m, hinauffahren. Nun dem Weg zur Sas-Pordoi-Scharte, 2829 m, folgen und Richtung Lastiestal (Norden) den Vallon del Fos absteigen. Beim Erreichen der Höhe des Routeneinstieges rechts über Geröllfelder zum Einstieg. 50 Min.

ABSTIEG
Vom letzten Standplatz links zur Schuttschulter queren und die Schutthänge links vom Gipfel hinaufsteigen. Bald zum Sattel hinter dem Gipfel und Richtung Süden zum markierten Weg hinaufsteigen. Dem Weg bis zur Seilbahn folgen. 1.15 Std.

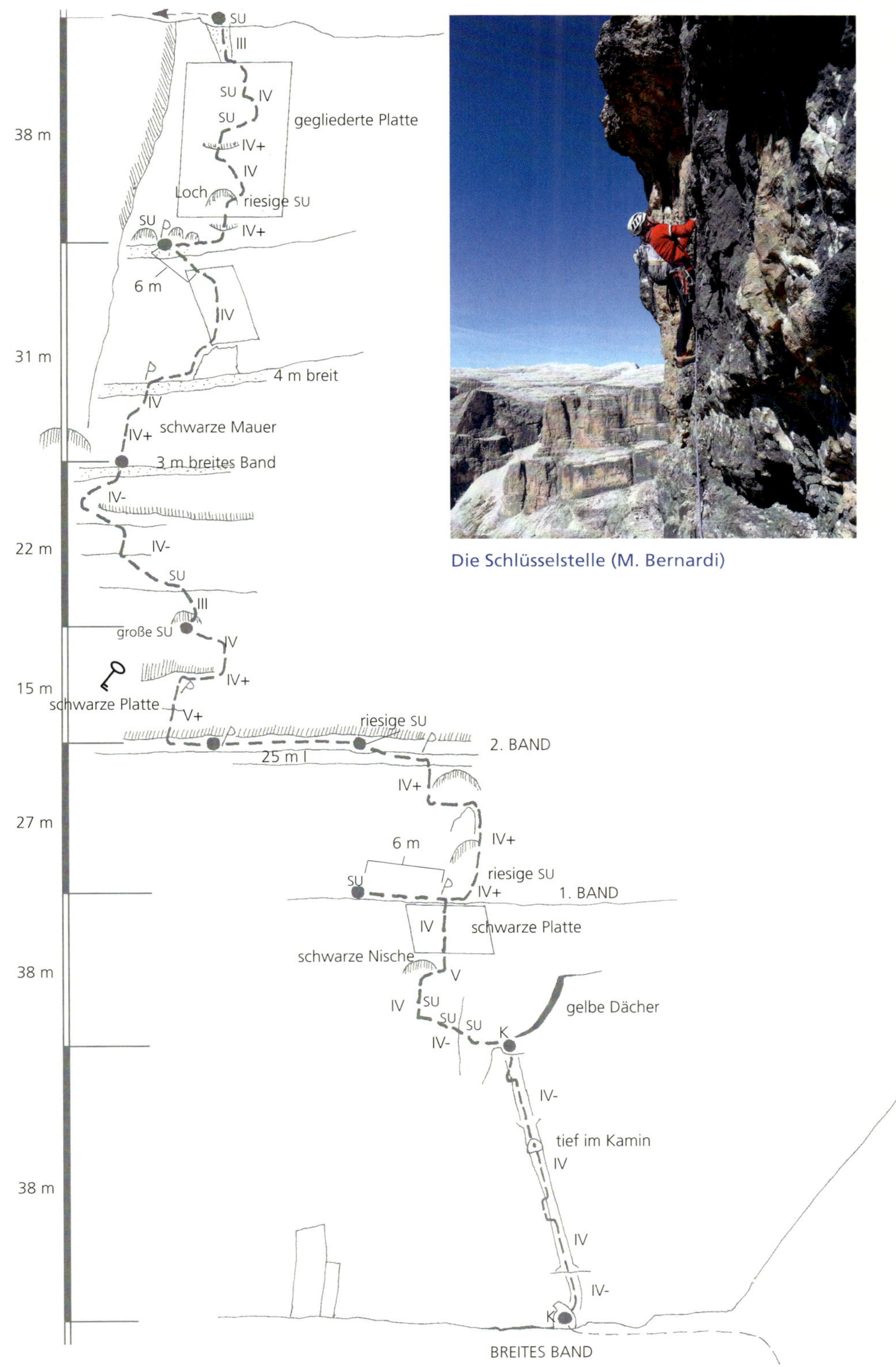

Die Schlüsselstelle (M. Bernardi)

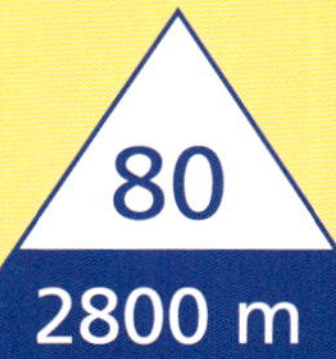

TORRE MOZZA

ERSTBEGEHER
Mauro Petronio und Pierluigi Marconi Juli 1978 zum großen Schuttband; Luigi Bernard und Don Tita Soraruf 1932 zur Hochfläche

SELLAGRUPPE

»Petronio + Bernard«-Führe (Routen-Kombination, Nordwest- und Nordwand)

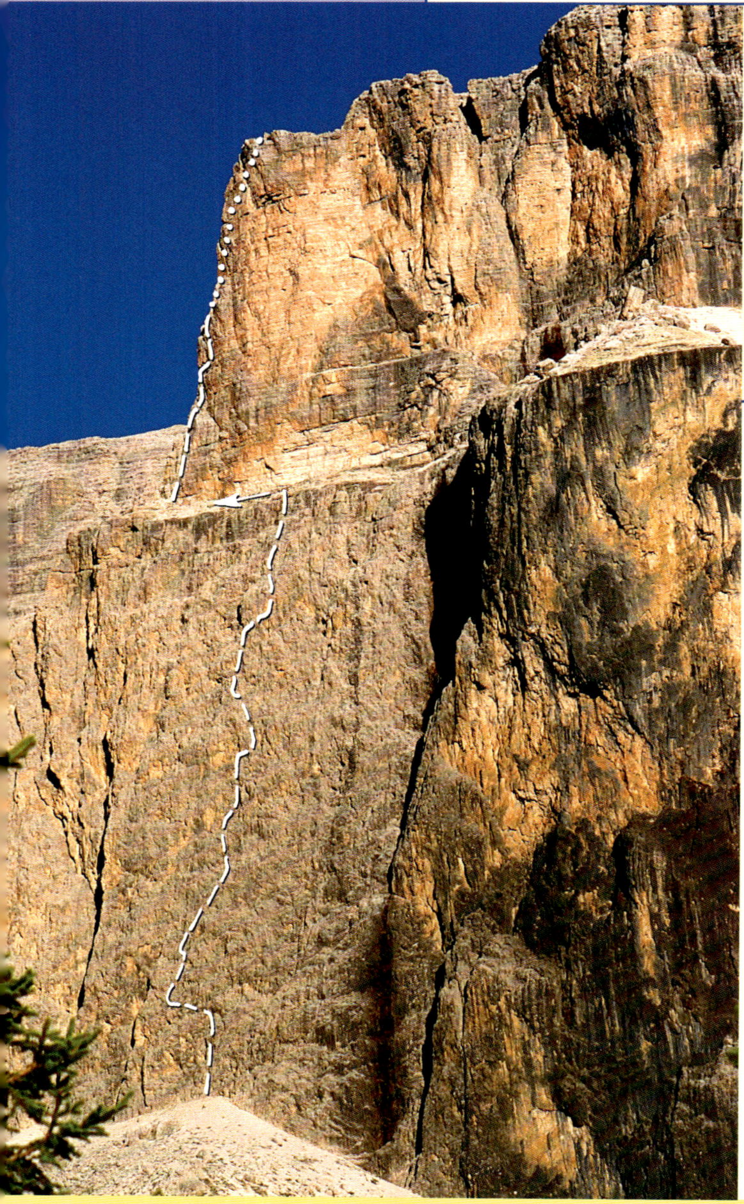

Schwierigkeit: IV+ A0 (V)
Höhenunterschied: 450 m + 80 m zur Hochfläche
Kletterstrecke: 513 m + 150 m zur Hochfläche
Seillängen: 15 + 1 zur Hochfläche
Stunden: 5–6
Fels: gut, stellenweise ausgezeichnet
Ausrüstung: NAA; Friends Nr. 2|3; Stopper Nr. 9|7; einige Haken

EIGENSCHAFTEN

Lange, alpine Route, die eventuell auf dem großen Schuttband abgebrochen werden kann. Schöne Platten über die »Petronio«-Führe und eine eigenartige Schlüsselseillänge über die »Bernard«-Führe. Herrlicher Gipfel.

ZUGANG

Von der Kehre, unterhalb des rechten Sektors der Ciavazeswände, dem Weg Nr. 656 zur Boéhütte folgen. Das lange Lastiestal zur ersten Wegkreuzung Pian de Siela, 2283 m, (Tafel) hinaufwandern und nach rechts bald zum Einstieg. 1.20 Std.

ABSTIEG

Vom Gipfel ca. 60 m Richtung Süden schräg zur Scharte abklettern (letzter Abschnitt III). Nun eine Seillänge im Kamin zur Hochfläche hochklettern

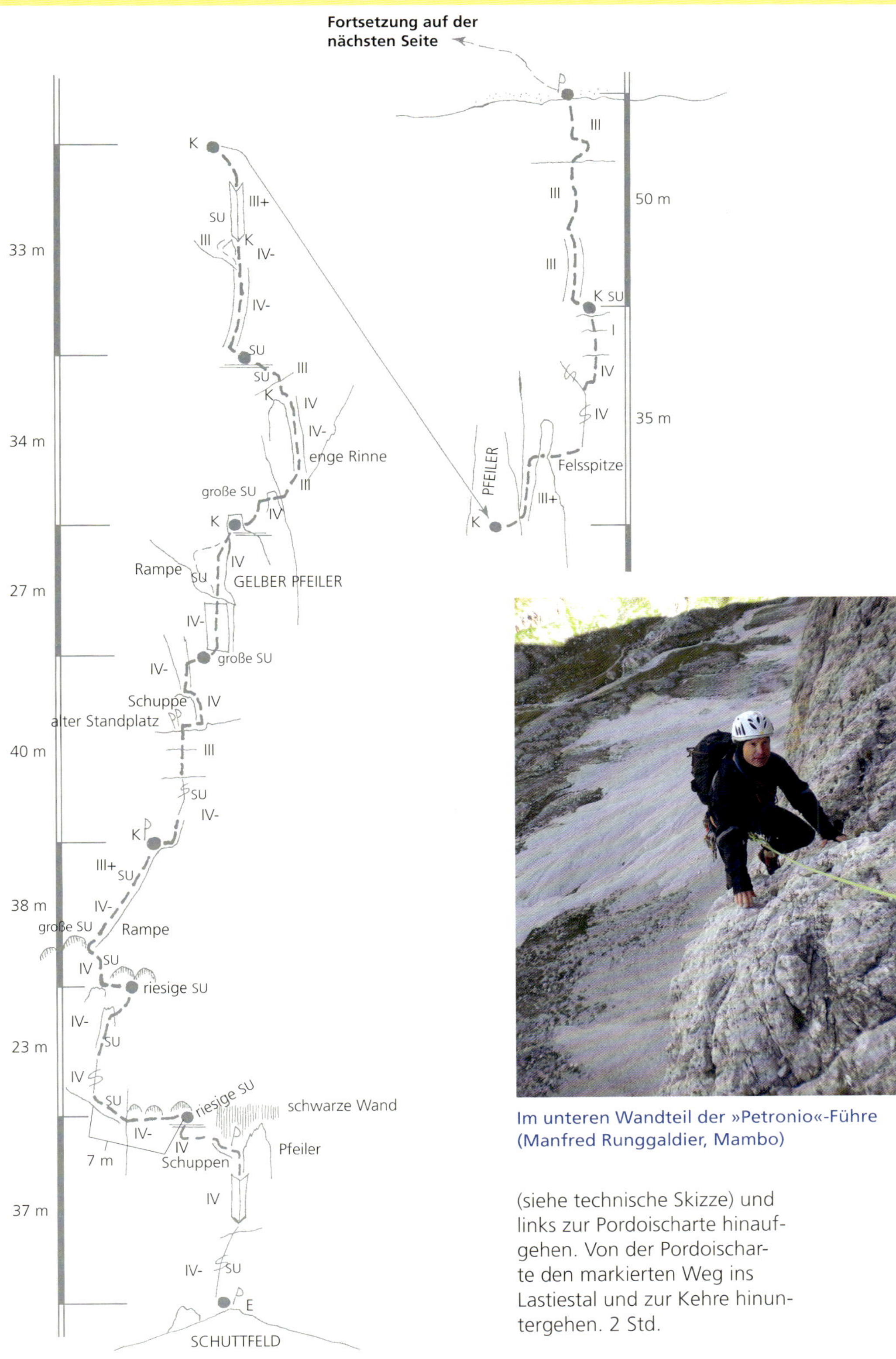

Im unteren Wandteil der »Petronio«-Führe (Manfred Runggaldier, Mambo)

(siehe technische Skizze) und links zur Pordoischarte hinaufgehen. Von der Pordoischarte den markierten Weg ins Lastiestal und zur Kehre hinuntergehen. 2 Std.

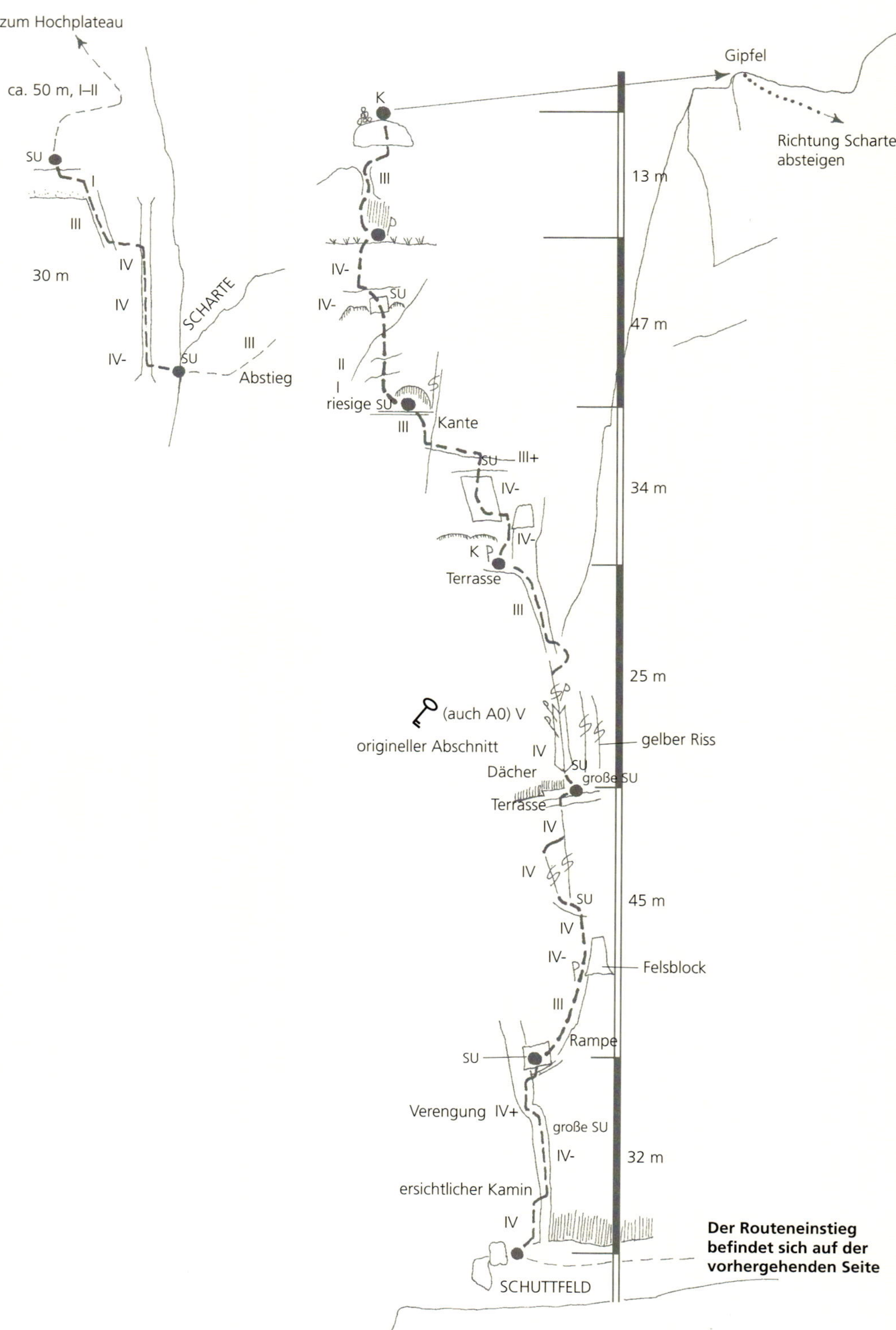

Der Routeneinstieg befindet sich auf der vorhergehenden Seite

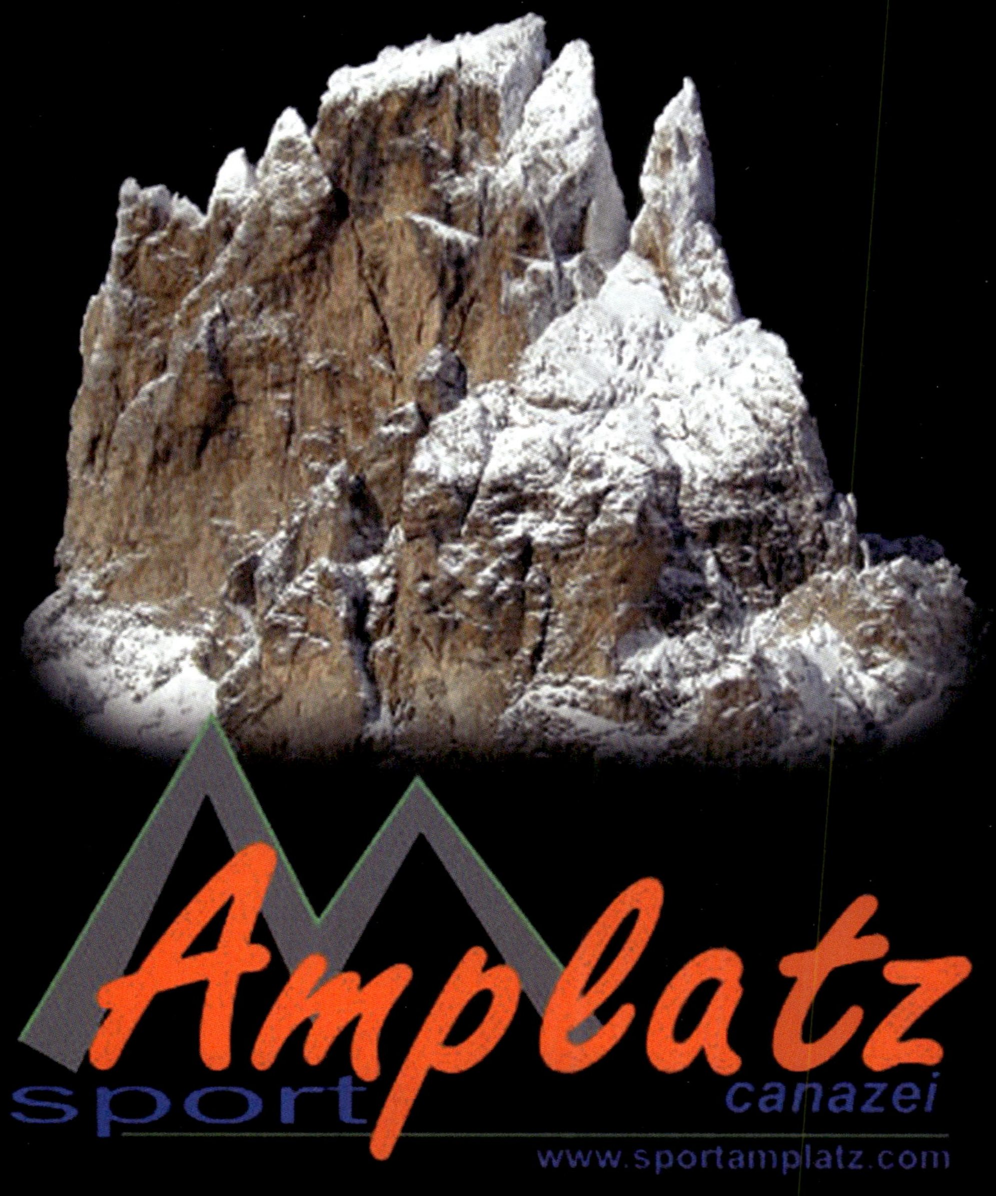
DIE BESTEN MARKEN
für sämtliche Bergsportarten
AUSRÜSTUNG UND MATERIALIEN FÜR FELSSICHERUNGSARBEITEN
PROFESSIONALITÄT KOMPETENZ ASSISTENZ
Amplatz
sport
canazei
www.sportamplatz.com
CANAZEI (TN) - Strèda Dolomites, 117 • tel. 0462601605 • e-mail:sportamplatz@tin.it

SAS PORDOI
(GROSSES SCHUTTBAND)

ERSTBEGEHER
Toni Rizzi und Massimo Canepa
25.8.1962

SELLAGRUPPE

»Rizzi/Canepa«-Führe (Westwand)

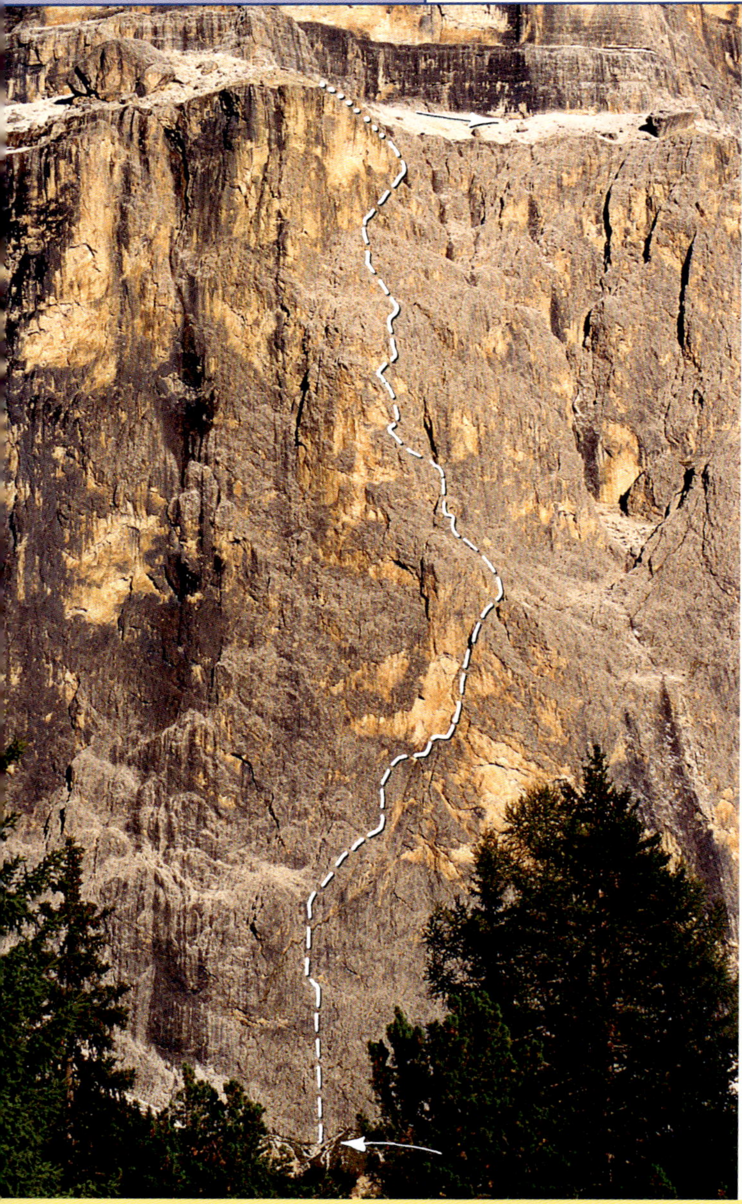

Schwierigkeit: IV+
Höhenunterschied: 600 m
Kletterstrecke: 688 m
Seillängen: 18
Stunden: 5–6
Fels: ausgezeichnet/gut
Ausrüstung: NAA;
Friends Nr. 2|2,5|3; Stopper Nr. 6

EIGENSCHAFTEN
Grandiose alpine Kletterroute mit drei schönen Seillängen. Im mittleren Teil unterbrochene Schwierigkeiten.

ZUGANG
An der Pian-Schiavaneis-Hütte, 1850 m, oder besser etwas weiter Richtung Lastiestal an einem kleinen Parkplatz mit Schranke parken. Hier dem Weg Nr. 647 bis zur Wand folgen. Am Felsbeginn der Westwand startet die Route. 40 Min.

ABSTIEG
Vom großen Schuttband erst gerade hinauf zum Pfad steigen, dann rechts Richtung Pordoijoch queren. Vor dem Pordoijoch den Pfad nach rechts unterhalb den Wänden und dem Dellantonio-Turm zum Pian Schiavaneis folgen. 2 Std.

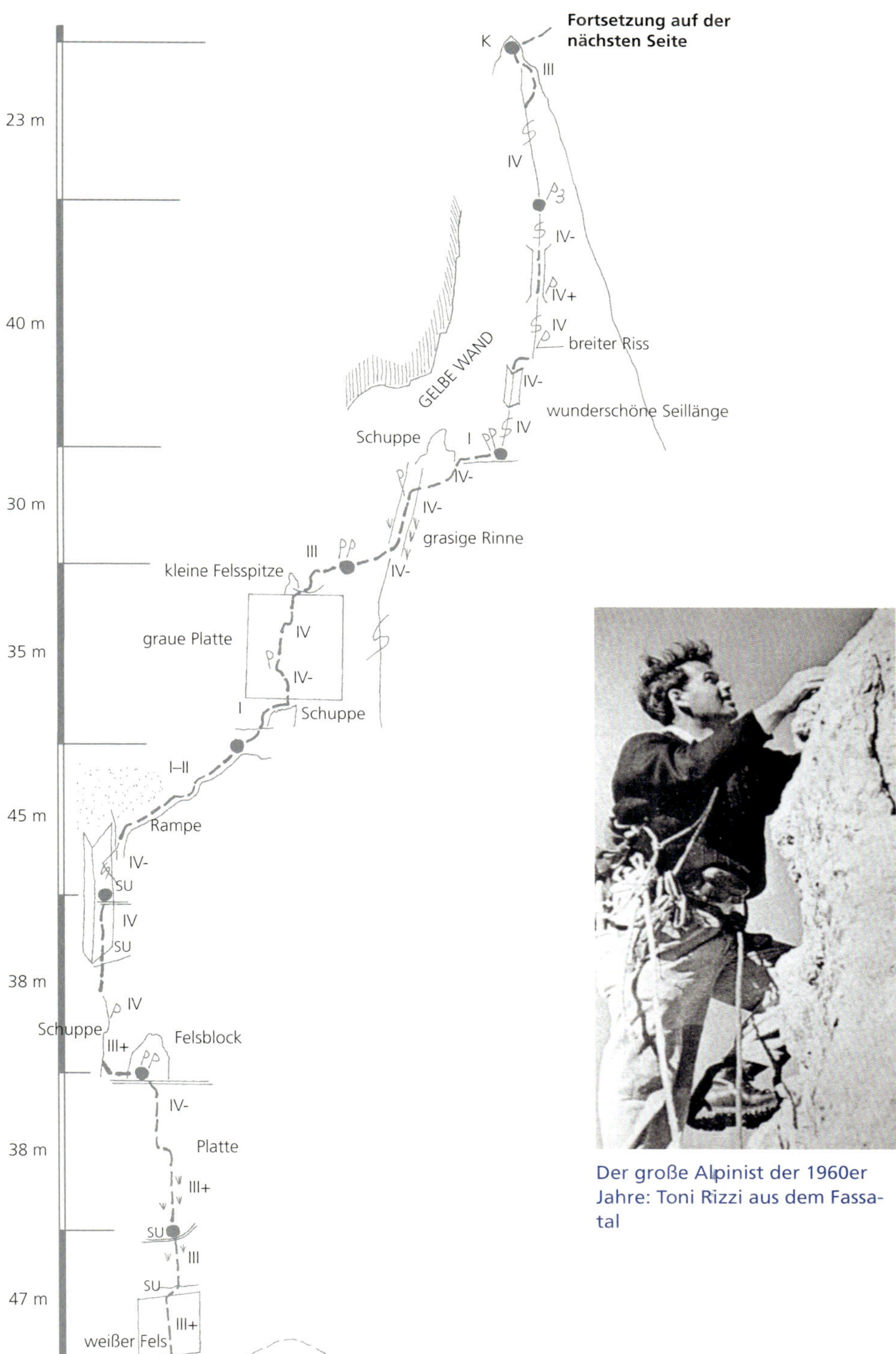

Der große Alpinist der 1960er Jahre: Toni Rizzi aus dem Fassatal

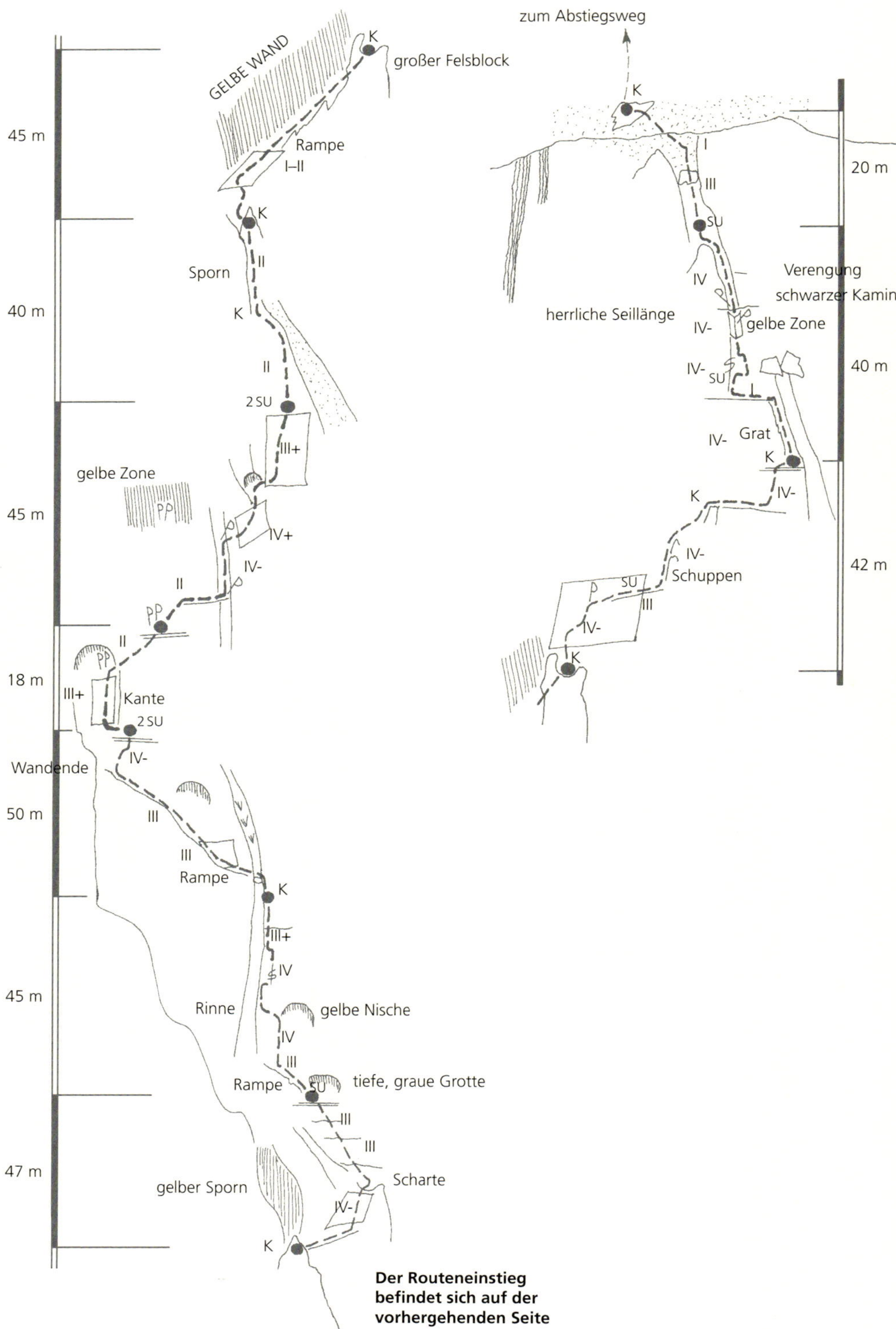

Der Routeneinstieg befindet sich auf der vorhergehenden Seite

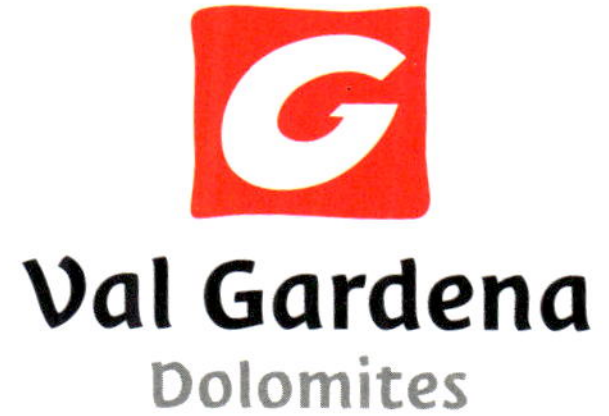

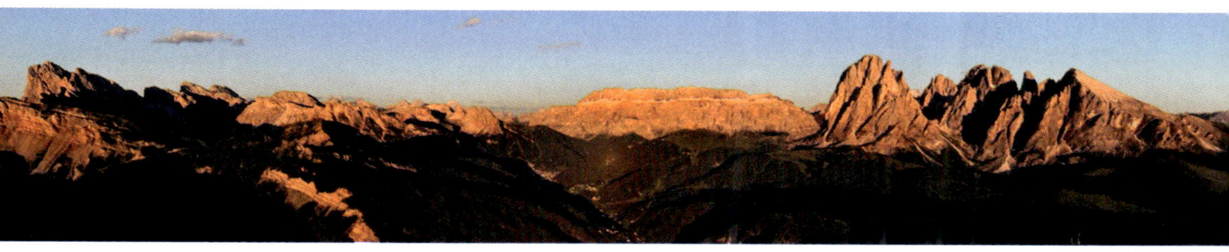

Gherdëina - Val Gardena - Gröden

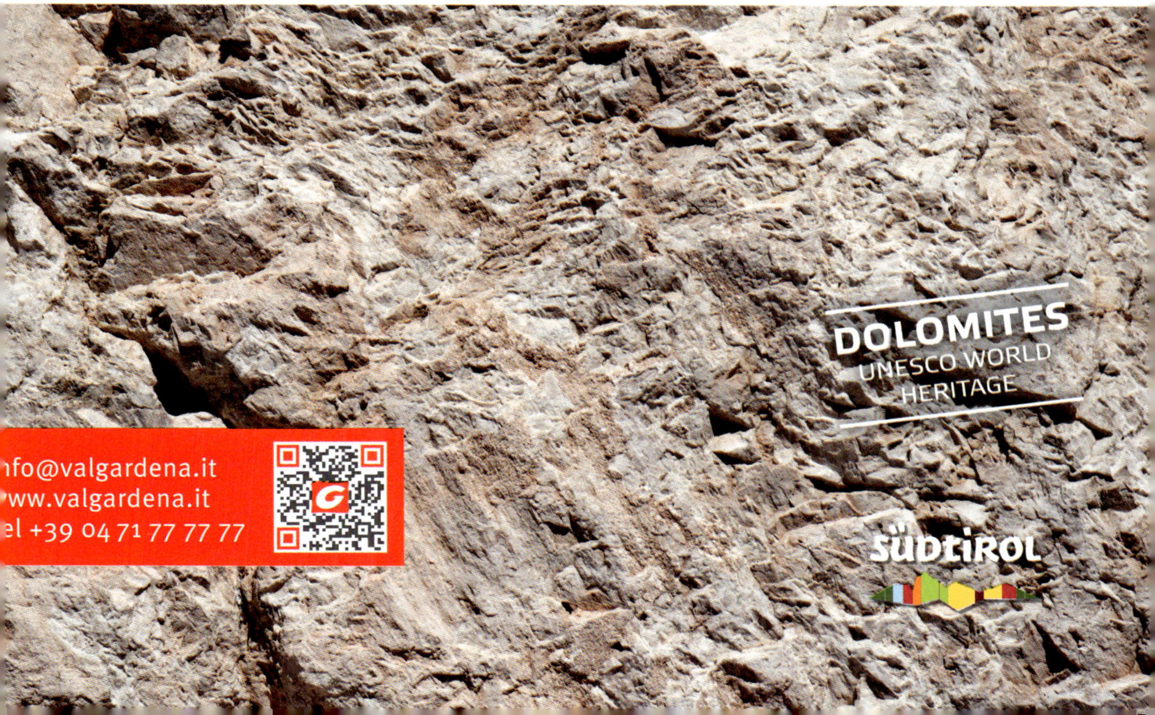

DOLOMITES
UNESCO WORLD
HERITAGE

nfo@valgardena.it
www.valgardena.it
el +39 0471 77 77 77

SÜDTIROL

TORRE SCHIAVANEIS

ERSTBEGEHER
Luigi Bernard und G. Fosco
September 1934

SELLAGRUPPE

»Bernard«-Führe (Westwand)

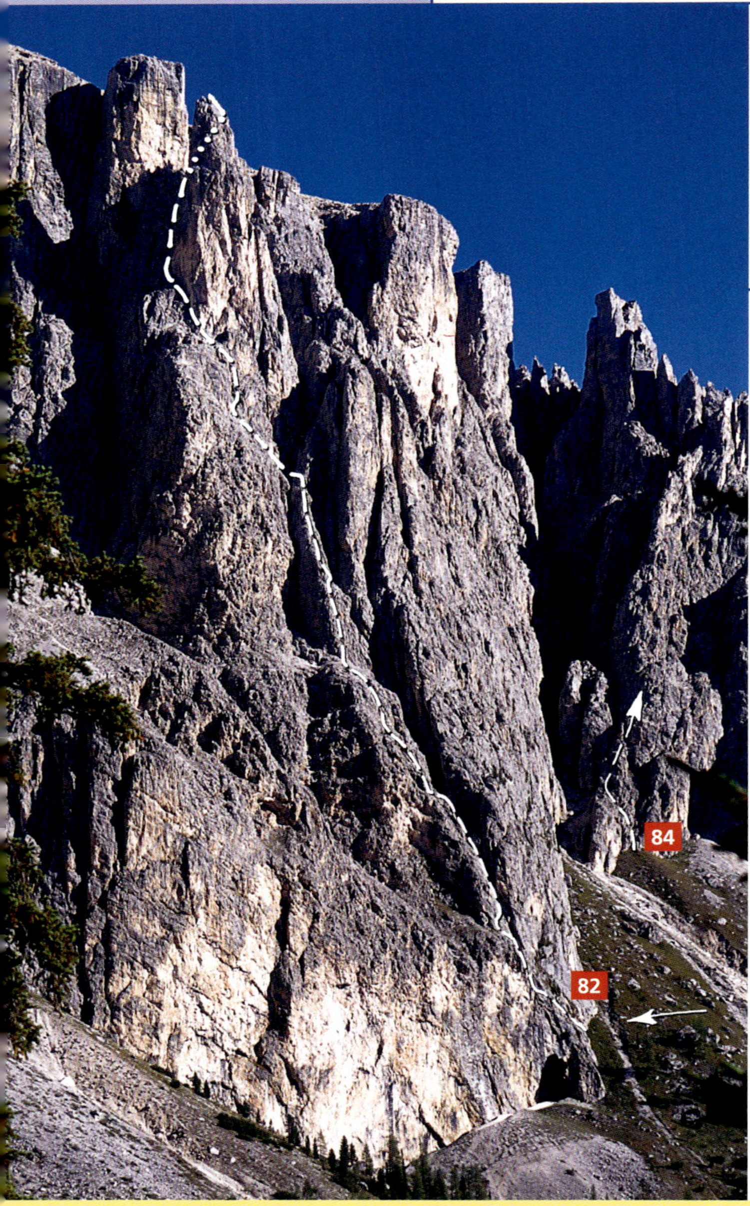

Schwierigkeit: IV, eine kurze Stelle IV+
Höhenunterschied: 500 m
Kletterstrecke: 543 m
Seillängen: 14
Stunden: 4,5–5
Fels: gut, zu säubern
Ausrüstung: NAA; Friends Nr. 2|3; einige Haken

EIGENSCHAFTEN

Eine alpine Kletterroute mit einem außerordentlichen Gipfel. Auf den Abstieg achten (2 Abseilstellen und 100 m Höhenunterschied zum Sas-de-Moles-Rücken).

ZUGANG

An der letzten Kehre vor dem Pordoijoch, 2239 m, (von Canazei kommend) parken. Dann waagerecht dem Pfad nach links über Wiesen (Richtung Westen) folgen. Am Beginn der Torre Dellantonio-Wände zur gelben Mauer und über einen Pfad zum Wandfuß weiter absteigen. Nun waagerecht den ganzen Geröllhang über schlecht sichtbaren Gamspfad (Steinmänner) bis zum Einstieg queren. 50 Min.

ABSTIEG

Vom Gipfel 4 m Richtung Osten (I) absteigen und 2-mal 13 m und 22 m zur Scharte abseilen. Hier ca. 30 m Richtung Osten queren und die rechte Rinne (II), bis man links zum Trichter queren kann, abklettern. Nun nicht der ersten linken Rinne folgen, sondern gerade hinauf zur breiten Rinne steigen (III). Links vom Rinnenende dem breiten Band bis hinter eine kleine Felsspitze folgen. Jetzt 6 m IV- den Riss empor und bald zum Schuttfeld (Haken). 45 Min. Nun ca. 100 Höhenmeter hinaufgehen und rechts waagerecht zum Sas-de-Moles-Rücken queren. Richtung Osten waagerecht über Wiesen weiterqueren und eine braune, sandfarbige Rinne absteigen. Die Rinne und Wiesen zum Pordoijoch hinuntergehen. 1 Std.

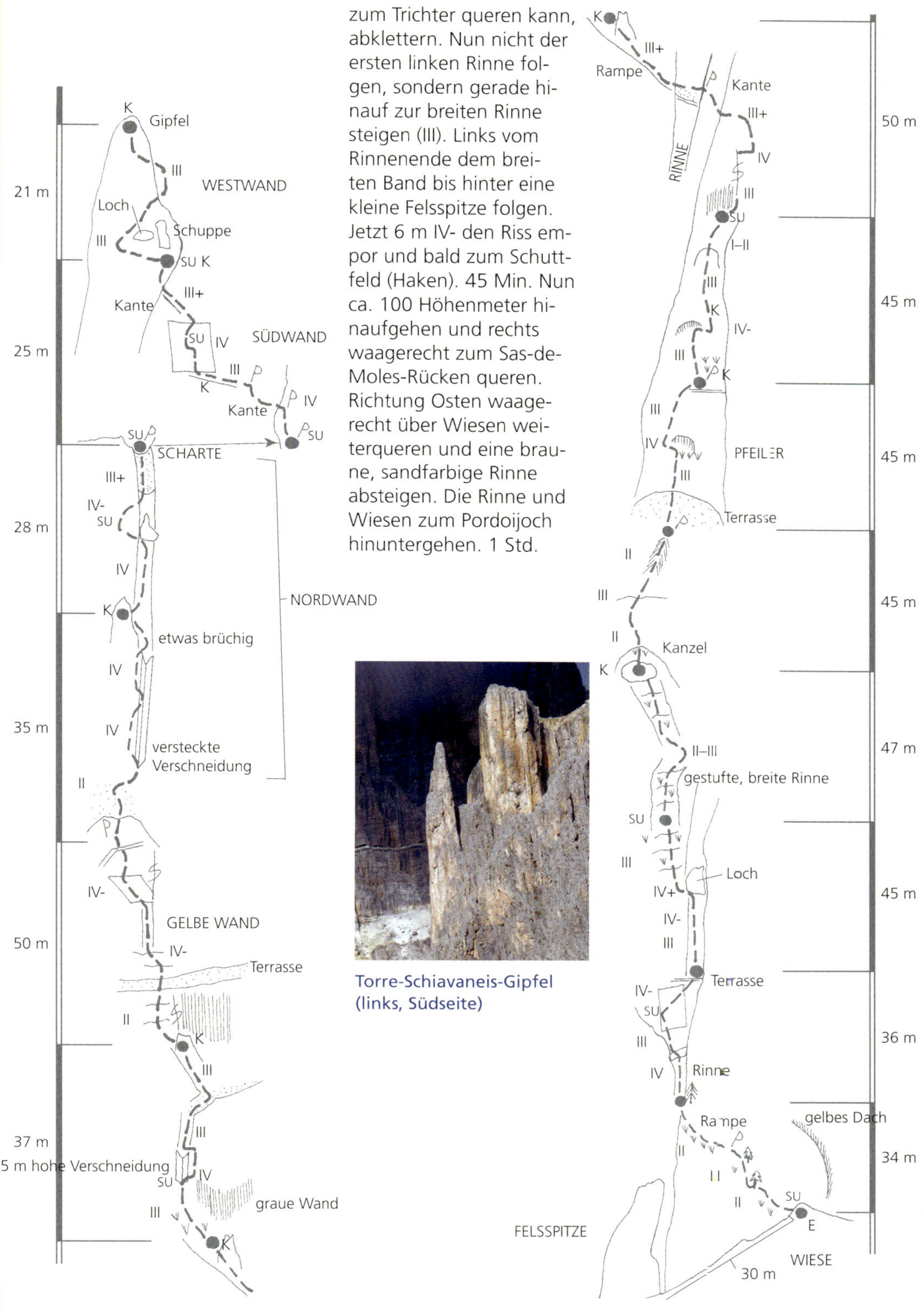

Torre-Schiavaneis-Gipfel (links, Südseite)

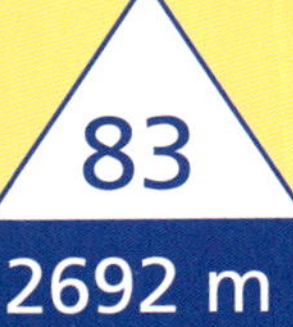

SAS DE MOLES

ERSTBEGEHER
Bepi de Francesch und Damiano Magugliani August 1965

SELLAGRUPPE

»Corbetta«-Führe (Südwestwand)

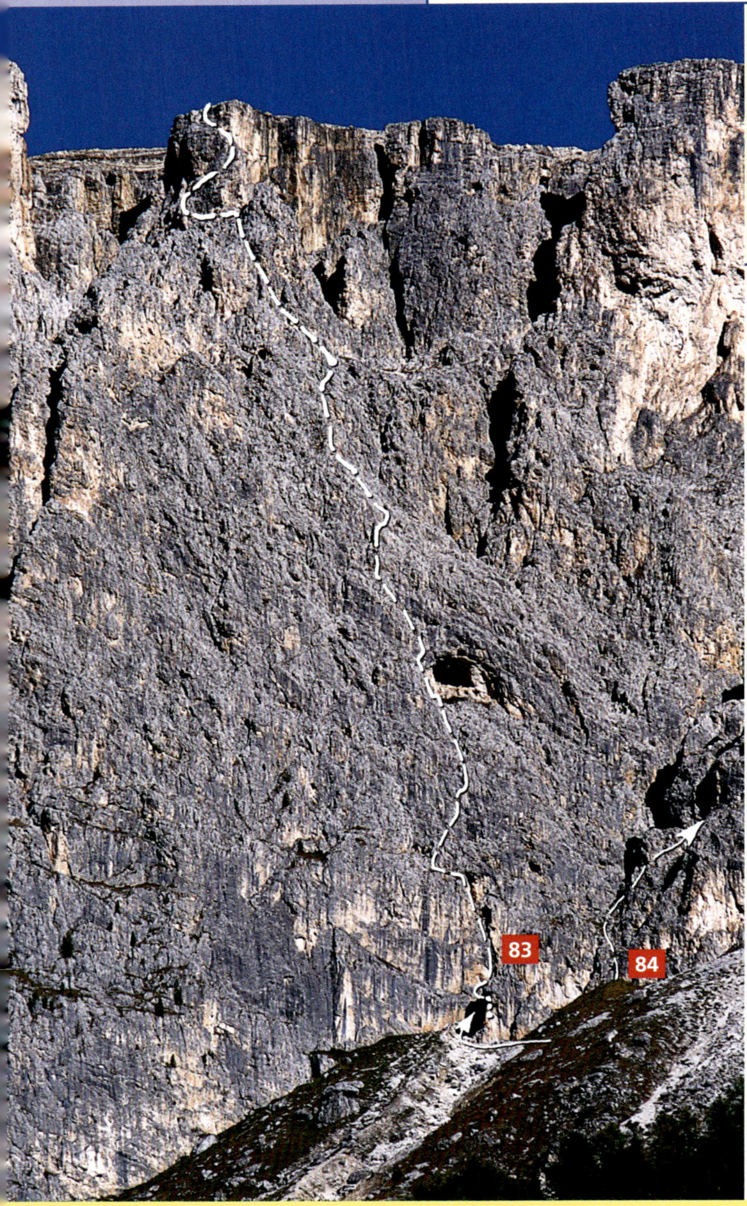

Schwierigkeit: V
Höhenunterschied: 400 m
Kletterstrecke: 448 m
Seillängen: 12
Stunden: 4
Fels: gut/ausgezeichnet
Ausrüstung: NAA;
4 Expressschlingen

EIGENSCHAFTEN
Interessante Kletterroute über soliden Fels. Die Schlüsselseillänge ist gut abgesichert und die Strecke durch viele Sanduhrschlingen gekennzeichnet.

ZUGANG
An der letzten Kehre vor dem Pordoijoch, 2239 m, (von Canazei kommend) parken. Dann waagerecht dem Pfad nach links über Wiesen (Richtung Westen) folgen. Am Beginn der Torre Dellantonio-Wände zur gelben Mauer und über einen Pfad zum Wandfuß absteigen. Nun unter den Wänden hinaufsteigen und bis zur Einstiegsrinne queren. 50 Min.

ABSTIEG
Etwa 100 Höhenmeter hinaufsteigen und rechts waagerecht zum Sas-de-Moles-Rücken queren. Dann links waagerecht über Wiesen weiterqueren und eine braune, sandfarbene Rinne absteigen. Die Rinne und Wiesen zum Pordoijoch hinuntergehen. 1 Std.

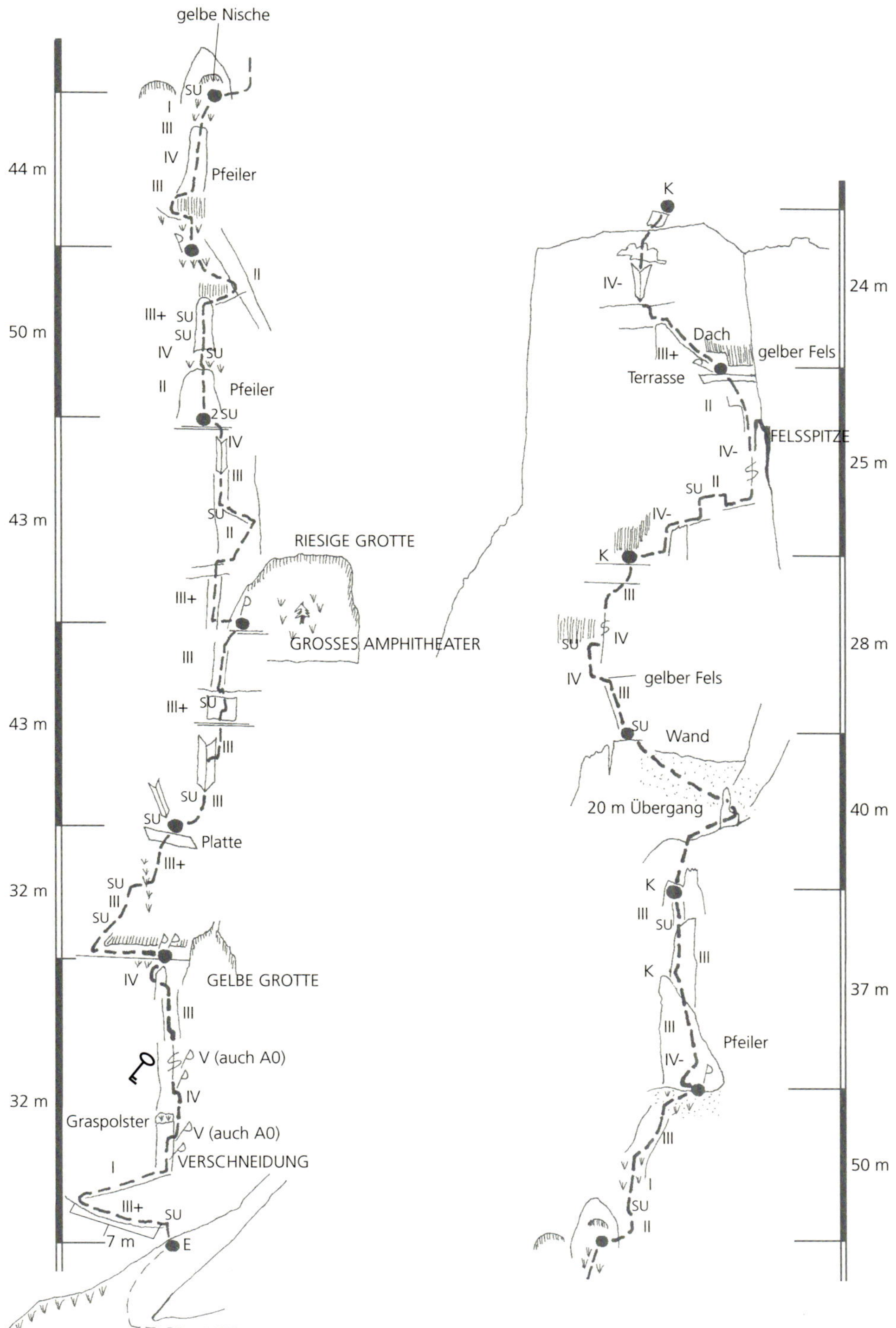
gelbe Nische
SU
I
III
IV
Pfeiler
III
44 m
II
III+
SU
SU
50 m
IV
SU
II
Pfeiler
2 SU
IV
III
SU
43 m
II
RIESIGE GROTTE
III+
GROSSES AMPHITHEATER
III
III+
SU
43 m
III
SU
III
SU
Platte
III+
SU
32 m
III
SU
IV
GELBE GROTTE
III
V (auch A0)
IV
32 m
Graspolster
V (auch A0)
VERSCHNEIDUNG
I
III+
SU
7 m
E
K
IV-
24 m
Dach
III+
gelber Fels
Terrasse
II
FELSSPITZE
IV-
25 m
SU
II
IV-
K
III
SU
IV
28 m
IV
gelber Fels
III
SU
Wand
20 m Übergang
40 m
K
III
SU
III
K
37 m
III
Pfeiler
IV-
III
50 m
I
SU
II

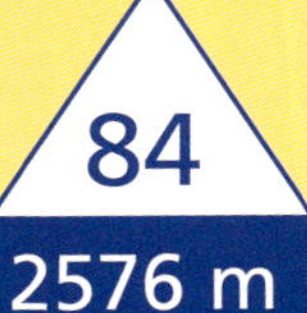

TORRE FOSCA

ERSTBEGEHER
Bepi de Francesch und Damiano Magugliani 21.8.1972

SELLAGRUPPE

Nordwestpfeiler

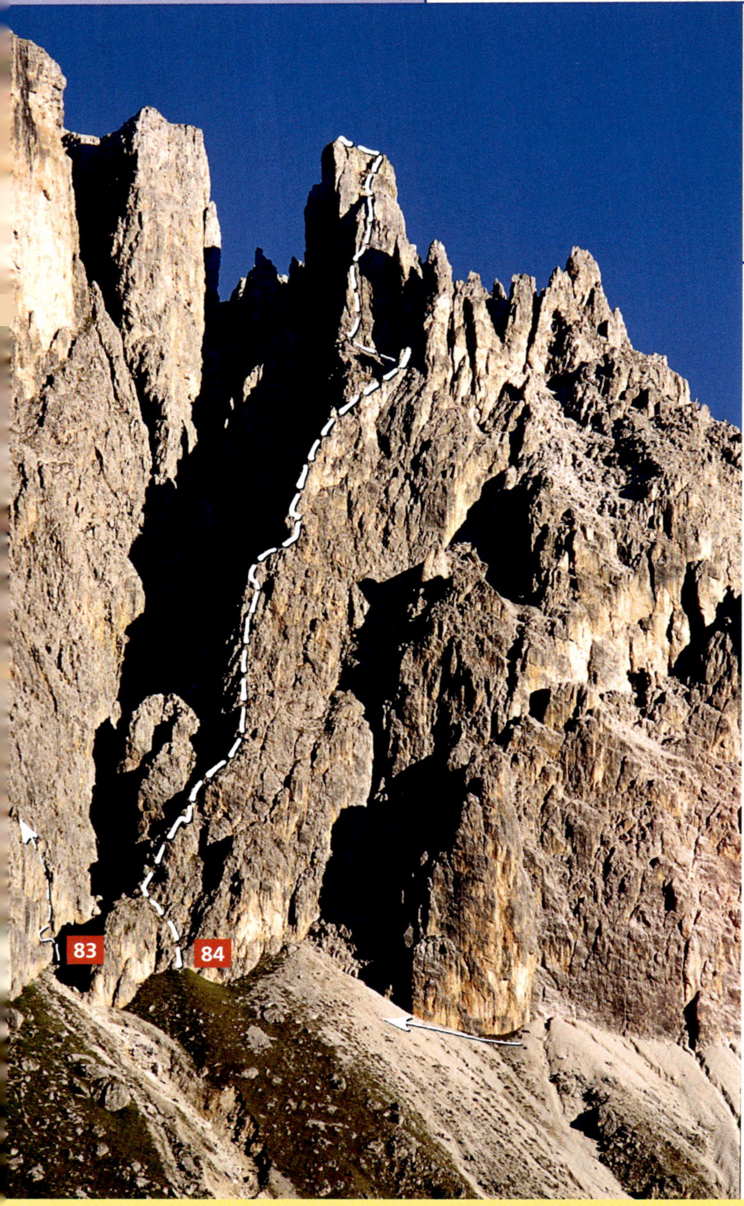

Schwierigkeit: III–IV
Höhenunterschied: 400 m
Kletterstrecke: 405 m + Übergang
Seillängen: 12 + Übergang
Stunden: 4
Fels: gut, zu säubern
Ausrüstung: NAA; Friend Nr. 3

EIGENSCHAFTEN

Alpine Kletterroute, etwas unterbrochene Schwierigkeiten. Die Route verläuft erst über einen ausgesetzten Grat und dann über einen steilen Pfeiler zum Gipfel. Nach der neunten Seillänge am »kurzen Seil« den Übergang begehen (I–II, ca. 10 Min.). Bequemer Abstieg.

ZUGANG

An der letzten Kehre vor dem Pordoijoch, 2239 m, (von Canazei kommend) parken. Dann waagerecht dem Pfad nach links über Wiesen (Richtung Westen) folgen. Am Beginn der Torre Dellantonio-Wände zur gelben Mauer und über einen Pfad zum Wandfuß absteigen. Nun unter den Wänden hinaufsteigen und zum Einstieg queren. 50 Min.

ABSTIEG

Vom Gipfel (Südosten) zu einem Band 2 m (III) abklettern, dann Richtung Osten zur 23-Meter-Abseilstelle queren. Nun die Rinne zum Pordoijoch absteigen. 45 Min.

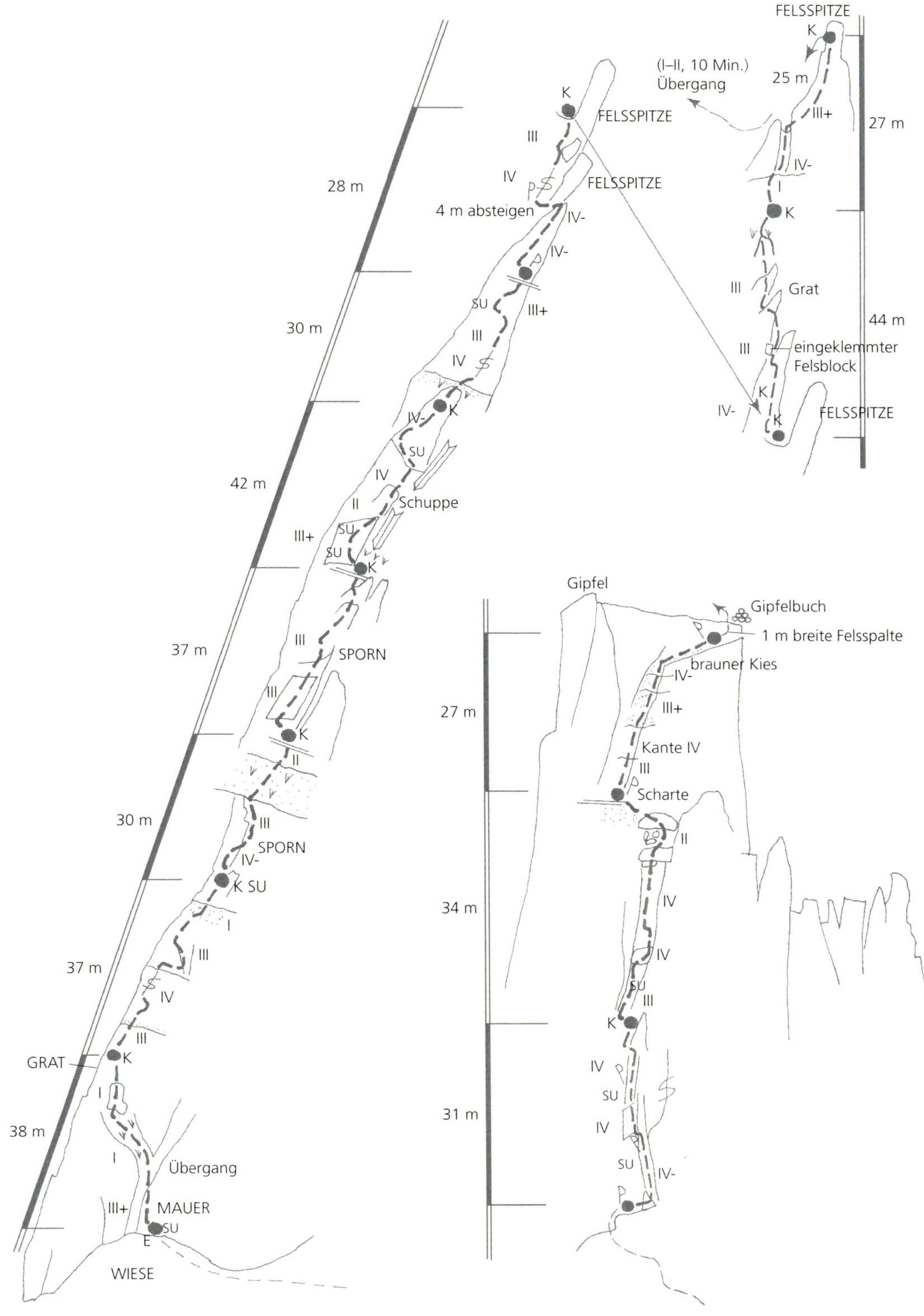
FELSSPITZE
K
(I–II, 10 Min.)
Übergang
25 m
III+
27 m
IV-
I
K
III
Grat
44 m
III
eingeklemmter
Felsblock
K
IV-
K
FELSSPITZE
K
FELSSPITZE
III
IV
FELSSPITZE
28 m
4 m absteigen
IV-
IV-
SU
III+
30 m
III
IV
K
IV-
SU
IV
42 m
II
Schuppe
III+
SU
SU
K
III
SPORN
37 m
III
K
II
30 m
III
SPORN
IV-
K SU
I
37 m
III
IV
III
GRAT
K
I
38 m
I
Übergang
III+
MAUER
SU
E
WIESE
Gipfel
Gipfelbuch
1 m breite Felsspalte
brauner Kies
IV-
27 m
III+
Kante IV
III
Scharte
II
34 m
IV
IV
SU
III
K
IV
SU
31 m
IV
SU
IV-

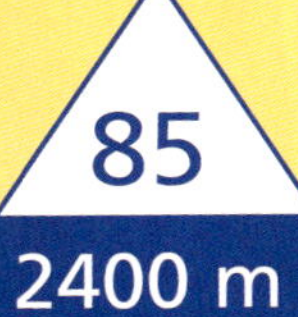

MONIPFEILER

ERSTBEGEHER
M. Bernardi 11.10.2013

SELLAGRUPPE

»Rodeo«-Führe (Südpfeiler)

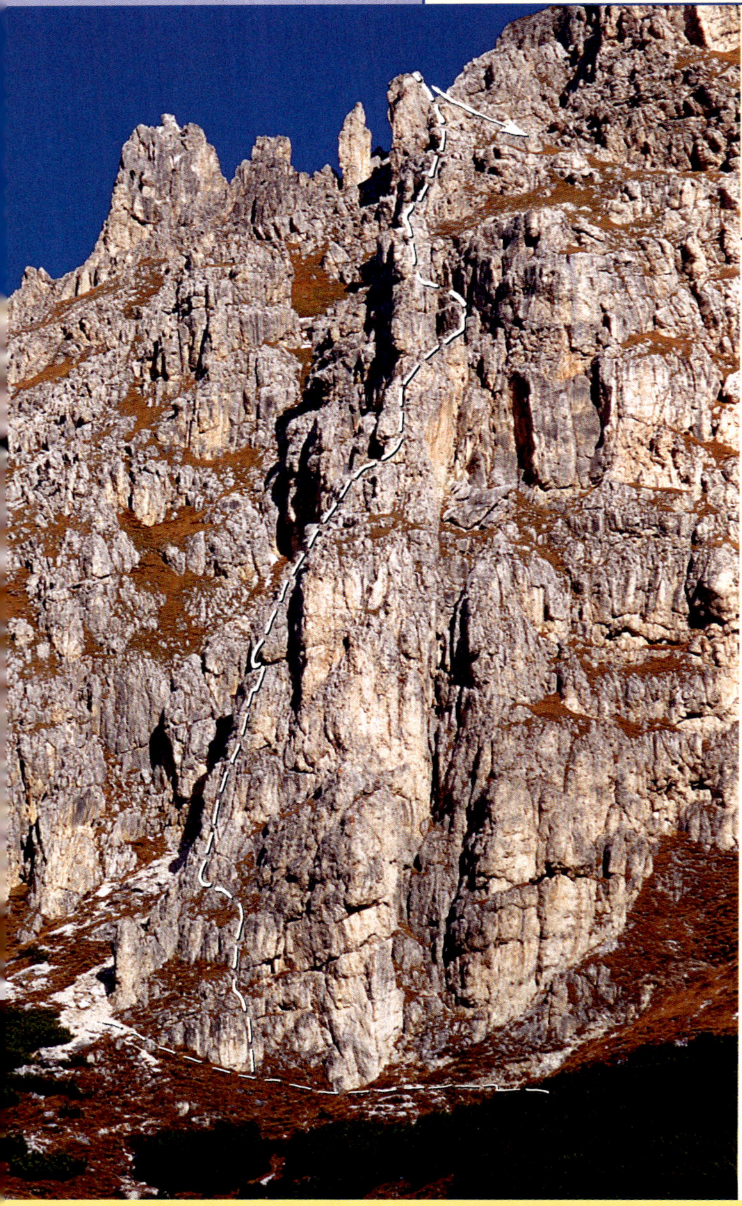

Schwierigkeit: III–IV
Höhenunterschied: 200 m
Kletterstrecke: 235 m
Seillängen: 8
Stunden: 2,5–3
Fels: gut/ausgezeichnet
Ausrüstung: 5 Expressschlingen

EIGENSCHAFTEN

Genussreiche, gut eingerichtete Kletterroute.

ZUGANG

An der letzten Kehre vor dem Pordoijoch, 2239 m, parken (von Canazei kommend). Dann waagerecht dem Pfad nach links über Wiesen (Richtung Westen) zum Einstieg folgen. 15 Min.

ABSTIEG

Vom Gipfel die rechte Grasrinne (Richtung Südosten) absteigen. Dann eine Felsstufe 20 m abseilen und die breite Rinne zum Einstieg absteigen. 30 Min.

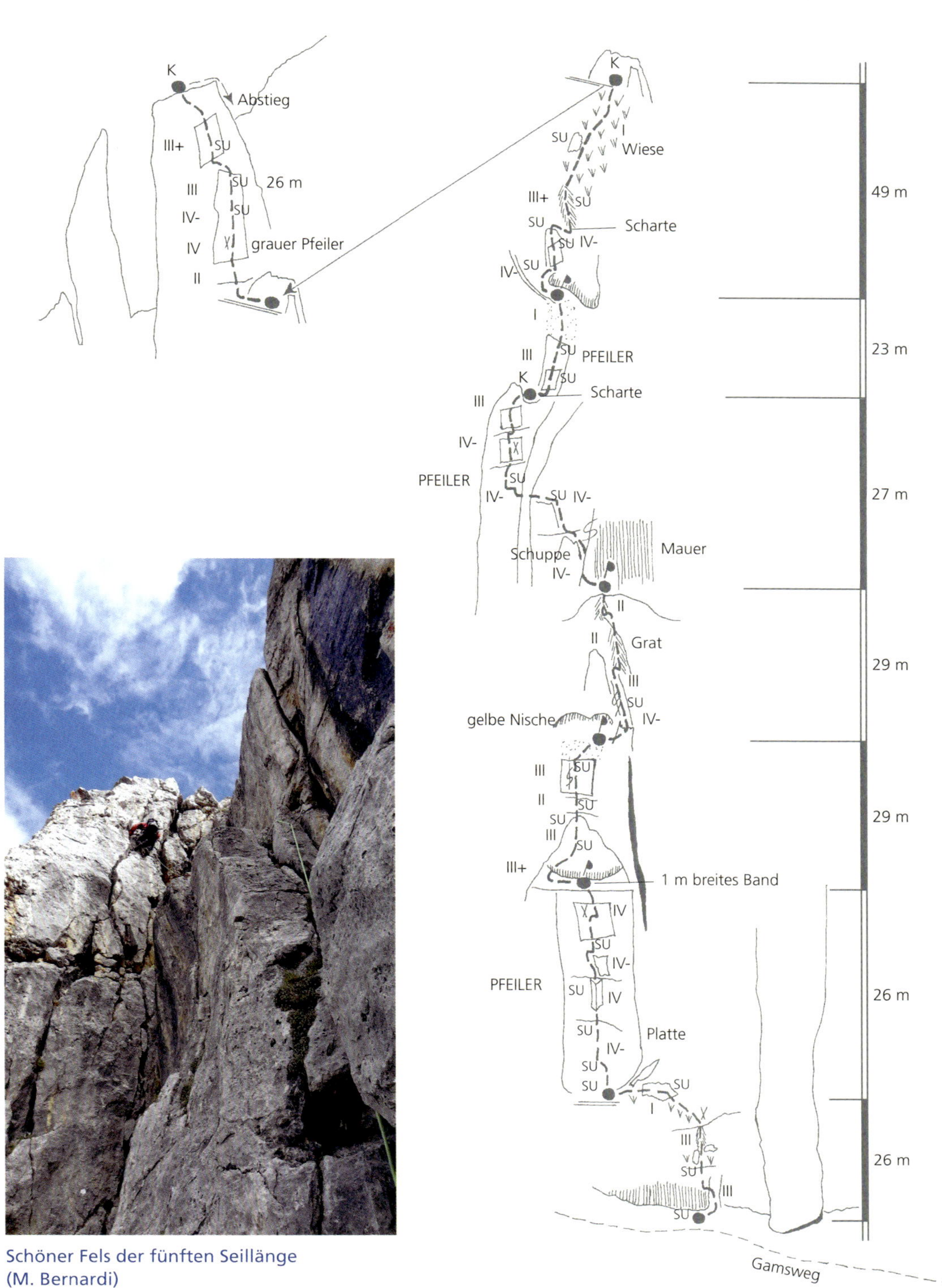

Schöner Fels der fünften Seillänge (M. Bernardi)

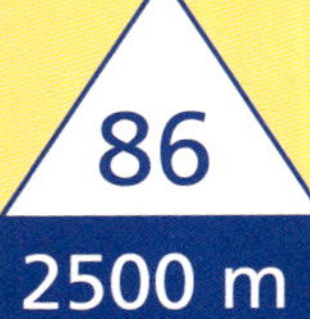

TORRE GIALLA

ERSTBEGEHER
Carlo Platter, Ivo und Sergio Nemela 3.9.1968

SELLAGRUPPE

»Platter/Nemela«-Führe (Südwand)

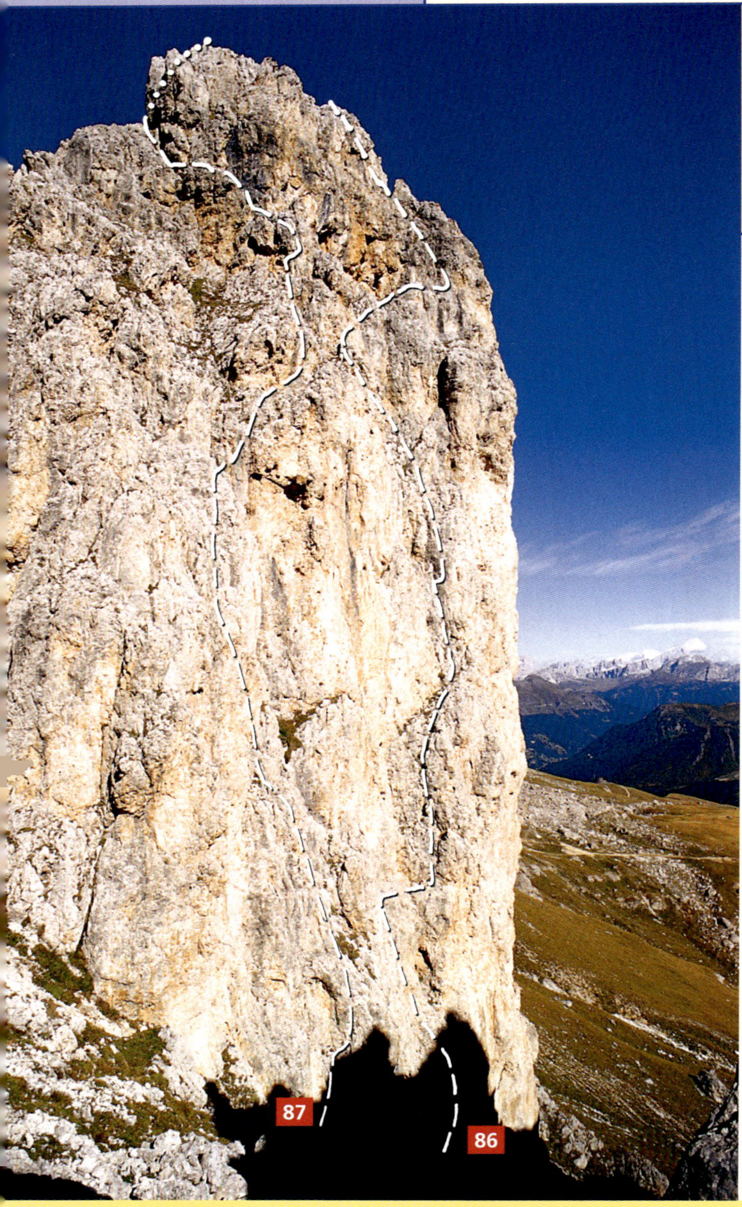

Schwierigkeit: IV
Höhenunterschied: 60 m
Kletterstrecke: 76 m
Seillängen: 3
Stunden: 1
Fels: ausgezeichnet
Ausrüstung: NAA; Friend Nr. 3

EIGENSCHAFTEN

Schöne Route mit eingerichteten Standplätzen. Am selben Tag kann man auch die »Quergang«-Führe daneben klettern.

ZUGANG

An der letzten Kehre vor dem Pordoijoch, 2239 m, (von Canazei kommend) parken. Gerade über Wiesen und alten Viehweg zum »Torre Gialla« hinaufsteigen. 45 Min.

ABSTIEG

Vom Gipfel Richtung Westen 10 m eine kleine Rinne abklettern (II). Dann dem Grat zur Scharte folgen (II) und links Richtung Süden die Rinne absteigen. Vor dem Rinnenende ein kurzes Steilstück rechts abklettern (IV-). Bald zum Einstieg. 15 Min.

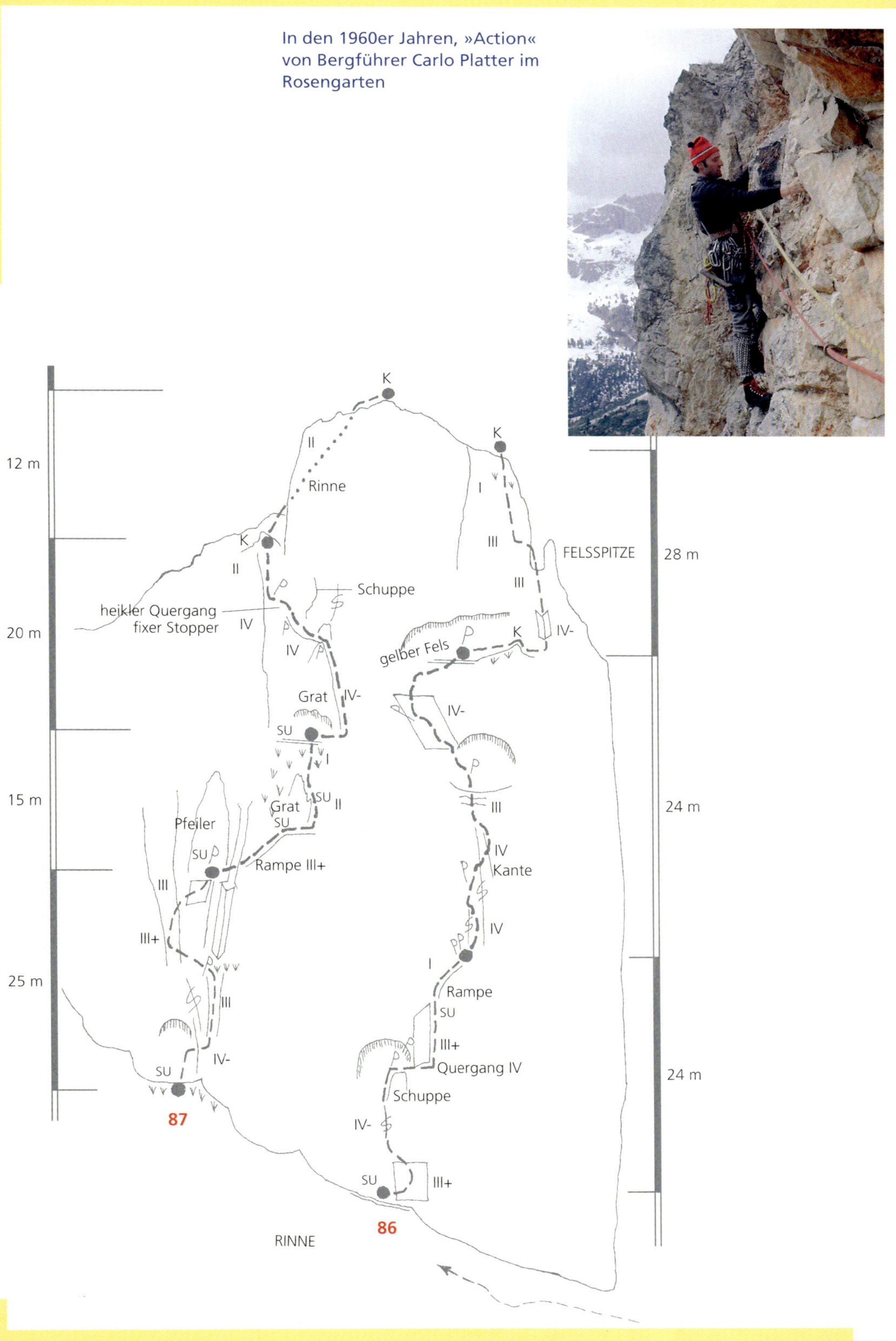

In den 1960er Jahren, »Action« von Bergführer Carlo Platter im Rosengarten

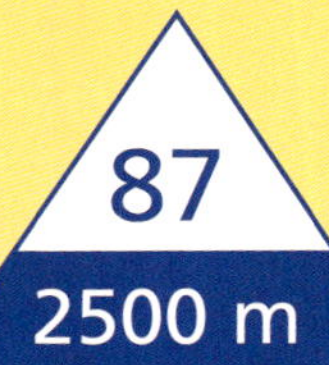

TORRE GIALLA

ERSTBEGEHER
Carlo Platter und Co. 1968

SELLAGRUPPE

»Quergang«-Führe (Südwand)

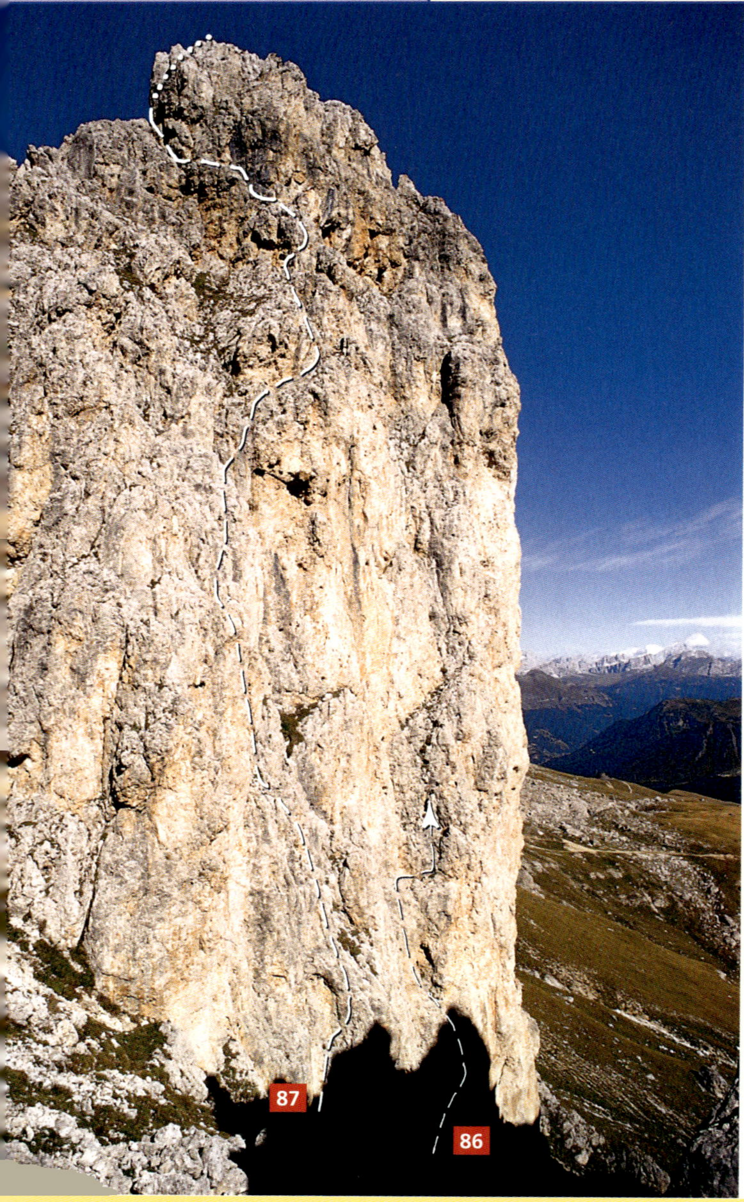

Schwierigkeit: III–IV
Höhenunterschied: 60 m
Kletterstrecke: 72
Seillängen: 4
Stunden: 1,5
Fels: gut, etwas zu säubern
Ausrüstung: NAA; Friend Nr. 3

EIGENSCHAFTEN
Abwechslungsreiche Kletterroute mit einem heiklen Quergang, welcher jedoch gut gesichert ist. Am selben Tag kann man auch die nahe »Platter/Nemela«-Führe klettern.

ZUGANG
Siehe Route Nr. 86.

ABSTIEG
Siehe Route Nr. 86.

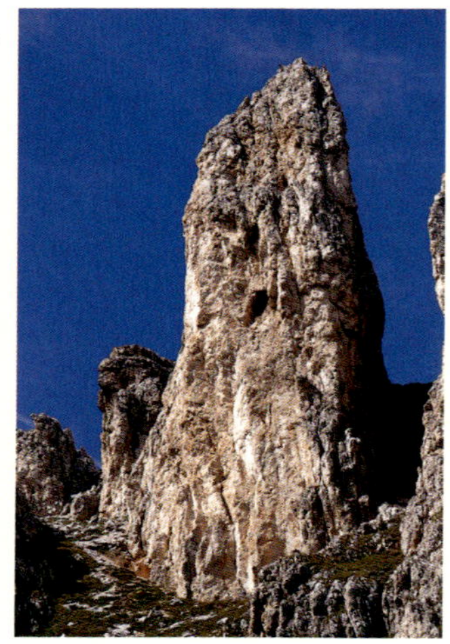
Die Ostwand

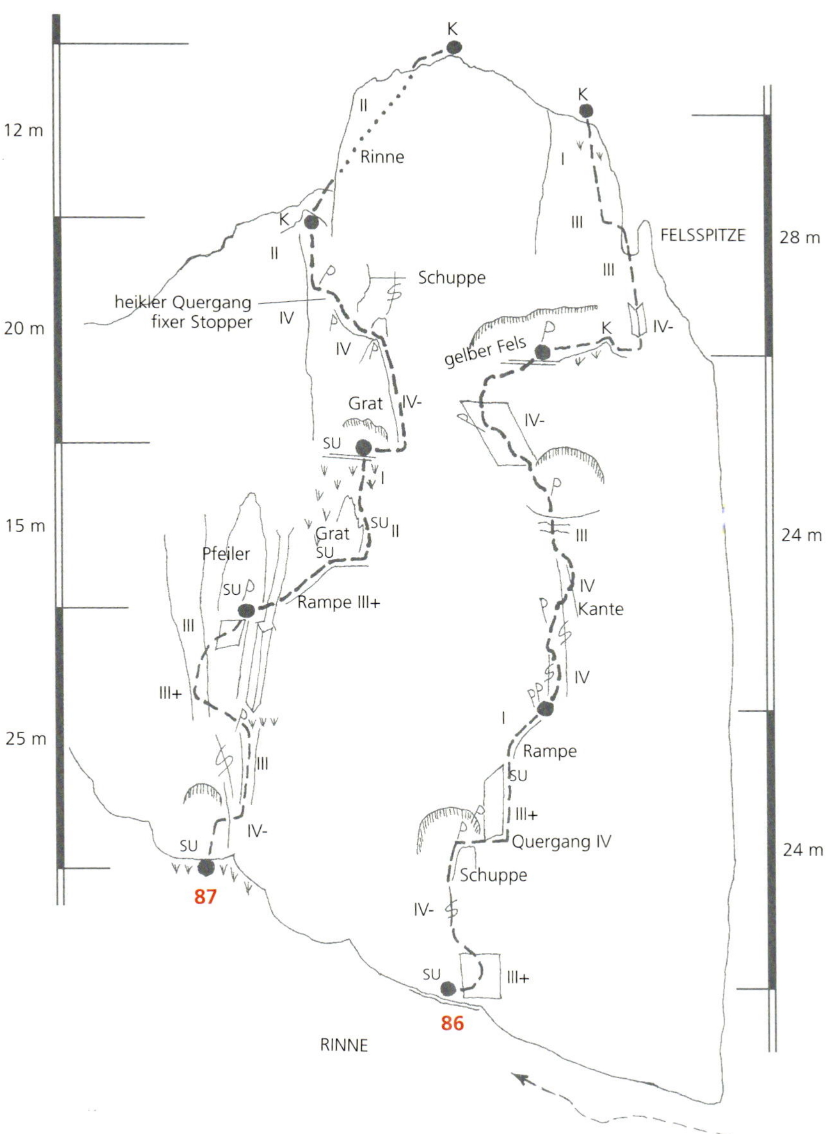
K
K
12 m
II
Rinne
I
K
III
FELSSPITZE
28 m
II
III
Schuppe
heikler Quergang
fixer Stopper
IV
20 m
IV-
K
gelber Fels
IV
Grat
IV-
IV-
SU
I
15 m
SU
II
III
24 m
Grat
SU
Pfeiler
IV
SU
Rampe III+
Kante
III
IV
III+
I
25 m
Rampe
III
SU
III+
Quergang IV
IV-
SU
24 m
Schuppe
87
IV-
SU
III+
86
RINNE

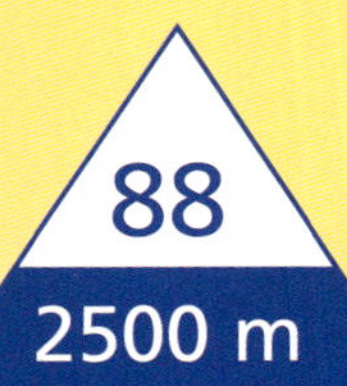

TORRE PORDOI

ERSTBEGEHER
M. Bernardi und Manfred Runggaldier (Mambo)
17.9.2014

SELLAGRUPPE

»Bernardi/Runggaldier«-Führe (Südkante)

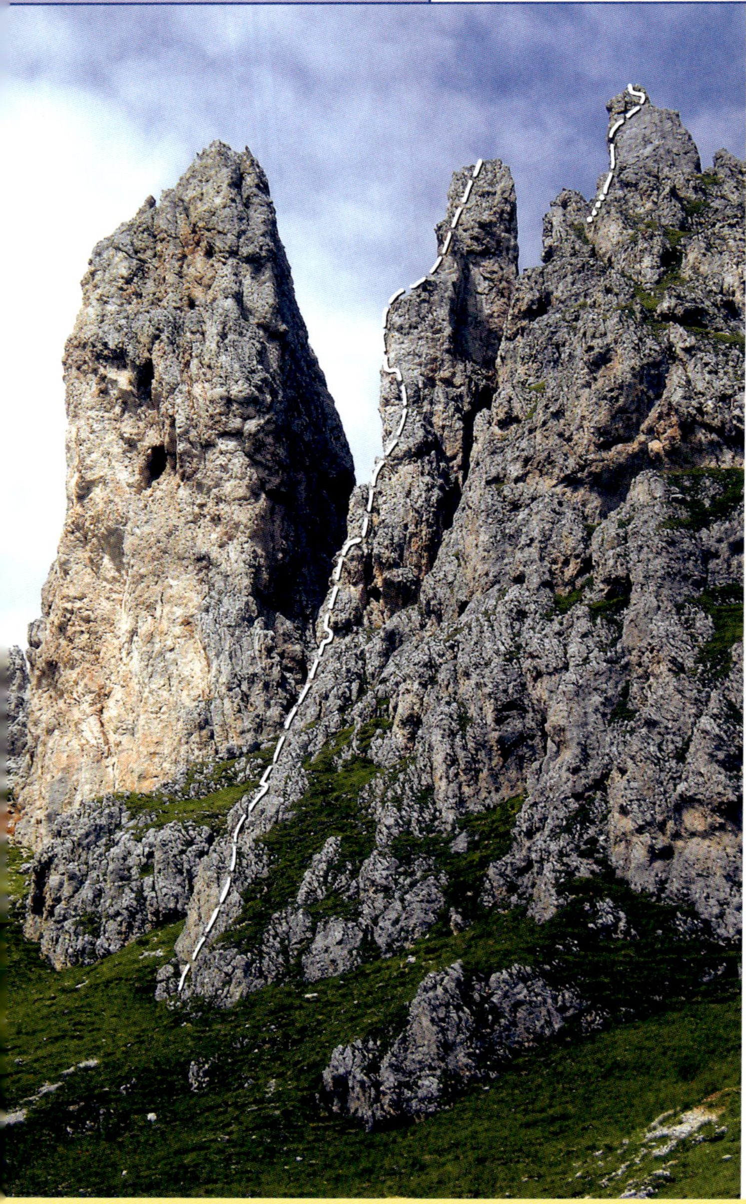

Schwierigkeit: IV+, eine Stelle V (auch A0)
Höhenunterschied: 90 m
Kletterstrecke: 109 m
Seillängen: 5
Stunden: 2
Fels: gut
Ausrüstung: 5 Expressschlingen

EIGENSCHAFTEN

Genussreiche Route über einen schlanken Pfeiler. Am Übergang des Abstiegs, 5 Minuten nach der Abseilstelle, kann man die nette »Torre Alta« klettern (zwei Seillängen, kleine Sanduhrschlinge am Einstieg, siehe technische Skizze).

ZUGANG

Siehe Route Nr. 86, aber 10 Min. weniger. 35 Min.

ABSTIEG

Vom Gipfel 13 m Richtung Norden abseilen. Dann Richtung Norden durch eine Spalte (III) zu einer Grasrinne hinaufklettern. Dem Gamspfad durch Felsformationen zum »Torre Gialla« folgen. Rechts vom »Torre Gialla« eine tiefe, versteckte Schlucht abklettern (III) und über die breite Rinne bald zum Einstieg. 35 Min.

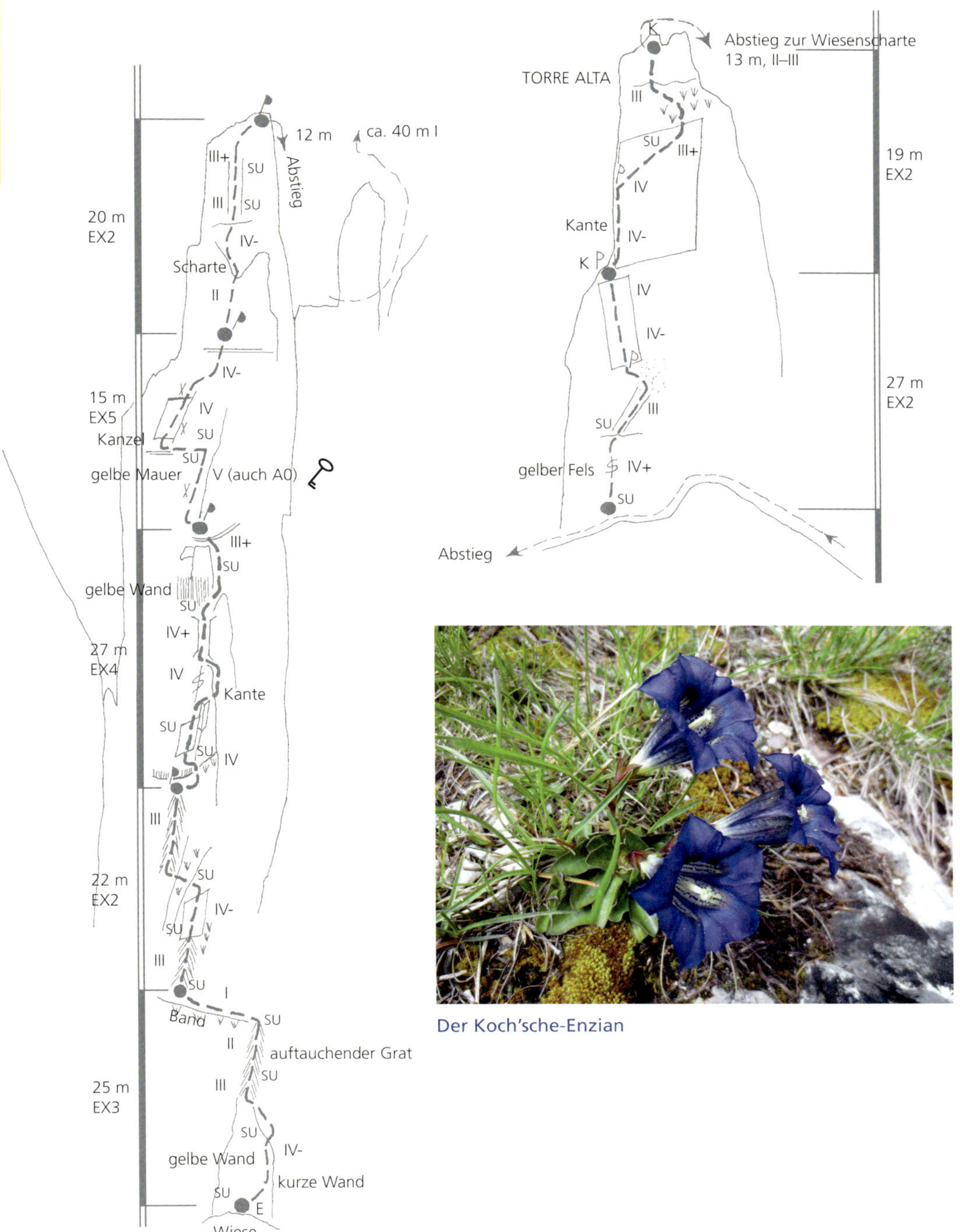

Der Koch'sche-Enzian

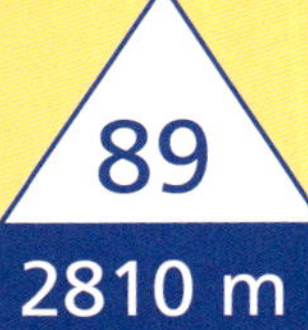

BOZNER TURM

ERSTBEGEHER
Heini Holzer, Siglinde Walzl, E. und Erny Zobl 7.10.1973

SELLAGRUPPE

»Holzer«-Führe (Ostwand)

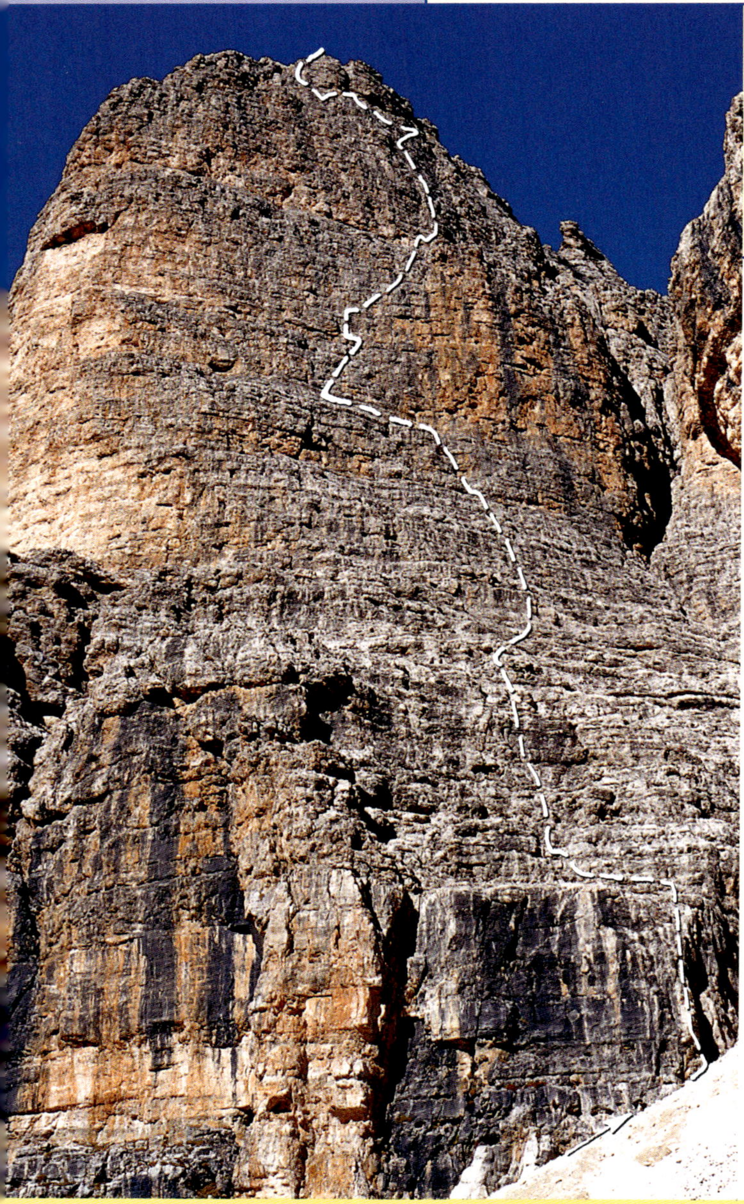

Schwierigkeit: V
Höhenunterschied: 180 m
Kletterstrecke: 217 m
Seillängen: 7
Stunden: 3
Fels: ausgezeichnet, zu säubern
Ausrüstung: NAA; Friends Nr. 2|3

EIGENSCHAFTEN

Interessante Wand mit schönen Seillängen. Abschnittsweise unterbrochene Schwierigkeiten. Relativ bequemer Abstieg.

ZUGANG

Vom Pordoijoch, 2239 m, zum Kriegerdenkmal, 2229 m. Den Weg Nr. 5 über Wiesen und Soèl-Tal zu den Felswänden hinaufsteigen. Dann den Weg Nr. 626 nach rechts zum Einstieg wandern. 1.20 Std.

ABSTIEG

Dem Grat Richtung Norden (Steinmann) folgen, dann 3 m zu einer kleinen Scharte absteigen und das waagerechte Band queren. Bei der zweiten Rinne rechts zur schuttigen Hauptrinne und bald zum Einstieg absteigen (Fontane-Rinne, in der frühen Klettersaison Schneefeld möglich). 30 Min.

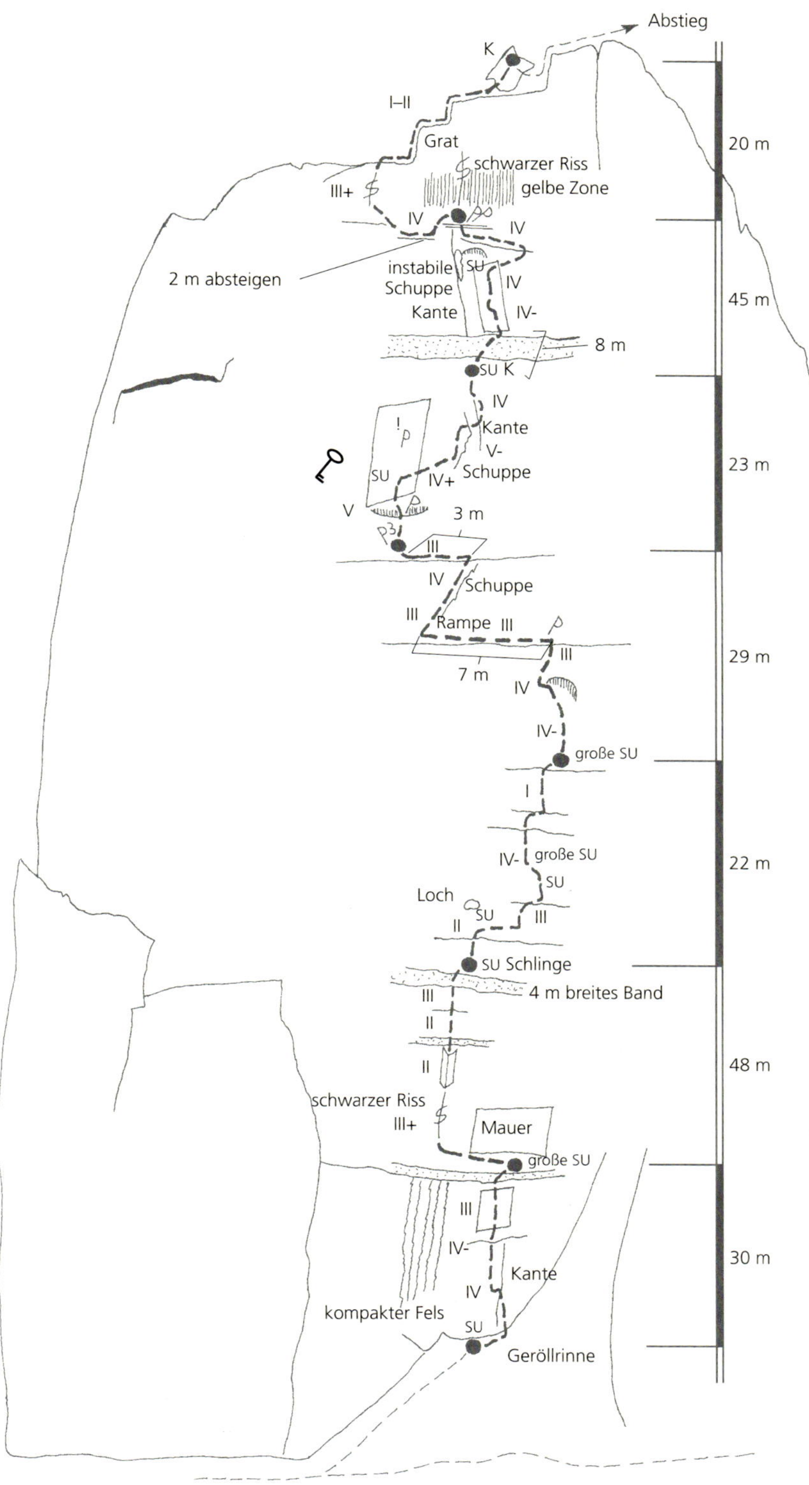
Abstieg
K
I–II
Grat
schwarzer Riss
III+
gelbe Zone
IV
IV
2 m absteigen
instabile
Schuppe
SU
IV
Kante
IV-
8 m
SU K
IV
Kante
V-
Schuppe
SU
IV+
V
3 m
III
IV
Schuppe
III
Rampe III
III
7 m
IV
IV-
große SU
I
IV-
große SU
SU
Loch
SU
II
III
SU Schlinge
4 m breites Band
III
II
II
schwarzer Riss
III+
Mauer
große SU
III
IV-
Kante
IV
kompakter Fels
SU
Geröllrinne
20 m
45 m
23 m
29 m
22 m
48 m
30 m

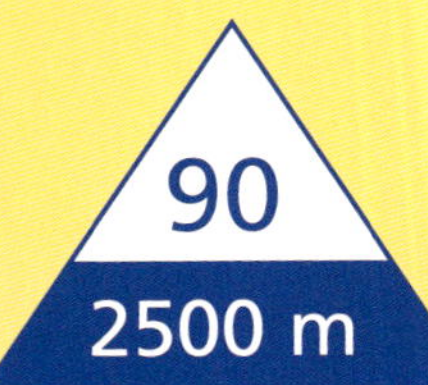

BELVEDERE-SPITZE

(SAS BECÈ)

ERSTBEGEHER
M. Bernardi 6.10.2013

MARMOLADAGRUPPE

»De gra Tati«-Führe (Westpfeiler)

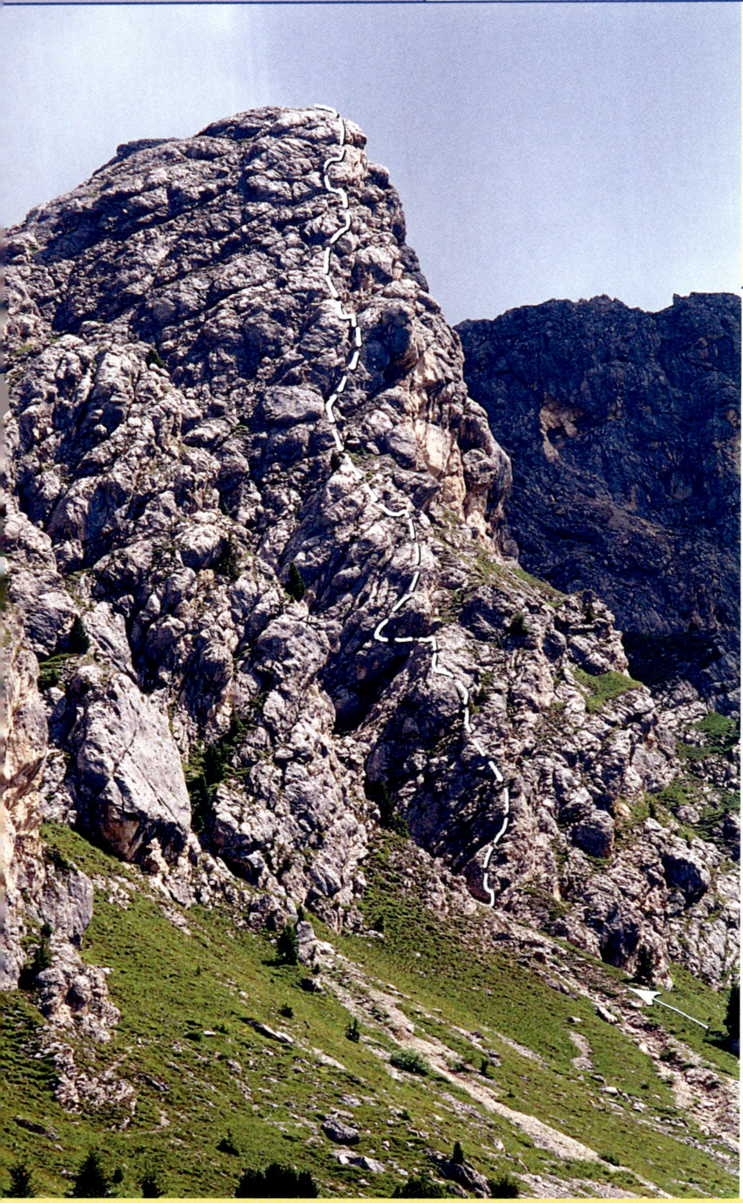

Schwierigkeit: IV
Höhenunterschied: 220 m
Kletterstrecke: 217 m + 100 m zum Gipfel
Seillängen: 7 + 100 m zum Gipfel
Stunden: 2
Fels: gut, zu säubern
Ausrüstung: 7 Expressschlingen

EIGENSCHAFTEN

Genussreiche Kletterroute über Platten und eine interessante Verschneidung. Eingerichtete Kletterstrecke.

ZUGANG

Vom Pordoijoch, 2238 m, dem waagerechten Weg Richtung Westen über die Nordhänge des Sas Becè zum Grassattel folgen. Dann dem Weg Richtung Südwesthang bis unterhalb der Belvederespitze folgen. Nun direkt über Wiesen zum Einstieg hinaufsteigen. 30 Min.

ABSTIEG

Vom Gipfel den Grat Richtung Nordosten zu einer breiten Scharte abklettern (I–II). Nun Richtung Süden, erst links, dann rechts, die breite Grasrinne absteigen. Bei der Steilstufe schräg links zu den Wiesen abklettern und bald zum Zugangsweg. 40 Min. Oder von der breiten Scharte Richtung Norden, erst eine Steilstufe (III), dann einige Rinnen zum Pordoijoch abklettern. 40 Min.

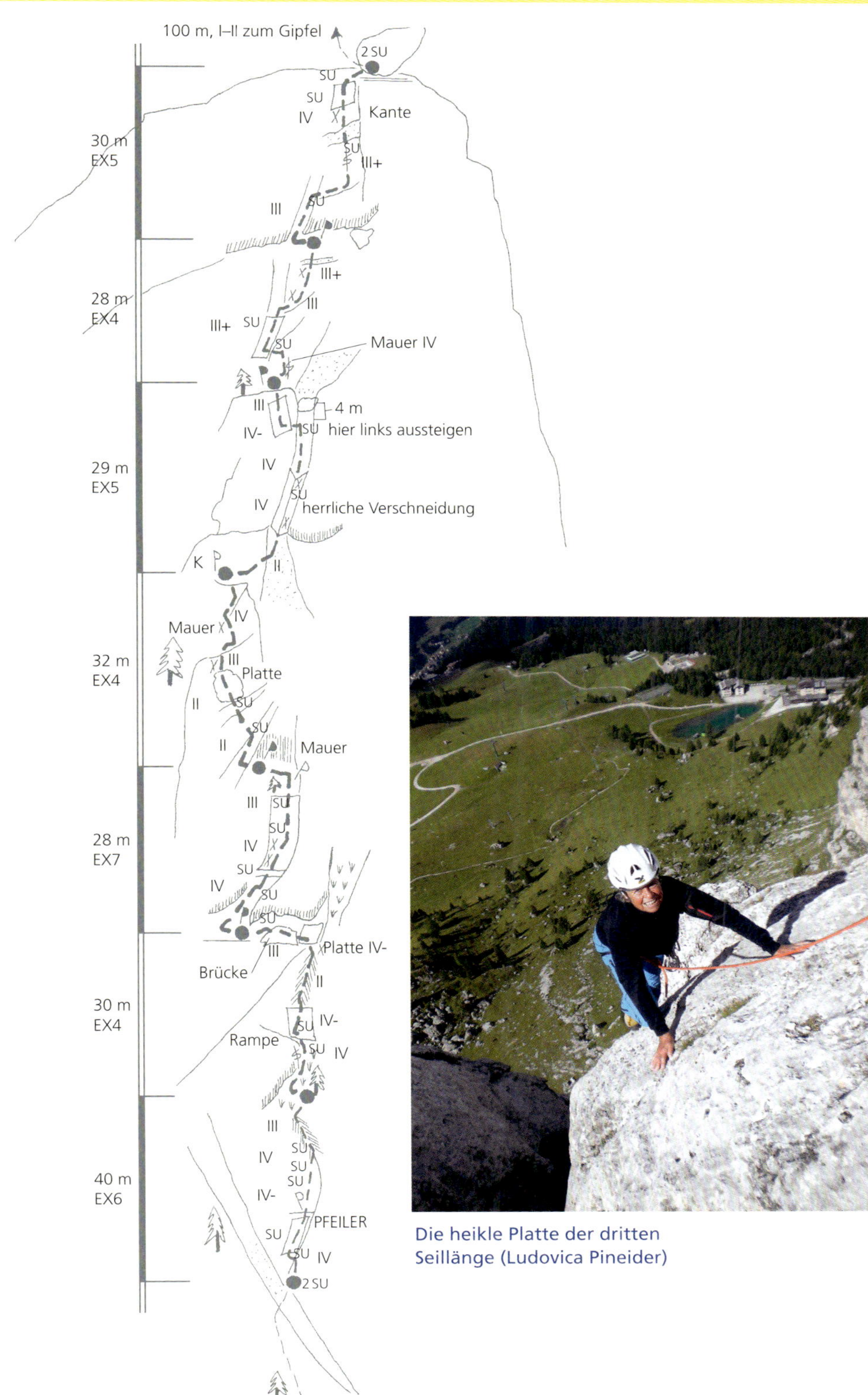

Die heikle Platte der dritten
Seillänge (Ludovica Pineider)

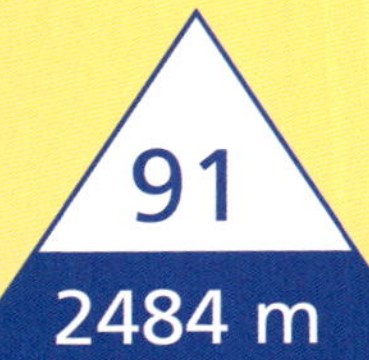

COL RODELLA

ERSCHLIESSER
M. Bernardi 22.6.2014; kurze Abschnitte bereits von Don Tita Soraruf und Don Giacomo Soraruf 1926, »Priester«-Führe, begangen

LANGKOFELGRUPPE

»Erwin & Luca Memory«-Führe (Südwand)

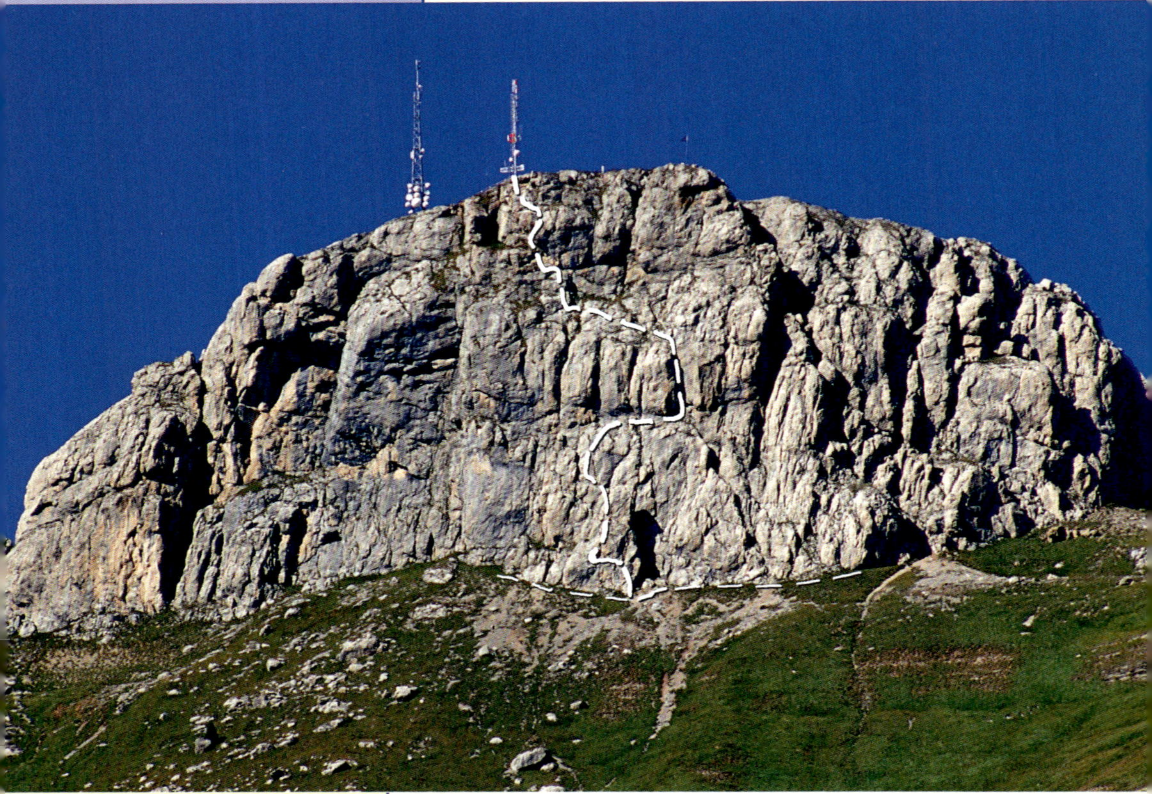

Schwierigkeit: V+ (5b)
Höhenunterschied: 130
Kletterstrecke: 177 m
Seillängen: 7
Stunden: 2.5–3
Fels: ausgezeichnet/gut
Ausrüstung:
8 Expressschlingen

EIGENSCHAFTEN
Abwechslungsreiche Kletterroute. Bequemer Zugang und Abstieg. Mit einigen weit entfernten Bohrhaken und einzementierten Standhaken eingerichtet.

ZUGANG
Vom Sellajoch, bei der Valentinihütte, 2213 m, der Schotterstraße bis zur Des-Alpes-Hütte, 2400 m, folgen. Dann links der Seilbahn-Bergstation gehen und unterhalb auf waagerechtem Weg Richtung Westen queren. Bald zum Einstieg. 50 Min. Ausgangspunkt auch Campitello di Fassa mit der Seilbahn zum Col Rodella und 10 Min. Zustieg.

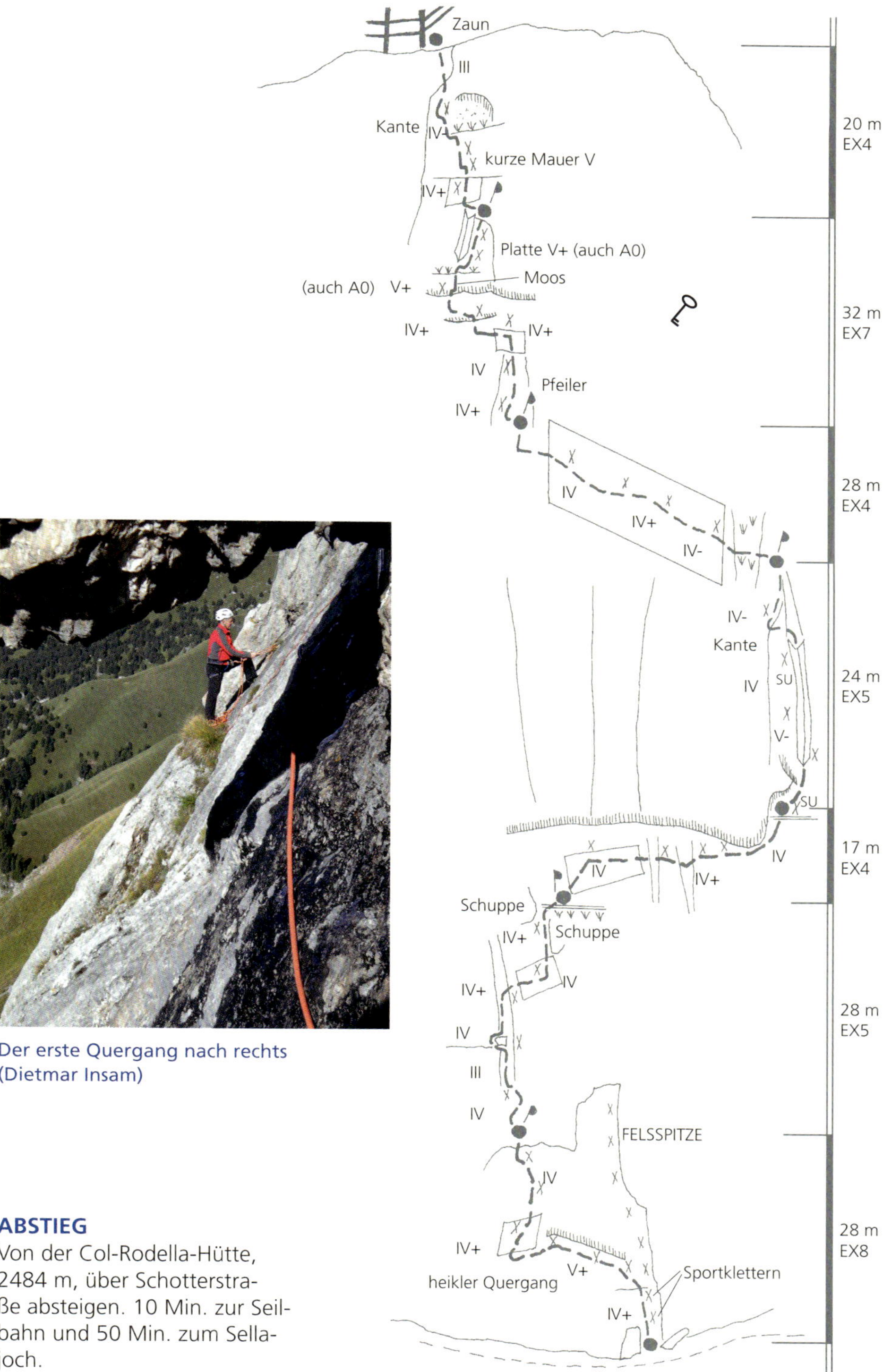

Der erste Quergang nach rechts (Dietmar Insam)

ABSTIEG

Von der Col-Rodella-Hütte, 2484 m, über Schotterstraße absteigen. 10 Min. zur Seilbahn und 50 Min. zum Sellajoch.

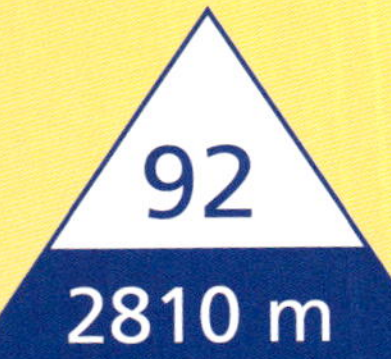

VORGIPFEL DES ZAHNKOFELS

ERSTBEGEHER
Reinhold Messner und Dietmar Oswald 1976

LANGKOFELGRUPPE

»Messner«-Führe (Ostwand)

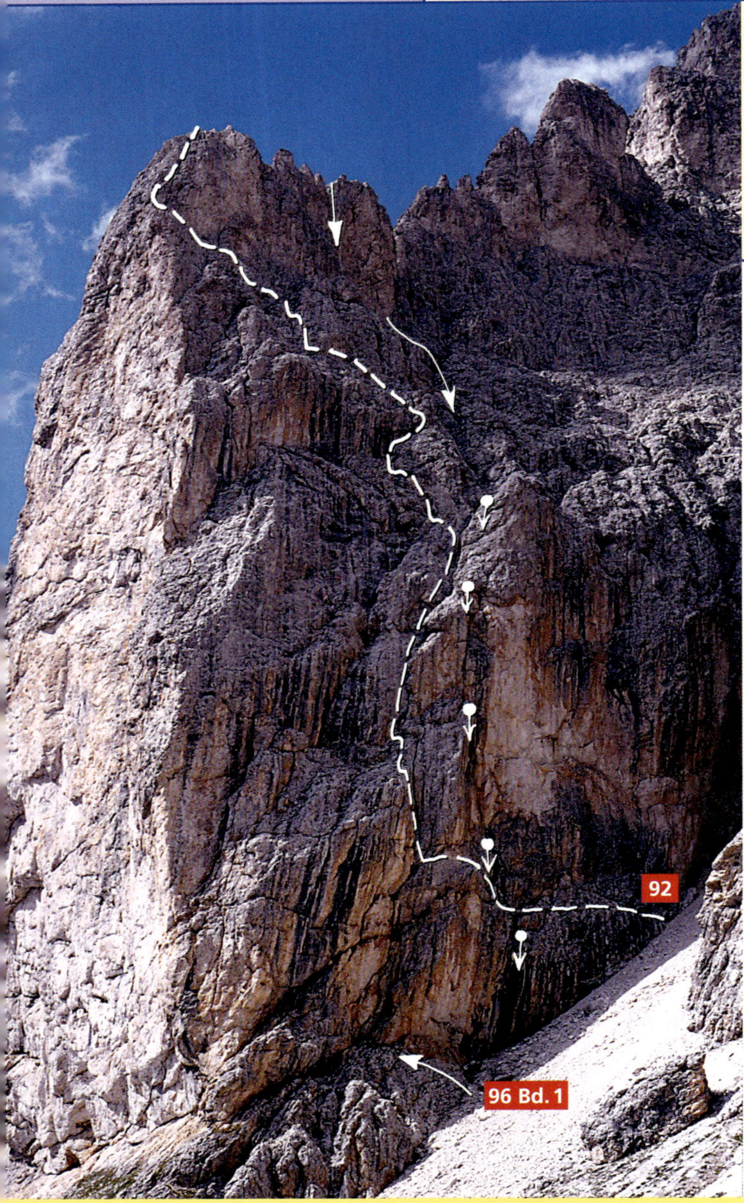

92
96 Bd. 1

Schwierigkeit: IV+
Höhenunterschied: 200 m
Kletterstrecke: 254 m
Seillängen: 8
Stunden: 3
Fels: ausgezeichnet, zu säubern
Ausrüstung: NAA; mittlere/kleine Friends

EIGENSCHAFTEN

Interessante Kletterroute auf porösem Fels. Viele Sanduhrschlingen weisen auf die Kletterstrecke hin.

ZUGANG

Vom Sellajoch, 2176 m, (Parkplatz nahe Sellajochhaus) den Wiesen unter dem Sessellift folgen. Oberhalb der Bergstation des Sesselliftes den erdigen Grat bis zum Südostvorbau der Grohmannspitze, 2564 m (Grassattel), hinaufsteigen. 10 m vor dem Grassattel links über einen erdigen Pfad queren (steiler Hang) und den Weg waagerecht durch die Geröllfelder zur Rinne zwischen Zahnkofel und Innerkoflerturm wandern. Nun dem Pfad zu den Ostwänden des Zahnkofelvorgipfels folgen und rechts davon hinaufsteigen. Etwa 15 m nach der Wandanschrift »canalone moppo« ein sichtbares Band links zum Einstieg queren. 1.20 Std.

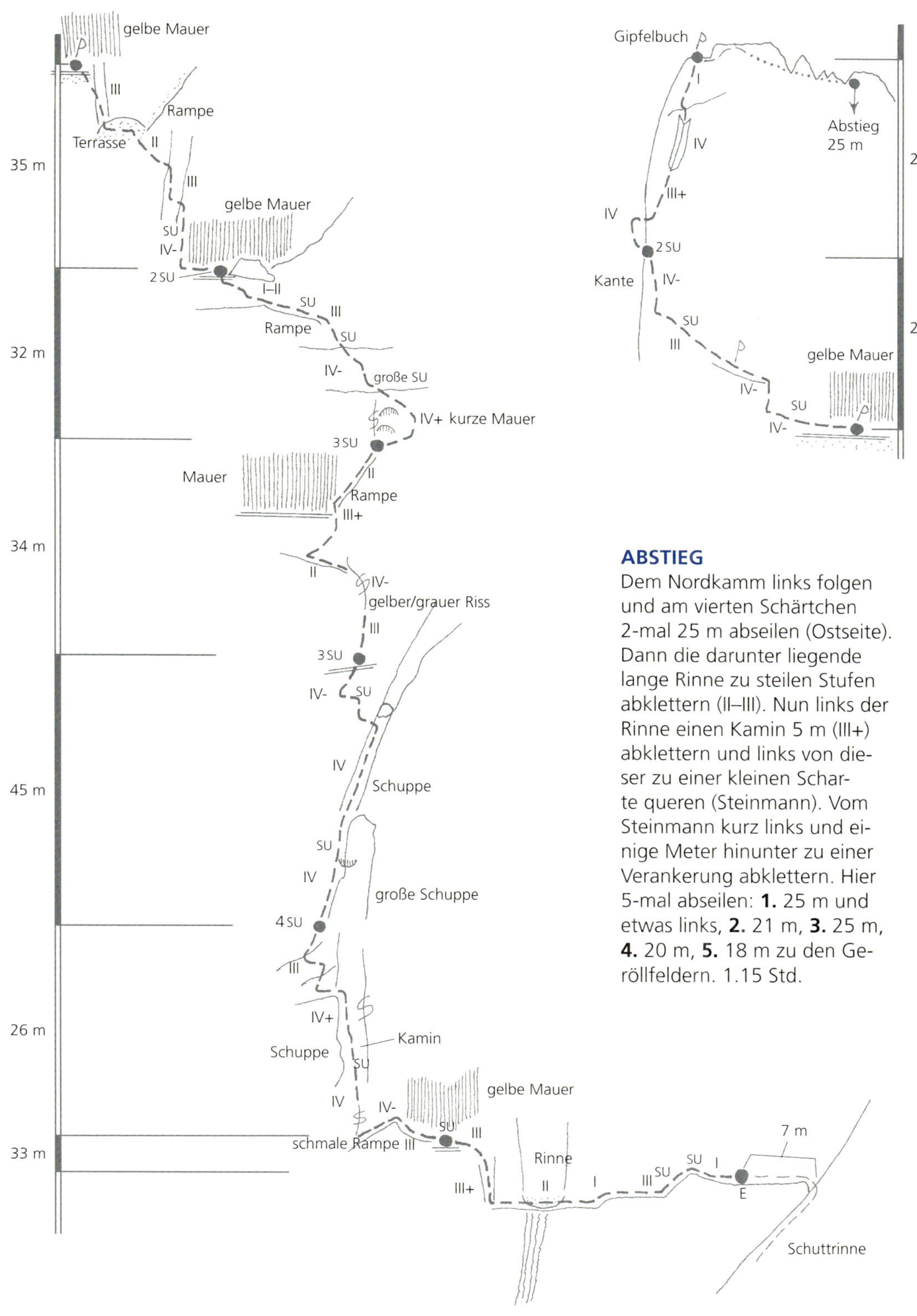

ABSTIEG

Dem Nordkamm links folgen und am vierten Schärtchen 2-mal 25 m abseilen (Ostseite). Dann die darunter liegende lange Rinne zu steilen Stufen abklettern (II–III). Nun links der Rinne einen Kamin 5 m (III+) abklettern und links von dieser zu einer kleinen Scharte queren (Steinmann). Vom Steinmann kurz links und einige Meter hinunter zu einer Verankerung abklettern. Hier 5-mal abseilen: **1.** 25 m und etwas links, **2.** 21 m, **3.** 25 m, **4.** 20 m, **5.** 18 m zu den Geröllfeldern. 1.15 Std.

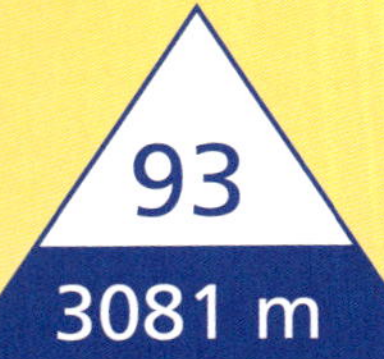

INNERKOFLER-TURM

ERSTBEGEHER
Franz Prinoth und Norbert Prinoth 21.9.1958

LANGKOFELGRUPPE

»Prinoth«-Verschneidung (Südwand)

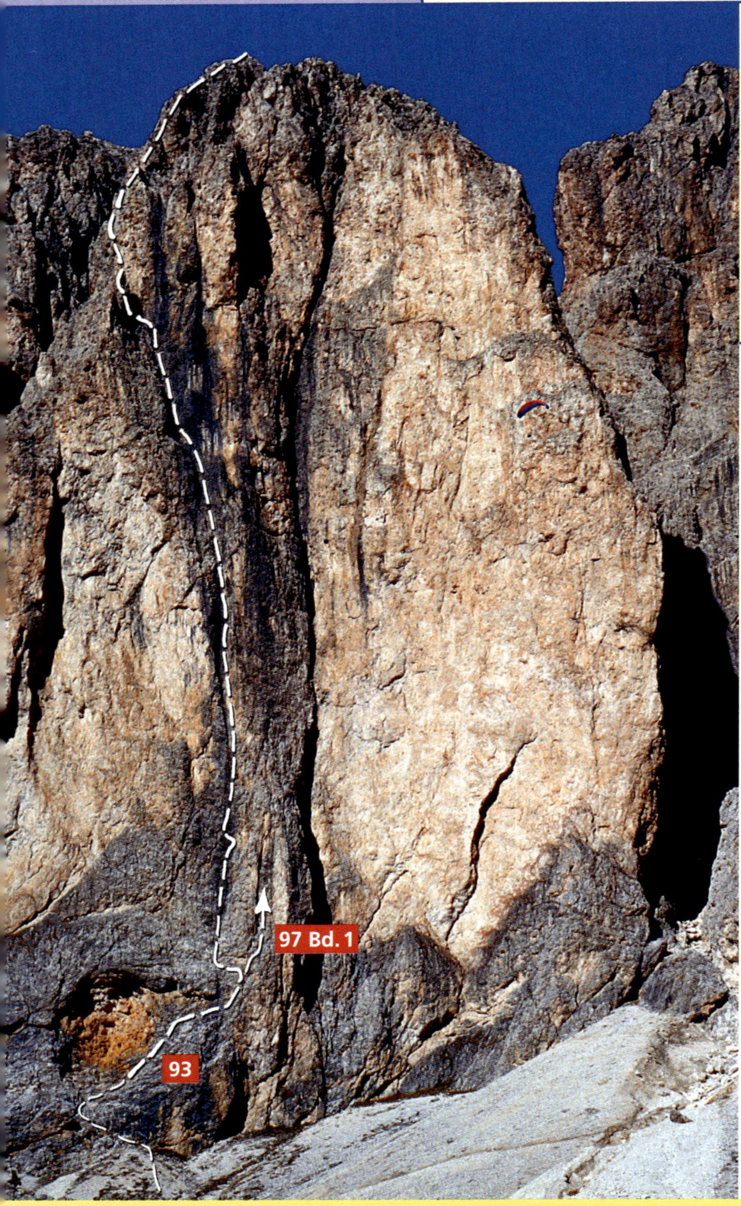

Schwierigkeit: VI- A0 (VI)
Höhenunterschied: 520 m
Kletterstrecke: 508 m + 10 Min. zum Gipfel
Seillängen: 14 + 10 Min. zum Gipfel
Stunden: 5–6
Fels: ausgezeichnet, die letzten 3 Seillängen zu säubern
Ausrüstung: NAA; Friends Nr. 2|3; Stopper Nr. 10

EIGENSCHAFTEN

Athletische Kaminkletterstrecke mit einer 34 Meter langen außerordentlichen Verschneidung. Will man sich in der Verschneidung zusätzlich absichern, sind Friendgrößen über Nr. 5 notwendig. Nur bei trockenen Bedingungen. Alpiner Abstieg.

ZUGANG

Vom Sellajoch, 2176 m, (Parkplatz nahe Sellajochhaus) den Wiesen unter dem Sessellift folgen. Oberhalb der Bergstation des Sessellifts den erdigen Grat bis zum Südostvorbau der Grohmannspitze, 2564 m (Grassattel), hinaufsteigen. 10 m vor dem Grassattel links über einen erdigen Pfad queren (steiler Hang) und den Weg waagerecht durch die Geröllfelder wandern. Unterhalb des Innerkoflerturms gerade hinauf zum Einstieg steigen. 1.15 Std.

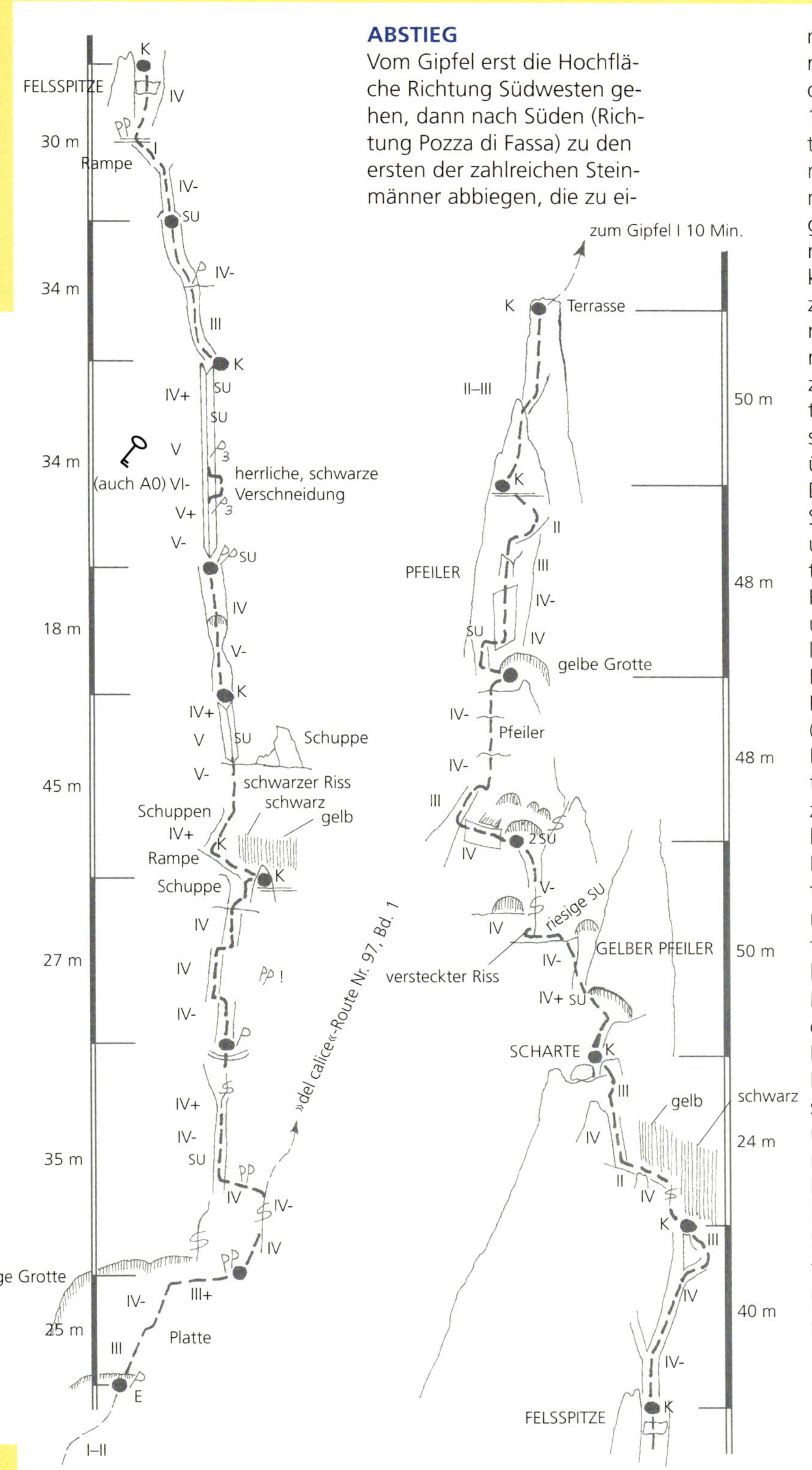

ABSTIEG

Vom Gipfel erst die Hochfläche Richtung Südwesten gehen, dann nach Süden (Richtung Pozza di Fassa) zu den ersten der zahlreichen Steinmänner abbiegen, die zu einem Felssporn führen. 30 m unterhalb des Felssporns, 15 m zu einer Scharte abseilen. Nun die rechte Rinne nehmen (II), die folgenden ca. 150 m rechtshaltend abklettern und rechts zu einem Grat queren (Steinmänner). Die nächsten zwei Rinnen Richtung Nordwesten schräg absteigend überschreiten (II–III). Dann ca. 40 m am Sporn abklettern (I) und rechts zur dritten Rinne queren. Hier 25 m (Sanduhrschlinge) abseilen und links der Rinne (Gesicht zum Berg) weitere 25 m (Felsblock) abseilen. Richtung Nordwesten die Felsrampe (II) zur Schuttebene abklettern und immer Richtung Nordwesten geradeaus einem flachen Grat folgen (kurze Stelle II). Dann links Richtung Südwesten ca. 10 m eine kurze Rinne (steile Wand, Richtung Zahnkofelscharte) abklettern und 2-mal 22 m und 25 m zur Zahnkofelscharte abseilen. Die unbequeme Schuttrinne Richtung Süden zum Zugangsweg absteigen. 2 Std.

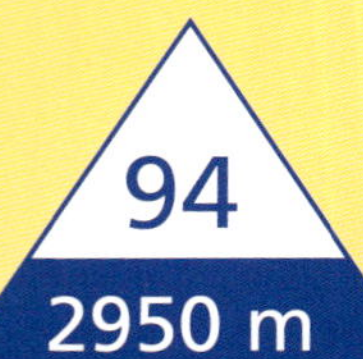

GUGLIA DELLA LIBERTÀ
(GROHMANNSPITZE)

ERSTBEGEHER
Heinz Grill, Florian Kluckner und Franz Heiß 22.6.2005

LANGKOFELGRUPPE

»Grill«-Führe (Ostkante)

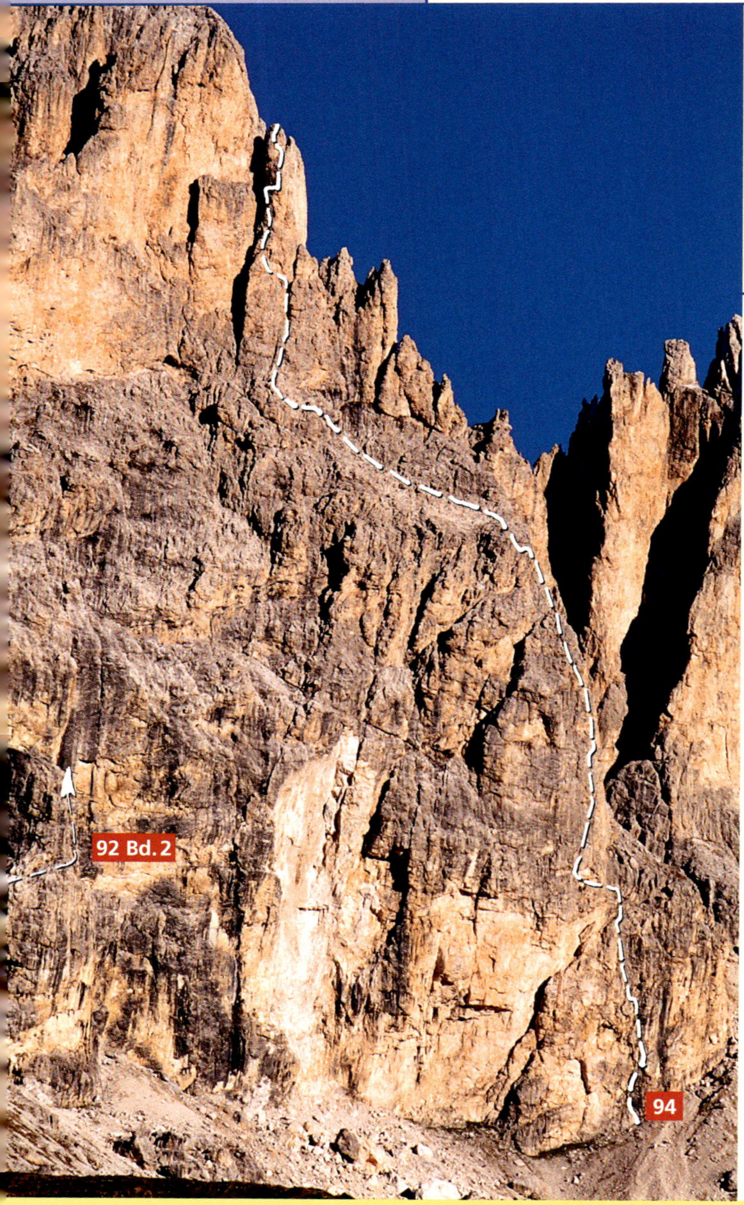

Schwierigkeit: VI A0 (VI+)
Höhenunterschied: 450 m
Kletterstrecke: 519 m
Seillängen: 16
Stunden: 5–6
Fels: gut/ausgezeichnet, etwas zu säubern
Ausrüstung: NAA; Friends Nr. 0,5 | 1,5 | 2 | 2,5 | 3; Stopper Nr. 6

EIGENSCHAFTEN
Großartige Kletterroute mit zwei heiklen Quergängen und schönem allein stehenden Gipfel. Die Standplätze sind mit Bohrhaken abgesichert.

ZUGANG
Vom Sellajoch, 2176 m (Parkplatz nahe Sellajochhaus), über Wiesen geradeaus zum Einstieg. 1 Std. Oder mit der Langkofel-Gondelbahn hinauffahren und über Geröllfelder schräg zum Einstieg absteigen. 30 Min.

ABSTIEG
Knapp unterhalb des Gipfels 25 m Richtung Westen abseilen und 3 m (III) zur Scharte spreizend abklettern. Nun die Rinne Richtung Norden 25 m abseilen (ihr seid auf dem Abstiegsweg der Grohmannspitze, siehe auch die gut beschriebene Route Nr. 101, Band 1). Dann links die Rampen, Bänder und kurzen Steilstufen (II–III, Pfad, Steinmänner und einige rote Markierungen)

Fortsetzung auf der nächsten Seite

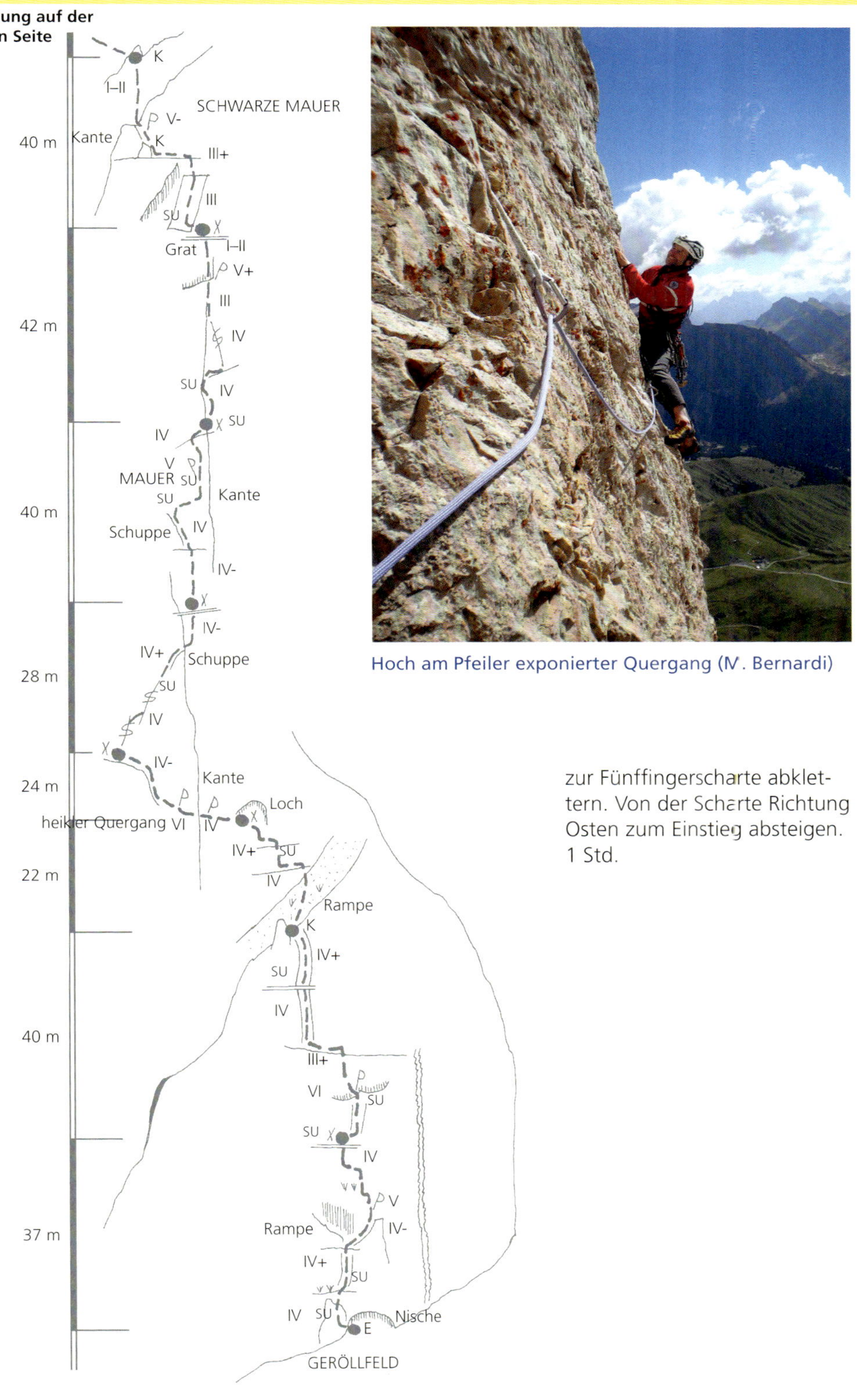

Hoch am Pfeiler exponierter Quergang (M. Bernardi)

zur Fünffingerscharte abklettern. Von der Scharte Richtung Osten zum Einstieg absteigen. 1 Std.

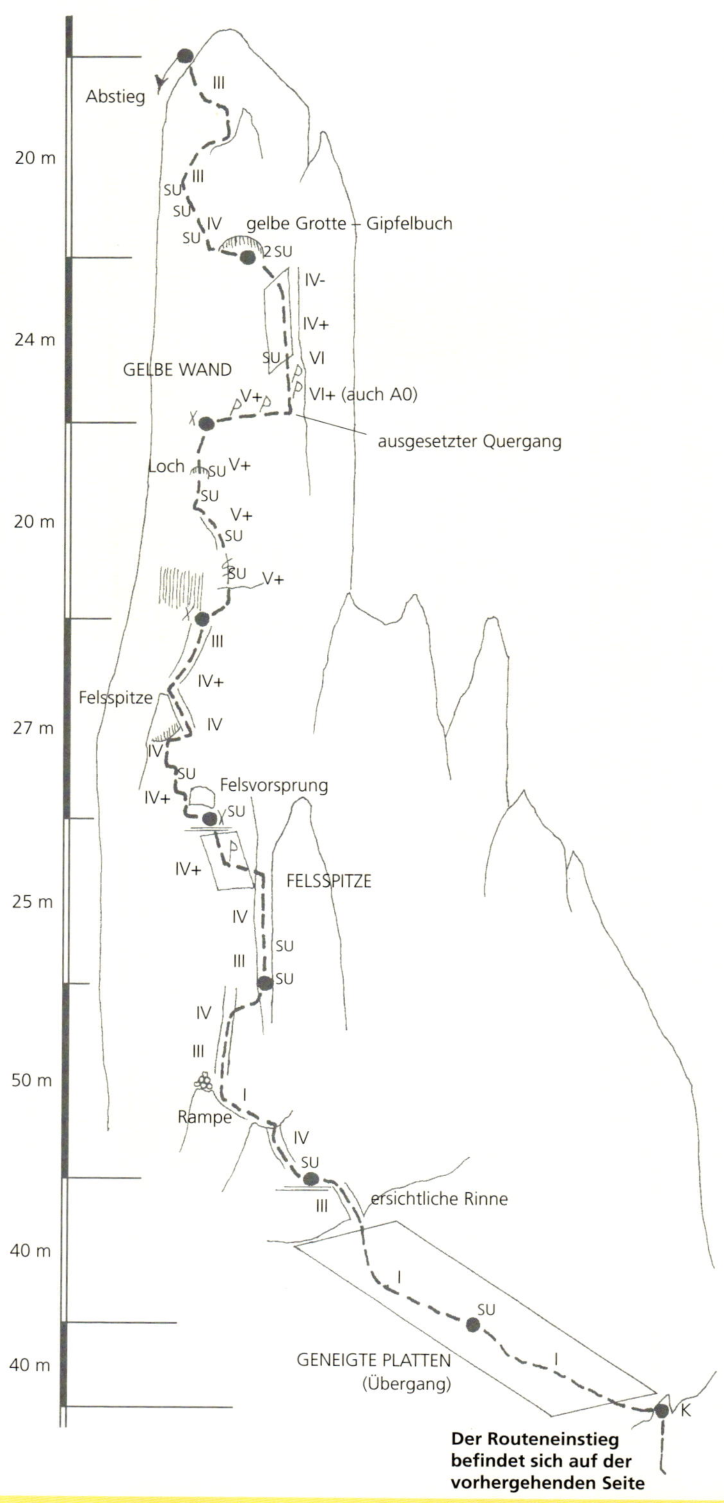

Der Routeneinstieg befindet sich auf der vorhergehenden Seite

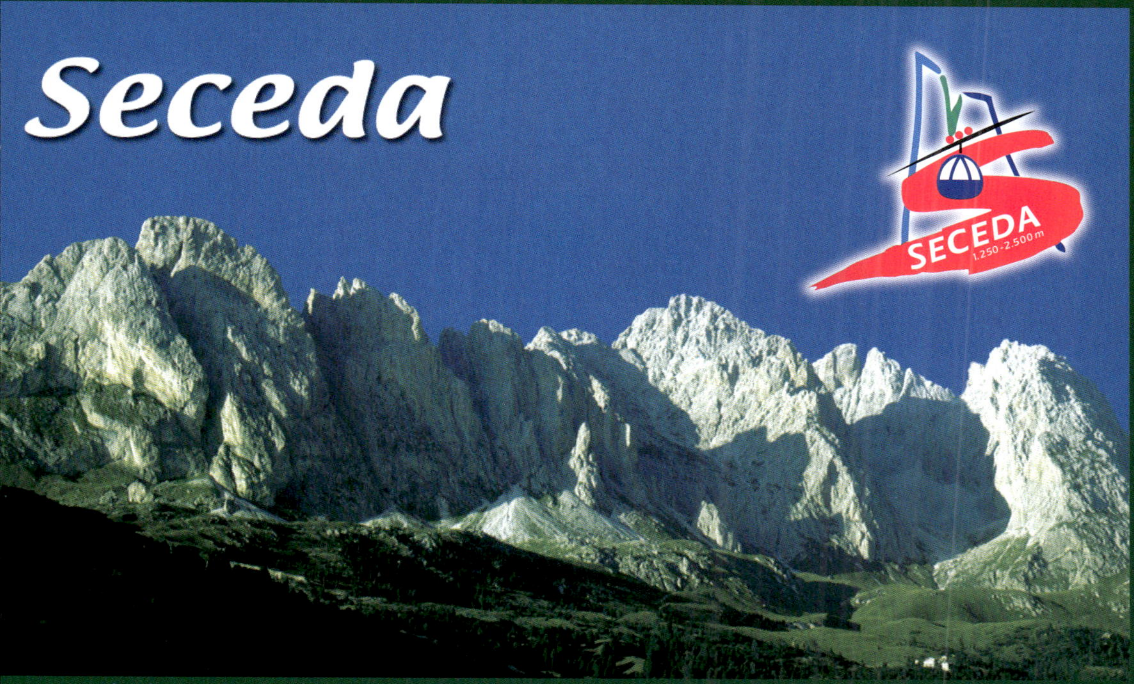

Seceda

SECEDA
1.250 - 2.500 m

Da Ortisei con la funivia del Seceda, il più veloce accesso al gruppo delle Odle.

Von St. Ulrich aus mit der Umlaufbahn Seceda... der schnellste Einstieg in die Geislergruppe.

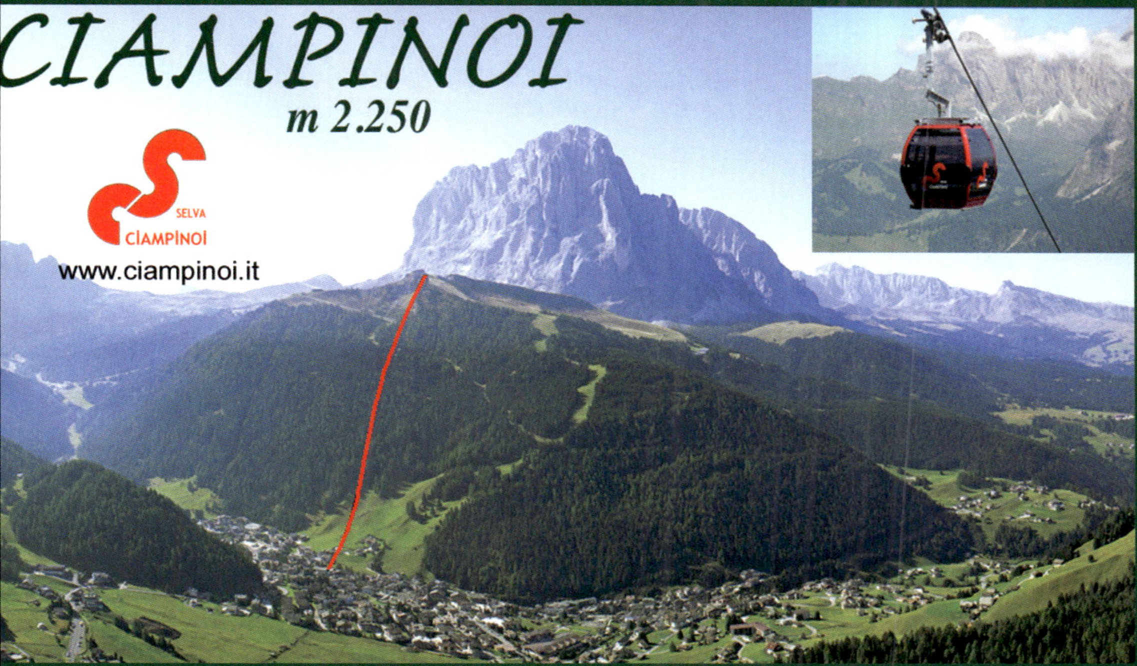

CIAMPINOI

m 2.250

SELVA
CIAMPINOI

www.ciampinoi.it

Von Wolkenstein aus mit der Umlaufbahn Ciampinoi um zu den verschiedenen Einstiegen der Langkofelgruppe zu gelangen.

Da Selva con la cabinovia del Ciampinoi, differenti e veloci accessi al gruppo del Sassolungo.

»Grill«-Philosophie

von Mauro Bernardi

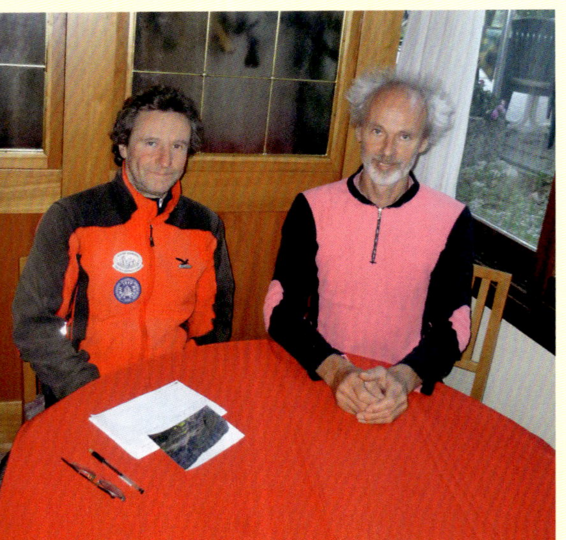

Heinz Grill (rechts)

Die Bezwingung der »Guglia della Libertà« begann 32 Jahre vor der eigentlichen Besteigung. Damals kletterte ein erst 13-jähriger bayerischer Bub mit einem gleichaltrigen Kameraden über die »Dimai«-Route in der Südwand der Grohmannspitze. Nachdem sie den Gipfel erklommen hatten, sah der Bub, etwa nach der Hälfte des Abstiegs, rechter Hand eine Zinne, die ihn so faszinierte, dass sie ihm noch für Jahrzehnte im Gedächtnis haften blieb. Es war das Jahr 1973. Der Bub war Heinz Grill, der in Wasserburg östlich von München aufgewachsen und mit großer Leidenschaft für die Berge ausgestattet war. Er nutzte nicht nur jeden Tag, um im Wilden Kaiser zu klettern, der Bergkette, die ein wenig südlich von seinem damaligen Zuhause auf österreichischem Gebiet liegt – er wollte dies auch wie ein echter Profi als Vollzeitalpinist tun.

Heute lebt der passionierte Bergsteiger nördlich des Gardasees in Arco und erzählt, dass die Anziehungskraft, welche die Felsen auf ihn ausübten, so stark war, dass er das Gefühl hatte, eine Symbiose mit ihnen einzugehen. Und damit kommen wir zu der Zinne, die Heinz Grill beim Abstieg erspäht und nie vergessen hatte. Er hatte den Monolithen natürlich nur von hinten gesehen und die Lagebestimmung für den Aufstieg musste sich zwangsläufig auf den Hang der Ostwand konzentrieren. Nachdem er den Idealweg ausgemacht hatte, entschloss er sich zum Sturm auf den unberührten Gipfel und brachte diese Unternehmung im Juni 2005 zunächst über die Ostkante zum Abschluss. Bergkameraden bei dieser Unternehmung waren Florian Kluckner und Franz Heiß, aber Grill führte die Seilschaft bis hinauf zum Gipfel. Alles ging glatt an diesem Tag, erzählt er. Natürlich wurden die unausweichlichen Quergänge, der erste links, der zweite rechts, nicht ohne Schwierigkeiten und mit kurzem Einsatz einer Steigleiter gemeistert. 2011 ist Grill dann zurückgekehrt, um seine Route erneut zu klettern, den Führenverlauf zu verbessern und die Standplätze mit Bohrhaken zu sichern. Inzwischen haben viele Seilschaften seine Route wiederholt, wie das originelle Gipfelbuch in der gelben Grotte am Standplatz der vorletzten Seillänge bestätigt. Denn diese Route ist abwechslungsreich und elegant zu klettern – und auf gutem Gestein.
Aber wer ist Heinz Grill, und was macht er heute? Grill ist 1960 geboren, seine Muttersprache ist Deutsch, und er hat eine besondere Bergsteigerkarriere aufzuweisen: Der begabte und sensible Kletterer un-

ternahm bereits mit 14 Jahren Alleinbesteigungen und hat mehr als 2000 Routen bewältigt – nicht immer einfache, es sind sogar einige extrem schwierige dabei. Während seiner Tage in kompletter Einsamkeit geht er tief in sich und entdeckt dabei das Wesen der »Lebensgemeinschaft« zwischen Mensch und Fels. Wenn er klettert, steht für ihn der Selbsterhaltungstrieb im Vordergrund. Dieser lässt ihn eine logische Verbindung im Rhythmus und in Harmonie mit sich selbst und der Klettertour entdecken. An erster Stelle steht für Grill bei jedem Aufstieg die sichere Rückkehr nach Hause, wobei er mentale Abläufe wirksam auf die Begegnung mit der Materie umsetzt. Man muss dazu nur sagen, dass er an manchen schwierigen Abschnitten oft umgekehrt ist, ohne dies als Niederlage zu empfinden. Es war ihm vielmehr Ansporn, um die richtige Lösung und notwendige Harmonie zu finden, mit welcher er das nächste Mal in großer Sicherheit klettern würde. Seit vielen Jahren schon lebt Grill nun im schönen Sarcatal, dem Mekka der Sportkletterer und Bergsteiger, wo er rund hundert Neubesteigungen mit seinem ganz persönlichen und einzigartigen Stil unternommen hat. Die neuen Routen werden von ihm abgesteckt, aber anschließend notwendigerweise begradigt und bereinigt, bevor sie den Bergbegeisterten übergeben werden. Für Grill werden diese Routen nicht nur eröffnet, um im Zustand der ersten Besteigung zu verbleiben. Er bearbeitet, entwickelt und verbessert sie weiter, um den Nachfolgenden lohnende und sichere Führen anzubieten. Sein Erfolg lässt sich nicht infrage stellen: Man braucht nur zu schauen, wie viele Kletterer seine Routen wiederholen.

Die »Grill«-Philosophie hat an den Bergwänden des Sarcatals Geschichte geschrieben, und sein Vorgehen hat ihm auch in den Dolomiten große Wertschätzung eingebracht.

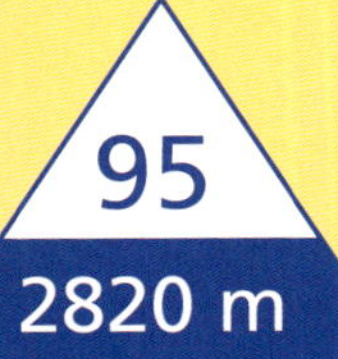

PARËI DEMETZ
(FÜNFFINGERSPITZE)

ERSCHLIESSER
M. Bernardi 3.10.2014

LANGKOFELGRUPPE

»Amerigo«-Führe (Nordostwand)

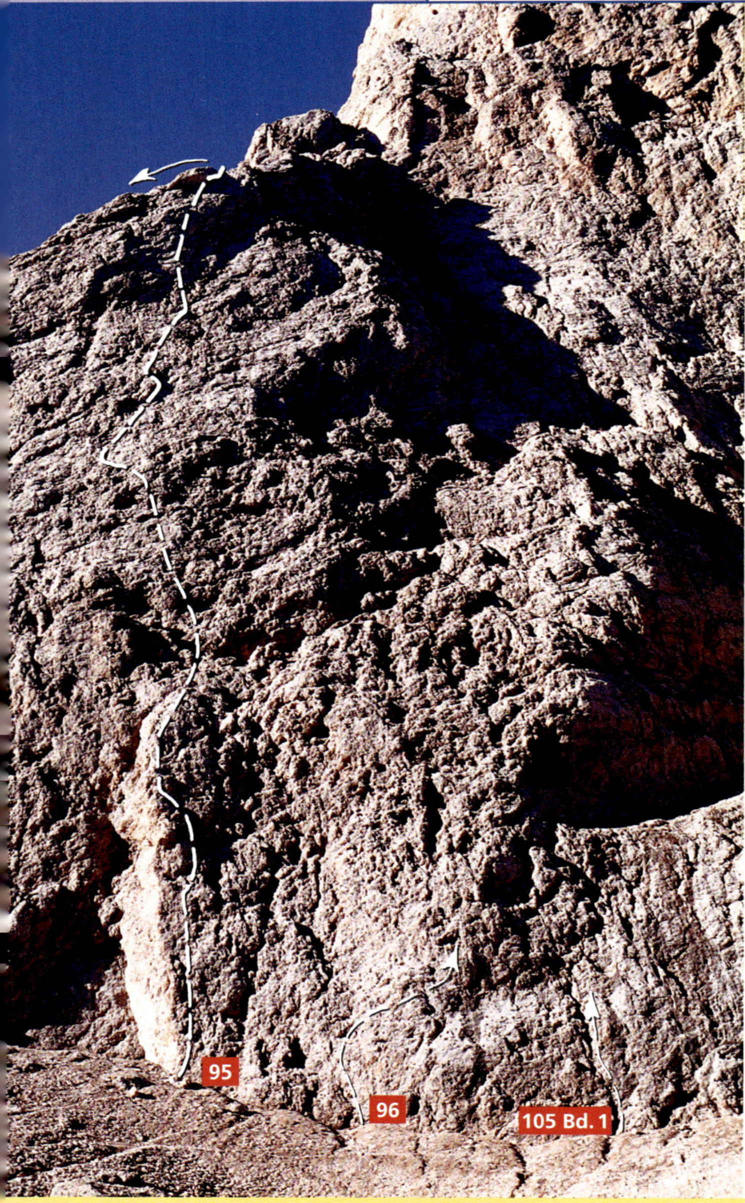

Schwierigkeit: IV+, eine Stelle V (ausweichbar)
Höhenunterschied: 120 m
Kletterstrecke: 137 m
Seillängen: 5
Stunden: 2.5–3
Fels: ausgezeichnet
Ausrüstung: 8 Expressschlingen

EIGENSCHAFTEN
Herrliche Platten, ab und zu sehr steil.

ZUGANG
Vom Sellajoch, 2176 m, (Parkplatz nahe Sellajochhaus) mit dem Gondellift zur Langkofelscharte (Toni-Demetz-Hütte), 2685 m, hinauffahren. Nun den Pfad auf Schuttfeldern zur Nordostwand der Fünffingerspitze links hinaufsteigen und bald zum Einstieg. 10 Min.

ABSTIEG
Der ca. 40 m absteigenden Rampe Richtung Osten (I) zu den Abstiegsspuren der Fünffingerspitze folgen. Nun links über Platten (I) zur zweispurigen Abseilpiste abklettern: **1.** 18 m, **2.** 18 m, **3.** 25 m und 5 m rechts, **4.** 25 m.

95
96
105 Bd. 1

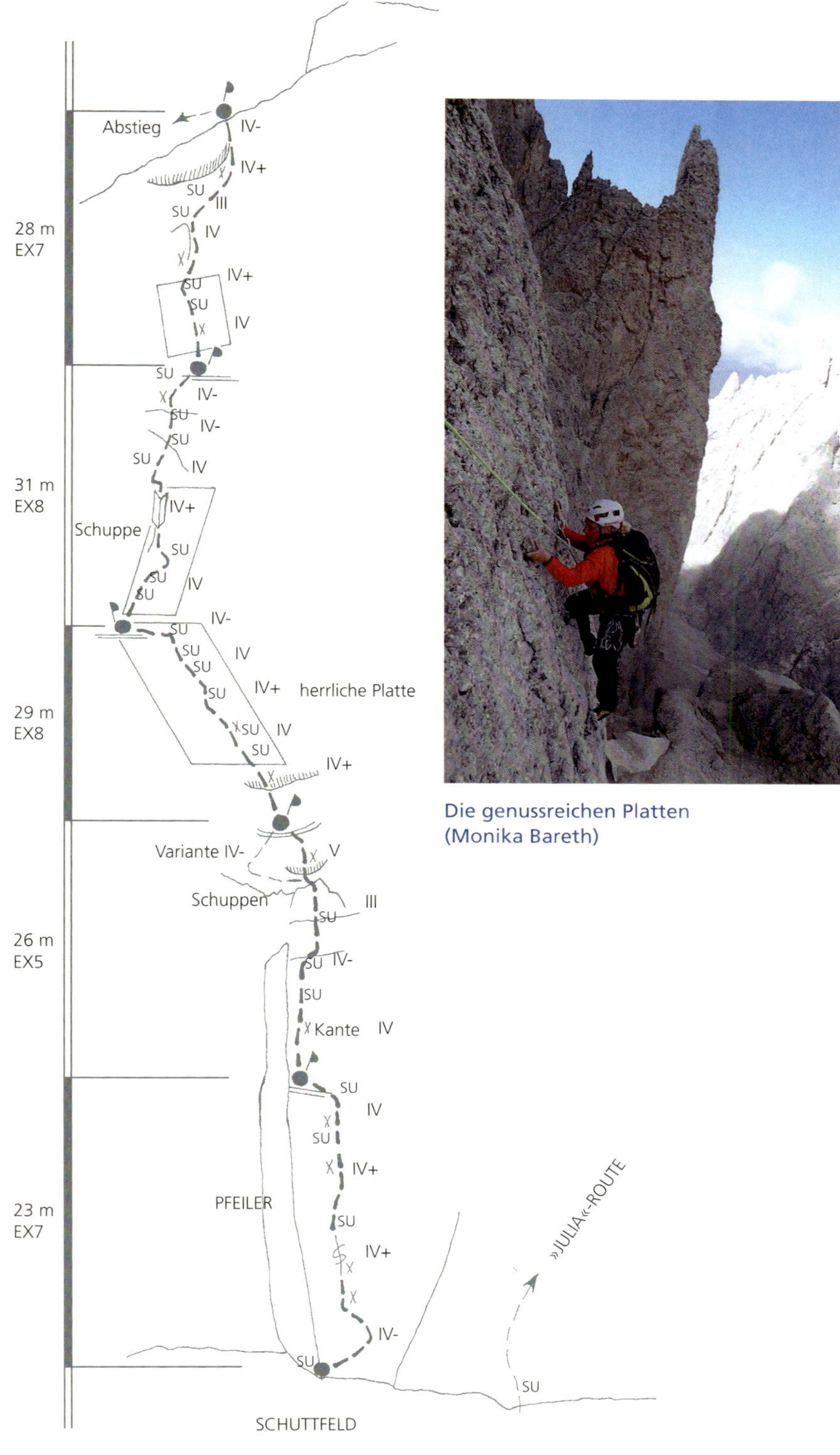

Die genussreichen Platten
(Monika Bareth)

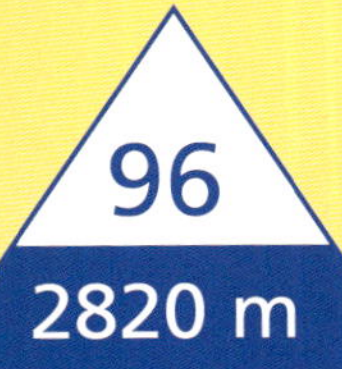

PARËI DEMETZ
(FÜNFFINGERSPITZE)

ERSCHLIESSER
M. Bernardi 25.9.2014

LANGKOFELGRUPPE

»Julia«-Führe (Nordostwand)

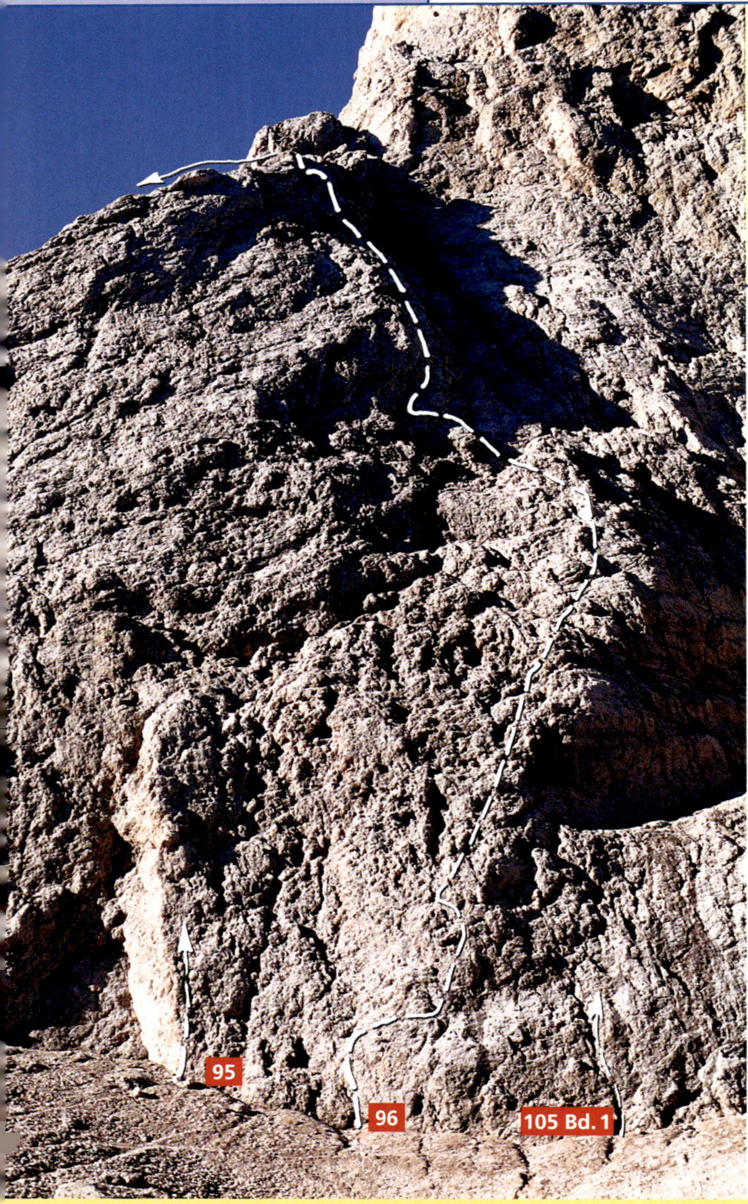

95
96
105 Bd. 1

Schwierigkeit: III–IV, kurzer Abschnitt IV+
Höhenunterschied: 130 m
Kletterstrecke: 159 m
Seillängen: 6
Stunden: 2.5–3
Fels: ausgezeichnet, die letzte Seillänge etwas zu säubern
Ausrüstung: 7 Expressschlingen

EIGENSCHAFTEN
Genussreiche, griffige Platten. Sehr schöne Schlüsselstelle.

ZUGANG
Siehe Route Nr. 95.

ABSTIEG
Siehe Route Nr. 95.

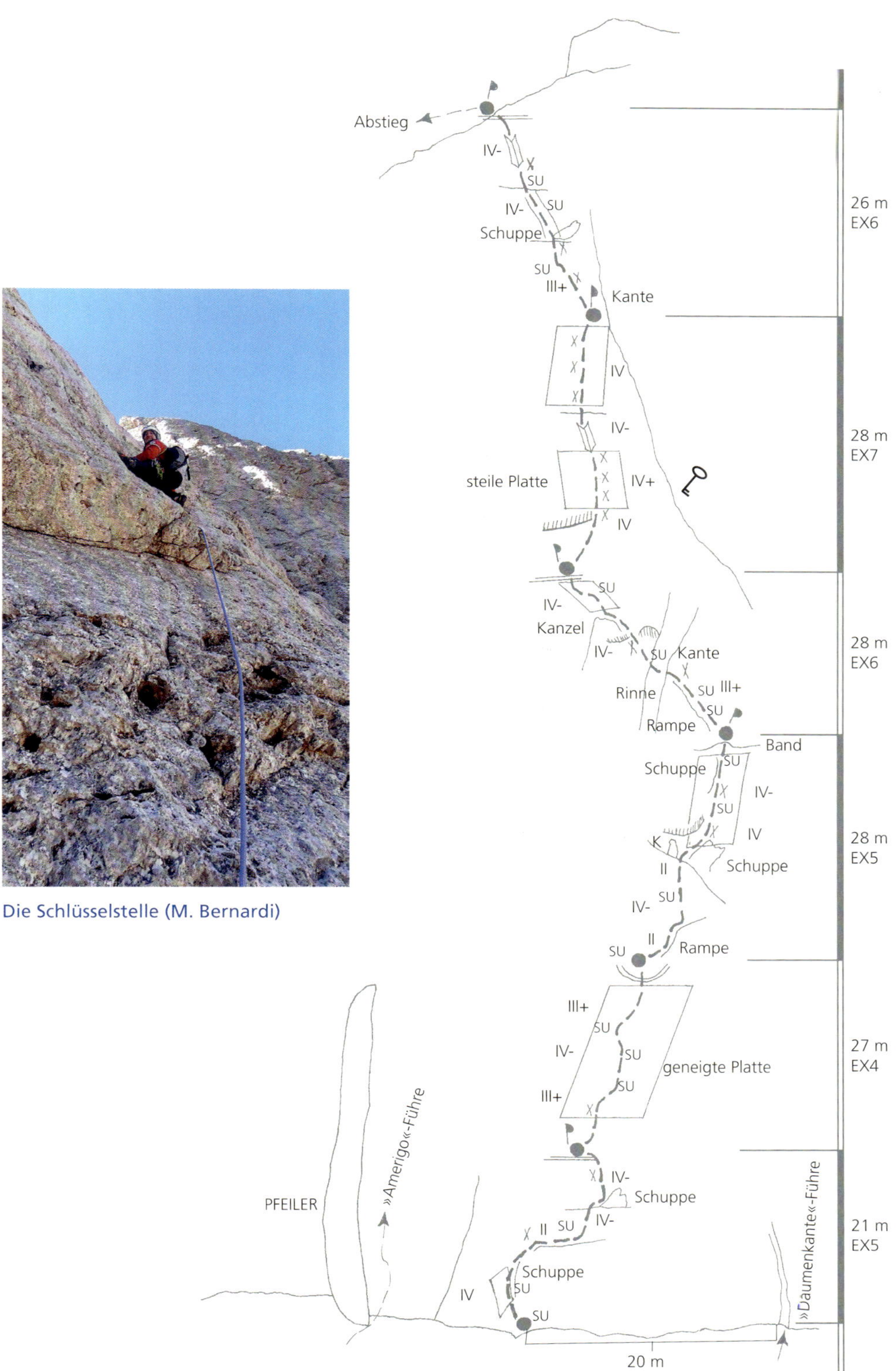

Die Schlüsselstelle (M. Bernardi)

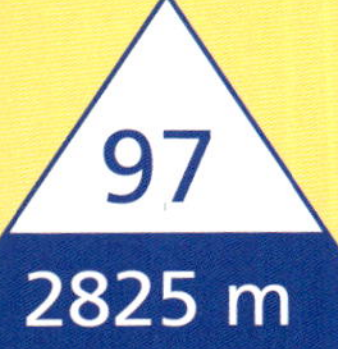

GOTTESFINGER

(FÜNFFINGERSPITZE)

ERSCHLIESSER
M. Bernardi 11.9.2014

LANGKOFELGRUPPE

»Paravis«-Führe (Ostwand)

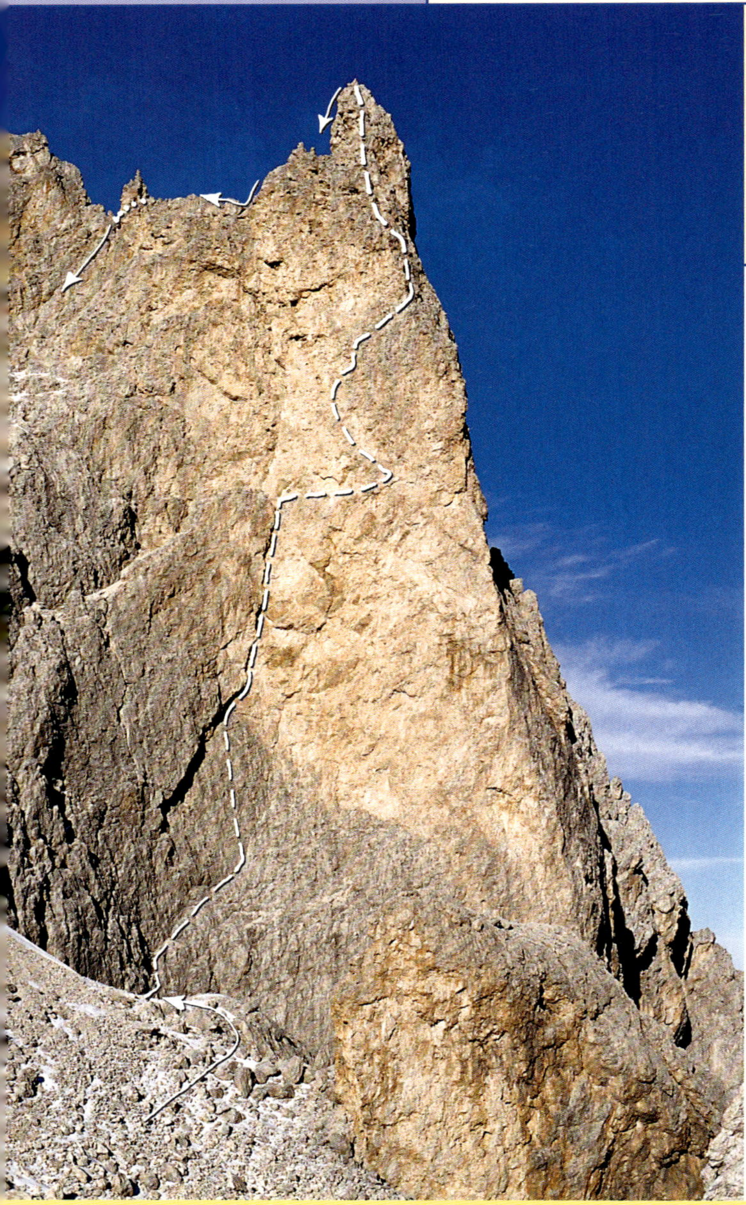

Schwierigkeit: VI-
Höhenunterschied: 160 m
Kletterstrecke: 189 m
Seillängen: 7
Stunden: 3
Fels: ausgezeichnet, etwas zu säubern
Ausrüstung: 9 Expressschlingen

EIGENSCHAFTEN

Abwechslungsreiche Kletterroute mit einer eigenartigen Schuppe, einem exponierten Quergang und lochreichen Wandstellen. Der eigentliche Einstieg wird mittels einer Seilüberschreitung über einem fixen Drahtseil erreicht. Relativ bequemer Abstieg.

ZUGANG

Vom Sellajoch, 2176 m, (Parkplatz nahe Sellajochhaus) mit dem Gondellift zur Langkofelscharte (Toni-Demetz-Hütte), 2685 m, hinauffahren. Nun den Pfad auf Geröllfeldern geradeaus zum Gottesfinger gehen und bald zum Einstieg. 10 Min.

ABSTIEG

Vom Gipfel den Grat des Aufstiegswegs 15 m (III) zur Scharte abklettern. Um den Vorgipfel (Felsspitze, Ringhaken), dann 13 m abseilen und dem Grat (II) zur Daumenkanten-Führe folgen (II, die letzten Meter rechts kommend).

Nun die linke Rampe (II) bis zum Bandende absteigen und 2-mal (19 m und 10 m) zum Schuttfeld abseilen. 45 Min.

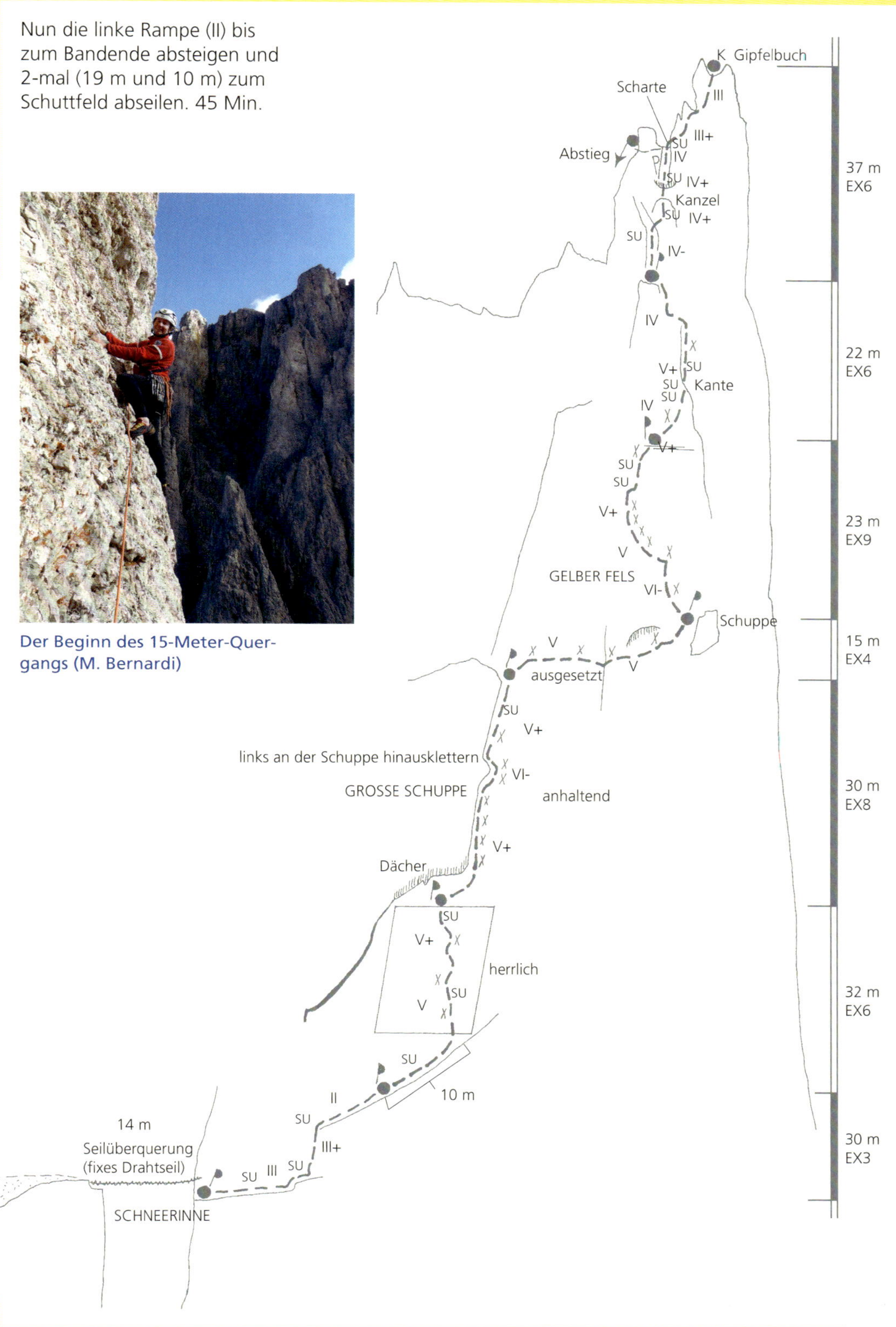

Der Beginn des 15-Meter-Quergangs (M. Bernardi)

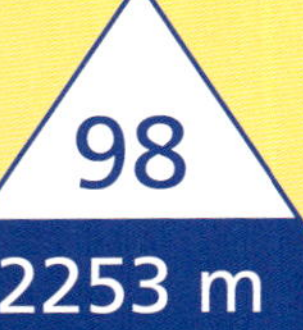

WALTERSPITZE

(VORBAU DER DANTERSASCSPITZE)

ERSTBEGEHER
M. Bernardi und Dietmar Insam 16.8.2013

LANGKOFELGRUPPE

»Bernardi/Insam«-Führe (Nordwestpfeiler)

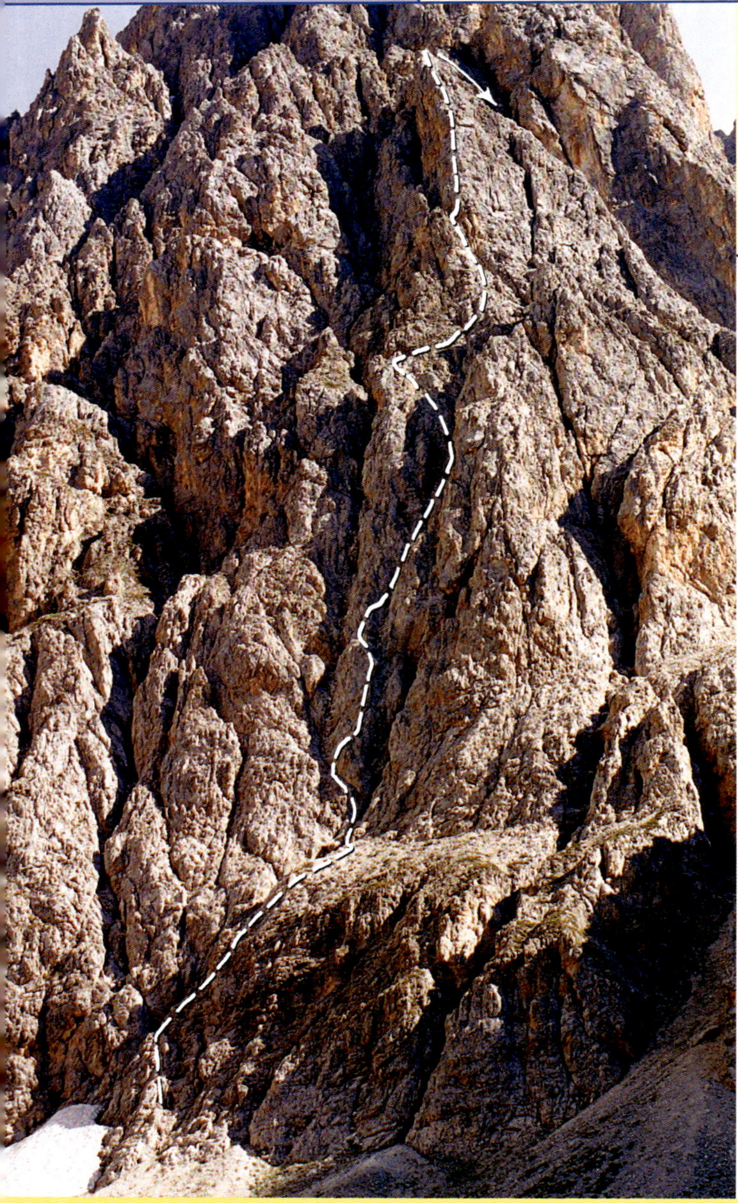

Schwierigkeit: IV, kurze Stelle IV+
Höhenunterschied: 300 m
Kletterstrecke: 322 m
Seillängen: 8
Stunden: 3
Fels: ausgezeichnet, zu säubern
Ausrüstung: NAA; 5 Expressschlingen; Friend Nr. 2,5

EIGENSCHAFTEN

Alpine Kletterstrecke in wilder Gegend. Eindrucksvolle letzte drei Seillängen. Der Abstieg wurde teilweise rot markiert.

ZUGANG

Vom Sellajoch, 2176 m, (Parkplatz nahe Sellajochhaus) mit dem Gondellift zur Langkofelscharte (Toni-Demetz-Hütte), 2685 m, hinauffahren. Nun Richtung Langkofelhütte, 2253 m, absteigen, aber ca. 100 m vor der Hütte links zum Einstieg hinaufsteigen. 40 Min. Als Ausgangspunkt eignet sich auch die Langkofelhütte, 2253 m.

ABSTIEG

Vom Gipfel den südlichen Grat zur Scharte abklettern (III). Nun den roten Markierungen über eine absteigende Rampe und einer Rinne folgen (II). Am Rinnenende (III) den roten Markierungen über Rampen und Grasbänder weiter zu einer 20-m-Abseilstelle folgen. Am darunter liegenden Sattel zum Wanderweg links absteigen, der zur Langkofelhütte führt. 1 Std.

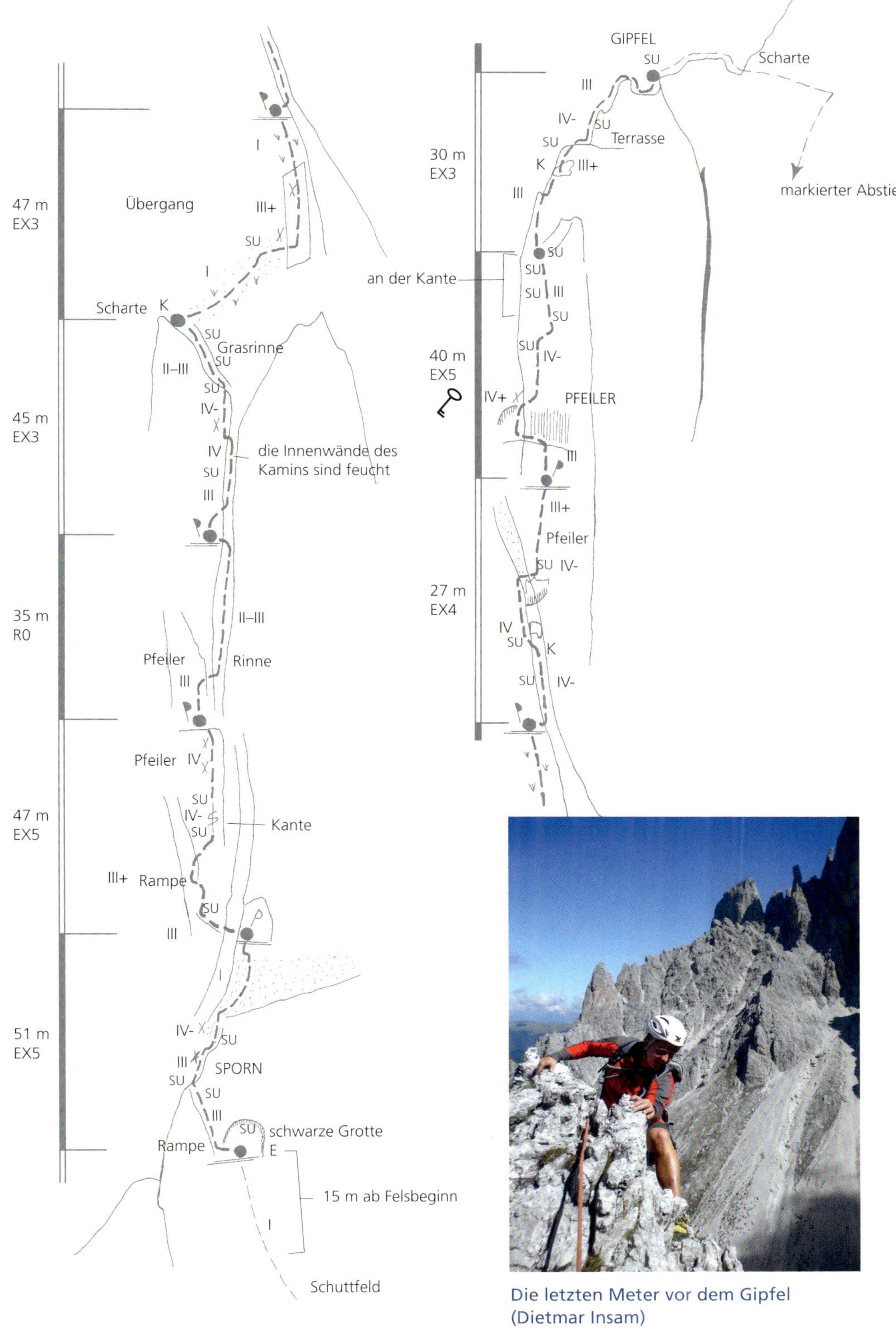

Die letzten Meter vor dem Gipfel (Dietmar Insam)

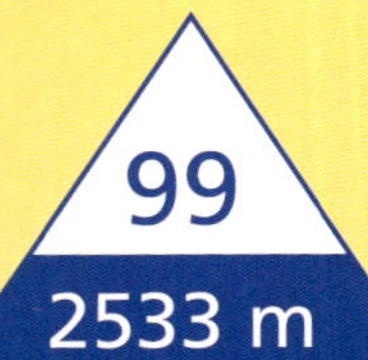

KLEINER PLATT-KOFELTURM
(NORDSPITZE)

ERSTBEGEHER
M. Bernardi und Dietmar Insam 24.9.2013; die dritte Seillänge bereits von unbekannten Kletterern begangen

LANGKOFELGRUPPE

»Vicky«-Führe (Ostwand)

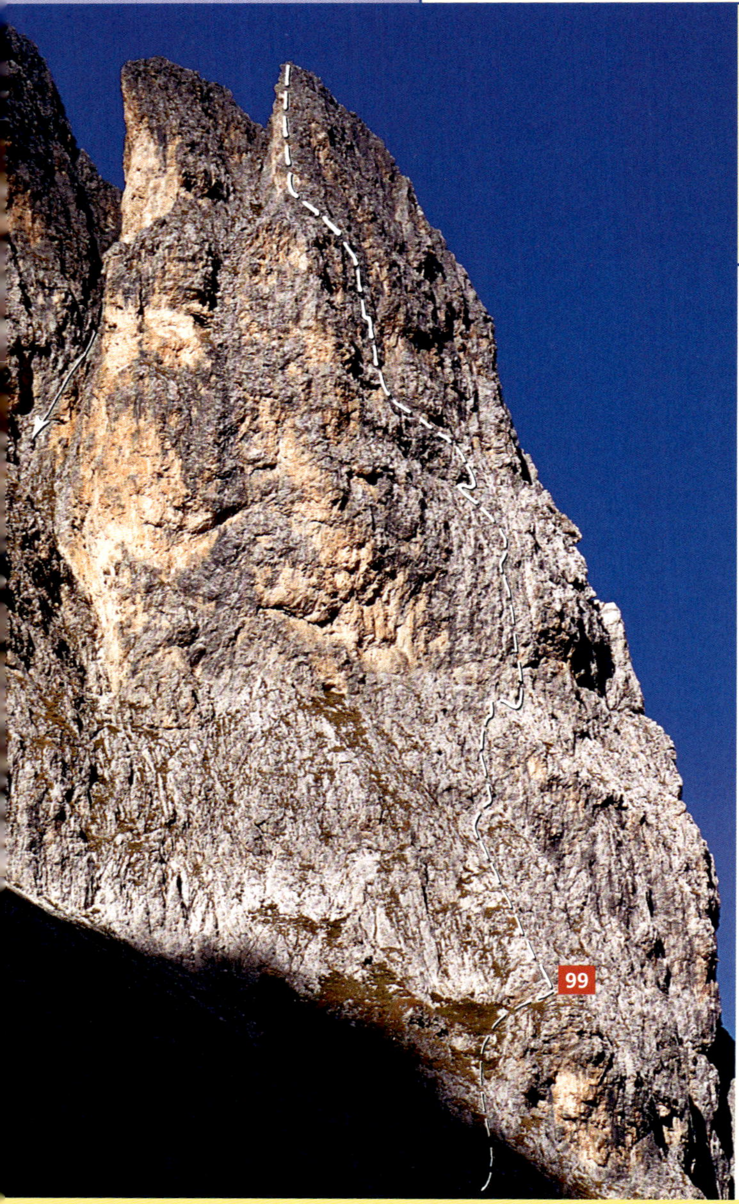

Schwierigkeit: IV+
Höhenunterschied: 180 m
Kletterstrecke: 200 m
Seillängen: 6
Stunden: 3
Fels: gut, etwas zu säubern
Ausrüstung: NAA; Friend Nr. 3; Stopper Nr. 5|9

EIGENSCHAFTEN
Elegante logische Kletterroute. Die Standplätze sind eingerichtet worden. Schöner Gipfel und relativ bequemer Abstieg.

ZUGANG
Vom Sellajoch, 2176 m, (Parkplatz nahe Sellajochhaus) mit dem Gondellift zur Langkofelscharte (Toni-Demetz-Hütte), 2685 m, hinauffahren. Nun zur Langkofelhütte, 2253 m, absteigen, dann dem Weg (Richtung Süden) des Oskar-Schuster-Klettersteigs folgen. Beim Erreichen der Wandhöhe des Ersten Plattkofelturms nach rechts durch Felsblöcke und Schuttfelder queren. 1. Std. Nun unter den Wänden ca. 100 m weiterqueren und eine kurze Rinne (10 m IV-) zu einem Band hochklettern. Das ausgesetzte Band (I, Steinmänner) queren und über Wiesen zum Einstieg hinaufsteigen. 30 Min. Als Ausgangspunkt eignet sich auch die Langkofelhütte, 2253 m. 40 Min.

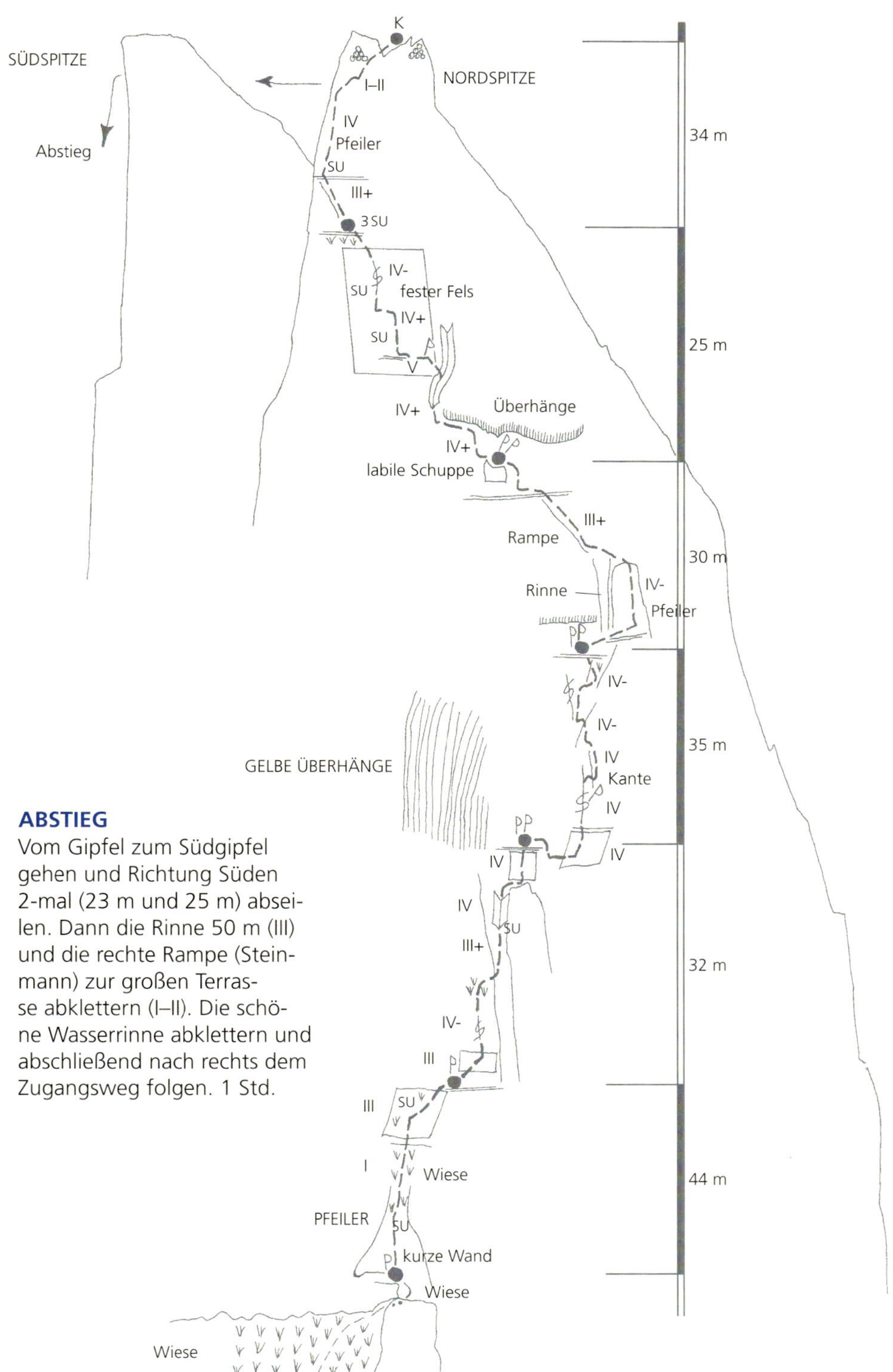

ABSTIEG

Vom Gipfel zum Südgipfel gehen und Richtung Süden 2-mal (23 m und 25 m) abseilen. Dann die Rinne 50 m (III) und die rechte Rampe (Steinmann) zur großen Terrasse abklettern (I–II). Die schöne Wasserrinne abklettern und abschließend nach rechts dem Zugangsweg folgen. 1 Std.

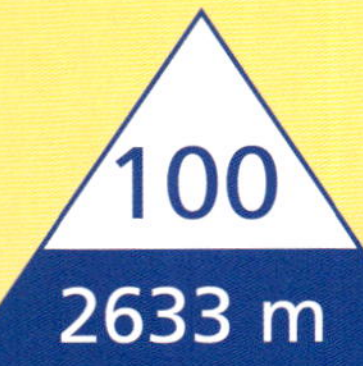

WACHTTURM

ERSTBEGEHER
Matteo Demetz und Karl Demetz 1932

LANGKOFELGRUPPE

»Demetz-Kamin«-Führe (Südwand)

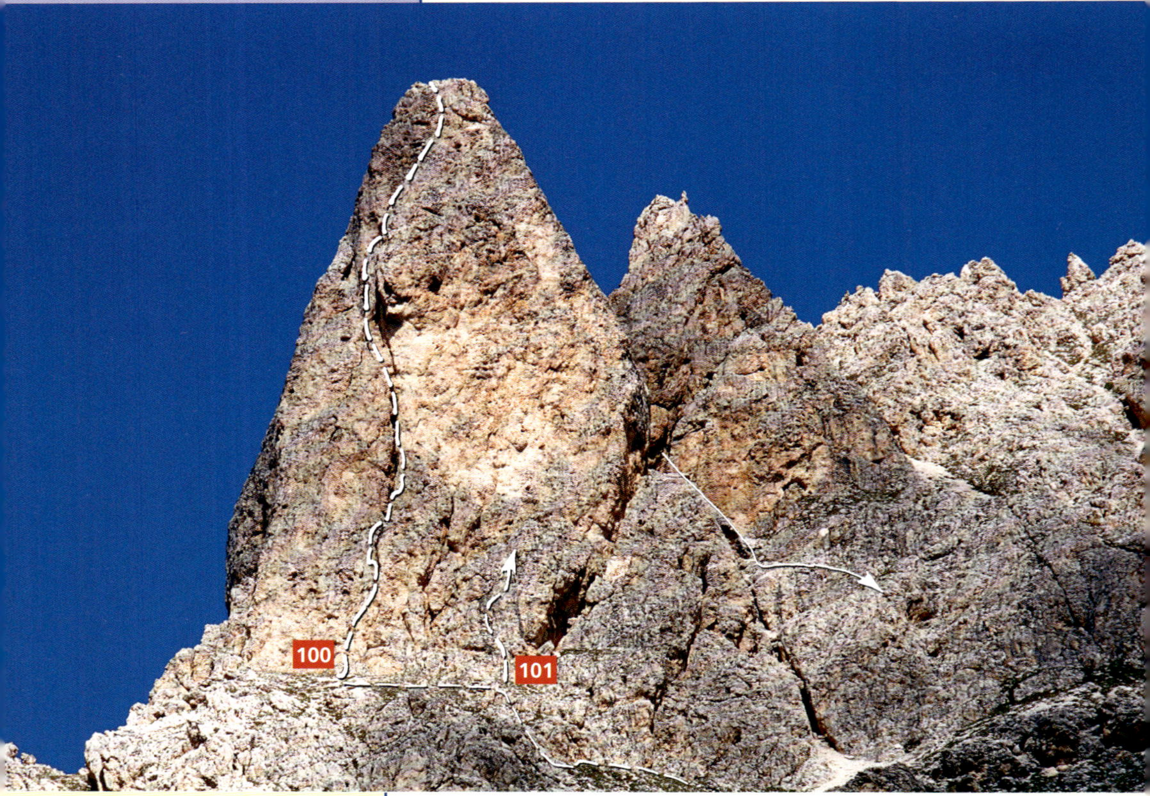

Schwierigkeit: IV
Höhenunterschied: 100 m
Kletterstrecke: 114 m
Seillängen: 6
Stunden: 2.5–3
Fels: ausgezeichnet, etwas zu säubern
Ausrüstung: NAA; Friends Nr. 2|3

EIGENSCHAFTEN

Alpine Route, überwiegend durch Kamine. Bequemer Abstieg.

ZUGANG

Vom Sellajoch, 2176 m, (Parkplatz nahe Sellajochhaus) mit dem Gondellift zur Langkofelscharte (Toni-Demetz-Hütte), 2685 m, hinauffahren. Nun Richtung Langkofelhütte, 2253 m, absteigen und bei der ersten Ebene nach rechts einen Pfad über Geröllhalden hinaufsteigen. Oberhalb der Wiesen Richtung Wachtturm waagerecht nach links zu den ersten Felsen queren (Steinmann). Vor dem Wachtturm eine 15-m-Wandstelle hochklettern (II) und bald zum Einstieg. 1.15 Std. Als Ausgangspunkt eignet sich auch die Langkofelhütte, 2253 m. In diesem Fall über die Wiese direkt hinauf zu den ersten Felsen steigen. Dann 50 m über Wiesen nach links zu einem Sattel hinaufsteigen (Steinmann) und links zum Wachtturm weiterqueren. 1 Std.

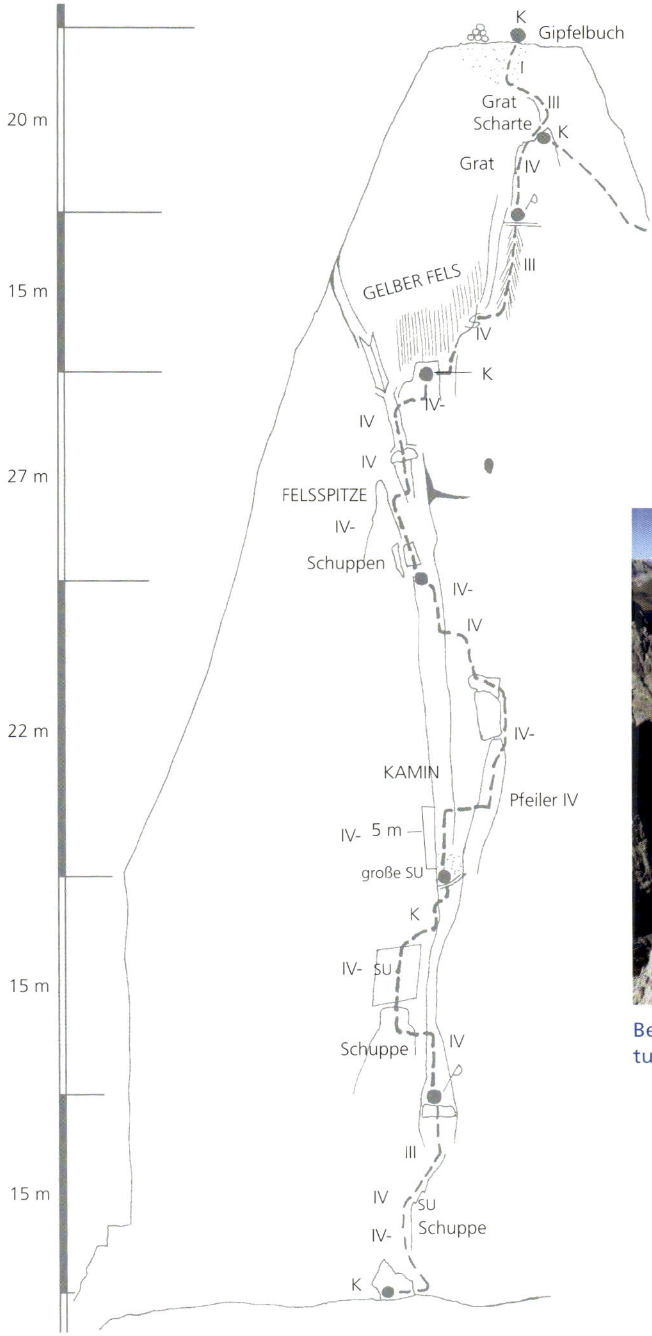

ABSTIEG

Vom Gipfel den Nordgrat ca. 30 m (I–II) abklettern. Dann 15 m Richtung Scharte abseilen und über Felsstufen zu derselben Scharte abklettern (II). Nun die rechte Rinne absteigen und links einer Rampe (logischer Ausstieg) zur nächsten Rinne folgen. Bald zum Zugangsweg. 40 Min.

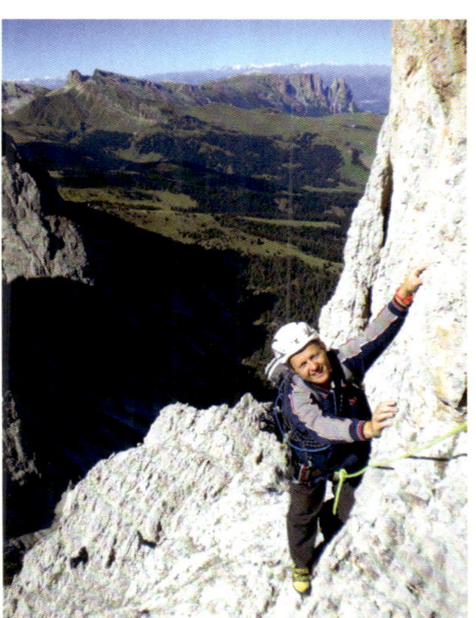

Bei der Südostkante des Wachturmes (Dietmar Insam)

WACHTTURM

ERSTBEGEHER
Giuseppe Blanchini und Mario Micoli 5.8.1953

LANGKOFELGRUPPE

Südostkante (Südwand)

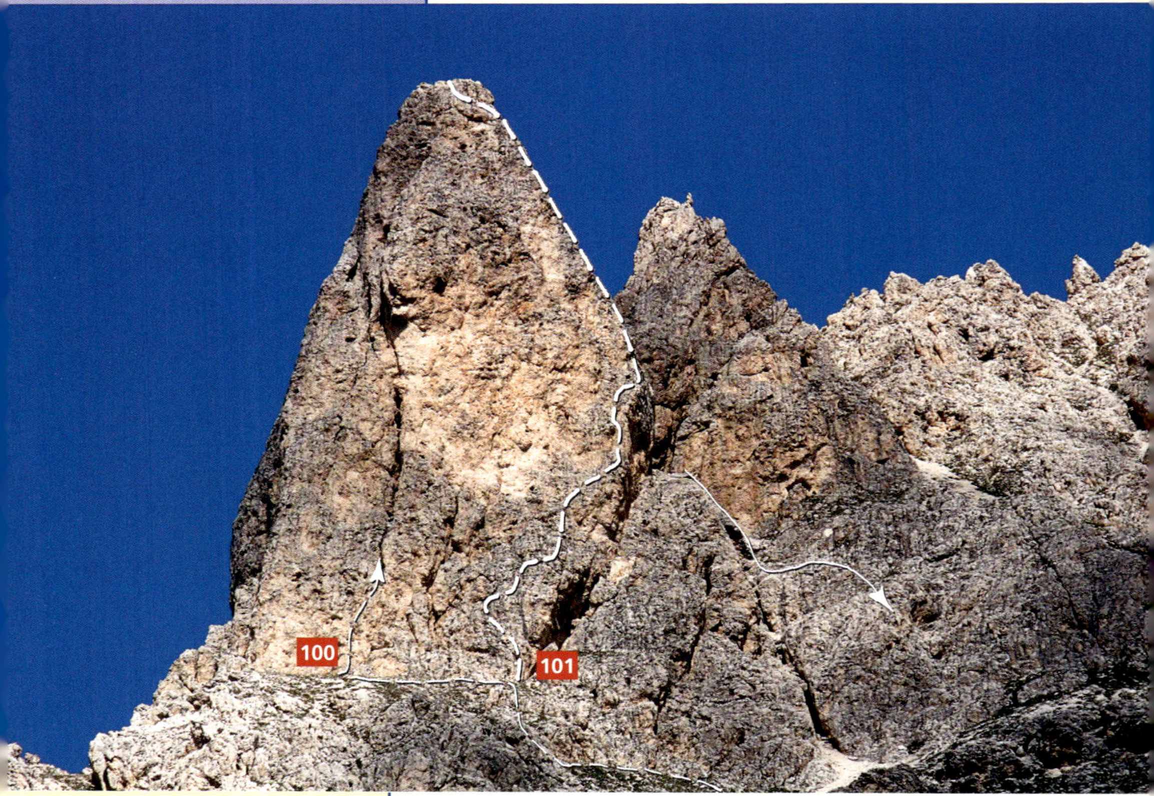

Schwierigkeit: IV
Höhenunterschied: 100 m
Kletterstrecke: 137 m
Seillängen: 6
Stunden: 2.5–3
Fels: ausgezeichnet, etwas zu säubern
Ausrüstung: NAA; Friend Nr. 2; Stopper Nr. 9

EIGENSCHAFTEN

Schöner Routenverlauf, genussreiche Kletterei mit abgesicherten Standplätzen. Bequemer Abstieg.

ZUGANG

Siehe Route Nr. 100.

ABSTIEG

Siehe Route Nr. 100.

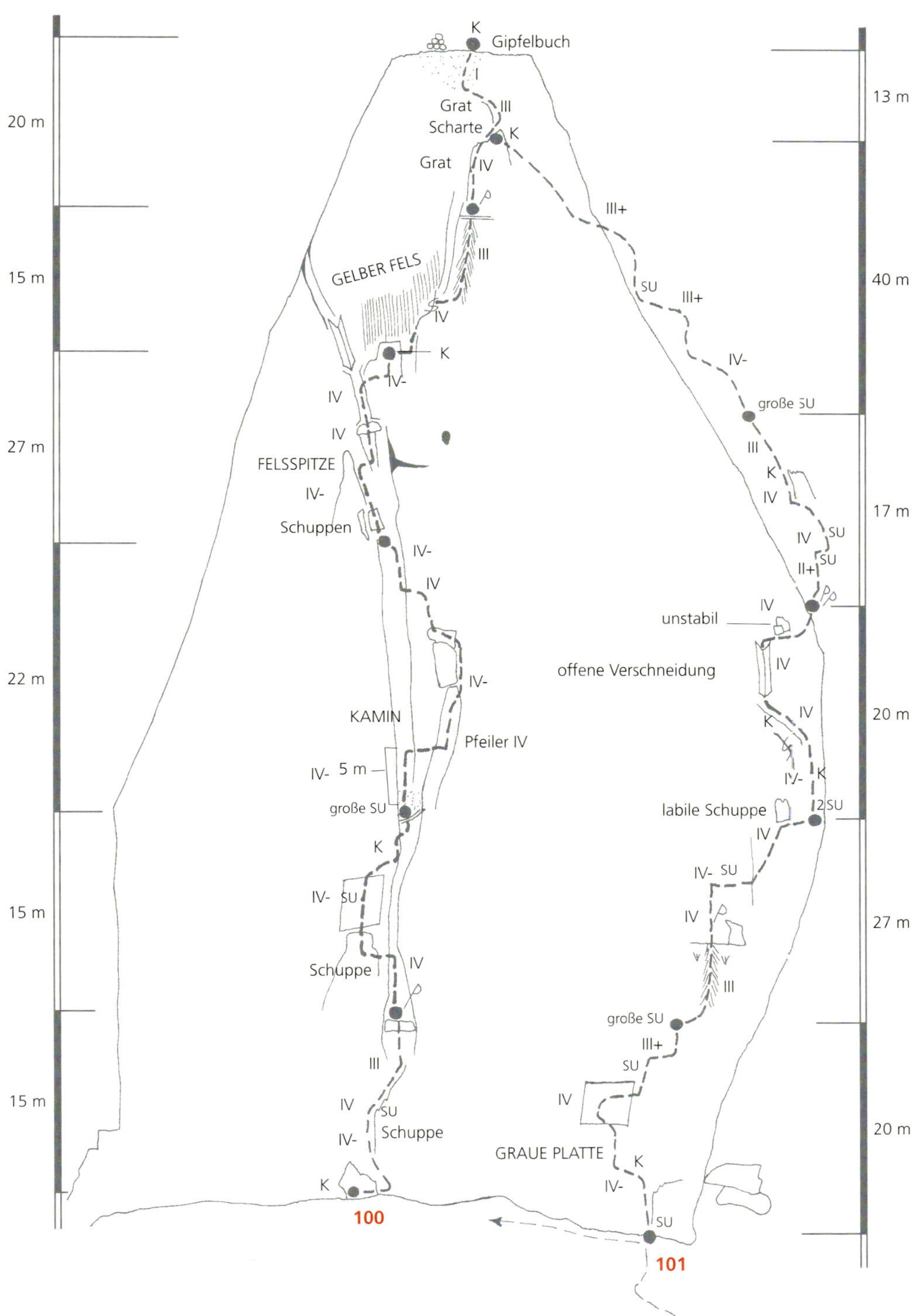
K
Gipfelbuch
I
Grat
III
Scharte
K
Grat
IV
III+
GELBER FELS
III
SU
III+
IV
K
IV-
IV
IV-
große SU
IV
III
27 m
FELSSPITZE
K
IV-
IV
Schuppen
IV-
IV
SU
II+
SU
IV
unstabil
IV-
offene Verschneidung
IV
KAMIN
IV
K
Pfeiler IV
IV-
5 m
IV-
K
große SU
labile Schuppe
2 SU
K
IV
IV-
SU
IV-
SU
IV
Schuppe
IV
III
große SU
III
III+
SU
IV
SU
IV
Schuppe
IV-
GRAUE PLATTE
K
K
IV-
100
SU
101
20 m
15 m
27 m
22 m
15 m
15 m
13 m
40 m
17 m
20 m
27 m
20 m

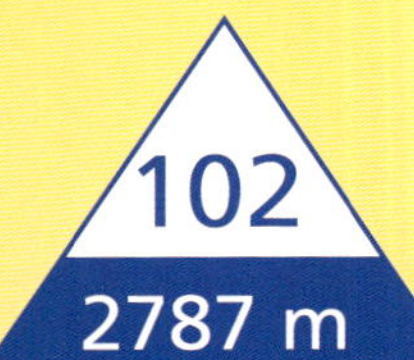

BERGFÜHRER-NADEL

ERSTBEGEHER
M. Bernardi und Ludovica Pineider 20.7.2013 die ersten vier Seillängen; Gustav Jahn, Viktor Maschek und Erwin Merlet 16.7.1917 die letzten vier Seillängen

LANGKOFELGRUPPE

»Bernardi + Jahn«-Führe (Routen-Kombination, Südwestwand)

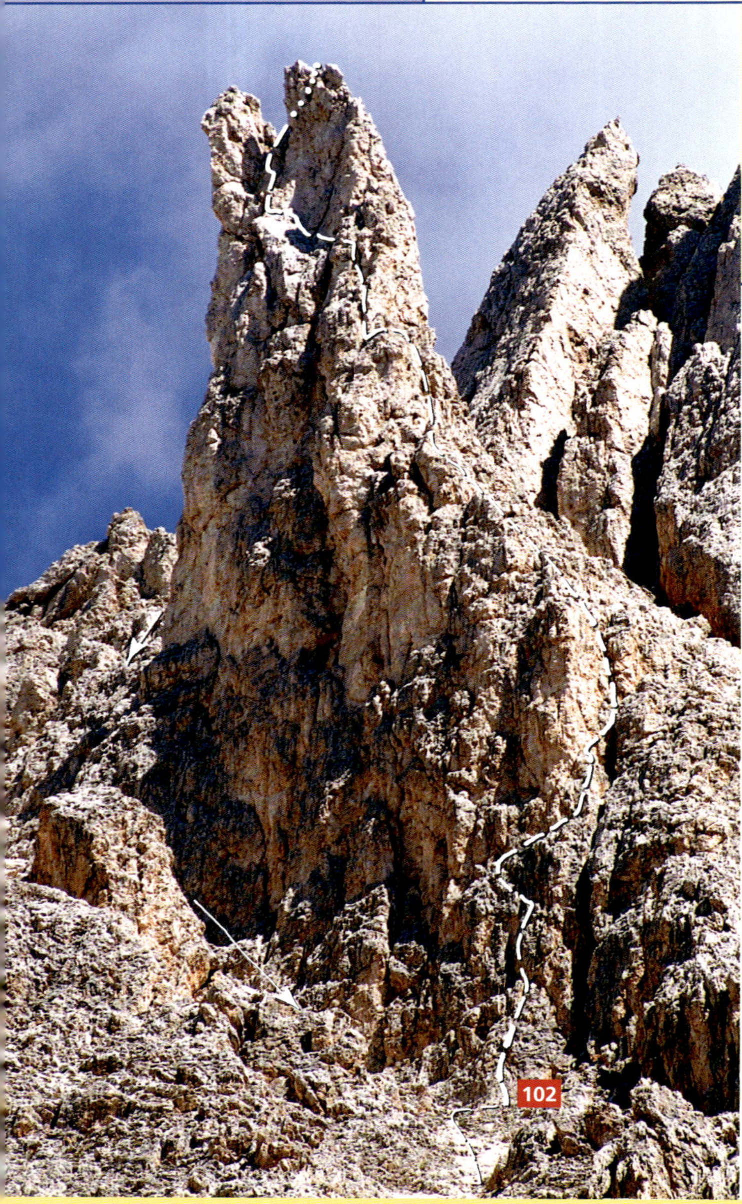

Schwierigkeit: IV+
Höhenunterschied: 180 m
Kletterstrecke: 194 m
Seillängen: 8
Stunden: 3
Fels: ausgezeichnet, etwas zu säubern
Ausrüstung: NAA; Friend Nr. 3; einige Haken

EIGENSCHAFTEN
Abwechslungsreiche, luftige Kletterstrecke, eine Wiederholung lohnt sich. Panoramagipfel und bequemer Abstieg.

ZUGANG
Vom Sellajoch, 2176 m (Parkplatz nahe Sellajochhaus), mit dem Gondellift zur Langkofelscharte (Toni-Demetz-Hütte) 2685 m, hinauffahren. Nun Richtung Langkofelhütte, 2253 m, absteigen und bei der ersten Ebene nach rechts einen Pfad über Geröllhalden hinaufsteigen. Dann links zu einem Felsrücken (Steinmänner) aufsteigend queren und denselben Pfad zum Einstieg hinaufsteigen. 1.10 Std. Als Ausgangspunkt eignet sich auch die Langkofelhütte, 2253 m. In diesem Fall zur ersten Ebene wandern und den Pfad nach links zum Einstieg hinaufsteigen. 1 Std.

ABSTIEG
Vom Gipfel Richtung Osten 3-mal abseilen: **1.** 18 m,

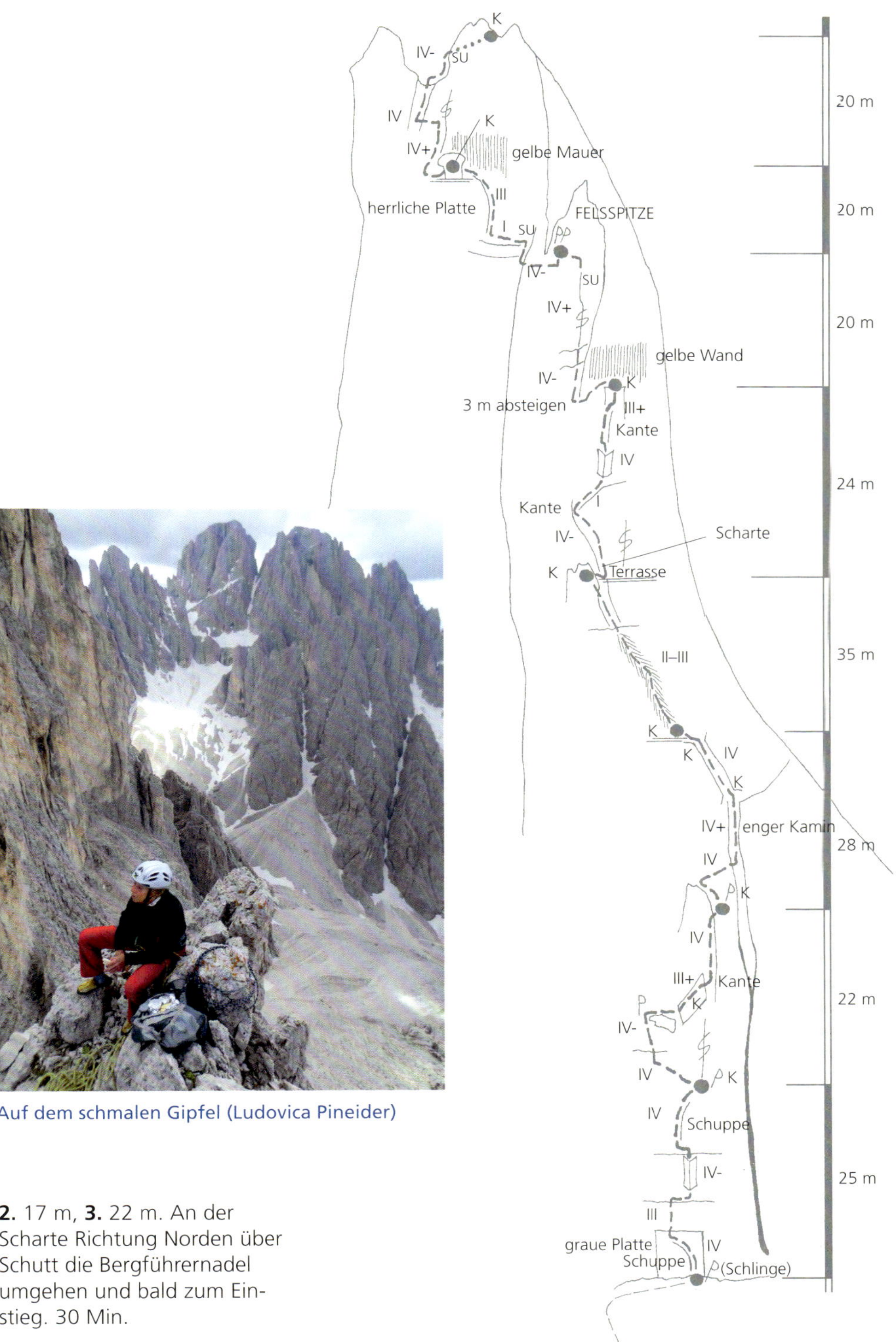

Auf dem schmalen Gipfel (Ludovica Pineider)

2. 17 m, **3.** 22 m. An der Scharte Richtung Norden über Schutt die Bergführernadel umgehen und bald zum Einstieg. 30 Min.

103
2700 m

GUGLIA GIALLA

ERSTBEGEHER
Hermann Comploj und Albin Markart 2.7.1999

LANGKOFELGRUPPE

»Valeria«-Führe (Westkante)

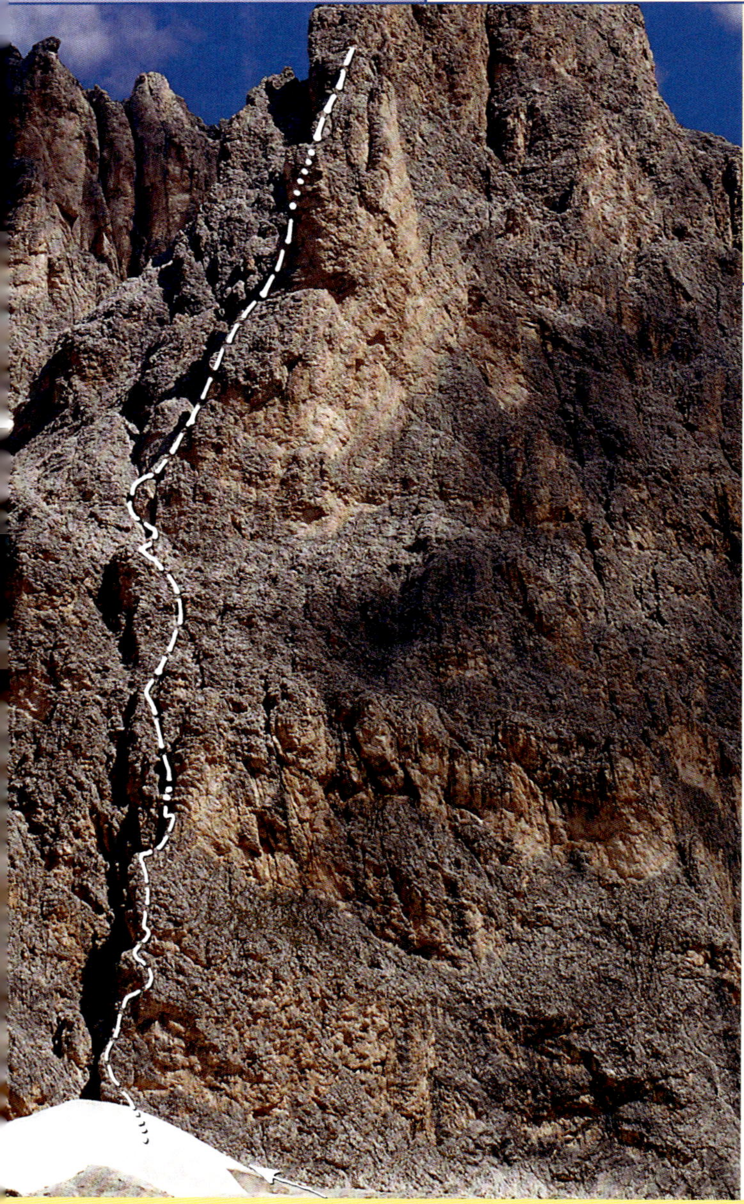

Schwierigkeit: IV+
Höhenunterschied: 400 m
Kletterstrecke: 499 m
Seillängen: 13
Stunden: 4–5
Fels: gut/ausgezeichnet, zu säubern
Ausrüstung: NAA; Friends Nr. 2,5|3

EIGENSCHAFTEN

Eine alpine Kletterroute. Im mittleren Abschnitt unterbrochene Schwierigkeiten. Schöner Gipfelpfeiler und bequemer Abstieg.

ZUGANG

Vom Sellajoch, 2176 m, (Parkplatz nahe Sellajochhaus) mit dem Gondellift zur Langkofelscharte (Toni-Demetz-Hütte), 2685 m, hinauffahren. Nun Richtung Langkofelhütte, 2253 m, absteigen und bei der ersten Ebene nach rechts zum Einstieg hinaufsteigen (Schneefeld möglich). 40 Min.

ABSTIEG

Vom Gipfel Richtung Südosten ca. 10 m (II–III) zu einem Haken mit einer Schlinge abklettern. 15 m im Kamin abseilen und ca. 20 m den Grat zu einem Felsköpfl klettern. Am Felsköpfl 8 m Richtung Norden in eine Spalte abseilen (zur Spalte kann man auch, von links kommend, abklettern, III). Über Bänder Richtung Osten aussteigen, dann 10 m hinaufsteigen und weiter nach Osten zum Normalweg des Langkofels queren. 25 Min. Nun rechts, bergab und bergauf, das sogenannte »Fassanerband« (I–II–III) bis ans Ende der Wand klettern. Bald zur Toni-Demetz-Hütte. 1 Std.

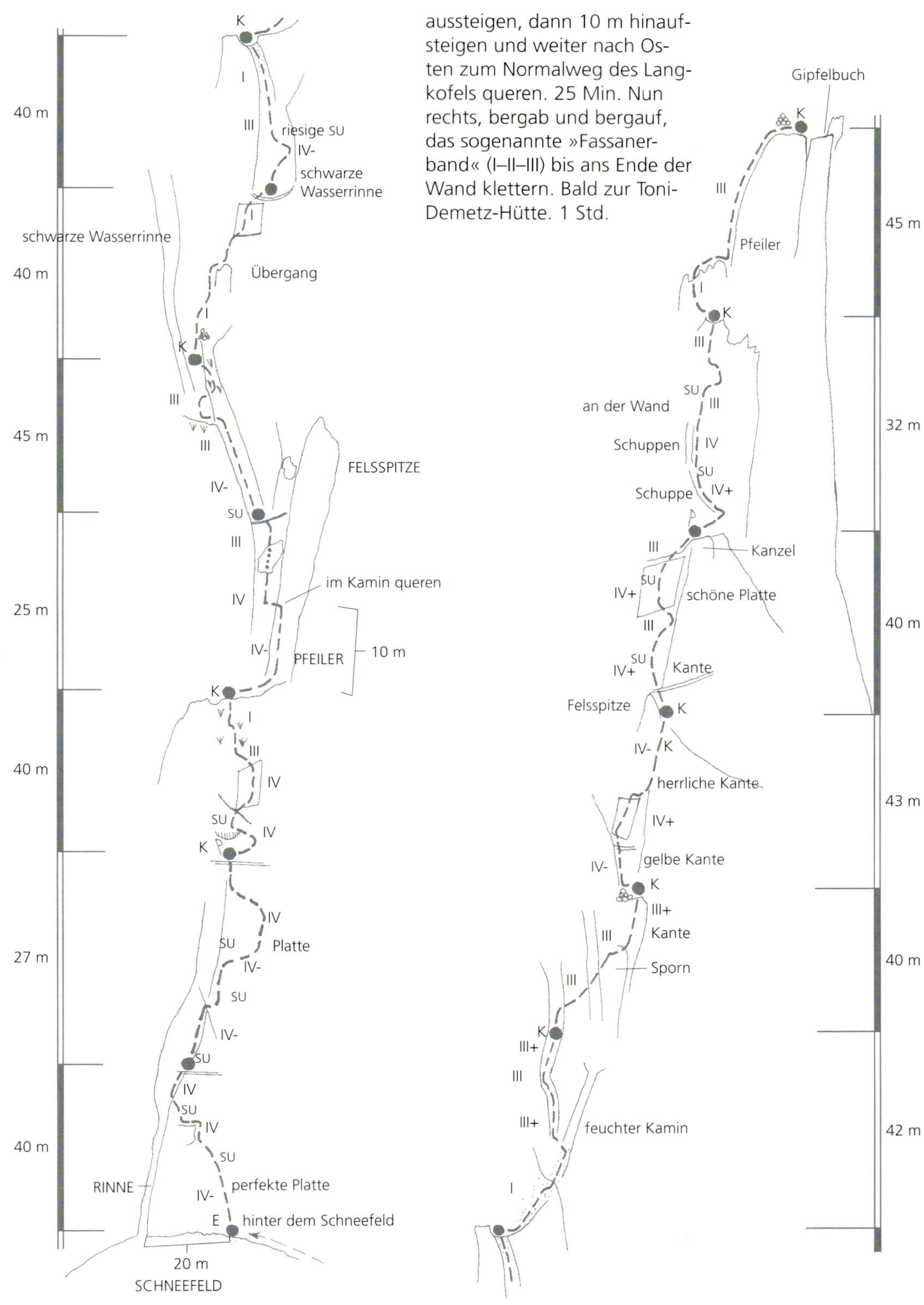

»ZENZ DE POZA«-SPITZE

(PARËI DL »FASSANERBAND«)

ERSTBEGEHER
M. Bernardi und Vinzenz Runggaldier 19.9.2013

LANGKOFELGRUPPE

»Dla plates«-Führe (Südwestwand)

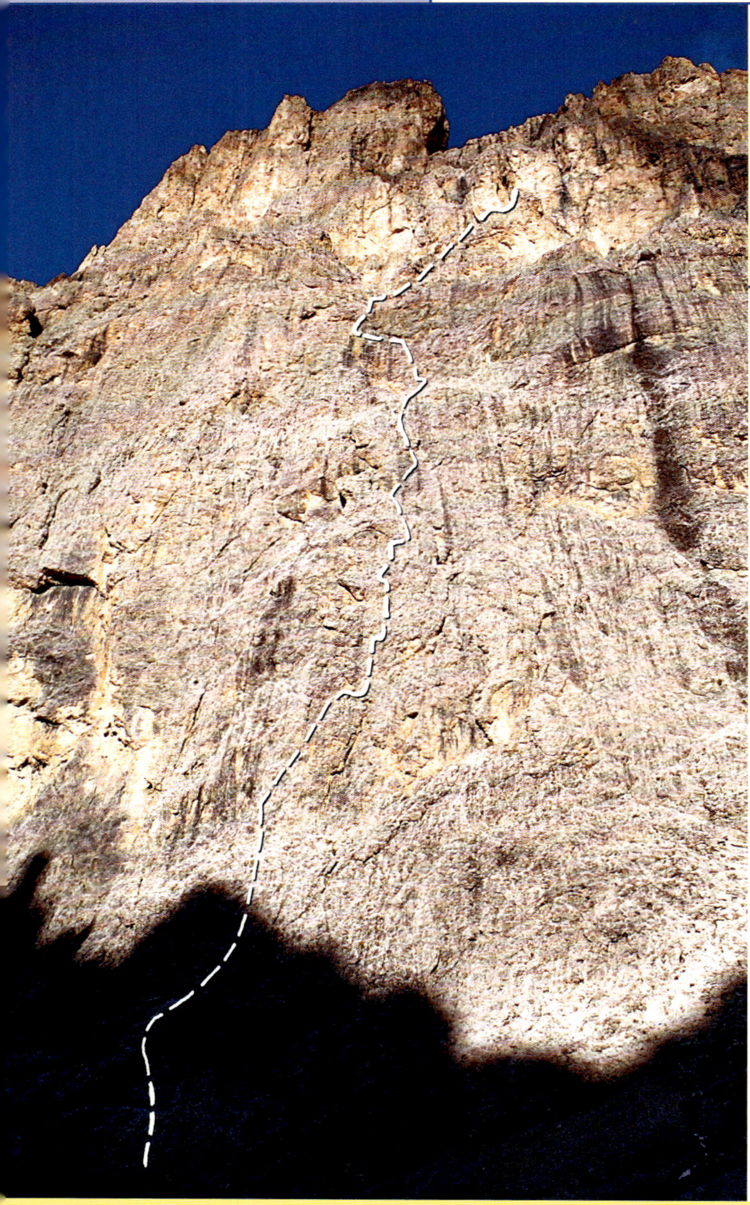

Schwierigkeit: IV+
Höhenunterschied: 280 m
Kletterstrecke: 345 m
Seillängen: 10
Stunden: 3–4
Fels: ausgezeichnet/gut, der obere Abschnitt ist zu säubern
Ausrüstung: NAA; Friends Nr. 2|2,5|3; einige Haken

EIGENSCHAFTEN
Abwechslungsreiche Route, schöne Platten und Gipfel.

ZUGANG
Vom Sellajoch, 2176 m, (Parkplatz nahe Sellajochhaus) mit dem Gondellift zur Langkofelscharte (Toni-Demetz-Hütte), 2685 m, hinauffahren. Nun Richtung Langkofelhütte, 2253 m, absteigen und vor der ersten Ebene nach rechts zum Einstieg gehen. 30 Min.

ABSTIEG
Vom Gipfel Richtung Osten 2-mal 18 m und 23 m abseilen. Nun, bergab und bergauf, das sogenannte »Fassanerband« (I–II, III) bis ans Ende der Wand klettern. Bald zur Toni-Demetz-Hütte. 45 Min.

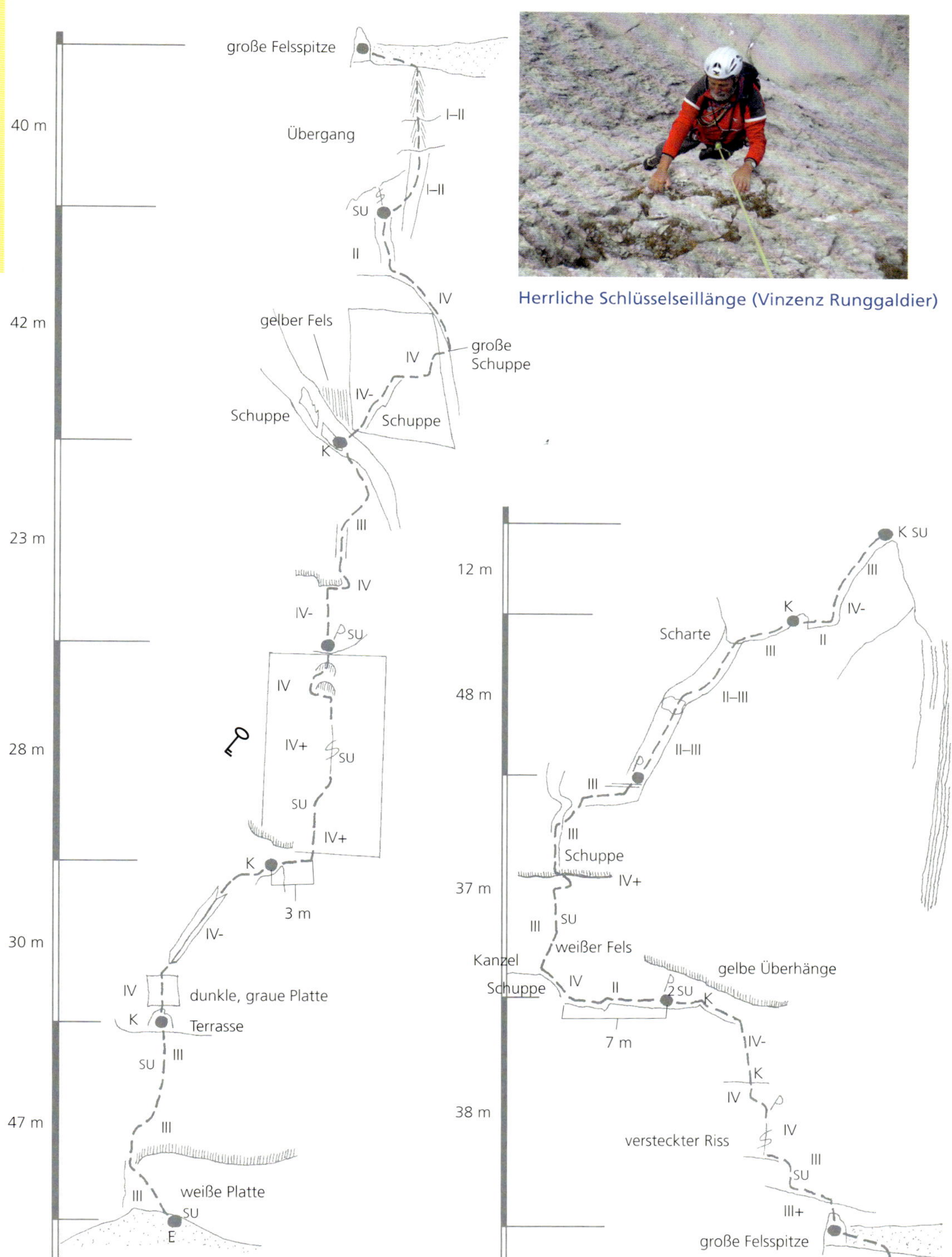

Herrliche Schlüsselseillänge (Vinzenz Runggaldier)

PARËI DL »FASSANERBAND«

ERSTBEGEHER
M. Bernardi und Dietmar Insam 26.9.2011

»Jessica«-Führe (Südwestwand)

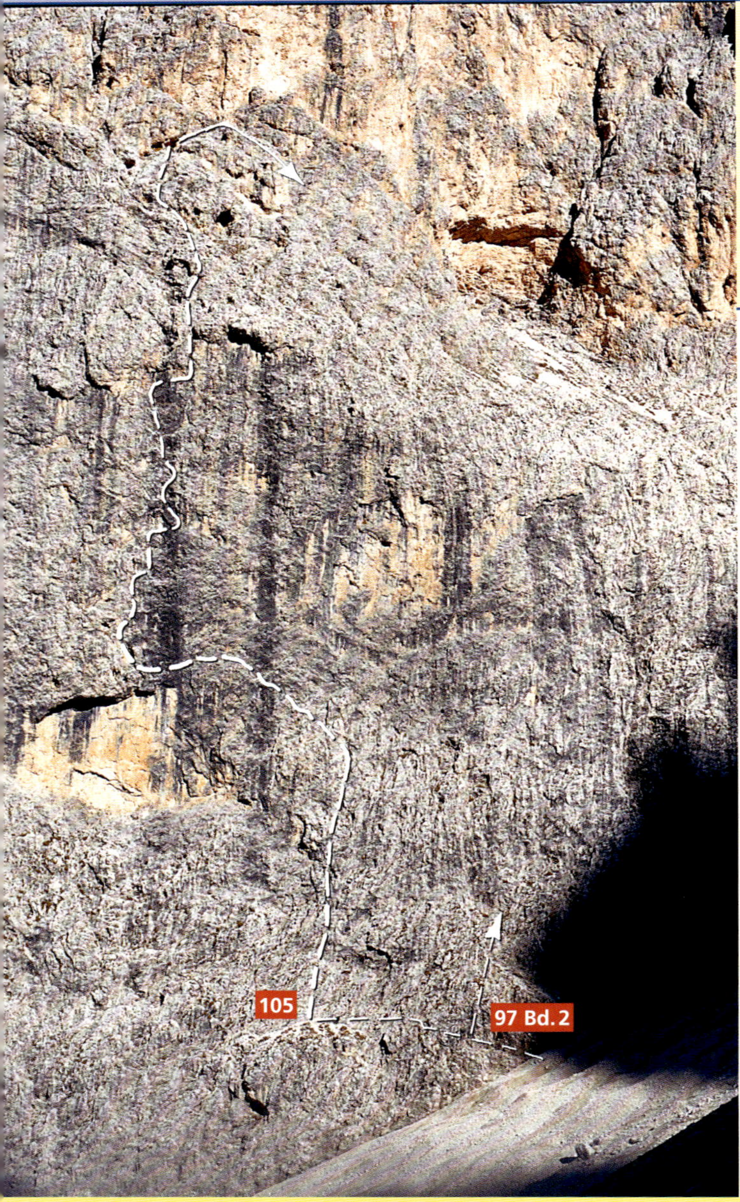

Schwierigkeit: V+, ein Abschnitt VI- (auch A0)
Höhenunterschied: 200 m
Kletterstrecke: 223 m
Seillängen: 8
Stunden: 3–4
Fels: ausgezeichnet, etwas zu säubern
Ausrüstung: NAA; Friends Nr. 1,5|2|3; einige Haken

EIGENSCHAFTEN

Herrliches Klettern überwiegend auf Platten und einer exponierten Seillänge (Schlüsselseillänge). Alle Standplätze sind eingerichtet.

ZUGANG

Vom Sellajoch, 2176 m, (Parkplatz nahe Sellajochhaus) mit dem Gondellift zur Langkofelscharte (Toni-Demetz-Hütte), 2685 m, hinauffahren. Nun Richtung Langkofelhütte, 2253 m, absteigen und vor der ersten Ebene, an den senkrechten Wänden der Kletterroute, nach rechts zum Einstieg queren. 25 Min.

ABSTIEG

Vom letzten Standplatz 15 m die rechte einfache Rampe hinaufsteigen und nach rechts dem sogenannten »Fassanerband« (I–II–III) folgen. Bald zur Toni-Demetz-Hütte. 25 Min.

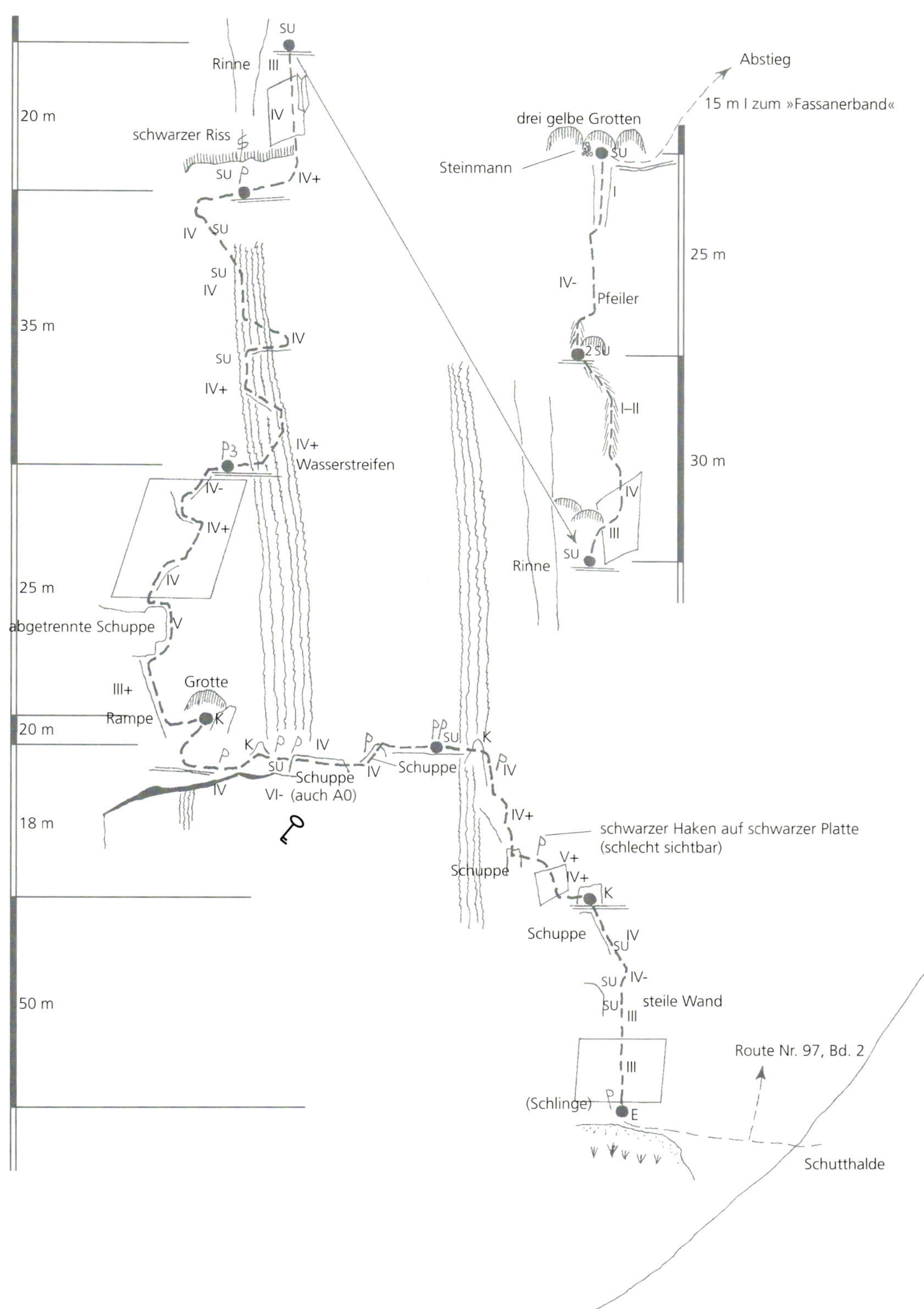

SU
Rinne
III
IV
20 m
schwarzer Riss
SU
IV+
IV
SU
SU
IV
35 m
IV
SU
IV+
IV+
Wasserstreifen
P3
IV-
IV+
IV
25 m
abgetrennte Schuppe
V
III+
Grotte
Rampe
K
20 m
K
P P
IV
SU
Schuppe
VI- (auch A0)
IV
IV
Schuppe
PP SU
K
P IV
18 m
IV+
schwarzer Haken auf schwarzer Platte
(schlecht sichtbar)
Schuppe
V+
IV+
K
Schuppe
IV
SU
SU
IV-
SU
steile Wand
III
50 m
III
Route Nr. 97, Bd. 2
(Schlinge)
E
Schutthalde
Abstieg
15 m I zum »Fassanerband«
drei gelbe Grotten
Steinmann
SU
I
25 m
IV-
Pfeiler
2 SU
I–II
30 m
IV
III
SU
Rinne

Die Geburt von »Jessica«

von Mauro Bernardi

Die Dolomiten, beziehungsweise die vertikalen Wände, die sie kennzeichnen, werden bereits von unzähligen Kletterrouten durchzogen. Es ist nicht mehr viel Platz für die neue Klettergeneration, die auf Abenteuersuche ist und ihrer Leidenschaft nachgehen will. Doch wenn man die Wände genauer studiert, kann man immer noch die eine oder andere Möglichkeit ausmachen. Eines schönen Tages, unterwegs auf einem Weg unter der Felswand, entschließe ich mich, mehr über ihre Alpingeschichte in Erfahrung zu bringen. Beim Durchblättern unterschiedlicher Kletterführer fällt mir auf, dass ein Teil der Wand noch nicht bestiegen wurde. Ich bin überrascht. Es ist genau jener Teil, der mich am meisten interessiert – so flüstert es mir meine Erfahrung zu. Andererseits, wenn eine Route nicht meinen qualitativen Standards entspricht, lasse ich es bleiben. Ich bin der Ansicht, dass gutes Gestein die Qualität einer Kletterroute ausmacht, die Vielfalt der einzelnen Kletterpassagen sowie die objektive Leichtigkeit des Zustiegs und des Abstiegs. Als Nächstes erkunde ich die »jungfräuliche« Wand genauestens mit dem Fernglas, um mir jedes Detail ihrer Struktur einzuprägen. Auch die drei Hauptfarben des Felsens, Grau, Schwarz und Gelb, spielen bei der Erkennung der realen Neigung der Wand eine große Rolle. Es ist tatsächlich so, dass in den Dolomiten das graue Gestein für eine geneigte Wand steht, da der Regen darauf fällt und dadurch die Entstehung und das Wachstum einer bestimmten Flechtenart unterstützt. Wenn der Felsen schwarz ist, bedeutet das, dass während des Jahres vorwiegend Quellwasser darüber fließt und dass er selbst bei schönem Wetter schwer trocknet. Schließlich noch das gelbe Gestein: Ihm kann das Regenwasser nichts anhaben, da es überhängend ist; der Dolomit, der ursprünglich weiß ist, wird also durch die Sonne »gebräunt«. In Anbetracht dieser Tatsache zwingt mich die Realität, die gelben Bereiche zu vermeiden, um nicht mit zu hohen Schwierigkeitsgraden konfrontiert zu werden, die schwarzen Bereiche zu vermeiden, da diese meistens nass sind, und folglich die grauen zu bevorzugen, da sie eine geringere Neigung aufweisen. Nach weiteren angemessenen Überlegungen entschließe ich mich, eine »neue Route« zu begehen. Der zweite Mann meiner Seilschaft ist Didi, mein zuverlässiger und bewährter Begleiter bei Klettertouren in Zweierseilschaften, der mich sichern und somit alle meine Bewegungen kontrollieren wird. Wir wählen gewissenhaft die notwendige Sicherungsausrüstung aus und ordnen sie systematisch. Die Wettervorhersagen sind gut und am frühen Morgen wird gestartet. Wir erreichen bald den Einstieg und bewältigen auch die erste, wenig anspruchsvolle Seillänge. Doch lassen die erwarteten Überraschungen nicht lange auf sich warten, und der Anstieg wird schwieriger. Die Wand wird steil, die Griffe werden knapp, und der Felsen ist fest und nur wenig zerfurcht. In meinem Kopf arbeite ich die bestmögliche Route aus, die ich gehen will und die mindestens zwei Optionen zur Auswahl bereithält. Diese Optionen führen aber oft zu unangenehmen Entscheidungssituationen. Am Ende meiner Berechnungen erscheint es angebracht, nach links zu gehen, da ein kleiner, oberflächlicher Riss das Anbringen von einigen Haken und den Einsatz der Hände zum Vorankommen ermöglicht. Ich erreiche eine 30 Zentimeter breite Terrasse, wo ich einen Standplatz einrichte. Es freut mich, gleich darauf Didi wiederzusehen. An dieser Stelle hält mich die darüber liegende Wand, die teilweise gelb und überhängend ist, von einer Fortsetzung ab. Es wird mir also nichts anderes übrig bleiben, als einer langen, exponierten Schuppe zu folgen – der einzige Halt für die Hände auf diesem Abschnitt. Leider ist die Schuppe aber schon nach zehn Metern zu Ende. Und dann? Ich habe keine andere Wahl, als die Schuppe entlang zu gehen und dann weiterzusehen. Ich bin »meinem Schicksal ausgeliefert«. Wenn ich nicht weiterkomme, könnte ich mich fürs Abseilen entscheiden, doch da ich mich genau über einem einige Meter langen Dach befinde, ist auch diese Idee, nicht wirklich einfach umzusetzen. Die gezwungenermaßen beste Lösung ist somit die Fortsetzung mithilfe von künstlichen Sicherungen. Meine Stimmung wechselt schnell vom Optimismus zur Niederlage, wobei ich Letztere nur annehme, wenn das Risiko wirklich unakzeptabel hoch ist. Zum Glück überwiegen kurz der Kampfgeist und die Entschlossenheit, die mir helfen, den Knoten in meinem Kopf zu lösen. Gleichzeitig erreiche ich mit einem vorsichtigen seitlichen Vorantasten den ersehnten Halt in Form einer gelben Höhle. Habe ich nun, mit einem deutlichen Aufatmen, vielleicht eine sogenannte »Schlüsselstelle« des Aufstiegs hinter mir? Sicherlich nicht die Letzte, in Anbetracht der Vertikalen. Um weiterzukommen, muss ich zwischen gelben Überhängen und glatten Platten einen »Slalom« hinlegen. Damals, mit den Skiern, war ich richtig gut darin, doch das hier ist ein ganz anderes Paar Schuhe.

Dennoch komme ich bis zu einer feindseligen Wölbung voran. Es ist mir nicht möglich, eine »schnelle« Sicherung zu setzen, die einen eventuellen Sturz meinerseits auffangen könnte. Ich werde nun all meine physische Kraft brauchen, um diese Stelle zu überwinden. Doch meine Psyche spielt nicht mit, sie will nicht mehr weiter. Befürchtet sie ein unüberwindbares Hindernis, gehe ich hier vielleicht gerade einen sogenannten »Schritt zu weit«? Was soll ich tun? Es vergehen einige unendlich lange Minuten auf der Suche nach einer Lösung an den gewohnten zwei parallelen Fronten, der physischen und der psychischen. Klar, die Kräfte haben im Vergleich zu den ersten Metern des Aufstiegs nachgelassen. Ein Rückzug wäre nicht ganz ausgeschlossen, gäbe es da nicht das große Dach weiter unten, das die Angelegenheit erschwert. Ich nehme mir noch etwas Zeit, in der Hoffnung auf eine göttliche Eingabe für ein erfolgreiches Weiterkommen. Ich atme tief ein und aus und bin in meiner eher bedenklichen als sicheren Position auf der Suche nach dem richtigen Gleichgewicht und in Symbiose mit dem Felsen, um nicht unnötig müde zu werden. In diesem Moment fallen mir die Worte des großen Grödner Alpinisten Vinatzer ein, der sagte, dass man nur vorankommt, wenn man sich mit dem Berg anfreundet oder, noch besser, ihn »heiratet« ... Das wird wohl ein schwieriges Unterfangen, so ohne Priester und passendem Ring ... Ich krame gerade hektisch in meinen angesammelten Weisheiten, um vernünftige Entscheidungen treffen zu können. Ich will auf keinen Fall aufgeben, Motivationen habe ich viele, zwar sind sie ungeordnet, doch klar definiert. Ich bin auf der Suche nach dem Lichtblick, der mich früher oder später aus dieser Lage befreit. Didi, der weiter unten steht, wartet in Stille auf die Ereignisse, die nicht kommen.

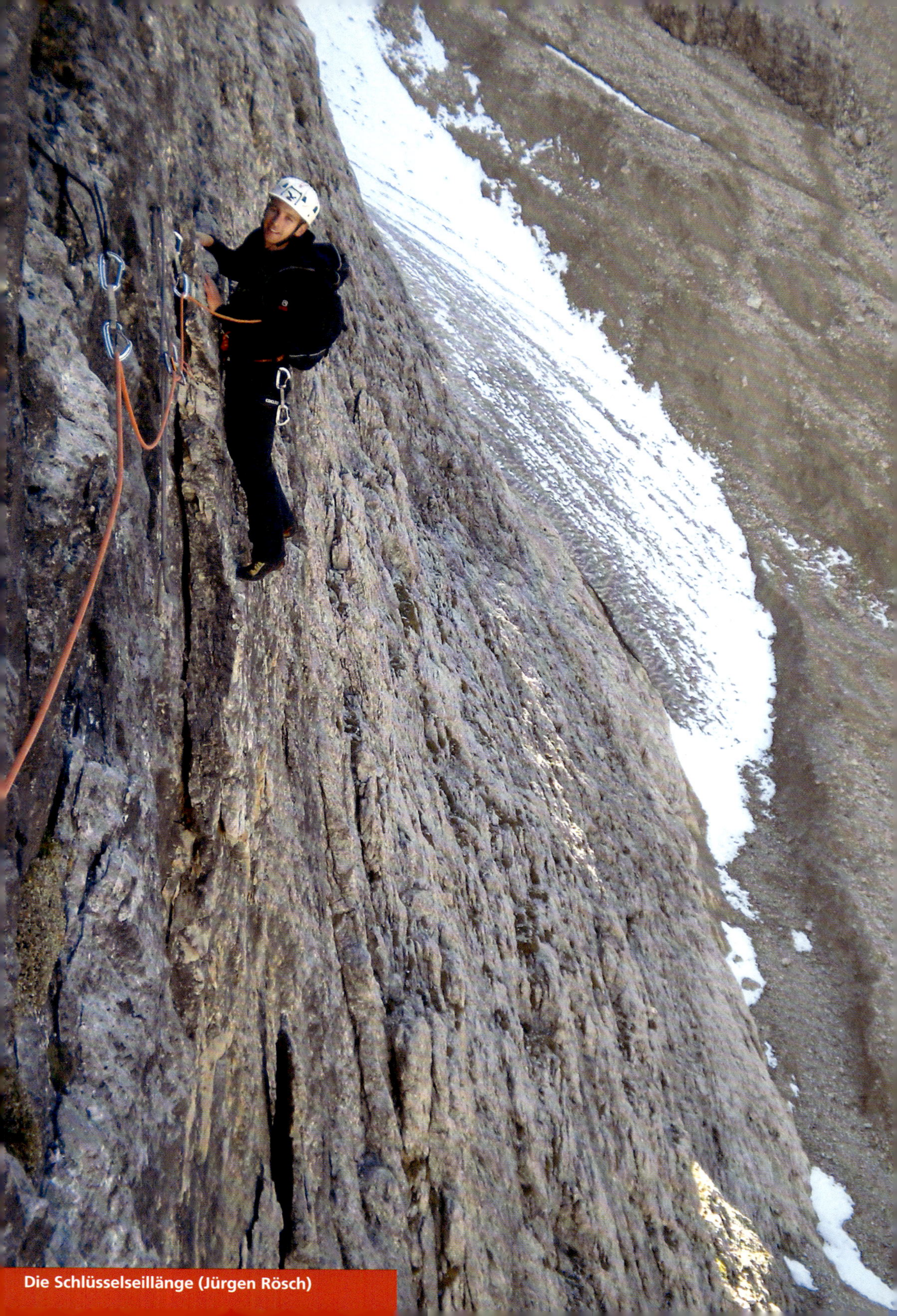

Die Schlüsselseillänge (Jürgen Rösch)

Perfekte Stagnation! Doch hat die Situation auch einen Pluspunkt: Wenn ich es schaffe, die Wölbung zu überwinden, müssten die Schwierigkeiten weniger werden und der letzte Abschnitt der Route machbar sein. Während mir mein Gehirn eine Reihe von Zweifeln und Bedenken auflistet, natürlich gegen meinen rationalen Wunsch, bin ich dank meiner Erfahrung und angeeigneten Geschicklichkeit imstande, einen Friend bombenfest zu setzen. Es dringt Licht in den Tunnel. Ich klettere zwei Meter weiter, und vor meiner Nase präsentiert sich sogar eine gigantische Sanduhr, durch die ich eine Schlinge fädle. Mein Kopf wird nun mit Licht durchflutet. Es setzt sich das Bewusstsein frei, dass der Weg nach oben nun klar ist, dass mich keine weiteren Hindernisse beim Aufstieg hindern sollten. Wie bei einem Batteriewechsel kommen neue Kräfte auf, und Optimismus überflutet mich. Die Wand über uns hält schöne Platten aus porösem und strukturiertem Gestein bereit, und die Route wird vollendet. Die Genugtuung und die Freude sind auf ihrem Höhepunkt. Das überwältigende Glücksgefühl in mir rührt daher, dass ich in einer schwierigen Lage den richtigen Weg gefunden habe, ein bisschen wie im Alltag. Das innerste Ich taucht empor, und man wird mit seinen eigenen Grenzen und Fähigkeiten konfrontiert. Die Eröffnung der neuen Route teile ich natürlich mit Didi. Zudem widmen wir die Route seiner sechsjährigen Tochter Jessica – ein süßer Beitrag zur unauslöschlichen und unvergänglichen Alpingeschichte.

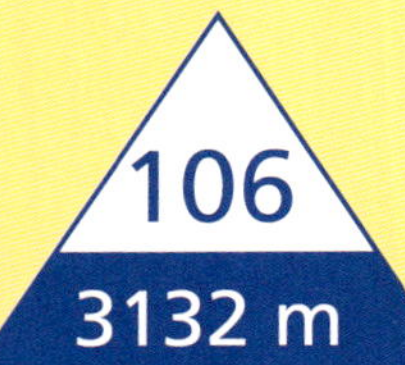

MITTLERER TURM
(LANGKOFEL)

ERSTBEGEHER
M. Bernardi und Mara Nogler 27.8.2012 die ersten 6 Seillängen; M. Bernardi und Lukas Runggaldier 28.7.2013 den Rest

LANGKOFELGRUPPE

»Marluk«-Pfeiler (Südwand)

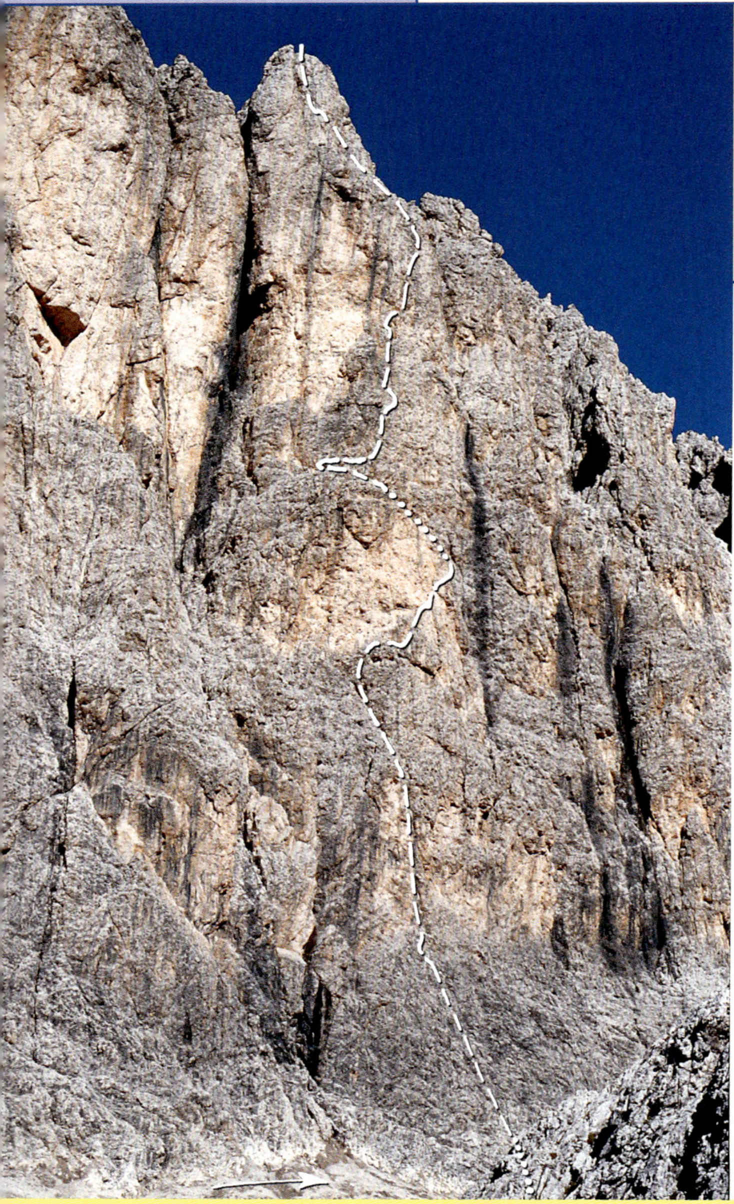

Schwierigkeit: VI- A0 (VI+)
Höhenunterschied: 350 m
Kletterstrecke: 383 m
Seillängen: 12
Stunden: 4–5
Fels: gut, zu säubern
Ausrüstung: NAA; Friends Nr. 0,5|2|2,5|3; Stopper Nr. 3|6; einige Haken

EIGENSCHAFTEN
Alpine Kletterroute mit schöner Linienführung. Der mittlere steile Abschnitt wird über Platten und einem kräftezehrenden Riss überwunden (Schlüsselseillängen).

ZUGANG
Vom Sellajoch, 2176 m, (Parkplatz nahe Sellajochhaus) mit dem Gondellift zur Langkofelscharte (Toni-Demetz-Hütte), 2685 m, hinauffahren. Nun 10 Minuten Richtung Langkofelhütte absteigen, dann nach rechts den Pfad zum sichtbaren »Fassanerband« (Normalweg zum Langkofelgipfel) queren. Vom »Fassanerband« zum großen Kessel des Langkofelgletschers (siehe die gut beschriebene Route aus Band 1, Nr. 106) klettern und am linken Rand zum Einstieg hinaufsteigen. 1.20 Std.

ABSTIEG
Den Mittleren Turm (ein runder Gipfel mit vom Blitz abgesplitterten Felsen) erreichen, dann Richtung Osten den Grat zur Scharte abklettern. Nun links weiter und

den Kamin (IV-) abklettern. Zwei kleine Absätze abklettern und entlang eines einfachen Grates zur hohen Wand. Hier nach rechts die Rinne hinaufsteigen, die zum Sattel führt. Vom Sattel einige Felsstufen abklettern und Richtung Süden zum Abstiegspfad des Langkofelecks absteigen (richtungsweisende Steinmänner schon von Weitem sichtbar). Den Steinmännern zur Langkofelgletscherscharte folgen und die rechte Schnee- oder Schuttrinne (hängt von der Saison ab) zum Gletscher und Einstieg absteigen. 1.15 Std. Dem »Fassanerband« zur Toni-Demetz-Hütte folgen. 1.20 Std.

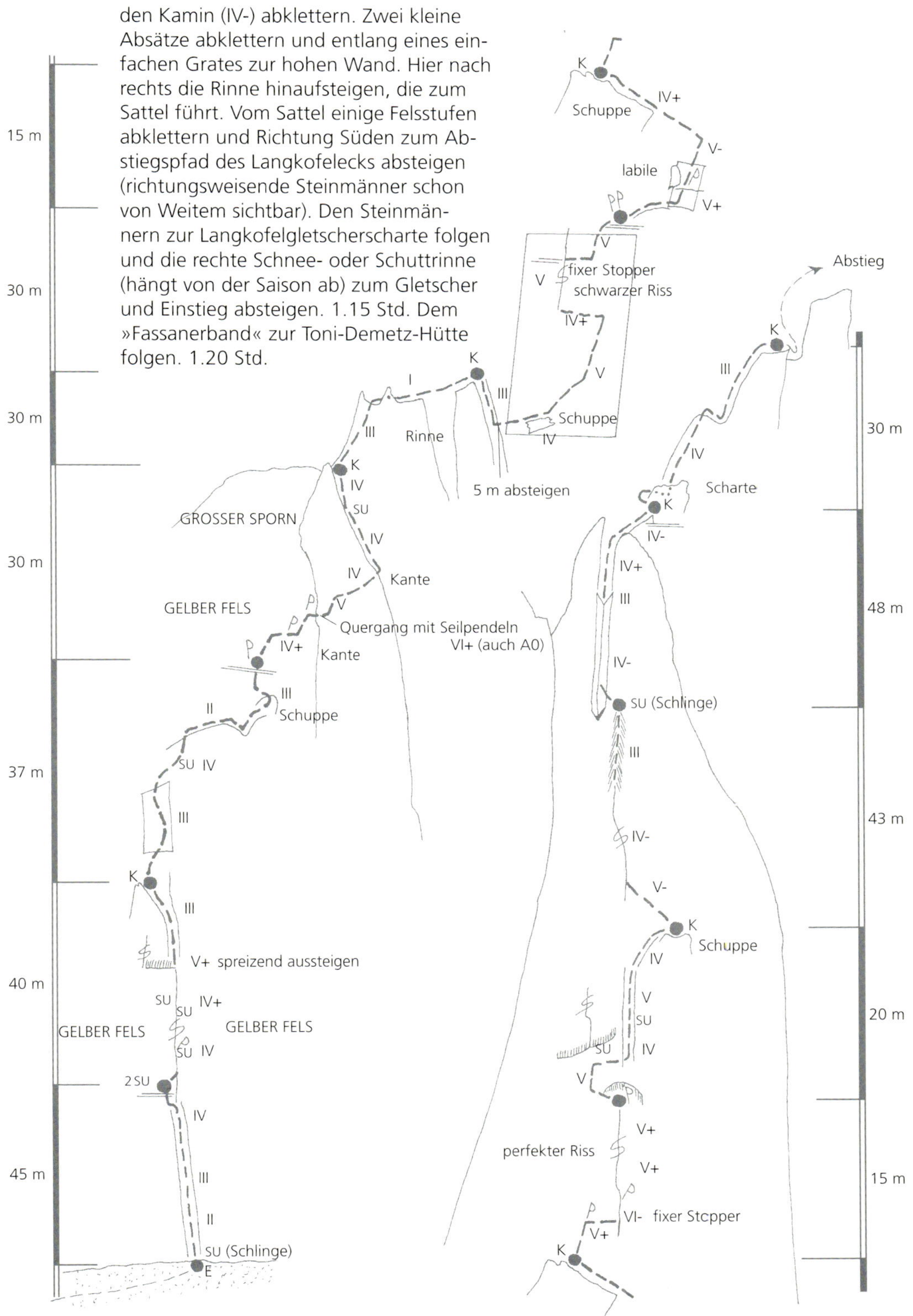

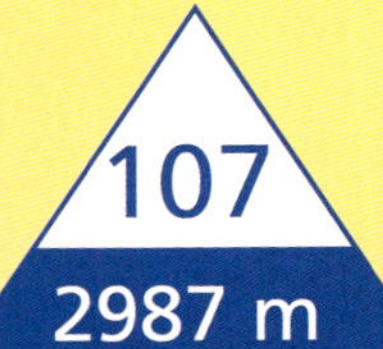

ROSMARIE-SPITZE

ERSTBEGEHER
Ivo Rabanser und Stefan Comploj 29.8.1992

LANGKOFELGRUPPE

Südkante

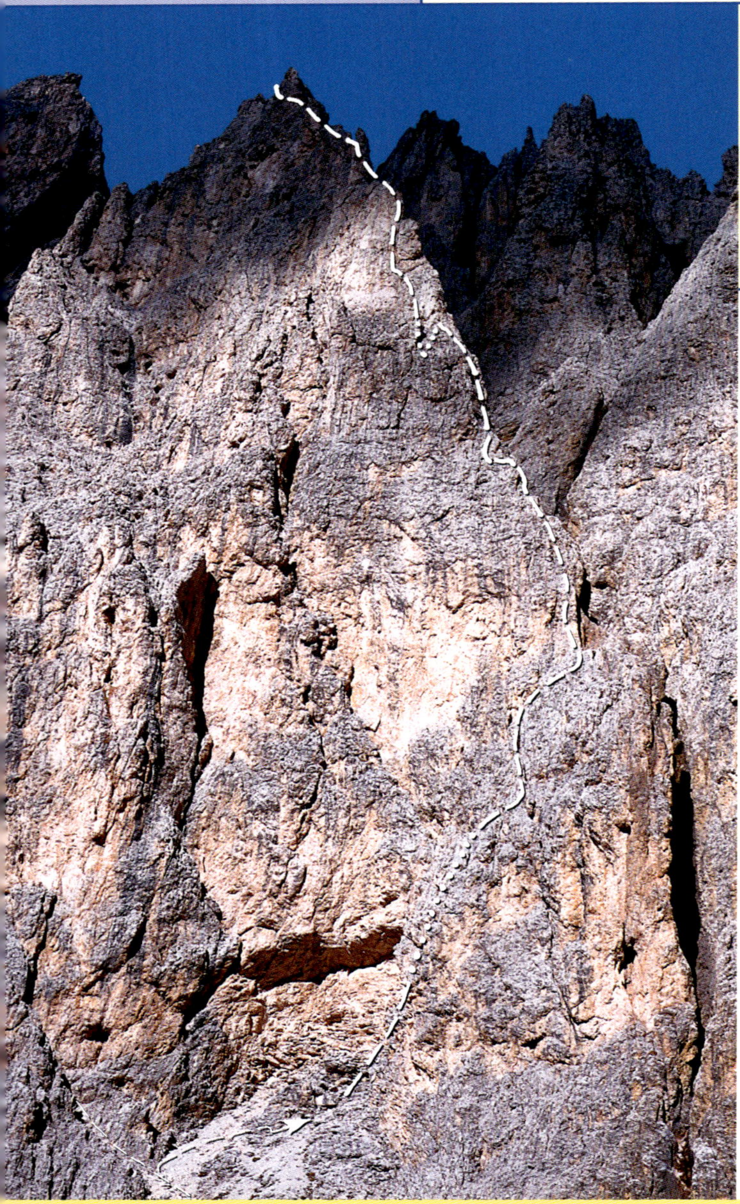

Schwierigkeit: V
Höhenunterschied: 350 m
Kletterstrecke: 511 m + 25 m abseilen
Seillängen: 14 + 1 abseilen
Stunden: 4–5
Fels: gut, zu säubern
Ausrüstung: NAA; Friends Nr. 0,5|2|3; Stopper Nr. 6|9

EIGENSCHAFTEN
Eine alpine Kletterroute mit grandioser Umgebung. Abwechslungsreiches Klettern.

ZUGANG
Vom Sellajoch, 2176 m, (Parkplatz nahe Sellajochhaus) mit dem Gondellift zur Langkofelscharte (Toni-Demetz-Hütte), 2685 m, hinauffahren. Nun 10 Minuten Richtung Langkofelhütte absteigen und den Pfad rechts zum sichtbaren »Fassanerband« (Normalweg zum Langkofelgipfel) queren. Das »Fassanerband« bis zum ersten Steilaufschwung klettern, dann ca. 40 m rechts über Schuttfeld zum großen Amphitheater hinaufsteigen (Einstieg). 25 Min.

ABSTIEG
Vom Gipfel Richtung Westen ca. 100 m (I) zur Scharte unterhalb der Venusnadel abklettern. Etwas rechts 25 m auf die absteigende Rampe (Richtung Westen, Nordseite) abseilen. Nun in der Rinne noch-

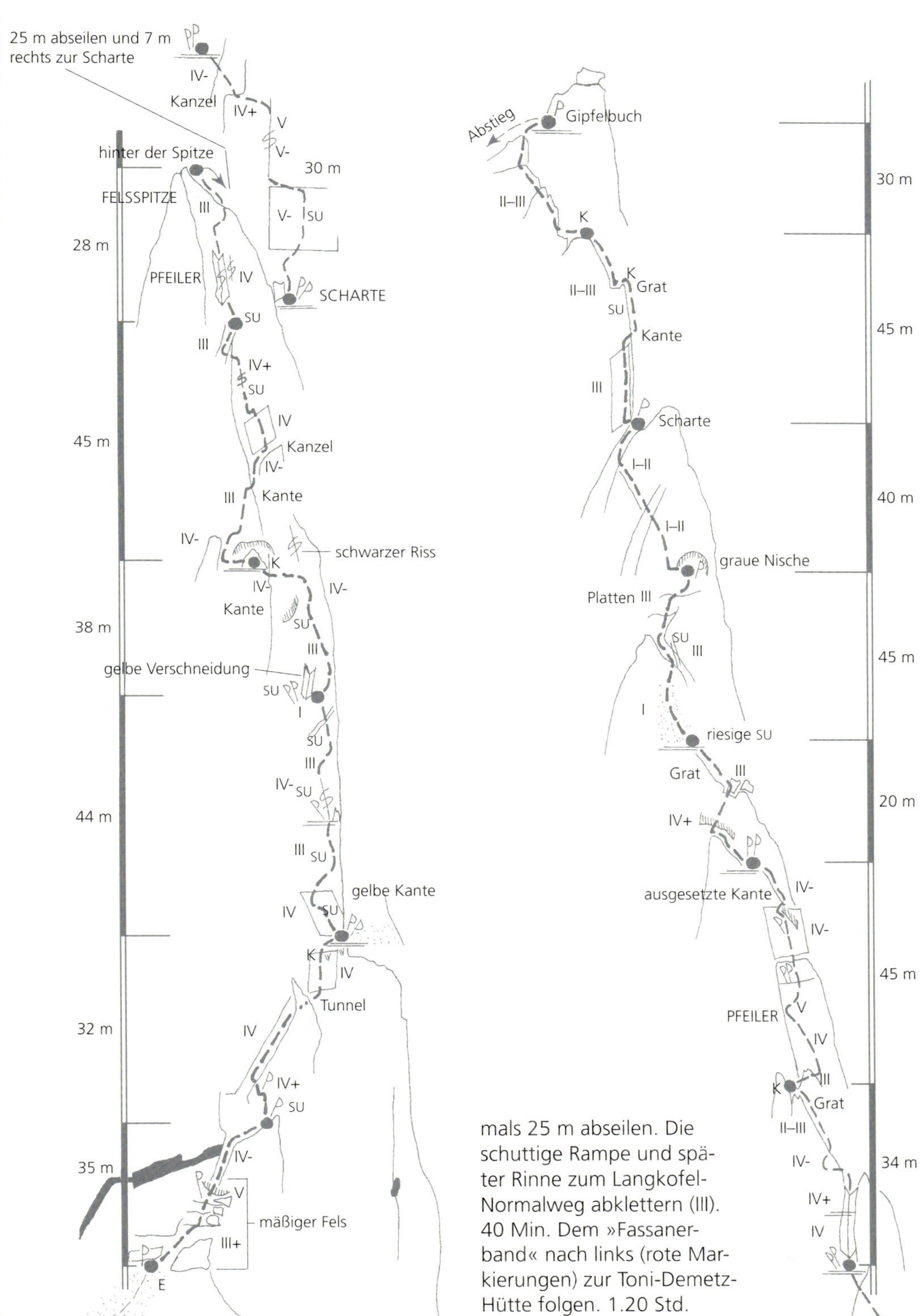

mals 25 m abseilen. Die schuttige Rampe und später Rinne zum Langkofel-Normalweg abklettern (III). 40 Min. Dem »Fassanerband« nach links (rote Markierungen) zur Toni-Demetz-Hütte folgen. 1.20 Std.

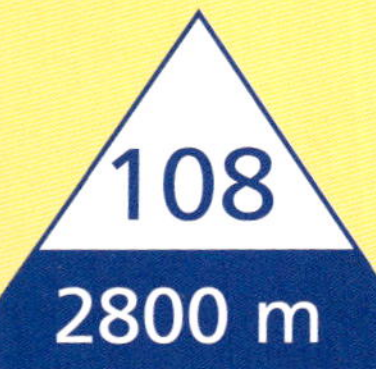

TONI-DEMETZ-TURM

ERSTBEGEHER
Ivo Rabanser und Michael Demetz 10.7.2001

LANGKOFELGRUPPE

Ostkante

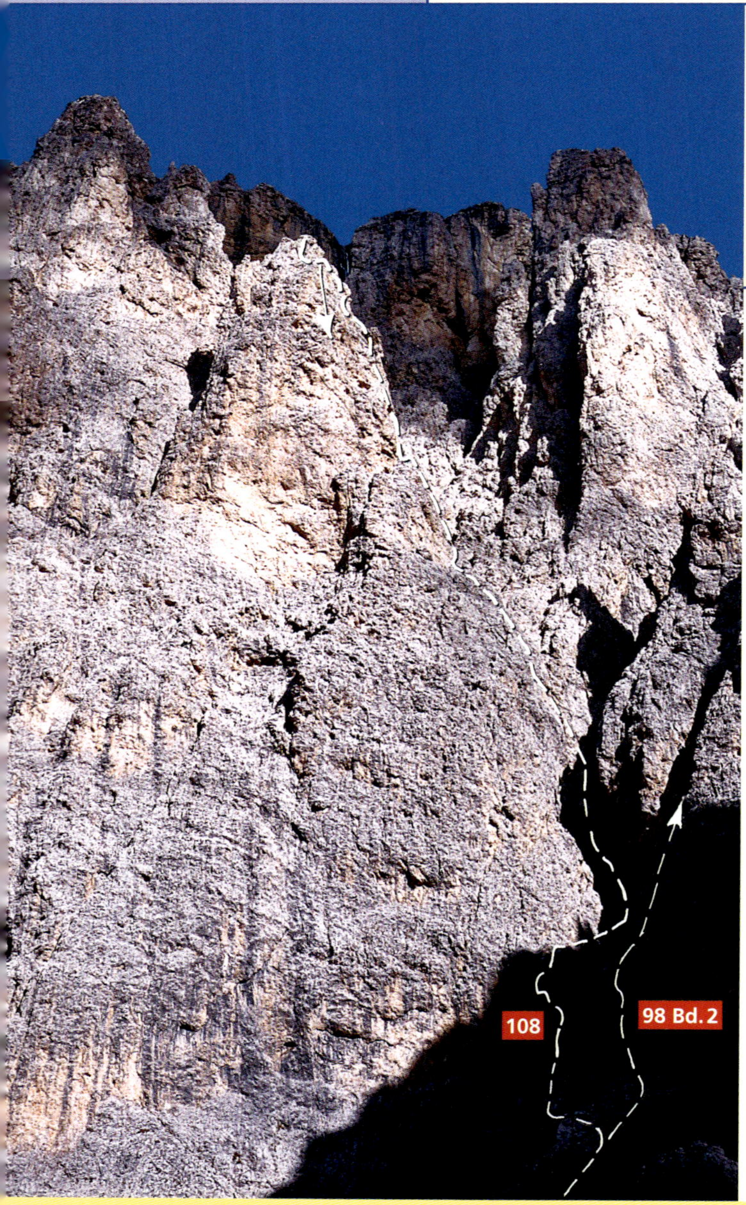

Schwierigkeit: V, eine kurze Stelle V+
Höhenunterschied: 240 m
Kletterstrecke: 280 m
Seillängen: 10
Stunden: 3–4
Fels: gut, etwas zu säubern
Ausrüstung: NAA; Friends Nr. 2|2,5|3

EIGENSCHAFTEN

Alpine Kletterroute mit nicht anhaltenden Schwierigkeiten. Die erste Seillänge entspricht der Schlüsselseillänge. Für den Abstieg benötigt man ein 60-Meter-Seil.

ZUGANG

Vom Sellajoch, 2176 m, (Parkplatz nahe Sellajochhaus) mit dem Gondellift zur Langkofelscharte (Toni-Demetz-Hütte), 2685 m, hinauffahren. Nun 10 Minuten Richtung Langkofelhütte absteigen und dann den Pfad nach rechts zum sichtbaren »Fassanerband« (Normalweg zum Langkofelgipfel) queren. Die tiefe Rinne nicht überschreiten, aber ca. 20 m (I) nach rechts den Schutthang hinaufsteigen. Dann die linke Rinne überschreiten und die Platte zum Einstieg hinaufklettern. 20 Min.

ABSTIEG

An einzementierten Ringhaken 10-mal hintereinander an der Südwand abseilen. Vom luftigen Gipfel Richtung Westen zur

108

98 Bd. 2

Scharte und Richtung Süden 5 m eine kleine Rinne abklettern. Nun das Band nach links zum ersten Ringhaken queren (ca. 15 m III): **1.** 26 m und 5 m rechts, **2.** 28 m und etwas links, **3.** 25 m, **4.** 22 m eine Rinne überschreiten und etwas links, **5.** 26 m und 6 m rechts, **6.** 27 m und etwas rechts, **7.** 28 m und 5 m links, **8.** 25 m, **9.** 26 m und 5 m links, **10.** 25 m der linken Rinne folgen. Bald zum »Fassanerband«. 1.30 Std.

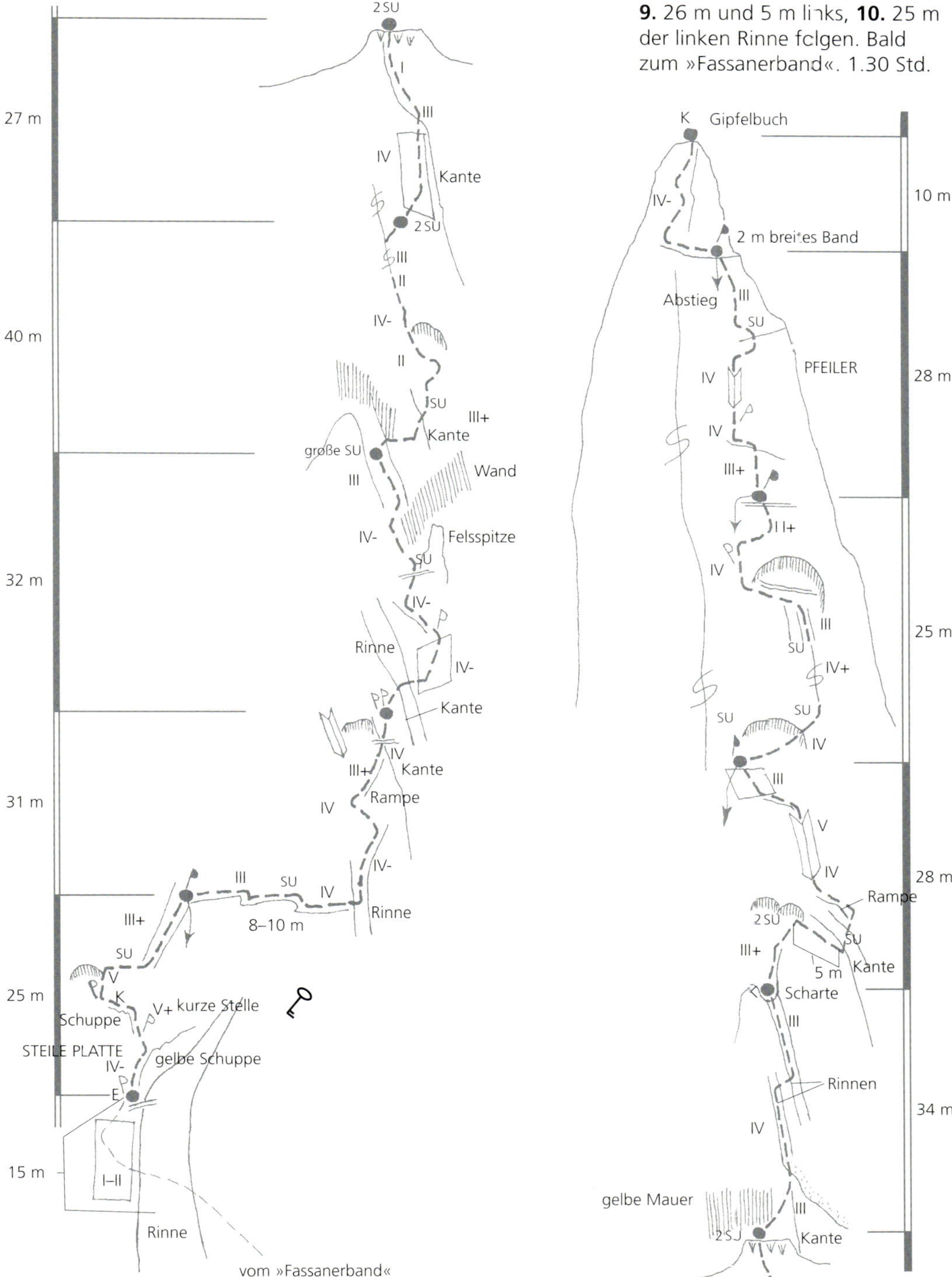

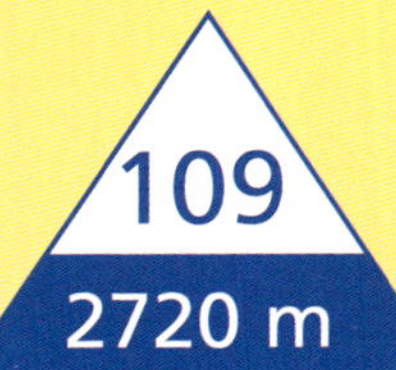

CIAMPANIL DL VALTOI

ERSTBEGEHER
M. Bernardi und Ivo Demetz
23.9.2013

LANGKOFELGRUPPE

»Edith«-Führe (Ostwand)

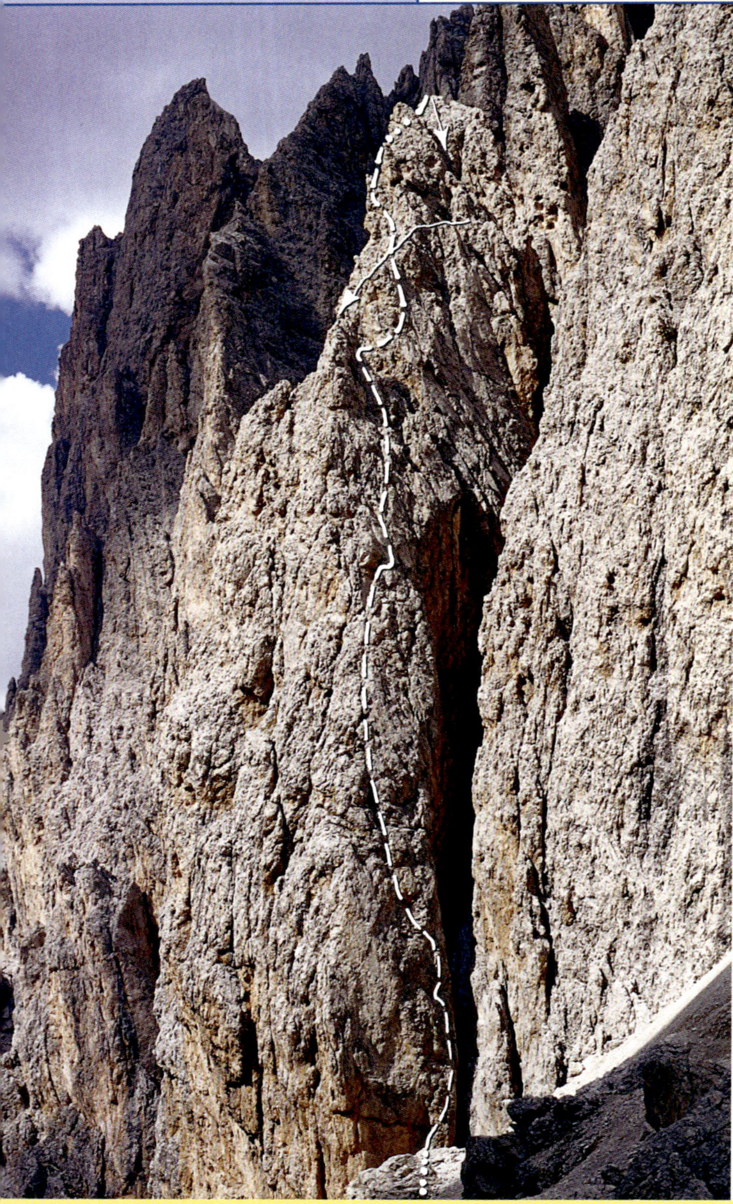

Schwierigkeit: V, ein kurzer Abschnitt V+
Höhenunterschied: 120 m
Kletterstrecke: 137 m
Seillängen: 5
Stunden: 2–2.5
Fels: gut
Ausrüstung: 7 Expressschlingen

EIGENSCHAFTEN
Genussreiche Kletterroute. Schlüsselabschnitt in der ersten Seillänge.

ZUGANG
Vom Sellajoch, 2176 m, (Parkplatz nahe Sellajochhaus) mit dem Gondellift zur Langkofelscharte (Toni-Demetz-Hütte), 2685 m, hinauffahren. Nun geradeaus auf Schuttfelder zum »Ciampanil« gehen und bald zum Einstieg. 10 Min.

ABSTIEG
Vom Gipfel 25 m zu einem sichtbaren Absatz abseilen, dann 3 m hochklettern und Richtung Süden an zwei kleinen Ringhaken (III+) queren. Nun den Grat ca. 5 m zum nächsten Abseilring abklettern und hier 5-mal hintereinander abseilen: **1.** 25 m eine Rinne überschreiten und weiter Richtung Süden, **2.** 25 m und 3 m links der Rinne, **3.** 23 m (12 m zum ersten Absatz abseilen, dann rechts 7 m zur Rinne queren), **4.** 25 m etwas links der Rinne, **5.** 25 m und 3 m (III) zum Schuttfeld, Vorsicht! 45 Min.

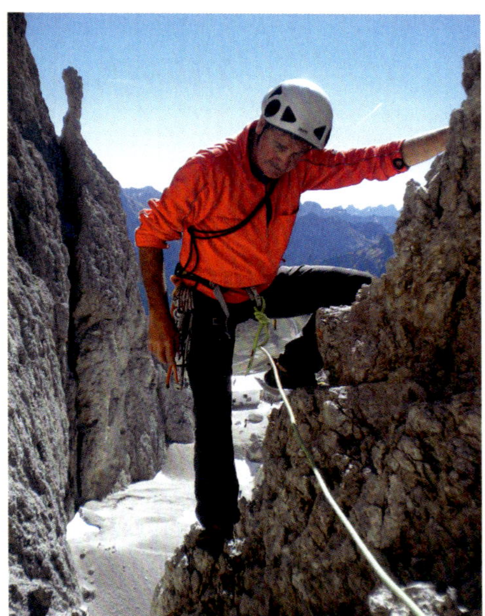

In der dritten Seillänge; im Hintergrund die »Cobra« (Ivo Demetz)

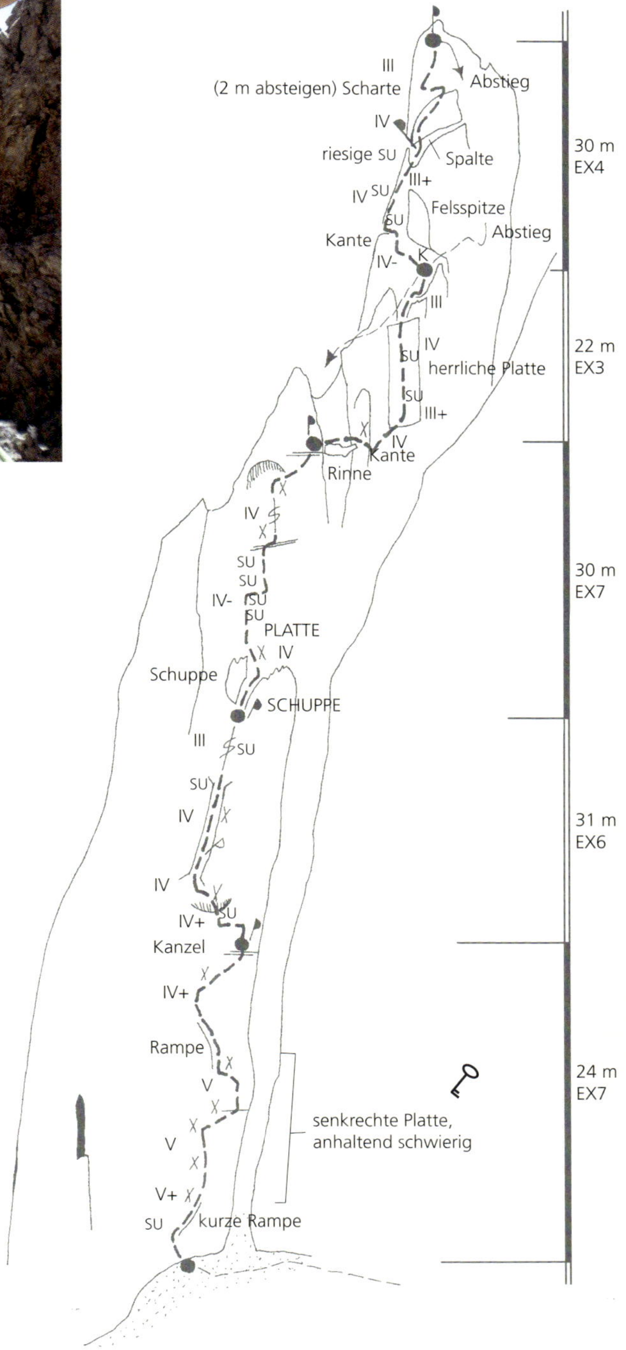

III
(2 m absteigen) Scharte
Abstieg
IV
riesige SU
Spalte
30 m
EX4
IV SU
III+
Felsspitze
SU
Kante
Abstieg
IV-
K
III
22 m
EX3
SU
IV
herrliche Platte
SU
III+
IV
Kante
Rinne
IV
30 m
EX7
SU
SU
IV-
SU
SU
PLATTE
IV
Schuppe
SCHUPPE
III
SU
SU
31 m
EX6
IV
IV
IV+
SU
Kanzel
IV+
Rampe
24 m
EX7
V
senkrechte Platte,
anhaltend schwierig
V
V+
SU
kurze Rampe

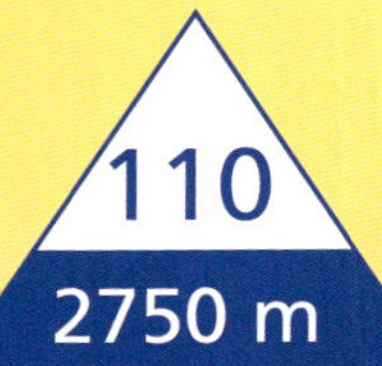

PARËI DL PISCIADOI

ERSTBEGEHER
M. Bernardi 18.8.2013

LANGKOFELGRUPPE

»Furcela«-Führe (Südwand)

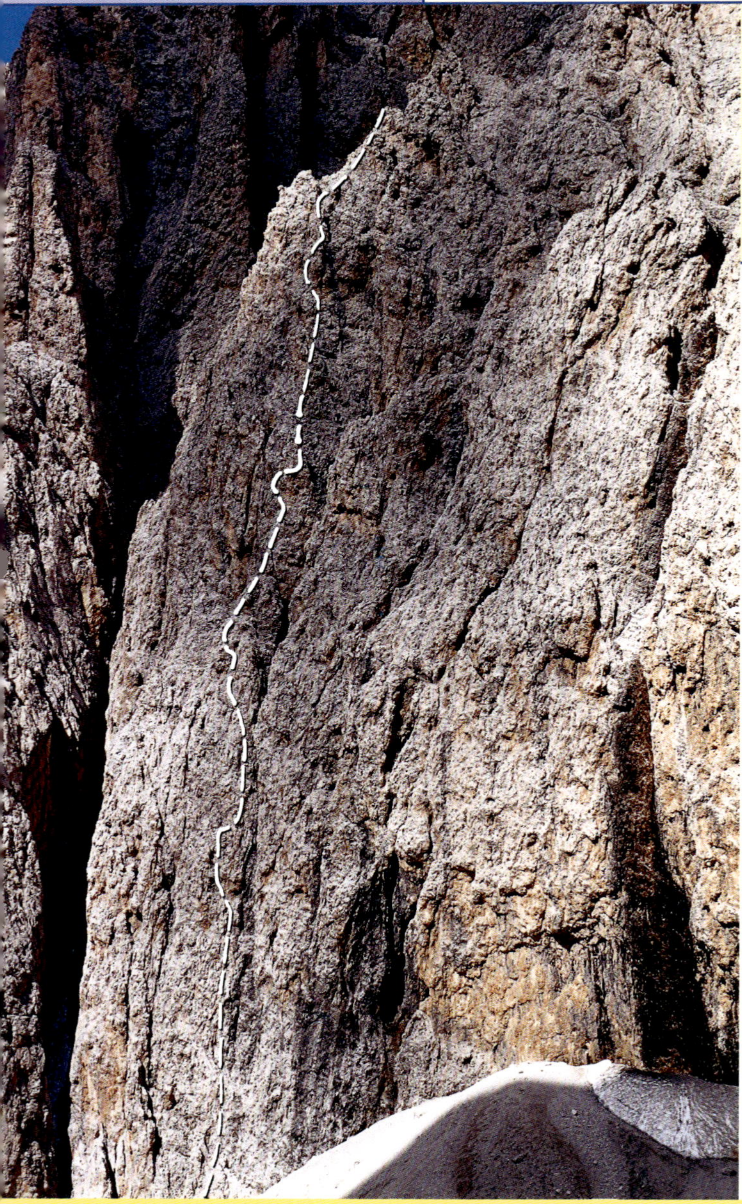

Schwierigkeit: III–IV
Höhenunterschied: 130 m
Kletterstrecke: 141 m
Seillängen: 5
Stunden: 2
Fels: gut
Ausrüstung: 7 Expressschlingen; Schlingen für Felsköpfl

EIGENSCHAFTEN

Genussreiche Kletterstrecke. Nicht anhaltende Schwierigkeiten und rot markierter bequemer Abstieg.

ZUGANG

Vom Sellajoch, 2176 m, (Parkplatz nahe Sellajochhaus) mit dem Gondellift zur Langkofelscharte (Toni-Demetz-Hütte), 2685 m, hinauffahren. Nun rechts auf Schuttfeldern zur betreffenden Wand gehen und bald zum Einstieg. 10 Min.

ABSTIEG

Vom Gipfel Richtung Norden 5 m abklettern und rechts Richtung Nordosten zu einer Scharte (rote Markierung). Dann auf dem linken Band zu einer ähnlichen Scharte queren und die Rinne zum Trichter absteigen (Hüttenwasserquelle, wobei Steinschlag und eigene Toilettenbedürfnisse absolut vermieden werden müssen!). Vom Trichter der Wasserquelle den roten Markierungen folgen. Eine Rinne queren, 4 m hinauf und dann 7 m die kleine Rinne (II) abklettern. Nun das Band 8 m nach links zum ersten Ringhaken queren. Hier 4-mal hintereinander abseilen: **1.** 20 m zum fixen Drahtseil, **2.** 23 m, **3.** 21 m, **4.** 25 m (die Länge der Abseilstellen beachten!). 45 Min.

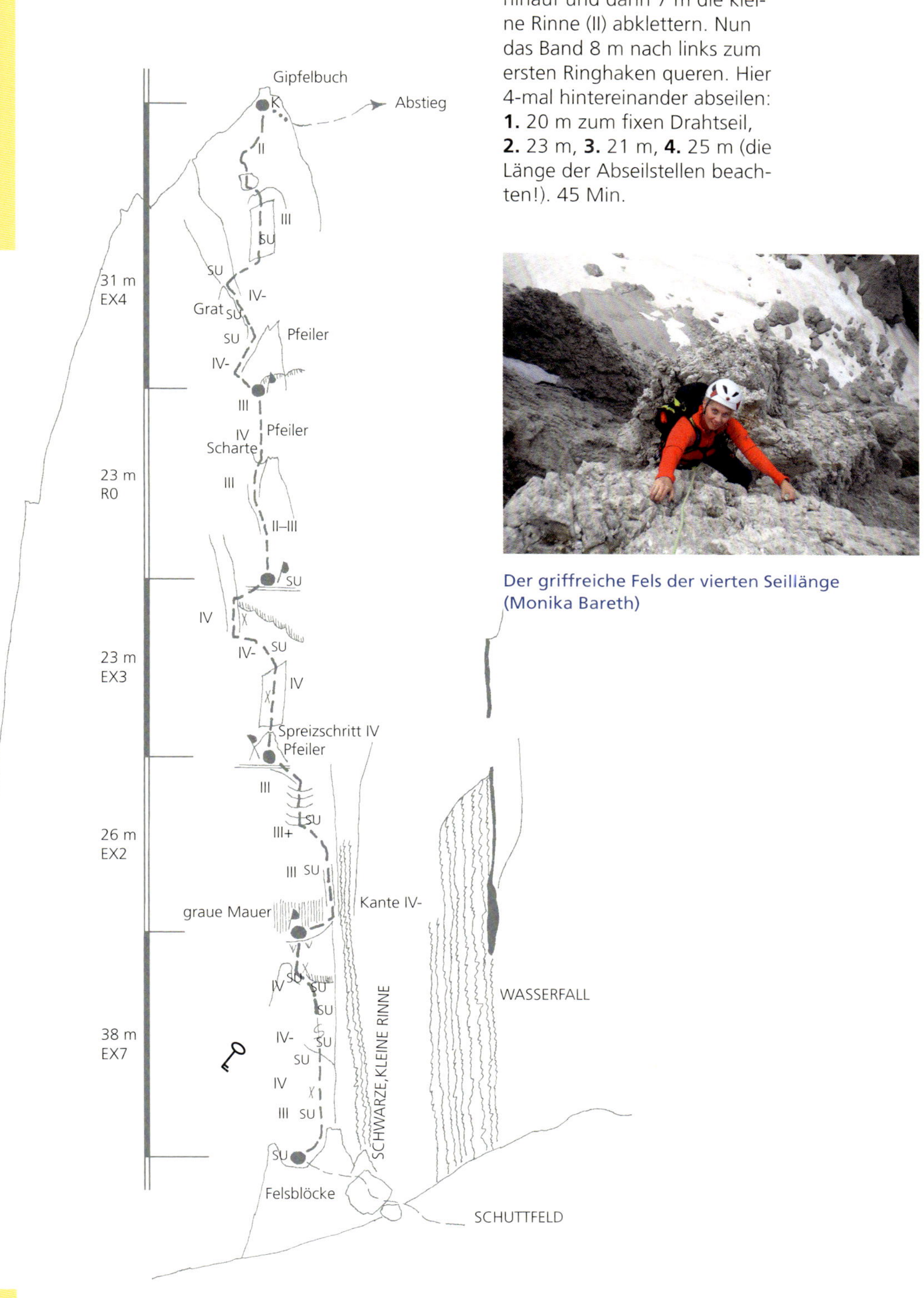

Der griffreiche Fels der vierten Seillänge (Monika Bareth)

CIAMPANIL »HEINI«

ERSTBEGEHER
M. Bernardi und Edy Rabanser
04.10.2013

LANGKOFELGRUPPE

»Tunel«-Führe (Südwand)

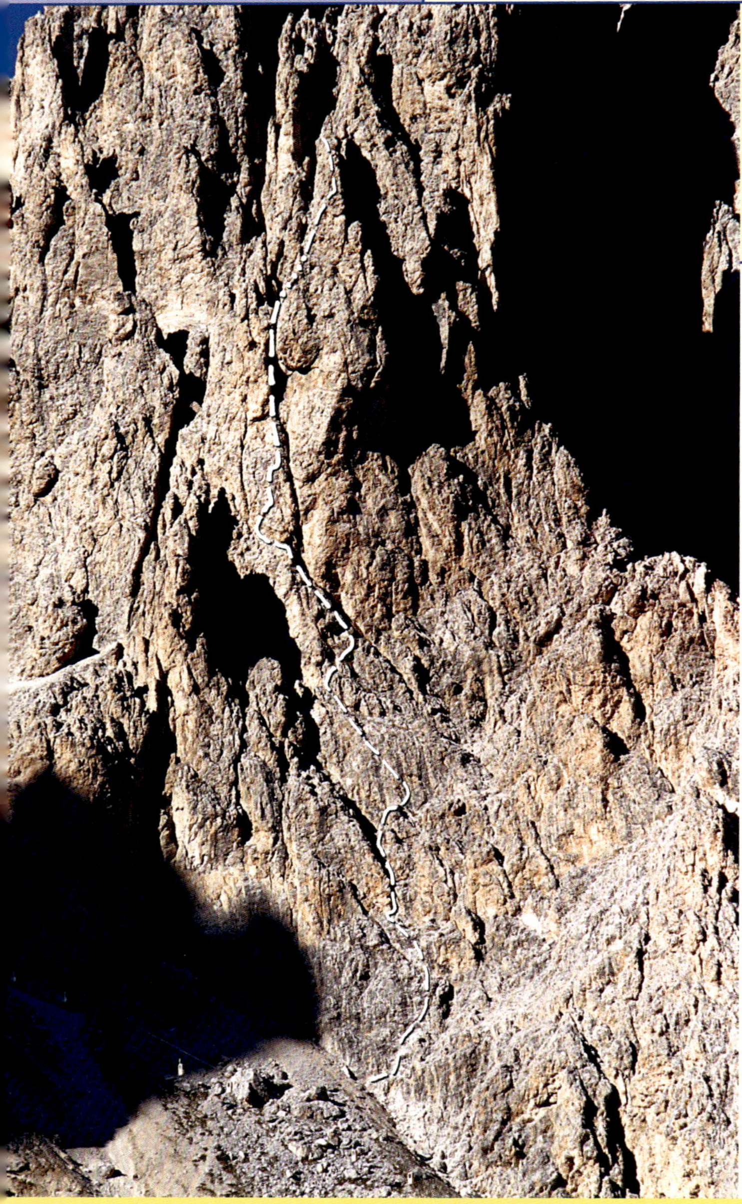

Schwierigkeit: V
Höhenunterschied: 260 m
Kletterstrecke: 291 m
Seillängen: 8
Stunden: 3
Fels: gut, etwas zu säubern
Ausrüstung: NAA; 6 Expressschlingen; Friend Nr. 2,5

EIGENSCHAFTEN

Interessante und gut abgesicherte Kletterstrecke über Platte, Kamin, Quergang, originellen Durchgang und Kante. Luftiger Gipfel. Der Abstieg wurde mit einzementierten Ringhaken eingerichtet. Nur bei trockenen Bedingungen.

ZUGANG

Vom Sellajoch, 2176 m, (Parkplatz nahe Sellajochhaus) mit dem Gondellift zur Langkofelscharte (Toni-Demetz-Hütte), 2685 m, hinauffahren. Nun den Weg zum Sellajoch absteigen und am ersten Gondelbahnmast nach links das Geröllfeld zu den Wänden queren. Unterhalb der Wände das Geröllfeld zum Einstieg absteigen. 10 Min.

ABSTIEG

Ca. 8 m vom Gipfel den Aufstiegsweg zurück abklettern, dann 7 m das Band Richtung Norden (Ostseite) queren. Hier 6-mal abseilen: **1.** 25 m dann Richtung Westen zu

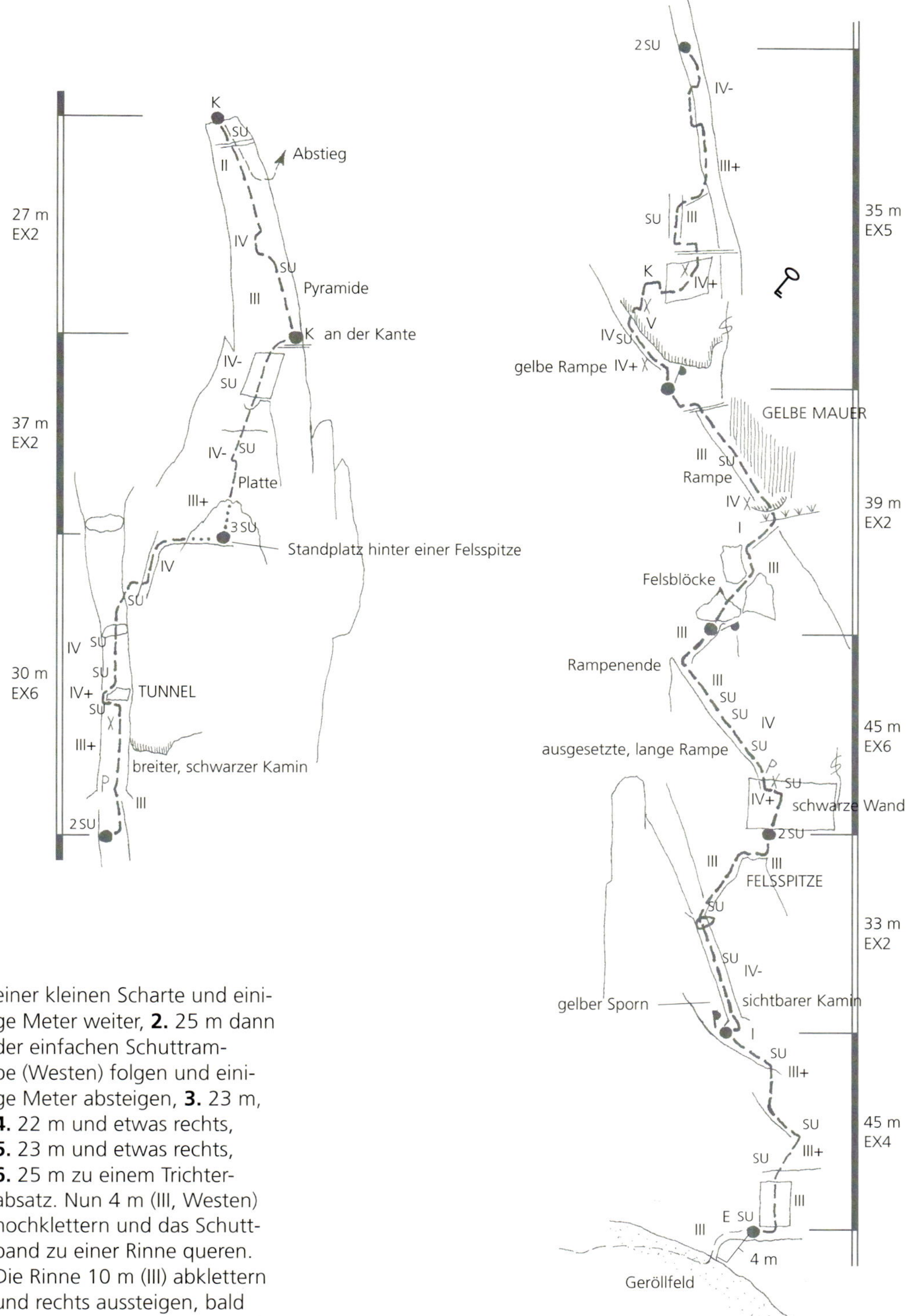

einer kleinen Scharte und einige Meter weiter, **2.** 25 m dann der einfachen Schuttrampe (Westen) folgen und einige Meter absteigen, **3.** 23 m, **4.** 22 m und etwas rechts, **5.** 23 m und etwas rechts, **6.** 25 m zu einem Trichterabsatz. Nun 4 m (III, Westen) hochklettern und das Schuttband zu einer Rinne queren. Die Rinne 10 m (III) abklettern und rechts aussteigen, bald zur Toni-Demetz-Hütte. 1 Std.

PARËI DL CIASTEL (RECHTER SEKTOR)

ERSCHLIESSER
Manfred Runggaldier (Mambo) und Pius Senoner

STEVIA

Südostexponierte Lage

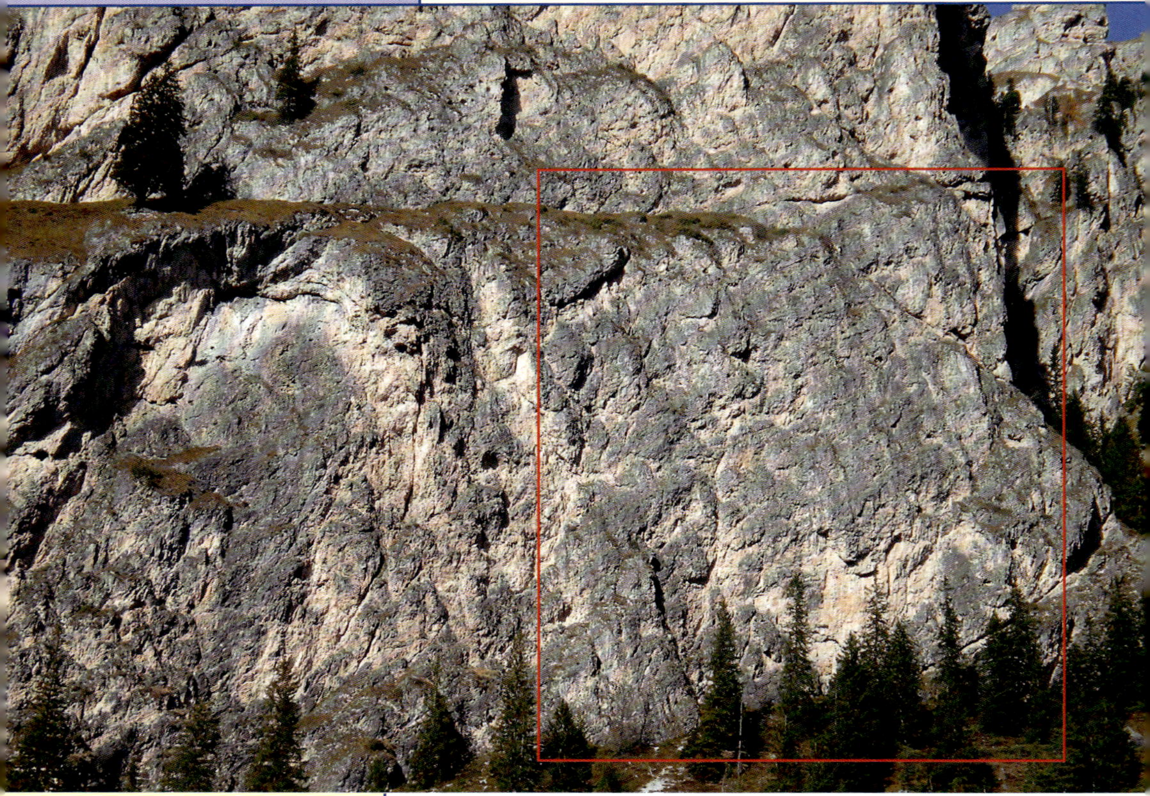

Schwierigkeit: 5b–6c
Gesamte Seillängen: 25
Ausrüstung: NSA
Absicherungszustand: ausgezeichnet mit Bohrhaken

EIGENSCHAFTEN
Senkrechter Dolomitenfels, überhängend bei den ersten Seillängen, dann schöne Platten (geputzter Fels). Ideal an windigen und kalten Tagen. Ein Helm wird empfohlen.

ZUTRITT
Vom Langental-Parkplatz (Wolkenstein, Eingang Naturpark Puez-Geisler) den Pfad links der La-Ciajota-Hütte hinaufwandern. Am Kreuzweg über einen weiteren Pfad bis zum Klettergarten »Ta Udera« hinaufsteigen. Hier die Wiesen und Wald nach links zu den Parëi-dl-Ciastel-Wänden« queren. 15 Min.

1 Over 50	30 m	5c
2 Verschneidung	30 m	5b
3 Graffus	30 m	6b+
4 Rainman	4 Seillängen; 6b, 5b, 6a, 6b, (siehe Route Nr. 11, Band 2)	
5 Tavan	27 m	6b+
6 Projekt	5a	
7 Teufelskralle	5 Seillängen	V+, VI-, V+, V+, IV, (siehe Route Nr. 10, Band 2)
8 Himmelspfeil	4 Seillängen	6c, 6b, 6a+, 6a (Abstieg, entlang der Route abseilen)
9 Rabanser	3 Seillängen	6a+, 6a, 6a+ (siehe Route Nr. 10, Band 2)
10 Gran jnever	5 Seillängen	VI-, V+, V+, VI-, V- (siehe Route Nr. 17, Band 3)

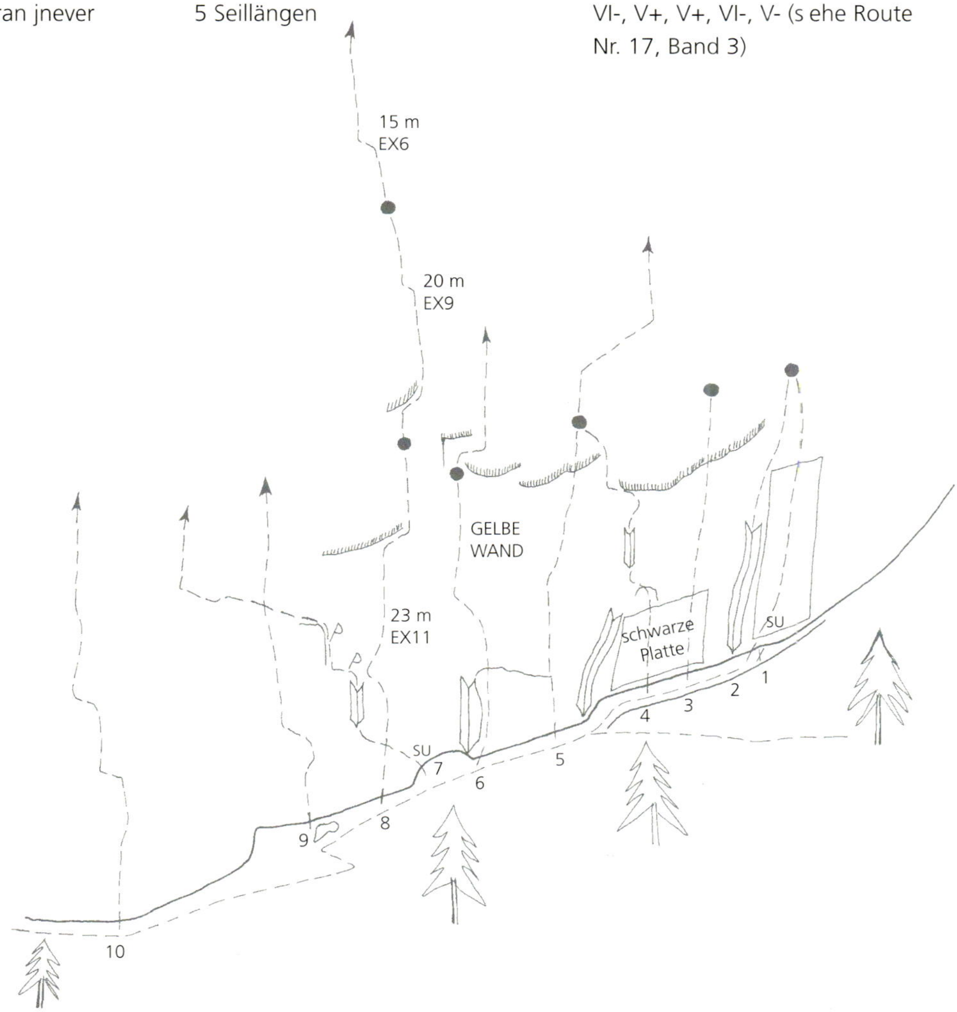

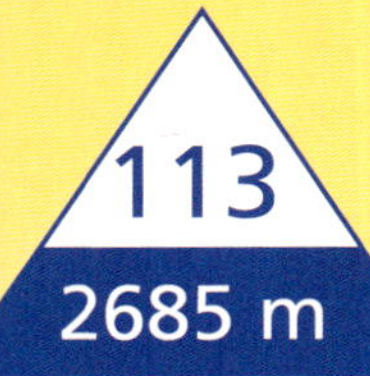

L PARËI

ERSCHLIESSER
M. Bernardi 2010

LANGKOFELGRUPPE

Westexponierte Lage

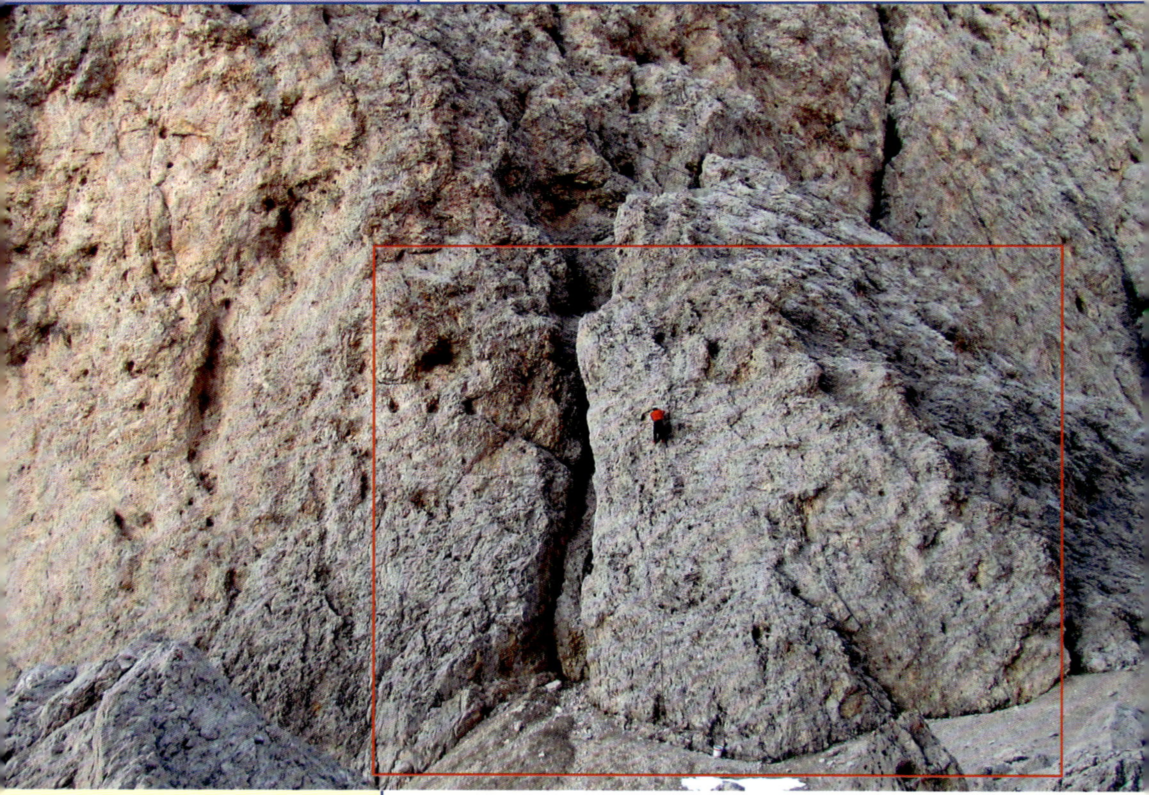

Schwierigkeit: 4a–5a
Gesamte Seillängen: 11
Ausrüstung: NSA
Absicherungszustand: ausgezeichnet mit blauen Bohrhaken und einzementierten Ringhaken

EIGENSCHAFTEN

An der Hütte schöne, griffige Wand, die auch für Anfänger geeignet ist. Gegenüber der Sportkletterwand liegt ein 8 m hoher Felsblock, »L sas« genannt. Zum Toprope klettern (4c–5a) abgesichert.

ZUTRITT

Vom Sellajoch, 2176 m, (Parkplatz nahe Sellajochhaus) mit dem Gondellift zur Langkofelscharte (Toni-Demetz-Hütte), 2685 m, hinauffahren. 20 Min.

1	Enrico	18 m	4c
2	Mauro	18 m	4a
3	Elisabeth	20 m	4a
4	Cobra und Guglia Cristiana	6 Seillängen	IV+, IV, IV-, IV, IV, V- (siehe Route Nr. 99, Band 2)
5	Ingrid	20 m	4c
6	Franz	22 m	5a

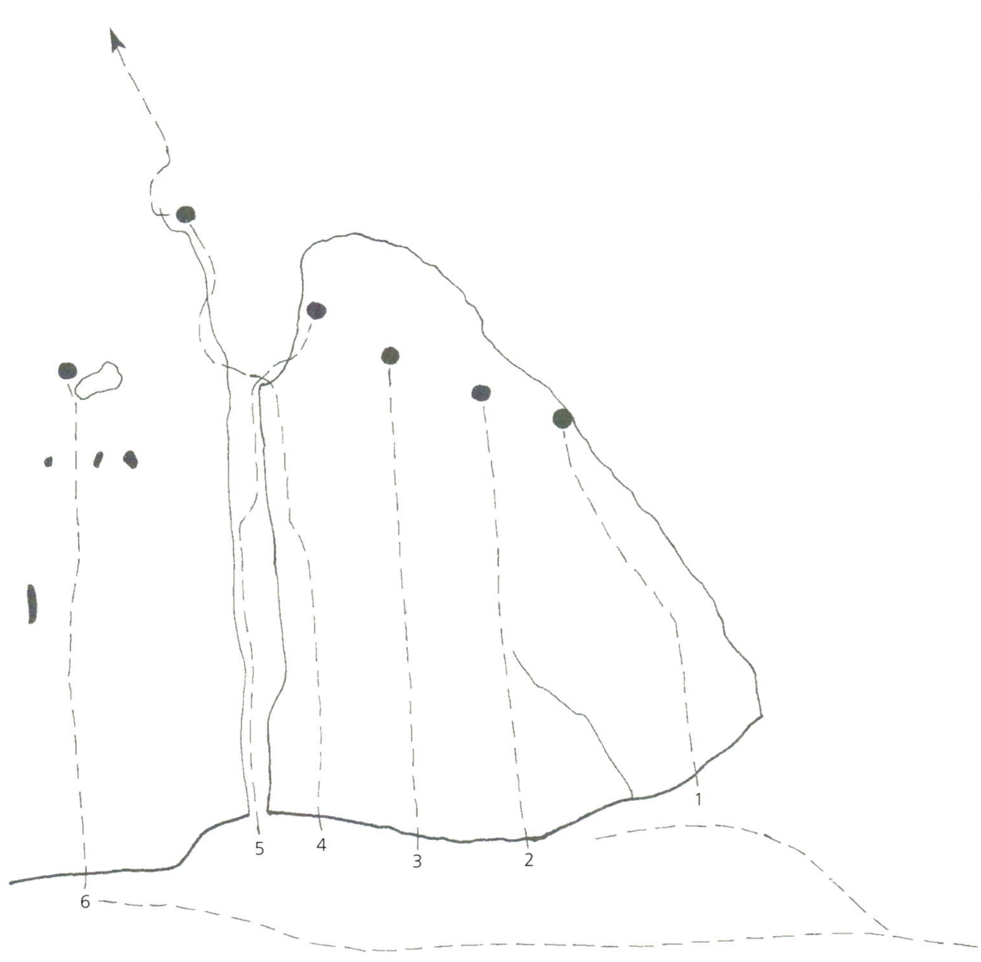

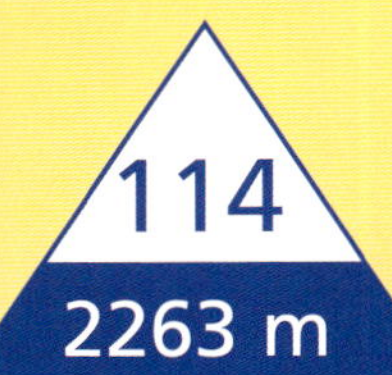

SAS DANTERSASC

ERSCHLIESSER
Vroni Schrott, Walter, Alexander und Hannes Piazza 2013

LANGKOFELGRUPPE

Westexponierte Lage

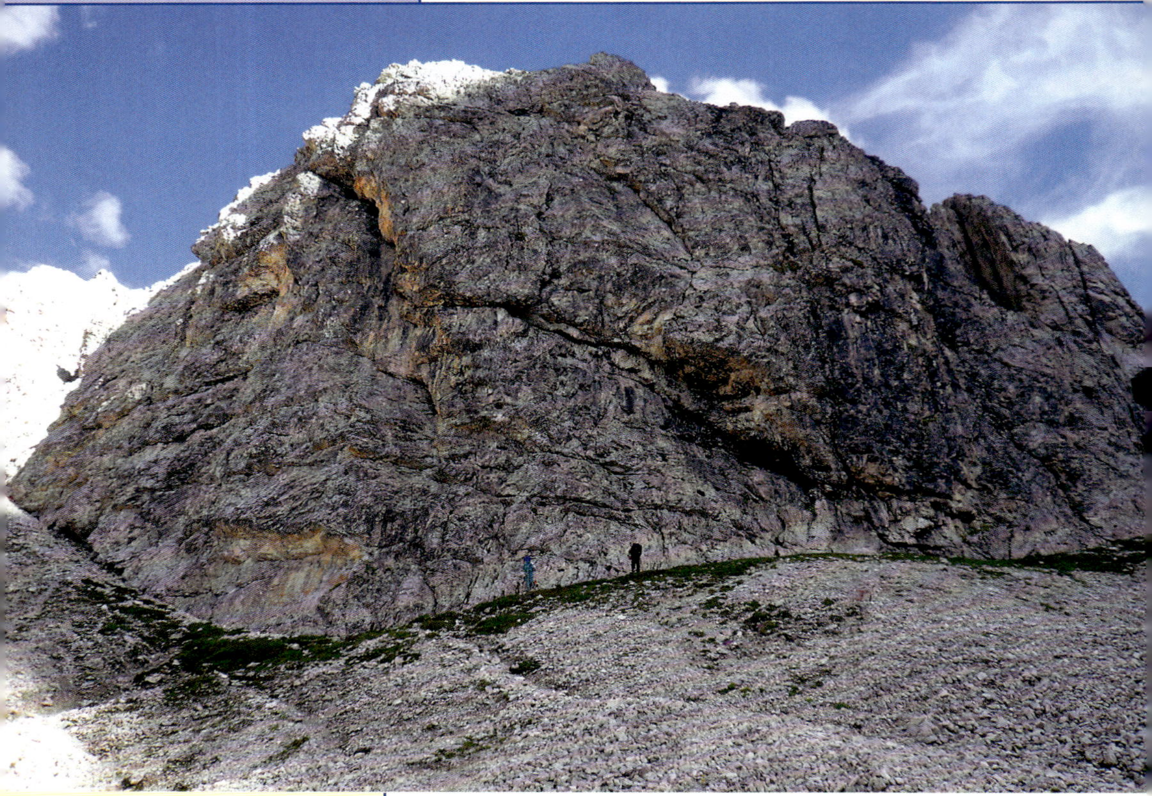

Schwierigkeit: 4a–6c
Gesamte Seillängen: 12
Ausrüstung: NSA
Absicherungszustand: ausgezeichnet mit Bohrhaken

EIGENSCHAFTEN
Großer Felsvorbau aus Dolomitgestein, knapp oberhalb der Langkofelhütte. Die Wand bietet Leisten und Löcher zur Fortbewegung und fordert gute gelenklockere Technik »alpiner Stil«. Ein Helm wird empfohlen.

ZUTRITT
Vom Sellajoch, 2176 m, (Parkplatz nahe Sellajochhaus) mit dem Gondellift zur Langkofelscharte (Toni-Demetz-Hütte), 2685 m, hinauffahren. Nun zur Langkofelhütte, 2253 m, absteigen. 30 Min.

1	Alexander	20 m	5b
2	Elke	20 m	6a
3	Nene	18 m	5b
4	Zaramin	25 m	5a
5	Walter	25 m	5c
6	Vroni	23 m	6a+
7	Dantersasc	23 m	5c
8	Otto	23 m	6c
9	Karl	18 m	6b
10	Hannes	15 m	4a
11	Gustav	15 m	4a (erste Seillänge)
12	Gustav	15 m	4a (zweite Seillänge)

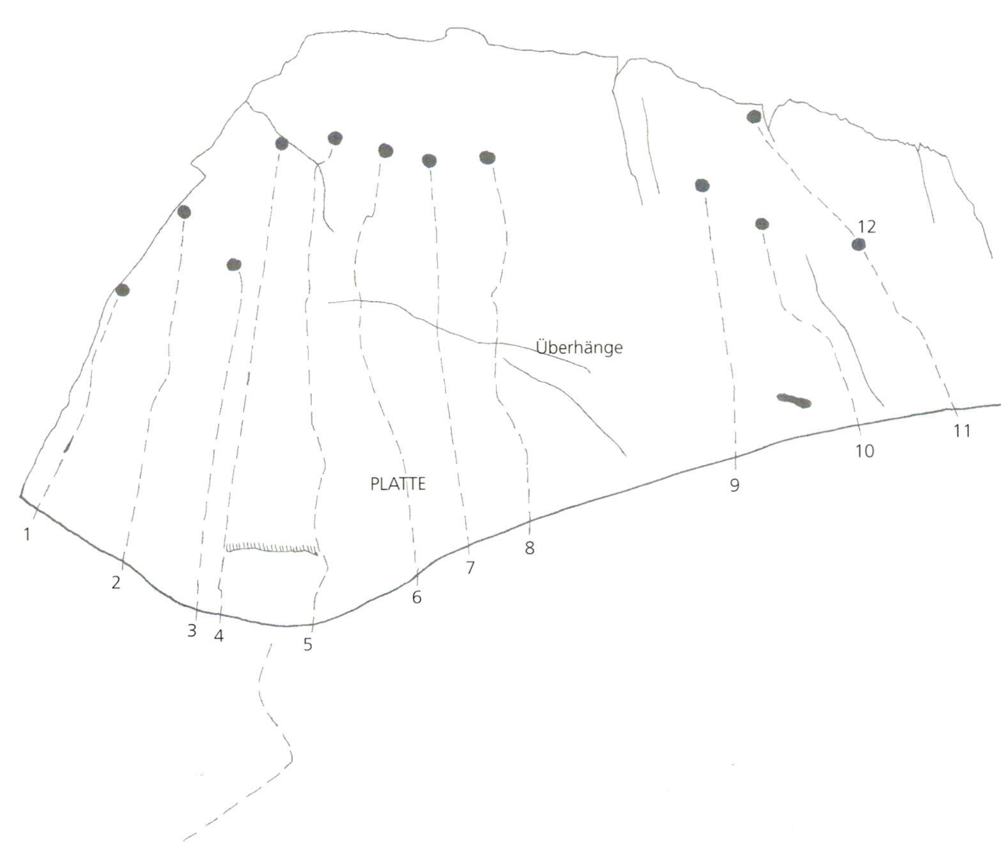

Literaturverzeichnis

Odle – Sella – Marmolada, E. Castiglioni, Guida dei Monti d'Italia, 1937

Sassolungo – Catinaccio – Latemar, Arturo Tanesini, Guida dei Monti d'Italia, 1942

Gruppo di Sella, Fabio Favaretto – Andrea Zannini, Guida dei Monti d'Italia, 1991

Odle – Puez, Lorenzo und Pietro Meciani, Guida dei Monti d'Italia, 2000

Sassolungo, Ivo Rabanser, Guida dei Monti d'Italia, 2001

Klettern rund ums Sellajoch, Stefan Stuflesser, Lochner Verlag, 1997

Klettern in Gröden und Umgebung – Band 1, Mauro Bernardi, Athesia Verlag, 2002

Klettern in Gröden und Umgebung – Band 2, Mauro Bernardi, Athesia Verlag, 2011

Arrampicate sportive e vie moderne, Gabriele Bonanno, LagirAlpina Verlag, 2010

Die letzte Umarmung des Berges, Silke Unterkircher mit Cristina Marrone, Piper Verlag, 2010

Privatarchiv Karl Unterkircher

Gröden–Seiser Alm, topografische Wanderkarte Tabacco, 2008

Sellagruppe, Egon Pracht, Bergverlag Rudolf Rother München, 1980

Dolomiten-Geisler- und Steviagruppe, Ernst Eugen Stiebritz, Bergverlag Rudolf Rother München, 1981

Alle andere Informationen wurden privatweise und persönlich vom Autor recherchiert.

Nützliche Informationen

Bergführer Mauro Bernardi	+39 340 2429752
Alpinschule Catores	+39 0471 798223
Bergführervereinigung Gröden	+39 0471 794133
Wetterdienst Südtirol	+39 0471 271177-270555 www.provinz.bz.it/wetter
Wetterdienst Trentino	+39 0461 238939
Wetterdienst Arabba	+39 0436 780007
Alpiner Notruf	118 / 112
Arzt	+39 333 9593131

Tourismusvereine Gröden

Wolkenstein	+39 0471 777900
St. Christina	+39 0471 777800
St. Ulrich	+39 0471 777600

Bildnachweis

Aldo Leviti
Seite 163

Annita Runggaldier
Seite 179, 207

Carlo Platter
Seite 203

Catores, Athesia Verlag 1995
Seite 63, 133

Edy Rabanser
Seite 27, 103, 123, 185, 272,
Umschlagrückseite (Mitte)

Gregor Demetz
Umschlagrückseite (rechts)

Helmut Bayer
Seite 222

Manfred Runggaldier (Mambo)
Seite 23, 73, 219, Titelbild

Manuel Santifaller
Seite 17

Mara Nogler
Seite 229

Monika Bareth
Seite 57, 67, 167, 201, 227,
Umschlagrückseite (links)

Storia dell'alpinismo fassano, Dante Colli, Tamari Verlag, 1999
Seite 191

Alle restlichen Aufnahmen stammen vom Autor selbst oder wurden dem Archiv desselben entnommen.

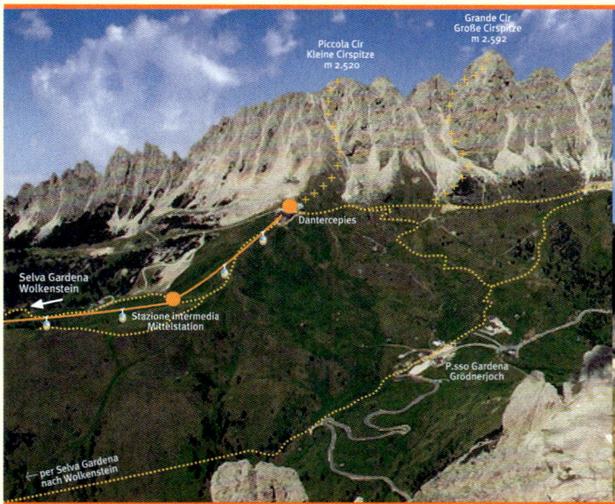

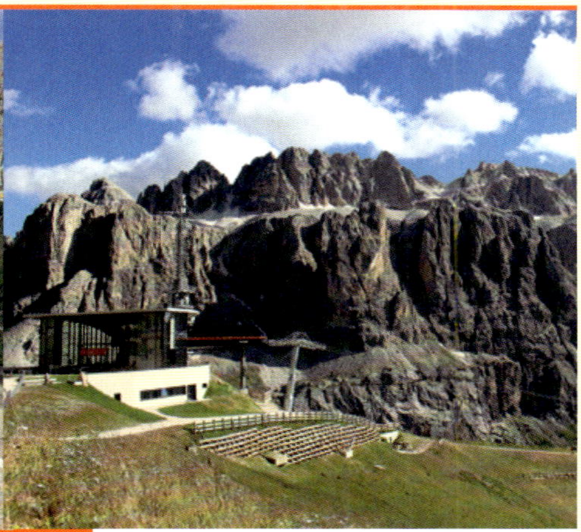

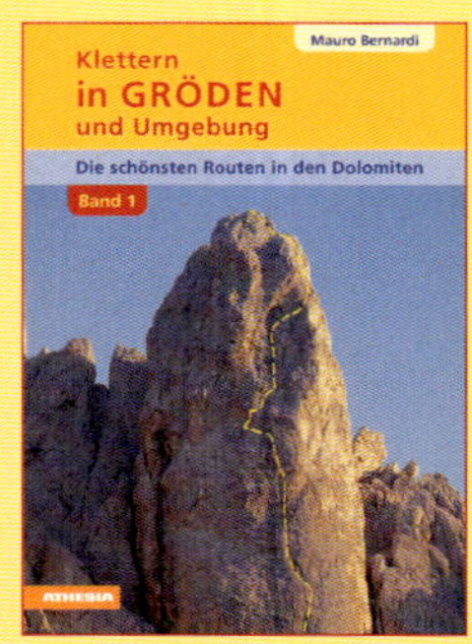

KLETTERN IN GRÖDEN – BAND 1

- 112 Routen, nach Kletterart und Schwierigkeitsgrad unterteilt, sowie 6 Sportklettergebiete
- Übersichtliche und detaillierte Routenbeschreibungen und -skizzen
- Gebietskarte mit Positionsangabe der einzelnen Routen und der Sportklettergebiete
- 150 Farbfotos
- Kurzbiografien der bedeutendsten Grödner Kletterer

ISBN 978-88-8266-609-5

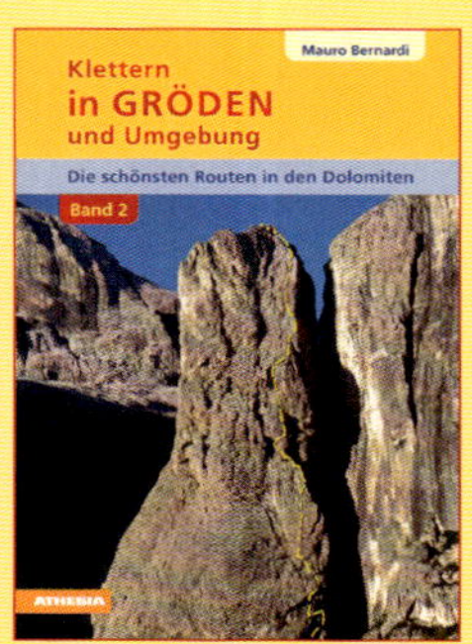

KLETTERN IN GRÖDEN – BAND 2

- 103 Routen, nach Kletterart und Schwierigkeitsgrad unterteilt, 2 Klettersteige sowie 4 Sportklettergebiete
- Übersichtliche und detaillierte Routenbeschreibungen und -skizzen
- Übersichtskarte mit Positionsangabe der einzelnen Routen und der Sportklettergebiete
- Erlebnisse und Eindrücke begeisterter Kletterer
- Über 200 Farbfotos und historische Abbildungen

ISBN 978-88-8266-731-3

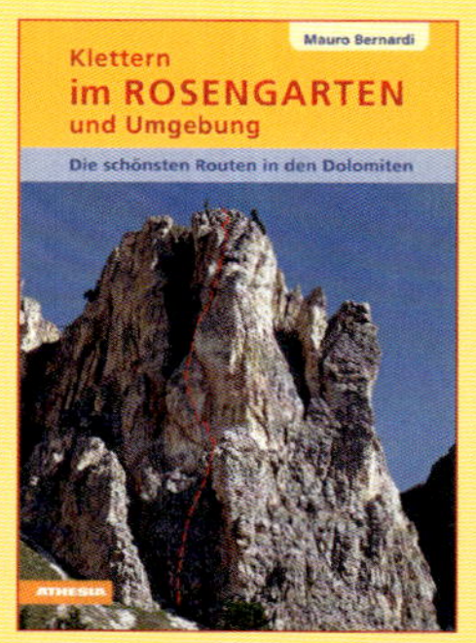

KLETTERN IM ROSENGARTEN

- 87 alpine Routen, nach Schwierigkeit und Höhenunterschied unterteilt
- Übersichtliche Routenbeschreibung mit detaillierten Skizzen
- Kurzbiografien der wichtigsten Rosengarten-Alpinisten
- Erlebnisse und Eindrücke begeisterter Kletterer
- Übersichtskarte mit Positionsangabe der Kletterrouten
- Über 200 Farbbilder und historische Abbildungen

ISBN 978-88-8266-569-2

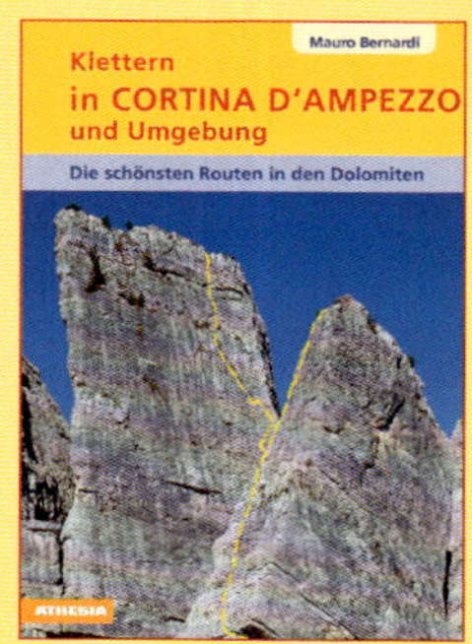

KLETTERN IN CORTINA D'AMPEZZO

- 145 alpine Routen, nach Schwierigkeit und Höhenunterschied unterteilt
- Übersichtliche Routenbeschreibung mit detaillierten Skizzen
- Kurzbiografien der bedeutendsten Alpinisten von Cortina d'Ampezzo
- Übersichtskarte mit Positionsangabe der Kletterrouten
- Über 200 Farb- und rund 40 historische Schwarzweißbilder

ISBN 978-88-8266-904-1

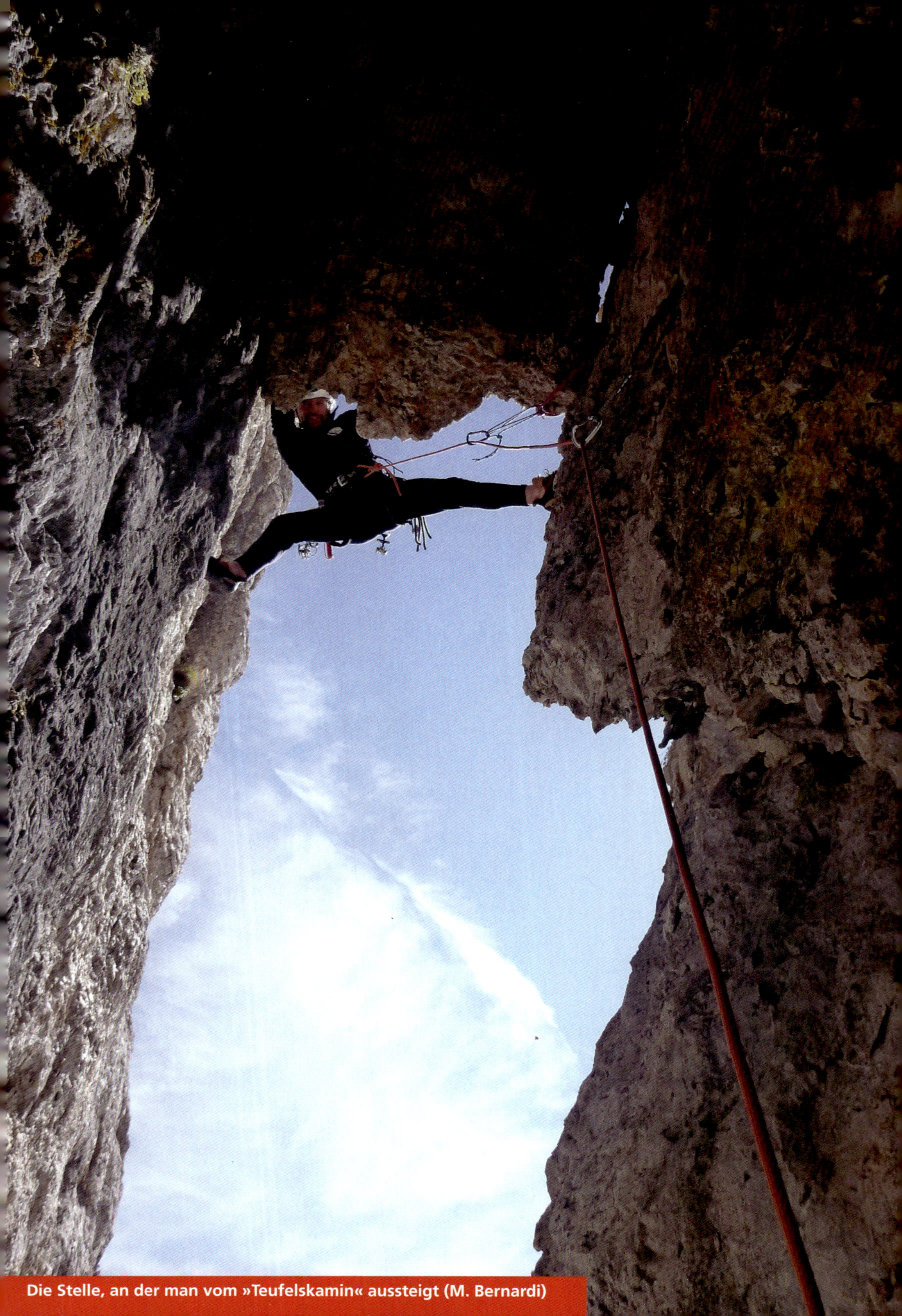

Die Stelle, an der man vom »Teufelskamin« aussteigt (M. Bernardi)